# ZOLA JOURNALISTE

## Articles et chroniques

*Choix de textes, présentation, notes,*
*chronologie, bibliographie et index*
par
Adeline WRONA

GF Flammarion

Adeline Wrona, maître de conférences à l'université Paris IV-Celsa, est spécialiste de la littérature du XIX$^{e}$ siècle, et plus particulièrement des rapports entre la littérature et la presse. Elle a préfacé pour la GF *Bel-Ami* de Maupassant (2001), *Germinal* de Zola (2000), *Charles Demailly* des Goncourt (2007) et, au Livre de poche, *Le Journal d'un homme de trop* de Tourgueniev (2000).


ISBN : 978-2-0807-1280-6

# PRÉSENTATION

« Nous sommes tous les enfants de la presse », affirme Zola dans *Le Figaro* en 1881 : les meilleurs écrivains de son temps, dit-il, ont été façonnés par le journalisme [1]. Au XIXe siècle, peu d'auteurs, en effet, construisent leur œuvre en marge du journal. Et pourtant, rares sont ceux qui expérimentent cette proximité entre le livre et la presse avec la même intensité et la même constance qu'Émile Zola.

De ses premiers pas dans la vie littéraire, à dix-neuf ans, jusqu'à la veille de sa mort, en 1902, Zola garde l'œil et la plume tournés vers le périodique – de gré ou de force, par contrainte financière, par intérêt intellectuel ou par désir de « vivre tout haut [2] », selon l'une de ses expressions familières. L'écrivain et le journaliste s'épaulent au jour le jour, à une époque où la littérature invente littéralement la presse, à moins que ce ne soit la presse qui aspire sans façon les forces des hommes de plume. Jeune écrivain ambitieux, Zola se fait connaître par le journal ; devenu un « maître », l'auteur du cycle des *Rougon-Macquart* use de sa notoriété pour propager dans la presse ses idées et ses convictions, qu'elles soient littéraires ou politiques.

« Inventorier » les traces et les mouvements d'une écriture du quotidien suppose de définir des ruptures et des continuités, et aussi de repérer des lignes de force, qui

1. Zola, « Adieux », *Le Figaro*, 22 septembre 1881, voir *infra*, p. 309.
2. Zola, « Proudhon et Courbet », article paru le 26 juillet 1865 dans *Le Salut public*, voir *infra*, p. 82.

donnent sens à une matière excessivement éparse, touffue, d'une richesse désordonnée. Plusieurs axes peuvent accompagner la lecture des textes retenus dans cette édition : l'exercice du journalisme y apparaîtra successivement comme un travail identitaire, où le « je » de l'auteur s'invente au milieu des signatures d'autrui, puis comme un jeu avec le temps, célébrant le privilège du contemporain ; ces textes peuvent apparaître enfin comme le lieu d'une constante réflexion sur les pouvoirs de l'écriture, entre journalisme et littérature.

## L'AVENTURE DES ÉCRITURES : S'INVENTER UNE IDENTITÉ D'AUTEUR

Les textes réunis dans ce volume couvrent une très large période de la vie de Zola – près de quarante années séparent le premier article, paru en 1864, du dernier, publié en pleine affaire Dreyfus, en 1898. Dans cet intervalle, « Zola » est devenu un nom, qui a connu des métamorphoses successives à mesure que s'inventaient les identités multiples d'un écrivain polygraphe. Un véritable processus se dévoile dans la série des articles retenus : parce que la page de journal accueille des signatures nombreuses, l'écriture singulière se définit par différenciation vis-à-vis d'un contexte aux voix plurielles. L'invention de l'identité de Zola comme journaliste et écrivain pourrait se décrire en trois phases successives : par le passage de la réécriture à l'écriture, par la combinatoire des pseudonymes, enfin par l'orgueilleuse et claironnante affirmation de la valeur individuelle, incarnée dans un nom devenu célèbre.

### *De la réécriture à l'écriture*

À vingt-deux ans, grâce à une lointaine relation de son père, disparu quinze ans auparavant, le jeune Émile Zola entre chez Hachette, au service des expéditions. Il y prépare les emballages de livres à envoyer en paquets. Un mois plus tard, il passe au service de la publicité, où il est rapidement chargé de rédiger les annonces publiées par l'éditeur dans son *Bulletin du libraire et de l'amateur de livres*[1]. Son habileté dans ce travail de résumé et de commentaire des livres lancés par Hachette, son aptitude manifeste à s'effacer et à se couler dans l'œuvre d'autrui assurent le début de sa notoriété dans l'univers des lettres.

Les auteurs publiés par Hachette repèrent en effet ce jeune rédacteur efficace, et les journalistes chargés des comptes rendus bibliographiques reprennent aisément, parfois à peine augmenté ou modifié, le contenu des annonces proposées par l'éditeur. Promu directeur du service publicité, Zola fait accroître sensiblement la part des annonces Hachette dans la presse parisienne ou provinciale[2]. Il devient souvent difficile d'opérer la distinction entre la chronique bibliographique et ce que l'on appellerait aujourd'hui une publicité rédactionnelle. Ses premiers pas dans la presse sont donc ceux d'une signature escamotée au profit de la valorisation d'autrui. De la publicité chez Hachette à la publication directe dans le journal, le pas est vite franchi : pendant quelques années, Zola joue sur les deux tableaux, répondant aux invitations que lui adressent les directeurs de titres de presse. Ainsi le directeur du *Journal populaire de Lille*, Géry Legrand, lui écrit-il en 1863 pour lui proposer d'« entrer en relation avec les journalistes de grand format » : « vous pouvez envoyer à *L'Écho du Nord* des

1. Voir la biographie d'Henri Mitterand, *Zola*, t. I : *Sous le regard d'Olympia (1840-1871)*, Fayard, 1999, p. 330.

2. Nous reprenons ici les éléments d'analyse avancés par Henri Mitterand dans *Zola journaliste. De l'affaire Manet à l'affaire Dreyfus*, Armand Colin, « Kiosque », 1962, p. 18.

articles de critique littéraire ou artistique, *courts*, ils seront bien accueillis [1] ».

Devenu critique littéraire, Zola expérimente dans le journal un nouveau mode de relation à l'écriture d'autrui. Ses premiers grands articles littéraires parus dans la presse s'apparentent encore à un jeu subtil combinant les options vigoureuses de son jugement littéraire et la transcription des idées et formulations de l'auteur commenté. Dans la « Revue littéraire » publiée entre 1865 et 1867 par *Le Salut public*, grand journal lyonnais, le critique, qui n'a pas encore trente ans, distribue les bons et les mauvais points ; ce sera la matière de son premier recueil critique, qu'il intitulera *Mes Haines.* Durant les premières années de son exercice journalistique, Zola se fait lecteur des Goncourt, de Flaubert, Michelet, Sainte-Beuve, Hugo, Taine, Proudhon et Littré, tout en assumant le rôle de médiateur. Les articles recueillis dans la première partie de notre recueil montrent le critique dans son double rôle d'auteur et de recompositeur, adaptant l'œuvre chroniquée aux formats et aux attentes imposés par le titre périodique.

Affûtant sa plume dans le travail critique, se mesurant à ses prédécesseurs, critiquant les critiques, le journaliste ouvre la voie à l'écrivain ; la formation de la doctrine littéraire accompagne la constitution de la « bibliothèque » zolienne, et celle d'un panthéon personnel qui détermine les choix esthétiques du romancier. Au demeurant, comme le rappelle Valéry, « la littérature tient autant du sacerdoce que du négoce [2] », et jusqu'à son premier grand succès romanesque – avec *L'Assommoir*, en 1877 –, Zola ne peut en aucune façon faire l'économie des revenus procurés par la presse. « Un livre ne nourrit

1. Lettre à Émile Zola du 31 octobre 1863, citée dans *Zola journaliste*, *ibid*.

2. La citation de Valéry est rappelée par François-Marie Mourad dans *Zola critique littéraire*, Honoré Champion, 2003, p. 57.

jamais son auteur, écrit Zola à son ami Valabrègue le 8 janvier 1866, on a le feuilleton. Toute œuvre, pour nourrir son auteur, doit d'abord passer dans un journal [1]. » Conquérir sa place dans la société des écrivains, comme l'écrit joliment François-Marie Mourad, c'est « faire entendre sa voix au-dessus du brouhaha des salles de rédaction pour entrer en concurrence avec les grands seigneurs [2] ».

## *Jeux de noms*

L'évolution de la carrière littéraire et journalistique de Zola fait apparaître un intrigant jeu de noms et de pseudonymes, qui portent la marque du contexte médiatique où se déploie l'œuvre de l'auteur. Parce qu'il écrit dans le journal, et que celui-ci est soumis à des législations contraignantes, Zola se voit régulièrement amené à déguiser sa plume sous des noms d'emprunt, selon une pratique très courante dans la presse. « Les métamorphoses de l'identité autorisent les mutations de l'écriture », note Alain Pagès, analysant le jeu des pseudonymes, des allonymes et des hétéronymes dans les journaux au temps de Zola [3]. En revanche, à la fin du siècle, au moment de l'affaire Dreyfus, c'est bien son nom qu'il engage délibérément dans le combat pour la vérité : l'article publié dans *L'Aurore*, « J'accuse », le 13 janvier 1898, vise à susciter la réouverture du procès Dreyfus, transformé en « procès Zola ». Les dernières phrases de

---

1. Zola, *Correspondance*, dir. B.H. Bakker, Presses de l'université de Montréal/Éditions du CNRS, 1978, t. I, p. 234.

2. François-Marie Mourad, *Zola critique littéraire*, *op. cit.*, p. 67.

3. Alain Pagès, *La Bataille littéraire. Essai sur la réception du naturalisme à l'époque de Germinal*, Librairie Séguier, 1989, p. 100 *sq.* Un hétéronyme est « un pseudonyme fondé sur un emprunt, par lequel un écrivain endosse une personnalité qu'il déclare assumer » ; un allonyme est un pseudonyme forgé, sans référence à l'appellation d'origine ou à la tradition littéraire.

cette « Lettre à M. Félix Faure, président de la République » – la longue succession des « J'accuse » qui visent les hauts responsables militaires et politiques impliqués dans l'inculpation du capitaine Dreyfus – soulignent la très nette personnalisation du geste médiatique : il s'agit bien, dans ces années où la presse a enfin conquis pleine liberté d'expression, de se rendre passible, à titre individuel, des « délits de diffamation », prévus par « les articles 30 et 31 de la loi de 1881 » : « C'est volontairement que je m'expose, conclut Zola, ma protestation enflammée n'est que le cri de mon âme [1]. »

L'observation des jeux de noms auxquels se livre l'auteur dans la presse donne à lire la progressive conquête de la notoriété. Ses premiers articles, parus notamment dans ce que l'on appelle la « petite presse » – des journaux vendus au numéro, à un tarif avoisinant un sou, soit la plus basse monnaie en circulation – sont signés de son nom, Émile Zola, encore peu connu. Dès qu'il emprunte la plume du polémiste, l'écrivain doit recourir aux masques : dans *Le Courrier du monde*, en 1865, il livre les « Confidences d'une curieuse », exercice de style alerte et piquant, où l'auteur, déguisé en « Pandore », commente les fêtes du Tout-Paris impérial. Une lecture rétrospective y voit en germe l'inspiration des volumes les plus parisiens de la série des *Rougon-Macquart* : le défilé des voitures au bois de Boulogne, la description des toilettes et des mœurs mondaines évoquent *La Curée* ; la dénonciation de la pompe gouvernementale, lors de la célébration des obsèques du duc de Morny, annonce *Son Excellence Eugène Rougon*. Zola pourtant se dissimule ici sous un voile semi-transparent : la parisienne « Pandore » consacre ainsi l'une de ses chroniques à la promotion d'un jeune écrivain talentueux, dont le premier livre a fait son régal – et qui n'est autre qu'Émile Zola, auteur des *Contes à Ninon*…

1. Zola, « J'accuse », *L'Aurore*, 13 janvier 1898, voir *infra*, p. 354-355.

Les identités multiples autorisées par la polyphonie du texte journalistique réservent des ressources précieuses : Zola écrivain est ici flatté par Zola journaliste. Un an plus tard, quand l'auteur se lance dans la critique d'art pour un quotidien fondé par Hippolyte de Villemessant, *L'Événement*, il recourt de nouveau au jeu du pseudonyme. La solution lui assure un double avantage : d'une part, elle lui permet de tenir dans le même journal un double office, celui de critique littéraire et celui de « salonnier » ; d'autre part, le pseudonyme garantit sa liberté de parole. C'est sous le nom de « Claude » que paraissent les comptes rendus du Salon de 1866, où les attaques en règle contre un jury aux goûts rétrogrades alternent avec la défense véhémente, et inédite dans la presse de l'époque, d'un peintre exclu de l'exposition officielle : Édouard Manet. Une fois encore, le nom d'emprunt déguise le journaliste, tout en dirigeant le regard vers l'écrivain : derrière ce prénom, Claude, le lecteur de l'époque peut reconnaître l'auteur d'un livre récemment publié sous la signature de Zola, *La Confession de Claude*. Quant au lecteur des *Rougon-Macquart*, il ne s'étonnera pas de retrouver ce prénom : c'est celui du peintre génial mais voué à l'échec, dont le triste destin est rapporté dans *L'Œuvre*, publié exactement vingt ans après cette série d'articles, en 1886. Le destin misérable de Claude Lantier, qui met fin à ses jours, entre alors en écho avec le premier article publié par Zola dans son « Salon » : intitulé « Un suicide », il évoque la mort d'un artiste refusé par le jury.

Être journaliste, au XIX$^{e}$ siècle, ce n'est jamais s'éloigner tout à fait de la littérature. Les écrivains ont beau se perdre en récriminations, eux qui s'estiment condamnés à la presse, voués, comme Lucien de Rubempré, à perdre leurs ambitions, et leurs illusions, dans la pratique dégradante d'une « écriture stipendiée », ils bénéficient aussi, à travers le journal, d'une nouvelle voie d'accès à un lectorat considérablement élargi. « La vraie démocratie en littérature est là, note Zola dans un article de 1881, parler de tous et parler à tous, donner droit de cité dans les lettres à toutes les classes et s'adresser ainsi à tous les citoyens [1]. » Depuis le début du siècle, la presse réserve en effet des espaces rédactionnels spécifiques à la publication de textes littéraires, et même de fiction. Ainsi les romans, grâce au développement de la « case » feuilleton, en rez-de-chaussée de la première page, vivent-ils souvent plusieurs vies. Zola romancier voisine couramment, dans le journal, avec Zola chroniqueur, ou critique. Les pseudonymes lui permettent d'exister plusieurs fois dans le même numéro, sans choquer le lecteur ; ainsi retire-t-il des numéros de périodiques plusieurs revenus simultanés. Sous le nom de « Simplice » paraît dans *L'Événement* la série des « Marbres et plâtres », en mars 1866, portraits tantôt flatteurs (les marbres), tantôt critiques (les plâtres) des personnalités contemporaines. Le choix de ce surnom, au demeurant abandonné avant la fin de la série, fait encore signe vers les *Contes à Ninon* : l'une des nouvelles réunies dans ce recueil raconte l'histoire de « la fée Simplice ».

Cinq ans plus tard, en 1872, *Le Corsaire* fait paraître un roman-feuilleton, signé « Agrippa », portant le titre « Un duel social » : nouvelle version, avantageusement déguisée, des *Mystères de Marseille*, publiés d'abord par Émile Zola en 1867 dans un journal marseillais, puis une deuxième fois en volume. Au moment même où Zola-Agrippa livre ce feuilleton, en tirant un troisième profit, Zola-journaliste donne de la voix dans les rubriques politiques : en ces premières années de la III$^{e}$ République, à la veille de l'Ordre moral, les « Causeries du dimanche » dénoncent sans précautions oratoires l'hypocrisie des hommes d'État, provoquant la suspension du journal.

---

1. Zola, « La démocratie », *Le Figaro*, 5 septembre 1881, repris dans les *Œuvres complètes*, Cercle du livre précieux/ Claude Tchou (15 tomes, 1966-1969), t. XIV, 1969, p. 654.

À partir du milieu des années 1870, la notoriété d'Émile Zola est assez assurée pour l'autoriser à conserver son nom, quitte à en user dans plusieurs rubriques à la fois : ainsi, devenu chroniqueur parlementaire pour le quotidien républicain *La Cloche*, l'auteur y publie aussi, en feuilleton, le deuxième volume des *Rougon-Macquart*, *La Curée*. Critique littéraire au *Bien public*, puis au *Voltaire*, entre 1877 et 1880, celui qui est devenu le porte-parole du naturalisme y fait paraître ses romans, en livraisons régulières, qu'interrompt parfois le scandale suscité par certains épisodes fictionnels. *Le Voltaire* publie jusqu'à trois « Zola » à la fois : outre le Zola critique littéraire, qui occupe avec sa « Revue dramatique et littéraire » le bas de page, en alternance avec le Zola feuilletoniste, dont les *Rougon-Macquart* se succèdent au même rez-de-chaussée, le Zola romancier, auteur publié par Charpentier, apparaît dans la rubrique des annonces. Les tomes du cycle zolien font même office de « primes », offertes par le quotidien aux abonnés réguliers.

Le commerce des identités d'auteur se joue dans un constant aller et retour entre le livre et le journal ; une fois acquise la stature de l'écrivain, Zola abandonne le système des prête-noms. À l'exercice de la réécriture se substitue le jeu des republications : les articles, mais aussi la plupart des récits de fiction, sont susceptibles de connaître plusieurs vies dans différents titres de presse. C'est que la signature de Zola a conquis sa pleine valeur, et que l'écrivain est devenu une voix singulièrement sonore, négociant selon des voies complexes son insertion dans une publication à teneur collective.

## *Vers la liberté de choix*

Si l'on veut suivre à la trace les formes de journalisme pratiquées par Zola durant ses quarante ans d'exercice, la diversité des titres, des rubriques et des thématiques impressionne jusqu'au vertige. « J'ai tout fait dans le journal, note Zola en commentaire de son propre itinéraire, je crois bien que j'ai mis les mains à toutes les besognes, depuis les faits divers jusqu'au courrier des Chambres [1]. »

Si l'on adopte un regard panoramique sur l'ensemble de ce parcours, il apparaît clairement que Zola journaliste s'est peu à peu trouvé en mesure d'imposer ses choix aux titres de presse, alors qu'il n'avait d'autre recours, dans les premières décennies de sa carrière, que de transiger avec les contraintes éditoriales ou politiques.

C'est que la priorité absolue de l'écrivain consiste à trouver de quoi vivre par sa plume : à partir de 1866, Zola quitte la maison Hachette et devient journaliste à plein temps. Déplaire à un directeur, provoquer la colère de la censure, choquer les lecteurs, c'est donc perdre son emploi, et une rémunération indispensable. Pendant plus de dix ans, le journalisme constitue sa principale source de revenu. Seul le succès scandaleux de *L'Assommoir*, en 1877, lui assure enfin l'indépendance financière. Aussi Zola est-il en mesure, au tournant de 1880, de proclamer ses « Adieux » au journalisme, bien provisoirement toutefois.

Dans un premier temps, le jeune écrivain se plie aux genres imposés par les titres qui dominent le paysage médiatique. À la recherche d'une « place fixe », il s'adresse aux directeurs de journaux, leur proposant de l'« essayer ». Alphonse Duchesne, secrétaire d'Hippolyte de Villemessant, le directeur du *Figaro*, reçoit ainsi de Zola la lettre suivante :

> Je suis jeune et, je l'avoue, j'ai foi en moi. Je sais que vous aimez à essayer les gens, à inventer des rédacteurs nouveaux. Essayez-moi, inventez-moi. Vous aurez toujours la fleur du panier [2].

1. « Adieux », art. cité.
2. Lettre de Zola du 11 avril 1865, citée par Henri Mitterand dans *Zola*, t. I, *op. cit.*, p. 426.

En janvier 1866, le directeur de *L'Événement*, le même Villemessant, présente en ces termes l'entrée de Zola dans le quotidien :

> Si mon nouveau ténor réussit, tant mieux. S'il échoue, rien de plus simple. Lui-même m'annonce qu'en ce cas-là, il résiliera son engagement, et je raye son emploi de mon répertoire. J'ai dit [*sic*] [1].

L'été suivant, après toute une année de chroniques bibliographiques parues dans *L'Événement*, l'écrivain tente sa chance en proposant au directeur du quotidien de lui faire un roman, « non pas un roman réalisant toutes ses tendances artistiques, mais une œuvre spécialement écrite pour le journal, dans le but de plaire aux abonnés, sans négliger les suspensions habiles de “la suite au prochain numéro” [2] ». Ce sera *Le Vœu d'une morte*, qui, selon le témoignage de son ami Paul Alexis, et malgré ces intentions conciliantes, « n'eut aucun succès [3] ».

Les trois premiers chapitres de cette anthologie – du Second Empire aux premières années de la IIIe République (1864-1879) – déclinent ainsi les expériences vécues par l'écrivain mis à l'épreuve des formes fixes du journal. Zola se prête à des genres qui lui sont particulièrement étrangers : dans *Le Petit Journal*, il s'essaie au « portrait-carte », brève physionomie inspirée de la méthode photographique alors pionnière, et qui s'apparente finalement à un médaillon littéraire fait pour distraire le lecteur, le détourner de ses préoccupations quotidiennes. Alors que les rédacteurs choisissent pour leurs vignettes des modèles aux traits flatteurs, d'une lecture agréable, Zola dépeint la société contemporaine sous

1. Hippolyte de Villemessant, *L'Événement*, 31 janvier 1866.
2. Anecdote rapportée par Paul Alexis dans *Souvenirs d'un ami*, cité dans la *Correspondance*, t. I, *op. cit.*, p. 455.
3. *Ibid.*

ses abords les moins heureux : après une dernière tentative, qui déroule le sinistre portrait d'un croque-mort [1], le directeur du journal met fin à l'expérience.

Lucide, l'écrivain sait qu'il doit « bronzer » sa plume à ces épreuves d'écriture, comme il l'exposera plus tard, estimant que chaque jeune prétendant à la vie des lettres devrait subir ces apprentissages : « Pour tout romancier débutant, il y a dans le journalisme une gymnastique excellente, un frottement à la vie quotidienne, dont les écrivains puissants ne peuvent que profiter [2]. » Écrire dans la « petite presse » quand on porte en soi le projet d'une grande œuvre littéraire, c'est parier sur sa capacité à sortir du lot : « je sais quel niveau cette feuille occupe dans la littérature », écrit Zola à son ami Antony Valabrègue, évoquant *Le Petit Journal*, « mais je sais aussi qu'elle donne à ses rédacteurs une popularité bien rapide ». Devenir soi-même, s'inventer comme auteur, suppose de survivre à la gageure de la polygraphie, comme le suggère la suite de cette lettre :

> Le journal ne fait pas le rédacteur, c'est le rédacteur qui fait le journal ; si je suis bon, je reste bon partout ; le tout est de bien faire et de n'avoir pas à rougir de son œuvre [3].

Alors qu'il ambitionne d'égaler Sainte-Beuve ou Taine, en analysant longuement les œuvres de ses contemporains, Zola doit se contenter de pratiquer la « chronique bibliographique », faisant mine, pour *L'Événement*, d'adopter de bon cœur un genre critique qui lui est étranger :

---

1. Ce portrait-carte, refusé par *Le Petit Journal*, sera repris sous différents titres dans quatre quotidiens entre 1865 et 1872 avant d'être publié en volume sous le titre « Mon voisin Jacques » dans les *Nouveaux Contes à Ninon* (1874).
2. « Alexis et Maupassant », *Le Figaro*, 11 juillet 1881.
3. Lettre à Antony Valabrègue, 6 février 1865, *Correspondance*, t. I, *op. cit.*, p. 405.

> Je sais que les chroniques sont à la mode, et que le public aujourd'hui veut de courts entrefilets, aimant les nouvelles toutes mâchées et servies dans de petits plats. [...] Je crois pouvoir me tirer de cette besogne avec succès, et je demande qu'on tente toujours de m'employer, quitte à me remercier, si je ne tiens pas les promesses de mon programme [1].

Quelques années plus tard, entre 1871 et 1877, voici Zola chroniqueur parlementaire : le compte rendu de l'histoire au jour le jour, selon les modes attendus de la chronique, lui est une torture quotidienne. Sa plume s'en échappe dès qu'elle en trouve l'occasion, imaginant les rêves des députés, fictionnalisant les ingrats débats des assemblées. Les articles du *Sémaphore de Marseille*, non signés, se coulent dans les sinuosités d'une actualité qui parfois ne présente aucune saillance. Le cas même du journal fondé par Zola en 1870, *La Marseillaise*, dans son éloquence enflammée mais convenue, montre encore celui-ci aux prises avec des modèles dont il hérite sans pouvoir les transformer radicalement [2].

Une fois reconnu comme tête de file de l'école naturaliste, l'écrivain utilise les journaux sur un mode différent : il se trouve désormais en position de proposer des rubriques et des séries. Son arrivée dans un titre de presse suscite des effets d'annonce, employés par les journaux au service de leur propre réclame. Une revue russe, *Le Messager de l'Europe*, lui offre une correspondance mensuelle, avec toute latitude pour en choisir les formes et thématiques : « Je vous laisse pleine liberté d'écrire douze fois par an, et je vous garde dans chaque numéro de la revue vos 24 pages », lui annonce le directeur, Michel Stassulevitch [3]. Dans la presse quotidienne parisienne,

1. Lettre à Gustave Bourdin, directeur de *L'Événement*, 22 janvier 1866, *ibid.*, p. 441.
2. Voir *infra*, p. 162-165.
3. Lettre à Émile Zola du 6 mai 1875, citée par Henri Mitterand dans *Zola journaliste*, *op. cit.*, p. 186.

Zola tient une rubrique hebdomadaire, d'abord au *Bien public*, « seul journal de Paris qui applique à toutes les questions les procédés rigoureux de la méthode scientifique moderne », puis au *Voltaire*, son successeur, quotidien qui se présente comme « le *Figaro* des républicains » : deux espaces de publication où il mène campagne pour la doctrine naturaliste, non sans heurts avec la direction parfois frileuse du journal. Les textes du *Roman expérimental* y paraissent en octobre 1879, en même temps que le feuilleton de *Nana*.

À suivre cet itinéraire dans la presse de son époque, on peut estimer que la figure de Zola écrivain-journaliste s'est pleinement constituée au tournant des années 1879-1880 : la preuve en est l'épisode de la « Campagne » menée au *Figaro*, journal conservateur, contre le pouvoir en place, au nom de principes républicains et démocrates. Depuis la publication de *Nana*, les relations entre l'écrivain et son camp politique se sont tendues : s'accentue en effet l'écart entre les affinités politiques du romancier – depuis toujours favorable au régime républicain, à la justice sociale et à la plus grande liberté d'expression – et ses choix esthétiques, qui froissent les démocrates par la lumière crue jetée sur la réalité du quotidien populaire. Or, Zola le proclame sans ambages dans *Le Messager de l'Europe*, en avril 1879, « la République vivra ou la République ne vivra pas, selon qu'elle acceptera ou qu'elle rejettera notre méthode : la République sera naturaliste ou ne sera pas [1] ». Critiqué comme écrivain par les représentants du pouvoir en place, Zola journaliste passe alors dans le camp adverse : c'est désormais au *Figaro* qu'il défendra ses positions à la fois littéraires et politiques. L'indépendance devient la clé de ce nouveau geste journalistique, comme l'annonce Zola dans sa lettre

1. « La République et la littérature », article publié en avril 1879 dans *Le Messager de l'Europe*, repris dans *Le Figaro* le 20 avril 1879, et paru en volume dans *Le Roman expérimental* (1880).

au directeur, Francis Magnard, publiée par le quotidien : « C'est un républicain qui entre au *Figaro* et qui vous demandera beaucoup d'indépendance personnelle [1]. »

Seul contre tous, le journaliste a gagné le prestige de la singularité : mis en accusation parmi les républicains pour une littérature désignée comme « obscène », il porte dans les colonnes du plus grand quotidien conservateur la défense des principes de gauche. Le voici donc en mesure de manifester, dans une orgueilleuse exception, les traits d'excellence qui fondent « l'élite artiste », selon les termes proposés par la sociologue Nathalie Heinich [2]. Dans un billet intitulé « Une recrue », le directeur du *Figaro* en apporte la preuve, célébrant chez son nouveau contributeur « un talent vigoureux et personnel », qui fait de lui « un voyant [3] ».

## ÉCRIRE AU PRÉSENT : LE JOURNALISME, OU LE PRIVILÈGE DU CONTEMPORAIN

Parce qu'elle s'inscrit dans un contexte d'écriture périodique, l'activité journalistique a affaire de façon spécifique à la question de la temporalité. Zola est rapidement passé maître dans l'art de composer des recueils avec les articles d'occasion, ou bien dans celui, parallèle, de publier à plusieurs reprises des textes à peine modifiés. Pourtant, chaque article paru dans la presse prend sens d'abord et avant tout par le contexte immédiat de sa publication ; la préférence accordée au recueil, à des versions qui ne sont considérées comme définitives qu'une

1. « Lettre à Francis Magnard », *Le Figaro*, 17 septembre 1880.
2. Nathalie Heinich, *L'Élite artiste. Excellence et singularité en régime démocratique*, Gallimard, 2005.
3. Francis Magnard, « Une recrue », *Le Figaro*, 17 septembre 1880.

fois stabilisées par la reliure et la couverture, relève d'une lecture seconde et finalement détournée, dont les écrivains eux-mêmes sont les complices. Ainsi, préfaçant un recueil d'articles publiés par un journaliste du *Figaro*, Émile Blavet, Zola estime que « la mise en volume est l'épreuve suprême pour les articles » : « quand on recueille les pages jetées au vent et qu'elles se trouvent faire un ensemble, un tout qui a sa raison d'être, c'est que la besogne est bonne [1] ».

Le développement de cette « littérature au quotidien [2] » qu'est la presse au XIX^e^ siècle impose une manipulation du temps qui n'appartient qu'au journalisme. Dans l'immense *corpus* des articles publiés par Zola, la question de l'actualité et du contemporain occupe une place à la fois primordiale et ambivalente : le présent constitue de fait un impératif catégorique de l'écriture périodique, qui détermine à la fois sa richesse et ses limites.

## *Les embarras du quotidien*

La « matrice médiatique », comme l'expose Marie-Ève Thérenty, impose à l'écrivain périodicité et actualité : s'il est salarié d'un journal, il doit répondre à la demande, et devenir, selon la formule employée par Anatole France dans une lettre au directeur du *Temps*, « un écrivain périodique et régulier [3] ». Les articles publiés par Zola témoignent de cette contrainte : engagé pour une parution mensuelle, hebdomadaire, ou même quotidienne, il se doit de publier, pour respecter le contrat, quelle que soit l'inspiration, et surtout l'actualité. Aussi déploie-t-il

1. Zola, « Le reporter », préface à *La Vie parisienne* d'Émile Blavet, publiée dans le supplément littéraire du *Figaro* le 9 mars 1889.

2. Nous empruntons cette expression à Marie-Ève Thérenty, *La Littérature au quotidien. Poétiques journalistiques au XIX^e^ siècle*, Seuil, 2007.

3. Cité in *ibid.*, p. 54.

l'art de raconter le vide – d'écrire pour dire qu'il n'y a rien à dire.

Ce tour rhétorique constitue l'une des ressources inventées par l'écrivain désireux de contourner les protocoles journalistiques pour employer le journal au service de la littérature. Ainsi la « curieuse », en 1865, regrette-t-elle ces « tristes semaines » où il ne se passe rien : « La terre jouit d'une déplorable tranquillité. Pas le plus petit meurtre, pas le plus mince événement comique ou tragique [1]. » Ce prétendu désert médiatique, expression déguisée de la censure impériale, constitue une occasion d'aborder des sujets plus proches de l'inspiration littéraire : « puisque je ne puis parler, poursuit Pandore, je lis » – suit l'éloge intéressé des *Contes à Ninon*, que nous avons évoqué précédemment.

La « pluie et le beau temps » occupent les articles zoliens à la façon d'une conversation décousue, qui prendrait place dans cet espace partagé qu'est la page du périodique. Devenu chroniqueur parlementaire, envoyé à la Chambre par *La Cloche*, quotidien parisien et républicain, et par *Le Sémaphore de Marseille*, titre marseillais plus conservateur, Zola tient la rubrique du temps qu'il fait à l'Assemblée. À Bordeaux, en février 1871, avant la signature du traité de paix avec la Prusse, la France lui paraît agoniser dans une lenteur éprouvante : « le travail des commissions est de plus en plus laborieux », les informations importantes ne circulent que difficilement, et la ville est dominée par « le malaise qu'on éprouve dans la chambre d'un mort [2] ». La langueur du travail législatif le torture encore, un an plus tard, dans le désert versaillais : « Les séances se suivent et se ressemblent. C'est un Sahara parlementaire où les députés seuls trouvent

1. « Confidences d'une curieuse », *Le Courrier du monde*, fin avril 1865, *infra*, p. 63.

2. « Lettres de Bordeaux », *La Cloche*, 28 février 1871, *infra*, p. 176 et 177.

une buvette. Le public meurt d'ennui et de soif[1]. » Si bien qu'au printemps 1872, Zola adresse une prière ironique aux parlementaires qui font leur rentrée à Versailles :

> Le temps a fui, les jours se sont écoulés, et voilà que vous revenez vous battre avec les hirondelles sous les grands ombrages de Versailles. Les méchantes langues disent bien que vous n'êtes pas les oiseaux du printemps. Vous rapportez le froid dans les plis de vos redingotes [2].

En humble « ver de terre de la presse », l'auteur supplie les députés de quitter cette ville morte, aux odeurs de sacristie. Quelques mois plus tard, en novembre 1872, il reprend le même motif, déplorant l'ennui provincial que lui imposent à la fois son emploi de chroniqueur et l'exil de l'Assemblée :

> Hier, par un de ces gris après-midi de novembre, à l'heure où la nuit tombe, je songeais, les pieds sur les chenets, à ce malheureux pays, à cette triste France qui agonise dans les mélodrames bêtes de Versailles[3].

Condamné à cette contrainte du périodique, Zola déploie une sensibilité climatique qui l'apparente aux écrivains de la modernité, selon la description qu'en propose le critique Claude Mouchard : les œuvres de Baudelaire, Flaubert, Maupassant, comme celles de Huysmans ou George Sand, témoignent à ses yeux du développement de ce « réseau d'observations météorologiques » qui commence à se tisser au milieu du XIX^e siècle[4]. La presse joue un rôle majeur dans la mise en commun de

---

1. « Lettres de Versailles », *La Cloche*, 29 février 1872.
2. « Humble supplique », dans les « Lettres de Versailles », *La Cloche*, 22 avril 1872, *infra*, p. 195.
3. « Causeries du dimanche », *Le Corsaire*, 3 décembre 1872, *infra*, p. 200.
4. Claude Mouchard, *Un grand désert d'hommes. Les équivoques de la modernité*, Hatier, 1991, p. 16.

cette sensibilité à l'atmosphère environnante : écriture partagée et vouée à la circulation, elle est, note George Sand au lendemain de 1848, « notre chez nous », « la place publique, l'âme du peuple enfin [1] ».

La pesanteur de l'exercice imposé constitue le revers d'une pratique qui tire de son lien à l'actualité une force de frappe inégalée. Parce qu'il s'écrit et se lit au présent, l'article de presse constitue en effet le lieu idéal pour agir sur les hommes et les idées.

## *« Je suis de mon âge »*

« Je suis de mon âge » : c'est sur cette formule que se clôt le premier article du recueil publié par Zola en 1866, *Mes Haines*. Cette déclaration programmatique résume la relation passionnée entretenue par l'écrivain avec ses contemporains, et son goût pour l'actualité, qui réunit les individus dans un vivre-ensemble non seulement spatial mais aussi chronologique [2].

Le présent constitue pour Zola un enjeu à part entière. Pour des raisons commerciales, d'abord, intimement liées à la dimension médiatique de son activité littéraire : écrivant dans la presse, l'auteur est bien conscient du caractère périssable propre à l'article de presse, et même au livre. De son passage au service de la publicité, chez Hachette, il a retenu la maîtrise des « annonces », qui inscrivent dans le présent le désir des livres à venir. Le journaliste cultive cette compétence proprement communicationnelle : les chroniques des « Livres d'aujourd'hui et de demain » qu'il publie dans *L'Événement* à partir de

1. Cité in *ibid.*, p. 28.

2. Roland Barthes, dans son cours au Collège de France, note que « le Vivre-ensemble est aussi temporel » ; « et il faut marquer ici cette case "vivre en même temps que", soit "la contemporanéité" », *Comment vivre ensemble? Cours et séminaire au Collège de France*, (1976-1977), Seuil/ IMEC, 2002, p. 36.

1866 ménagent de savants effets de dévoilement et d'attente, conformes au régime de « l'événement littéraire », dont le XIXe siècle constitue le moment fondateur [1]. Ainsi Zola se procure-t-il les épreuves des livres à paraître, et en révèle-t-il le contenu par des résumés partiels, afin d'entretenir la curiosité du lecteur.

Chroniquant l'actualité du théâtre, à la fin des années 1870, l'auteur interrompt son feuilleton pour rendre compte, séance tenante, d'une nouvelle qui domine pour lui tous les faits du moment : la parution du dernier roman de Jules Vallès, *Jacques Vingtras* (*L'Enfant*). C'est au présent qu'il témoigne d'une lecture bouleversante : « Voici dix ans qu'une œuvre ne m'avait remué à ce point [2]. » L'urgence, pour le lecteur, sera donc de se procurer au plus vite ce « livre frémissant » :

> Je désire qu'on lise ce livre. Si j'ai quelque autorité, je demande qu'on le lise, par amour du talent et de la vérité. Les œuvres de cette puissance sont rares. Quand il en paraît une, il faut qu'elle soit mise dans toutes les mains [3].

Penser l'événement à chaud, articuler au plus juste passé et avenir, éclairer l'actualité, telle est la mission dont s'investit à son tour le journaliste politique. Entre 1868 et 1898 – ces trois décennies durant lesquelles Zola est amené à traiter d'actualité politique –, crises et changements de régimes se succèdent, la guerre franco-prussienne ne s'achève que pour laisser place à la guerre civile, les gouvernements tombent, la République est proclamée, mais vit sans Constitution les cinq premières années de son existence. Depuis son observatoire journalistique, l'auteur tente d'y voir clair ; à la fin du

---

1. Voir Corinne Saminadayar-Perrin (dir.), *Qu'est-ce qu'un événement littéraire au XIXe siècle ?*, Presses de l'université de Saint-Étienne, 2008.

2. « Revue dramatique et littéraire : Vallès », *Le Voltaire*, 24 juin 1870, *infra*, p. 285.

3. *Ibid.*, p. 289.

Second Empire, dans *La Tribune*, il s'insurge contre « l'oubli du 2-Décembre », et s'interroge : « Faut-il dix ans, faut-il vingt ans, pour qu'une mauvaise action devienne bonne, et à quel signe peut-on reconnaître que le coupable d'hier est l'innocent d'aujourd'hui [1] ? » De cette réflexion, inspirée par la lecture d'une *Histoire de l'insurrection du Var en 1851*, Zola dérive vers un discours d'admonestation, à l'intention du pouvoir impérial : « On nous accuse d'être implacables. Attendez demain, et vous verrez si l'avenir est plus indulgent que nous [2]. » En interrogeant l'ombre portée par le passé sur le présent, le journaliste se fait visionnaire, inventant l'avenir : à la veille de la chute du Second Empire, cet avertissement aux accents hugoliens ne manque pas de pertinence.

Le chroniqueur de la III$^e$ République opère selon des modes comparables : les délibérations parlementaires des premières années républicaines sont souvent amenées à solder les comptes du passé, pour mieux fonder la solidité du régime. Zola, pour sa part, tente de dépasser le détail des arguties qui encombrent les séances pour rendre lisible le sens de l'Histoire [3]. Ainsi se révèle-t-il particulièrement sensible aux moments de bilan, qui donnent tout son relief au présent depuis lequel se construit l'avenir : en août 1871, par exemple, il assiste au procès des Communards, et décrit avec un vif malaise ces « anciens fonctionnaires bonapartistes qui viennent entendre juger la queue de l'Empire, cette Commune qui est la résultante immédiate de nos quinze années de honte [4] ».

1. « Causerie », *La Tribune*, 29 août 1869, *infra*, p. 155.
2. *Ibid.*, p. 160.
3. Ce travail d'élucidation est très précisément analysé par Corinne Saminadayar-Perrin, dans « Lettres de Bordeaux : l'Histoire au jour le jour », *Cahiers naturalistes*, n° 83, 2009, p. 111-133.
4. « Lettres de Versailles », *Le Sémaphore de Marseille*, 15 août 1871, *infra*, p. 192.

Surtout, le « moment présent » détermine chez Zola un système de valeurs, tant esthétiques que politiques. Son travail critique, inspiré sur ce plan par Sainte-Beuve et Taine, introduit le critère historique dans l'évaluation du beau. Aussi l'auteur accorde-t-il une importance de premier plan à la distinction entre les œuvres qui, bien que contemporaines, appartiennent au passé, et celles qui, par leur force innovatrice, sont pleinement de leur temps et annoncent l'avenir. La doctrine naturaliste s'ancre dans une pensée de la modernité ; c'est d'ailleurs en lisant les Goncourt, et en défendant bec et ongles leur roman paru en 1865, *Germinie Lacerteux*, que Zola se proclame *de son âge* [1].

Le premier article retenu pour notre volume, paru dans *Le Journal populaire de Lille* en 1864, analyse « le progrès dans les sciences et dans la poésie », et constate que « la forme des Hugo, des Lamartine et des Musset est épuisée » ; le « grand poète de demain » devra inventer « une poétique » conforme « aux aspirations du temps présent [2] ». La plupart des articles de critique publiés par Zola passent les œuvres analysées au crible de la question temporelle, comme pour interroger la possibilité d'une rencontre effective entre le livre et son public contemporain :

> Pour moi, l'œuvre est grande, en ce sens qu'elle est, je le répète, la manifestation d'une forte personnalité, et qu'elle vit largement de la vie de notre âge [3].

L'actualité devient de ce fait l'un des critères de la réussite du geste créateur – à ceci près que, non sans paradoxe, l'œuvre est d'autant plus grande qu'elle survit à son époque.

1. « *Germinie Lacerteux* », *Le Salut public*, 24 février 1865, *infra*, p. 69.
2. « Du progrès dans les sciences et dans la poésie », *Le Journal populaire de Lille*, 16 avril 1864, *infra*, p. 49.
3. *Ibid.*, p. 49.

Quel meilleur espace que la page de journal pour « crier », comme le fait Zola, qu'il « est impossible, – impossible, entendez-vous – que M. Manet n'ait pas son jour de triomphe, et qu'il n'écrase pas les médiocrités timides qui l'entourent » ? C'est bien aux lecteurs du quotidien que s'adresse cette énergique formulation, par laquelle il déclare que les faiseurs « seront les morts de demain », après avoir procédé, par un tour proche de la prosopopée, à la mise en scène de son geste de soutien au peintre d'*Olympia* : « Je viens, aujourd'hui, tendre une main sympathique à l'artiste qu'un groupe de ses confrères a mis à la porte du Salon [1]. »

## *Du journalisme comme tauromachie*

En avant-propos de *L'Âge d'homme*, en 1939, Michel Leiris compare l'exercice autobiographique à la tauromachie : l'exposition de soi équivaut au danger encouru par le torero face à la corne acérée. Dans un cas comme dans l'autre, le risque donne à l'acte sa force et sa pureté [2]. Le territoire du journal, de même, est investi par Zola à la façon d'une arène, où il se montre prêt à provoquer et affronter tous les adversaires. L'efficacité de la presse se trouve pour lui élevée à sa plus haute portée quand l'article devient acte de combat ; ainsi, lorsqu'il suscite la suspension du *Corsaire* par un texte dénonçant le chômage sur un ton particulièrement virulent [3], Zola se félicite, constatant qu'il « y perd quelque argent », mais y « gagne un terrible tapage [4] ». En cas de « tapage » ou de « bruit énorme », le présent de la lecture se trouve

1. « M. Manet », *L'Événement*, 7 mai 1866, *infra*, p. 108.
2. Voir Michel Leiris, « De la littérature considérée comme une tauromachie », avant-propos de *L'Âge d'homme*, Gallimard, 1939.
3. « Le lendemain de la crise », *Le Corsaire*, 22 décembre 1872, *infra*, p. 212.
4. Lettre à Marius Roux, 30 décembre 1872, citée par Henri Mitterand, *Zola*, t. I, *op. cit.*, p. 95.

incarné dans une polémique qui lui donne la vivacité des événements vécus. Lors de ses adieux (provisoires) à la presse, en 1881, Zola dresse le bilan de cet engagement musclé dans le champ médiatique : au terme d'une année passée à « batailler » au *Figaro*, il est temps de « remettre le sabre au fourreau[1] ». Non sans mal, car l'auteur se sent « pris du regret de la bataille » : « depuis quinze ans, je me bats dans les journaux », résume-t-il, évoquant ses débuts nécessiteux, puis la conquête de la célébrité, où « les assauts les plus furieux » le « fouettaient » et lui donnaient du courage[2]. Le sens même de la presse, à ses yeux, réside dans cette vie superlative qu'autorise la polémique :

> [La presse] a beau être stupide et mensongère souvent, elle n'en demeure pas moins un des outils les plus laborieux, les plus efficaces du siècle, et quiconque s'est mis courageusement à la besogne de ce temps, loin de lui garder rancune, retourne lui demander des armes, à chaque nécessité de bataille[3].

Le *corpus* journalistique zolien se structure donc autour de grands combats menés par voie de presse : depuis la défense de Manet, jusqu'à l'affaire Dreyfus, en passant par la bataille naturaliste et la campagne du *Figaro* évoquée plus haut, visant le gouvernement des républicains « opportunistes[4] ». Il faut évoquer aussi l'aventure de *La Marseillaise*, titre créé en pleine guerre contre la Prusse, en 1870, véritable journalisme de combat qui évoque à la fois la presse révolutionnaire et celle qu'animera l'esprit de la Résistance, près d'un siècle plus tard :

---

1. Alain Pagès, dans *La Bataille littéraire* (*op. cit.*, p. 155), note que « la polémique apparaît comme un droit, moral et stylistique, de l'écriture périodique ».
2. « Adieux », art. cité.
3. *Ibid.*
4. Voir Alain Pagès, *La Bataille littéraire*, *op. cit.*

> L'appel est jeté, la France entière répondra aujourd'hui, toute espérance de paix serait ridicule, c'est une guerre sans merci, un massacre. Chacun doit prendre l'arme qui lui tombera sous la main. Si l'on a des fusils, c'est bon. Autrement, on prendra des couteaux, et si les couteaux manquent, les faux et les fourches suffiront [1].

Recueils et romans prolongent et alimentent ces prises de position, dans une cohérence toujours maintenue entre écrits de presse et volumes publiés, entre textes théoriques et récits de fiction. C'est toutefois dans le journal que Zola se confronte le plus vivement à son public, et à ses confrères : la presse, écrit-il, « est la vie, l'action, ce qui grise et ce qui triomphe [2] ». L'épreuve du journal est en effet celle du public, dont la force est inséparable du principe démocratique : « si notre public devient immense, c'est à nous d'avoir la voix assez puissante pour qu'elle porte aux quatre coins du pays [3] ». Penser les modes d'écriture propres à assurer cette « puissance de voix », telle est aussi l'une des fonctions du journalisme pour Zola.

## POUVOIR DU JOURNAL : CHRONIQUE DES MUTATIONS MÉDIATIQUES AU XIXe SIÈCLE

Les colonnes du journal offrent à l'écrivain un espace propice à une réflexion sur le pouvoir des textes et le rôle déterminant des contextes éditoriaux. Les articles publiés par Zola font une large place à des réflexions d'ordre métadiscursif, où l'écriture se prend elle-même pour objet.

---

1. « Aux armes ! », *La Marseillaise*, 4-5 octobre 1870, *infra*, p. 169.
2. « Adieux », art. cité.
3. « La démocratie », art. cité.

Zola journaliste se révèle être un penseur du journalisme : grand praticien de la presse, il en est un observateur passionné, et contradictoire. La richesse et l'ambivalence de ses analyses témoignent de sa situation historique bien particulière : l'écrivain vit en effet au plus près une mutation décisive du paysage journalistique, qui conduit à la professionnalisation du métier de journaliste, et à la massification du journal. Cette « révolution du quotidien », pour reprendre les termes de Christian Delporte, se manifeste dans le changement d'échelle spectaculaire connu par les tirages des journaux entre 1880 et 1912 : *Le Petit Journal*, premier en diffusion, comptabilise 598 000 exemplaires en 1880 ; il en affiche 995 000 en 1912, mais est à cette date distancé par *Le Petit Parisien*, qui pour sa part dépasse 1 290 000 exemplaires[1] !

De tels phénomènes redéfinissent les liens entre le livre et le journal : si l'écrivain d'avant 1860 ne peut guère faire l'économie d'une publication périodique, celui d'après 1880 doit en outre compter avec un média fortifié, qui invente peu à peu sa propre poétique – l'écriture d'information, aux rythmes et contraintes redéfinis, met au défi les pratiques littéraires du journalisme antérieur. D'autant plus que la presse d'après 1880 a aussi conquis sa liberté : la loi du 29 juillet 1881 sur la liberté de la presse, votée à une très large unanimité après plus de quatre ans de préparation, met fin à près d'un siècle de censure et d'aléas juridiques. Encore en vigueur aujourd'hui, cet édifice législatif décrète que « l'édition et l'imprimerie sont libres », et suspend toute forme de contrôle politique sur le contenu des publications, qu'elles soient périodiques ou non.

1. Ces données sont empruntées à Christian Delporte, *Les Journalistes en France. Naissance et construction d'une profession (1880-1950)*, Seuil, 1999, p. 45.

Ainsi, au moment même où Zola est devenu une personnalité centrale dans l'univers littéraire et médiatique, la presse, libérée, aborde une période de croissance polymorphe. Face à cette expansion, le jugement de l'écrivain oscille entre enthousiasme et inquiétude. Notre volume retient deux articles importants par le tableau équilibré qu'ils offrent de la presse : d'une part, un très long article publié en mai 1877 dans *Le Messager de l'Europe*, intitulé « La presse française » ; d'autre part, le texte des « Adieux » au journalisme formulés par Zola en décembre 1881, au terme d'un an de campagne au *Figaro* [1].

Au crédit de la presse, Zola porte sa puissance, liée à sa liberté, inséparable de l'instauration durable d'un régime républicain. Alors qu'à ses débuts l'écrivain endure le silence imposé par la censure – « quand notre intelligence s'est éveillée, la presse était muette, la pensée souffrait des liens qui la garrottaient [2] » –, il constate, à la fin du siècle, que la République « est venue pour donner à tous la liberté » : « Entrez, sa maison doit être de verre [3]. » Dans la vaste entreprise de diffusion des savoirs, à laquelle le romancier naturaliste estime contribuer largement, le journal tient aussi son rôle, dès lors qu'il est devenu un support de lecture populaire. *Le Petit Journal*, note-t-il dans *Le Messager de l'Europe*, « visait une masse énorme de gens pauvres et incultes qui, jusqu'alors, n'avaient pas de journal à eux » : « On a dit, non sans raison, qu'il avait créé une nouvelle classe de lecteurs. À ce point de vue, cette feuille, dont on s'est tellement moqué, avait rendu un réel service : elle apprit à lire,

1. *Infra*, p. 234 et 309.
2. « Une causerie », *La Tribune*, 17 janvier 1869, cité par Roger Ripoll dans « Littérature et politique dans les écrits de Zola. 1879-1881 », *Les Cahiers naturalistes*, n° 54, 1980, p. 43.
3. « La vertu de la République », *Le Figaro*, 24 décembre 1895, *infra*, p. 326.

donna le goût de la lecture[1]. » La presse joue dans le sens du progrès intellectuel, tel que le définit Zola : « ce qui progresse, ce sont les moyens matériels de l'expression et les connaissances exactes sur l'homme et la nature[2] ».

À l'égard de la presse, les griefs ne manquent pas ; Zola reprend régulièrement à son compte les critiques traditionnelles depuis Balzac, qui font du journal le cimetière des ambitions littéraires. Le développement d'une presse massifiée, vouée à l'information, renouvelle l'argumentaire de ces condamnations aristocratiques : la presse d'information impose la brièveté et la rapidité, deux qualités peu compatibles avec les pratiques de l'écrivain. « Les nouvelles conditions du journalisme ont profondément disloqué le monde littéraire, note Zola en 1872 dans un article consacré à Balzac, c'est ainsi qu'il n'y a plus de romanciers. Le journal les a dévorés[3]. » Les faits divers navrent le romancier, qui constate que, « le goût de l'actualité aidant, nous en sommes arrivés à cette fièvre d'informations immédiates et brutales, qui changent certains bureaux de rédaction en véritables bureaux de police[4] ». La vigueur de l'offre informative a son revers, le « virus de l'information à outrance », « qui nous a pénétrés jusqu'aux os » : « nous sommes comme ces alcooliques qui dépérissent dès qu'on leur supprime le poison qui les tue[5] ».

Au moment de l'affaire Dreyfus, l'écrivain vit à l'endroit de la presse une situation hautement paradoxale. D'un côté, il est la proie d'une violence médiatique peu imaginable pour le lecteur du XXI^e^ siècle.

1. « La presse française », *Le Messager de l'Europe*, mai 1877, *infra*, p. 252.
2. « Adieux », art. cité.
3. *La Cloche*, 21 août 1872, repris dans les *Œuvres complètes*, t. X, 1968, *op. cit.*, p. 961.
4. « Revue dramatique et littéraire », *Le Voltaire*, 6 juillet 1880, repris dans les *Œuvres complètes*, t. XIV, *op. cit.*, p. 414.
5. « Préface » aux *Mémoires de Paris*, de Charles Chincholle, repris sous le titre « Contre le reportage », *Le Figaro*, 27 avril 1889.

« Zola le juif » est traîné dans la boue par les journ antidreyfusards, et ne manque pas, dans les tribunes qu'il tient au *Figaro* puis à *L'Aurore*, de condamner cette « basse presse en rut », « les aboyeurs du soir » et « les feuilles de tolérance[1] ». D'un autre côté, pourtant, quand il décide de prendre parti pour le capitaine Dreyfus, c'est bien la presse qui lui offre le moyen d'action le plus efficace. D'abord publiée en brochure, la « Lettre à M. Félix Faure » ne devient « J'accuse » qu'en paraissant en une de *L'Aurore*, journal républicain socialiste fondé en octobre 1897[2]. En 1901, reprenant les textes de l'Affaire, dans un recueil intitulé *La Vérité en marche*, Zola revient avec une grande lucidité sur le rôle du média journalistique dans le déroulé des événements : « la pensée me vint, note-t-il dans sa préface, de donner à ma lettre une publicité plus large, plus retentissante, en la publiant dans un journal ». Son choix se porte sur *L'Aurore*, qui devient pour l'écrivain « l'asile, la tribune de liberté et de vérité, où [il a] pu tout dire[3] ».

Dans ses démêlés avec le journal, l'homme de lettres fin de siècle, devenu ce que l'on appelle « un intellectuel », déploie donc une pensée du média, qui ne s'aveugle pas sur les atouts ni sur les limites de ce nouveau régime de communication. Sa pratique éditoriale joue elle aussi avec la plus grande virtuosité des débouchés ouverts par l'offre journalistique ; si l'écrivain se plaint parfois du « saucissonnage » auquel le condamne la publication en feuilleton, il sait aussi débiter en morceaux un article trop long, pour le publier dans plusieurs journaux à la fois, ou bien retoucher quelques dates, pour actualiser un texte qui a pris de l'âge, et lui donner une seconde jeunesse. En proposant une nouvelle sélection

1. « Procès-verbal », *Le Figaro*, 5 décembre 1897.
2. Voir *infra*, p. 341.
3. *La Vérité en marche*, repris dans les *Œuvres complètes*, t. XIV, *op. cit.*, p. 920.

des textes journalistiques publiés par Zola, qui donne sa juste place au contexte de l'écriture, nous entendons éclairer la variété de ses pratiques médiatiques – et montrer, en somme, comment Zola a su sortir vainqueur du combat avec la presse « toute-puissante » : « Il faut simplement avoir les reins assez solides, pour se servir d'elle, au lieu qu'elle ne se serve de vous [1]. »

Adeline WRONA

1. « Adieux », art. cité.

# NOTE SUR L'ÉDITION

Publier la totalité des articles écrits par Zola supposerait de réunir plusieurs dizaines de volumes ; ce travail de synthèse, comme le notait Henri Mitterand en 1962 [1], n'a jamais été intégralement entrepris. S'y oppose pour une part la dispersion des titres de presse, souvent mal conservés dans les fonds documentaires, ainsi que l'indétermination relative où nous place la pratique de l'anonymat dans certains journaux de son époque. Ainsi d'un des quotidiens auxquels Zola coopère le plus activement, *Le Sémaphore de Marseille* : les articles n'y sont pas signés, et seule la minutieuse patience de biographes avertis permet de croiser les sources (correspondance, autres publications contemporaines), et de dessiner le contour vraisemblable d'un massif impressionnant, réunissant près de deux mille textes de Zola.

À ce travail monumental s'oppose aussi sans doute une réticence d'un autre ordre, qui prend Zola au pied de la lettre, quand il déclare ici ou là désirer « faire la part » entre son « œuvre » – ses livres, « avec lesquels [il] désire être jugé » – et « ses écritures honteuses », « le journalisme », « qui ne [lui] sont rien » que « la banque pour faire mousser [ses] livres [2] ». En habile négociateur, très au fait des logiques éditoriales et même publicitaires, Zola a su assurer aux textes parus dans la presse une

1. Voir Henri Mitterand, *Zola journaliste, op. cit.*

2. Le propos est rapporté par Edmond de Goncourt dans son *Journal*, le 19 février 1877, Robert Laffont, « Bouquins », t. II, 1956, p. 728.

deuxième vie, par la republication en volume, voire une troisième ou quatrième existence, quand ces volumes se redistribuent à leur tour dans le journal. De ce fait, les articles deviennent chapitres de livres, et cette métamorphose éditoriale renforce la tendance à ne retenir du travail périodique que ce qui se voit légitimé par le recueil. Les grands articles de la critique d'art, les textes doctrinaires du *Roman expérimental*, les tribunes politiques – toutes ces salves répondant, dans la presse, aux sollicitations de l'actualité – sont connus du lecteur comme des ensembles cohérents, répondant à un titre choisi *a posteriori*. Les éditions complètes des œuvres zoliennes ne retiennent donc souvent pour leur sélection d'articles que ce qui, déjà, avait été jugé par leur auteur digne d'intégrer un livre.

Nous proposons ici un autre choix : celui d'explorer le travail journalistique de Zola comme une activité d'écriture à part entière. Aussi défendons-nous le « parti pris du support », en soumettant le texte aux questions suivantes : dans quel titre a-t-il été publié ? fait-il partie d'une série ? quelle est sa place dans l'ensemble du numéro périodique ? Les articles connus jusqu'ici comme parties d'un recueil sont donc renvoyés à l'espace de leur première publication, la page du journal ou de la revue.

L'organisation du volume répond à ce privilège accordé à la première publication : dans un parcours globalement chronologique, les articles sont regroupés par titre de presse. On trouvera, en introduction de chaque ensemble de textes, des informations concernant le périodique en question – direction du journal, ligne éditoriale et positionnement politique, lectorat et prix. Le texte qui figure dans cette anthologie est celui de l'article tel qu'il a d'abord été publié dans la presse pour la première fois (sauf dans les rares cas où les journaux étaient indisponibles) ; il peut donc différer des versions ultérieures, parues en volume. Aucune coupe n'a été effectuée dans ces articles, à l'exception de « La presse française » (*Le*

*Messager de l'Europe*, août 1877), étude trop longue pour figurer en intégralité dans le cadre de ce volume anthologique.

Ce retour systématique aux sources de la publication nous a permis de retrouver un document inédit : il s'agit du quotidien *La Marseillaise*, seul journal créé par Zola, en pleine guerre de 1870. Un exemplaire de ce journal réputé définitivement perdu attendait le lecteur dans les réserves de la Bibliothèque nationale de France (GR FOL-JO-21311) ; nous en proposons un fac-similé p. 163-164.

# ZOLA JOURNALISTE

## Articles et chroniques

# L'école de la contrainte : un journaliste sous le Second Empire (1864-1869)

*Émile Zola a dix-neuf ans et est encore lycéen quand le journal aixois* La Provence *fait paraître ses premiers textes – des morceaux de poésie, une ode « À l'impératrice Eugénie, régente de France », un conte qu'il republiera en volume ultérieurement, « La fée amoureuse*[1] *». C'est par le livre que, quelques années plus tard, le romancier vient vraiment au journal : employé puis chef du bureau de la publicité dans la grande maison Hachette, il rédige les notices de présentation bibliographique destinées à paraître, sous d'autres signatures, dans les rubriques littéraires des périodiques. À mesure qu'il assimile les grands* opus *du positivisme, publiés par Louis Hachette, il devient, comme l'écrit Henri Mitterand, « un artiste du carnet d'adresses*[2] *». Son nom s'impose, et son réseau de relations s'étoffe.*

*Entre 1864 et 1870, sa carrière d'homme de lettres se déroule sur un double front : l'apprentissage du journaliste se joue en parallèle de celui de l'écrivain. Passant de la petite presse aux grands journaux, puis à la presse politique – il y sera féroce –, Zola impose son regard critique, en matière littéraire comme en matière artistique. Il publie*

1. Paru le 29 décembre 1859 dans *La Provence*, ce récit est repris en 1864 dans les *Contes à Ninon*.
2. Henri Mitterand, *Zola*, t. I, *op. cit.*, p. 385.

*aussi ses premiers livres ; littérature et journalisme font alors bon ménage, la première bénéficiant des appuis et de la caisse de résonance assurés par le second, qui est aussi plus rémunérateur : « Les lecteurs ne savent pas assez que le livre ne nourrit point l'écrivain, et que nous tous, poètes et romanciers, nous mourrions parfaitement de faim et de soif, si le journal ne payait nos œuvres quinze centimes la ligne* [1]. »

## *Le Journal populaire de Lille et de l'arrondissement*

*Quotidien vendu au prix de cinq centimes le numéro,* Le Journal populaire de Lille et de l'arrondissement *est lancé quelques mois après* Le Petit Journal, *en novembre 1863. Son programme : concurrencer le quotidien de Millaud en ancrant dans un contexte régional la ligne éditoriale du quotidien populaire. « Pour les journaux de Paris, écrit son directeur Géry Legrand dans le premier numéro daté du 22 novembre 1863, la province n'est qu'un débouché. Pour nous, la province a son individualité et sa physionomie* [2]. » *Ce quotidien populaire défend toutefois un positionnement politique trop libéral pour survivre à la censure impériale : « Notre récompense ce sera de voir un travailleur prélever cinq centimes sur ses plaisirs du soir pour*

1. Zola, « Livres d'aujourd'hui et de demain », *L'Événement*, 1866, cité par Martin Kanes dans *L'Atelier de Zola. Textes de journaux, 1865-1870*, Genève, Droz, 1963, p. 35.

2. Géry Legrand, « À nos lecteurs », *Le Journal populaire de Lille et de l'arrondissement*, n° 1, 22 novembre 1863, pour cette citation et la suivante.

*l'épargne de l'intelligence et dérober une heure à son court repos pour la donner à la lecture.» Dès janvier 1865, l'aventure s'interrompt, le pouvoir retirant au journal son autorisation de vente sur la voie publique.*

*Émile Zola a publié six articles dans* Le Journal populaire de Lille*; bien loin des faits divers ou des menus articles d'actualité locale qui font l'essentiel du quotidien, les textes zoliens déploient avec le plus grand sérieux les prolégomènes d'une véritable doctrine littéraire. « Du progrès dans les sciences et dans la poésie» s'apparente ainsi à un programme poétique; à l'heure où «les cieux sont dépeuplés», tonne le jeune Zola, «le savant et le poète, aujourd'hui, partent du même point».*

## DU PROGRÈS DANS LES SCIENCES ET DANS LA POÉSIE

C'est une idée grande et belle que celle de l'humanité en marche vers une cité idéale, cité de justice et de liberté. Je me représente les peuples au berceau. Réunis en tribus errantes, ils ne tardent pas à sentir mille aspirations s'éveiller en eux. Un sentiment d'infini dans le vrai, le juste et le beau les tourmente. Une vague inquiétude leur fait parfois plier leurs tentes et aller sous de nouveaux cieux constituer de nouveaux empires. Plus ils avancent dans les âges, plus leurs haltes sont longues : ils comprennent que le jour vient où ils pourront jeter les fondements d'une ville éternelle. Mais combien d'hésitations au début, combien de haltes en pure perte dans la suite des temps. Les peuples trompés essaient pendant des siècles une façon d'être qui ne saurait contenter leurs aspirations. Le jour où ils reconnaissent cette impossibilité, ils renversent une cité antique, et, sur les ruines, en élèvent une nouvelle qu'ils croient plus conforme à l'idée de perfection qui est en eux.

Ce désir de perfection qui tourmente l'homme, le tourmente en tout et partout. Il ne peut créer, sans chercher aussitôt à créer mieux et davantage. S'il n'y a progrès, il y a toujours tendance. C'est là un résultat nécessaire de la faculté de sentir et de juger qui le sépare de la brute.

Il y a donc progrès universel, ou du moins désir universel de progresser. Je ne veux pas traiter ici la question du progrès social. On peut le suivre pas à pas dans l'histoire et juger, mieux que je ne le ferai, si les peuples ont enfin atteint les portes de l'idéale cité. Mais qu'il me soit permis de constater l'état présent des sciences et de la poésie, de déterminer les causes qui ont fait grandir les unes et rester l'autre stationnaire, enfin de chercher quel pourra être le grand poète de demain, celui que réclame un âge nouveau et un savoir humain plus étendu.

Avons-nous besoin de prouver le progrès dans les sciences, surtout dans les sciences appliquées ? La vapeur et l'électricité l'ont popularisé au plus haut point. Les admirables inventions, nées de ces agents et bonnes surtout à convaincre l'ignorance par leurs côtés purement pratiques, ne sont pourtant, comparées à l'œuvre de théorie et de connaissances exactes et naturelles, qu'un des résultats les moins étonnants de nos sciences modernes.

En présence de ces résultats, une question se présente à l'esprit du penseur. D'où vient qu'il n'y ait pas de loi fixe qui impose aux facultés humaines un égal développement dans tous les sujets ? Pourquoi, lorsque les sciences grandissent, la poésie ne grandit-elle pas, suivant une marche lente et continue ?

Au début, l'homme sentant plus qu'il ne jugeait, voulut néanmoins expliquer toutes choses. Surtout frappé par les faits, il s'inquiéta peu des causes et chercha seulement à rendre avec grandeur la grande nature. C'est dire qu'aux premiers jours la science et la poésie ne firent qu'un. L'imagination aidant, les œuvres furent pleines de grandioses erreurs, splendides manifestations de la jeunesse du monde. Mais bientôt certains hommes, lassés de décrire sans comprendre, laissèrent là les effets et cherchèrent les véritables causes. La science naquit et se sépara de la poésie. Elle tâtonna longtemps ; puis, lorsqu'elle eut trouvé la méthode pour levier, elle avança hardiment, renversant les obstacles et montant toujours.

Pendant ce temps, que devenait la poésie ? Elle restait ce qu'elle était aux premiers jours, un cri d'admiration devant les phénomènes de la nature et l'explication de ces phénomènes suivant les données les plus plaisantes de l'imagination.

Qu'on le remarque, le savant et le poète, de nos jours encore, partent du même point. Tous deux se trouvent en présence du monde, tous deux s'imposent pour tâche d'en connaître les secrets ressorts et essaient de donner dans leurs œuvres une idée de l'harmonie universelle. On peut le dire, les sciences et la poésie sont une même chose qui s'est dédoublée dans la suite des temps : la poésie n'est toujours que la science des peuples au berceau ; les sciences sont une poésie née d'hier au sein des peuples grandis.

Mais combien le savant et le poète diffèrent dans leur façon de procéder, combien les résultats qu'ils atteignent sont opposés ! Le savant s'appuie des travaux de ses devanciers, apporte sa pierre à l'édifice, lutte au nom de la vérité, et surtout ne craint pas, pour que la lumière se fasse, de substituer aux anciennes croyances de nouvelles hypothèses plus propres à expliquer le système de l'univers. Le poète, au contraire, est seul ; son œuvre est un effort isolé ; ses hypothèses sont vieilles de six mille ans, et il assure qu'il mourra le jour où il sera forcé de chanter le monde tel qu'il est. Il n'est poète, selon l'esprit de nos temps, qu'à la condition de caresser les fables antiques et de donner une interprétation éternellement fausse des phénomènes du monde extérieur.

Il faut le dire, la poésie, par son essence même, ne saurait progresser comme progresse la science ; l'idée de perfectionnement dans l'imagination, la sensibilité, la passion, toutes qualités qui font le poète, paraît parfaitement absurde. Une langue s'épure, un rythme devient plus net et plus harmonieux ; mais le cœur de l'homme ne trouve pas de nouveaux amours. C'est dire que, chez les peuples, il existe toujours une filiation d'écrivains tendant à une perfection de langage et de forme, mais que la poésie, et je prends ici ce mot à son sens le plus élevé, est indépendante de cette perfection, qu'elle se manifeste à tous les degrés plus ou moins parfaits d'une littérature, en un mot, qu'elle est en dehors de cette loi commune aux choses humaines, aux sciences par exemple, de suivre un développement continu. C'est là sa nature de s'éveiller dans l'homme comme s'éveillent en lui les sentiments et les passions qui l'agitent. Elle n'est pas l'intelligence, elle est le cœur. De là son insouciance du progrès, car si le savant a toujours dans l'ordre physique de nouveaux problèmes à résoudre, le poète du premier élan trouve toute vérité morale, le grand amour, la *caritas* des Latins.

La nymphe Poésie est assise sur une roche solitaire, et regarde, immobile, le flot des âges passer devant elle. Depuis six mille ans, elle chante l'homme, le combat éternel de l'âme et du corps. Elle est profondément humaine. Si elle se trompe dans les rapports de l'être avec la nature, surtout dans l'étude de cette nature, il lui échappe d'admirables cris de vérité, lorsqu'elle exprime les souffrances et les joies, les désirs et les impuissances de l'homme.

C'est là cette poésie, ce sentiment humain, qui n'est pas perfectible et qui doit son intensité, non pas à une recherche patiente, mais à la nature même du poète qui l'apporte en naissant.

Je n'ai donc pas voulu chercher les lois du progrès dans la poésie, puisque ce progrès, à proprement parler, n'existe pas ; mais seulement interroger l'avenir et lui demander, je le répète, quels pourront être les chants du poète de demain. Ne dit-on pas que la poésie est morte, et ne devons-nous pas, en réponse à cette demi-vérité, chercher sous quelle forme elle va renaître ? Oui, la poésie est morte, en ce sens qu'il vient une heure où une forme s'épuise, où un mode d'être poète s'use et ne peut plus servir. Qui fera des odes de nos jours après Hugo et Lamartine, qui osera toucher à l'élégie ou au conte après Musset ? Celui qui commettra cette maladresse, imitera ces maîtres, sans même en avoir conscience, et, tout en apportant sa note personnelle, ne sera jamais qu'un disciple. Il y a de grandes personnalités qui emplissent ainsi toute une époque ; pour un temps elles s'identifient les genres qu'elles ont choisis, et, pendant de longues années, on ne peut prendre ces genres, sans prendre aussi leurs façons d'être.

L'heure est venue pour nous où la forme des Hugo, des Lamartine et des Musset est épuisée. Il faut nous séparer violemment de l'école lyrique de 1830, ou du moins la renouveler, la faire nôtre par une nouvelle inspiration.

Une prévision certaine, une vérité absolue, c'est que le grand poète de demain, si demain doit venir, sera puissamment original, tirera tout de lui-même. Que chantera-t-il ? De quelle nature sera son génie ? On ne peut l'annoncer en toute assurance, mais il est permis à chacun de dire la poétique qu'il a rêvée, et, sinon d'indiquer aux autres, du moins de se tracer à lui-même la route qu'il croit la meilleure et la plus conforme aux aspirations du temps présent.

J'expliquerai donc modestement ce que je ferais, si j'en avais la puissance. Je dirais adieu aux beaux mensonges des mythologies ; j'enterrerais avec respect la dernière naïade et la dernière sylphide ; je rejetterais les mythes et n'aurais plus d'amour que pour les vérités. Plus de pleurs avec les cascades, de soupirs avec les ruisseaux ; une réalité large et puissante, et non le souci des jolis riens d'ici-bas. Alors, dans les cieux dépeuplés, je montrerais le dieu

Infini et les lois immuables qui découlent de son être et régissent les mondes. La terre, dépouillée de ses ajustements coquets, ne serait plus pour moi qu'un tout harmonieux où circule le flot de vie, sans jamais se perdre et tendant au but mystérieux. Faut-il le dire ? Je serais savant, j'emprunterais aux sciences leurs grands horizons, leurs hypothèses si admirables qu'elles sont peut-être des vérités. Je voudrais être un nouveau Lucrèce et écrire en beaux vers la philosophie de nos connaissances, plus étendues et plus certaines que celles de l'ancienne Rome.

Que les poètes y songent. La science est à leur porte ; elle fait parler leurs fables aux clartés de son flambeau ; elle prend la plus large place dans l'attention publique. Demain, l'industrie, qui n'est autre chose que la science appliquée, finira de tuer, non pas l'immortelle poésie, mais cette muse de la banalité et du convenu que caressent de nos jours les plats imitateurs de nos grands maîtres. Quand cette muse sera bien morte, alors se lèvera un nouveau siècle ; la poésie, nous le croyons fermement, y sera l'expression la plus haute des sciences proprement dites, philosophiques et sociales. C'est ainsi que ce développement des connaissances humaines, que ces conquêtes de l'homme sur la matière, dont on effraie le poète, deviendront eux-mêmes la source des inspirations les plus élevées. Les âges futurs qu'on se plaît à nous présenter comme devant être privés de toute poésie, auront la plus belle et la plus grande de toutes, celle de la vérité.

Si la poésie n'est pas susceptible de progrès, en ce sens qu'elle est la voix de l'âme ; si elle doit rester éternellement jeune et nouvelle, quoique toujours semblable, il n'en est pas moins vrai que, fille de l'humanité, elle doit en refléter les diverses phases, rétrécir ou élargir son horizon, selon que baisse ou grandit le savoir humain. C'est par là qu'elle se rattache aux autres créations de l'homme qui obéit en toutes choses à l'impulsion irrésistible qui le porte en avant. Je ne nie pas qu'il naîtra encore de grands poètes, chantant les passions et les fatalités qui nous étreignent, sans se préoccuper des nouvelles vérités trouvées. Mais ne seront-ils pas grands aussi ceux-là qui, tout en laissant dans leurs œuvres une large place à l'étude des cœurs, lorsqu'ils en viendront à celle du monde, y porteront, non plus leur fantaisie, mais la grandeur calme et précise de la réalité ?

Oui, l'humanité monte vers la cité idéale. La science lui ouvre les voies ; la poésie, dans les siècles nouveaux qui vont s'ouvrir, ne saurait rester l'éternelle ignorante des siècles passés. Les cieux de Dante ne sont plus, qu'elle chante les cieux de Laplace [1], plus vastes et plus sublimes.

16 avril 1864

## *Le Petit Journal*

Le Petit Journal *ouvre au jeune écrivain l'accès à un public populaire : quotidien à bon marché, vendu pour la première fois au numéro, et non plus seulement sur abonnement, ce journal atteint, deux ans après sa création en 1863, des tirages spectaculaires – plus de 250 000 exemplaires, soit vingt fois plus que les principaux titres de l'époque. Émile Zola y publie neuf articles, dont les deux « portraits-cartes » suivants, qui transposent en matière journalistique la mode de la photographie au format carte de visite.*

1. Pierre Simon Laplace (1749-1827) fut à la fois mathématicien, physicien et surtout astronome – d'où l'allusion aux « cieux de Laplace ». Son *Traité de mécanique céleste* (1799-1825) imposa une approche mathématique des données astronomiques.

*Le premier dépeint d'une plume attendrie les traits d'une jeune femme modeste, Gabrielle, qui n'est autre que la future épouse du romancier, Alexandrine Meley, dite aussi Gabrielle. Le second texte, manifestement une annonce déguisée, invente la représentation fantasmatique du « lecteur du* Petit Journal*». L'image de cette foule en croissance exponentielle, « à la fois homme et femme », riche et pauvre, suggère la mutation culturelle qu'a provoquée, au milieu du XIX*e *siècle, l'invention du premier média de masse. Zola, dans sa correspondance, se montre parfaitement lucide sur ces évolutions : « je sais quel niveau cette feuille occupe dans la littérature, écrit-il à son ami Valabrègue, mais je considère aussi le journalisme comme un levier si puissant que je ne suis pas fâché du tout de pouvoir me produire à heure fixe devant un nombre considérable de lecteurs* [1] *».*

*L'expérience sera de courte durée : la direction du* Petit Journal *se sépare dès le cinquième article d'un chroniqueur trop souvent mélancolique, et qui peine à adopter le ton de légèreté et de divertissement imposé tant par le contexte de censure politique que par les goûts tyranniques du « Roi public » – selon une formule de Zola.*

## La grisette [2]

Les gens chagrins, ceux qui vieillissent et que fâche notre jeunesse, déclarent que les roses de leur temps sont fanées et que nous n'en avons plus que les épines. Ils vont

1. Lettre de Zola à Antony Valabrègue, 6 février 1865, *Correspondance*, t. I, *op. cit.*, p. 405.

2. « La grisette » sera repris sous le titre « L'amour sous les toits » dans le volume des *Esquisses parisiennes* qui, en 1866, accompagne la parution du *Vœu d'une morte*, chez l'éditeur Achille Faure. Le prénom de Gabrielle sera alors changé contre celui de Marthe. Le terme « grisette » désigne d'abord une étoffe grossière, puis, par métonymie, une femme de condition modeste vêtue de ce tissu.

disant à la jeune génération, avec une joie mauvaise : « La grisette se meurt, la grisette est morte ! »

Et moi je vous affirme qu'ils mentent, que l'amour et le travail ne sauraient mourir, que les gais oiseaux des mansardes n'ont pu s'envoler.

Je connais un de ces oiseaux.

Gabrielle a vingt ans. Un jour, elle s'est trouvée seule dans la vie. Elle était enfant de la grande ville qui offre à ses filles un dé à coudre ou des bijoux. Elle a choisi le dé, et s'est faite grisette.

Le métier est simple, allez. Il demande seulement un cœur et une aiguille. Il s'agit de beaucoup aimer et de beaucoup travailler. Ici, le travail sauve l'amour ; les doigts assurent l'indépendance du cœur.

Gabrielle, au matin de la vie, a pris son front entre ses petites mains, et s'est plongée bravement dans les plus graves réflexions.

Je suis jeune, je suis jolie, songeait l'enfant, et il ne tient qu'à moi de porter des robes de soie, des dentelles, des bagues et des colliers. Je vivrais grassement, nourrie de mets délicats, ne sortant qu'en voiture, oisive et assise toute la sainte journée dans un excellent fauteuil. Mais, un jour, après avoir versé toutes mes larmes et surmonté tous mes dégoûts, je m'éveillerais dans la boue et j'entendrais les plaintes de mon cœur qui me réclamerait les affections que je lui aurais refusées.

Je préfère lui obéir dès aujourd'hui ; je veux en faire mon seul guide et mon seul conseiller. Pour pouvoir l'écouter en paix, je porterai des jupes d'indienne, je le consulterai à voix basse, pendant mes longues heures de couture. Je veux être libre d'aimer celui que mon cœur aimera.

Et la belle enfant se constitua ainsi citoyenne de la république des bonnes filles travailleuses et aimantes.

Depuis ce jour, Gabrielle habite sous les toits une mansarde pleine de soleil. Vous le connaissez tous, ce nid que les poètes ont décrit. Le seul luxe du ménage est une propreté exquise et une gaieté inépuisable. Tout y est blanc et lumineux. Les vieux meubles eux-mêmes chantent la chanson de la vingtième année.

Le lit est petit, tout blanc, comme celui d'une pensionnaire ; seulement, à l'extrémité de la flèche qui supporte le rideau, se balance un Amour en plâtre doré, les ailes et les bras ouverts. À la tête de la couche sourit doucement un buste de Béranger, le poète des greniers ; contre les murs sont collées des lithographies, des perroquets jaunes et bleus, des gravures tirées du *Voyage* de Dumont d'Urville ; puis, sur une étagère, s'étale tout un monde de porcelaines et de verreries.

Ensuite il y a une commode, un buffet, une table et quatre chaises. La mansarde est trop meublée.

Le nid est morne lorsque l'oiseau n'y est pas. Dès que Gabrielle entre, le grenier entier se met à sourire. Elle est l'âme de cet univers et, selon qu'elle rit ou qu'elle pleure, le soleil entre ou n'entre pas.

Elle est assise devant la petite table. Elle coud en chantant, et les moineaux du toit répondent à ses refrains. Elle a hâte de finir son ouvrage ; elle se sait attendue, car elle doit le lendemain gagner les hauteurs ombreuses de Verrières.

Son cœur a parlé, s'il faut tout dire, et elle a parfaitement entendu ce que son cœur lui disait. Voici deux mois qu'elle lui a obéi. Elle n'est plus seule en ce monde ; elle a rencontré un bon garçon, et, comme elle est une bonne fille, elle s'est laissé aimer, pour le bon motif, bien entendu, et elle a aimé elle-même.

Voyez-la dans la rue, son ouvrage à la main. Elle saute légèrement les ruisseaux, retroussant ses jupes et découvrant des chevilles fines et délicates. Elle a la démarche tout à la fois hardie et effarouchée, l'effronterie et la naïveté des moineaux du Luxembourg. Elle est l'oiseau alerte et gaillard du pavé de Paris : c'est là son terroir, sa patrie. On ne rencontre nulle autre part ce sourire fin et attendri, cette allure décidée et souple, cette élégance simple et pénétrante. L'enfant, toute grise et toute riante, a le plumage modeste et la gaieté éclatante de l'alouette.

Le lendemain, quelle joie dans les bois de Verrières ! Il y a là des fraises et des fleurs, de larges tapis d'herbe et des ombrages épais. Gabrielle chante plus haut et prend de la gaieté pour toute une semaine. Elle s'enivre d'air et de liberté, regarde amoureusement le bleu clair des cieux et le vert sombre des feuillages. Puis, le soir, elle s'en revient avec lenteur, une branche odorante à la main, ayant plus d'amour et plus de courage dans l'âme.

C'est ainsi qu'elle s'est arrangée une vie de travail et de tendresse. Elle a su gagner son pain et garder les trésors de son cœur pour les donner à qui bon lui semble, et non les vendre aux folles enchères.

Qui oserait gronder cette enfant ? Elle donne plus qu'elle ne reçoit. Sa vie a toute la pureté de l'affection vraie, toute la moralité du travail incessant.

Chantez, belle alouette de nos vingt ans, chantez pour nous, comme vous avez chanté pour nos pères, comme vous chanterez pour nos fils. Vous êtes éternelle, car vous êtes la jeunesse et l'insouciance, la poésie et l'amour.

13 mars 1865

## LE LECTEUR DU *PETIT JOURNAL*

Je m'impose une rude tâche aujourd'hui. Il me faut photographier toute une foule ; une foule d'un million de têtes.

Vous comprenez que je ne puis vous décrire le nez de celui-ci et les yeux de celui-là, la fille et la mère, le père et le fils. Si je tenais à vous donner la ressemblance physique du héros multiple que j'ai choisi, je devrais réunir une armée au Champ-de-Mars, poser mon appareil au Trocadéro et tirer une épreuve gigantesque, plaine vivante, horizon de faces humaines.

Mon héros est homme et femme, enfant et vieillard, beau et laid, riche et pauvre. Il a la grâce modeste de la jeune fille et la douce austérité de la mère, la turbulence de l'adolescent et la gravité de l'homme fait ; il porte la jupe d'indienne et la jupe de soie, la blouse bleue et l'habit noir ; il habite chaque étage, le premier et le cinquième, et vit dans la pauvreté et dans le luxe. En un mot, il a tous les visages, tous les sexes, tous les âges, tous les vêtements, toutes les conditions. C'est une nation, une société complète.

La nuit dernière, j'ai eu un rêve. J'ai vu, dans la nuit du sommeil, se dresser une figure étrange, une créature faite de toutes les créatures, un géant colossal résumant un peuple entier. Son sourire était doux et bon ; son visage exprimait les généreux sentiments et l'honnêteté simple d'une foule… Je l'ai reconnu…

Je rencontrais enfin, au pays des songes, cet être idéal que mon imagination n'avait pu me montrer en plein jour. J'ai regardé, j'ai écouté, et c'est ainsi que je puis vous donner un portrait de celui qui peuple la France, de l'être qui a un million de têtes.

La Vision avait cette diversité de vêtements dont j'ai parlé ; sa face était faite de gaieté et de raison. On eût dit, à voir cette grande figure blanche, une statue de la France taillée en plein marbre par un sculpteur de génie, et animée de tout le bon sens et de tous les rires français.

Il a souri comme à un de ses enfants.

« Tu me reconnais, m'a-t-il dit. J'habite Paris et la province, le palais et la masure. J'unis en moi les éléments les plus divers, et, comme l'Ange de l'Évangile, je me nomme Légion.

« Mais si je suis multiple, si j'ai des milliers de visages, je n'ai qu'un seul cœur. C'est de cette unité de sentiments que je suis né.

« Tu sais ce qu'il me faut pour vivre et pour me tenir en bonne santé : une ou deux heures de distraction chaque soir, la lecture d'un journal où je trouve les événements du jour, et une suite de récits intéressants et variés.

« Je suis un bon enfant, une nature simple et droite, et je veux être récréé honnêtement. Comme j'ai en moi tous les sentiments de l'humanité, je désire qu'aucun de ces sentiments ne soit blessé ; comme je représente une société entière, je tiens à ce qu'aucun membre de cette société ne soit attaqué.

« Mon être lui-même demande des lectures aimables et douces, et c'est justement parce que je suis un peuple que j'exige un journal qui convienne à un peuple. Je souhaite être instruit un peu et intéressé beaucoup.

« Vous avez compris mes désirs, vous tous qui écrivez pour moi ; c'est pourquoi je vous aime et vous suis fidèle... Vous vous appliquez à ne rien dire qui me chagrine ; vous ménagez les divers éléments qui sont en moi ; vous réussissez à me plaire, à plaire à une multitude. Tâche difficile et délicate, et vous accomplissez ce miracle étonnant de contenter tout le monde sans égratigner personne. Vous avez l'esprit et la science de votre bonté.

« Persévérez, mes enfants, achevez bravement votre besogne. Que mes applaudissements vous suffisent. Vous avez au moins ce mérite de vulgariser la lecture et d'habituer les humbles de ce monde à s'intéresser aux choses de l'esprit.

« Soyez érudits tout juste assez pour ne pas être ennuyeux. Soyez intéressants surtout, que vous ayez dans les yeux des larmes ou des sourires. Vous avez entre les mains un million de cœurs et un million d'intelligences.

« Je suis géant, je grandis chaque jour. »

À ces mots, la Vision a cessé de parler. J'ai vu sa blancheur grandir dans la nuit et emplir peu à peu l'horizon.

Je l'ai vue sortir de Paris et prendre lentement possession de la France ; je l'ai vue sortir de la France et occuper le monde. Puis, tout à coup, une transformation s'est opérée. De toute cette Vision, il n'est resté qu'une chose : un exemplaire du *Petit Journal*.

Alors j'ai compris que j'avais devant moi l'humanité intelligente et forte, et que le Lecteur du *Petit Journal* était destiné à peupler l'Univers. Peut-être le *Petit Journal* d'alors ne sera-t-il plus le *Petit Journal* d'aujourd'hui ; mais au moins nous aurons eu l'honneur d'avoir donné le branle aux esprits et d'avoir créé une génération aimant la lecture et suivant pas à pas l'histoire de chaque jour.

Je me suis éveillé, et j'ai écrit en toute hâte ce que vous venez de lire.

10 avril 1865

## *Le Courrier du monde*

---

*Neuf « Confidences d'une curieuse » paraissent au printemps 1865 dans* Le Courrier du monde, *titre de la petite presse mondaine dont nous avons perdu la trace. Le texte de ces articles est connu grâce aux soixante-dix feuillets manuscrits, conservés par Jean-Claude Leblond-Zola, petit-fils du romancier.*

*Signées « Pandore », ces chroniques parisiennes déguisent sous un masque féminin d'acides peintures du Paris impérial, tout de fêtes et de coquetteries. L'identité de l'auteur ne fait pas longtemps mystère pour le lecteur de l'époque : ainsi, dans le second des textes présentés ici, « Pandore » conseille-t-elle un « livre charmant que la Librairie internationale a mis en vente, il y a quelques mois », les* Contes à Ninon, *« de M. Émile Zola ».*

*Dans ces exercices alertes d'écriture sous contrainte – la censure veille –, le futur auteur de* La Curée *forge une plume ironique, qui vise juste : de l'enterrement du duc de Morny à la publication, par Napoléon III lui-même, d'une* Vie de César *qui fait grand bruit (« le prince des livres, le livre des princes »), en passant par l'ouverture du Salon de 1865, où le spectacle est dans le public, la « curieuse » détourne au profit de la satire la mode néoclassique des mythologies bouffonnes, illustrée par le triomphe, en 1864, de* La Belle Hélène *d'Offenbach au théâtre des Variétés.*

### CONFIDENCES D'UNE CURIEUSE
### (I et VI)

Toute blanche et toute rose, riante et effarouchée, je me présente à vous, indécise, la boîte mystérieuse entre les mains. Les Grecs, ces menteurs adorables, ont été méchants pour moi et m'ont calomniée devant la postérité. Il est faux que le coffret que me remit Jupiter ne contînt que des maux ; il est faux que j'aie ouvert ce coffret avec la brusquerie d'une petite sotte qui dépense en un jour tous ses secrets.

Le coffret, je vous assure, renfermait le bien et le mal, de bonnes et de mauvaises nouvelles, des fleurs et des épines. Je vous affirme en outre que j'ai soulevé le couvercle tout doucement, peureuse et tremblante, et que, voyant le présent divin du maître des dieux, je n'ai pas usé mon pouvoir en une seule minute ; j'avais en ma possession les larmes et les sourires de la terre, et j'étais trop femme pour ne pas me ménager les flatteries intéressées des générations.

Je suis une curieuse, et j'ai préféré, par raffinement, mettre l'éternité à contenter ma curiosité. Chaque matin, je soulève un peu le couvercle ; une joie ou une tristesse s'échappe, et c'est de cette joie ou de cette tristesse qu'est fait l'événement du jour.

Me voici, jeune de l'éternelle jeunesse, la boîte mystérieuse entre les mains.

Chaque semaine, je l'ouvrirai un peu pour vous. Je vous dirai quel fait imprévu s'en est échappé, de quelle plaie ou de quelle félicité j'ai doté la terre.

Je ne suis pas méchante fille, et nous rirons plus que nous ne pleurerons. J'ai vaincu par mon sourire le vieux Destin lui-même, et je donne au monde plus de jours de soleil que de jours de pluie.

D'ailleurs j'ai quitté l'Olympe, désert depuis deux mille ans, et je vis en plein Paris, habillée comme vous, madame, mettant tous mes soins à vous plaire, monsieur. Je n'ai gardé de mon origine céleste que la connaissance de toutes choses et l'habitude, si chère aux déesses, de bavarder entre femmes – lorsque les hommes écoutent aux portes.

Aujourd'hui, je ne veux vous donner que mon sourire de bienvenue. Voici ma griffe rose, tendez-moi sans peur votre main : je caresse et n'égratigne pas.

Le présent est triste. J'étais sur les boulevards, il y a quatre jours, pressée de gagner l'autre trottoir. Un convoi passait. Quel convoi ! et quelle impatience ! Je suis restée là deux grandes heures à voir défiler tout un gouvernement. Dans la foule, on jugeait le défunt. Je n'écoute jamais ces jugements portés devant un cadavre ; l'éloge n'y est qu'une preuve de bon goût.

Le défunt était duc et homme d'esprit, ami du prince et habile politique [1]. Que de qualités pour être pleuré ! Si, le 10 mars au matin, j'avais pu prévoir ce qu'il sortirait de ma boîte, la mort d'un tel homme, j'aurais appuyé de toutes mes forces sur le couvercle et, au risque de vous priver de nouvelles pendant cent ans, je ne l'aurais plus soulevé.

Voilà tout ce que j'ai vu dans la semaine : un enterrement. Il faut vous dire que je ne suis sortie que lundi. Mardi, mercredi, jeudi, vendredi, samedi – hélas ! cinq jours seulement – j'ai lu et relu le même livre. Je me suis reposée le dimanche. Vous savez de quel livre je veux parler ; il n'existe qu'un livre en ce moment, le prince des livres, le livre des princes [2].

Une fois dans sa vie, si femme que l'on soit, on peut bien se permettre une petite débauche d'histoire. Je me

---

1. Charles de Morny, demi-frère de Napoléon III, est une figure clé du régime impérial : homme d'affaires avisé, habitué des trafics d'influence, il est l'un des artisans du coup d'État de 1852 et de l'expédition mexicaine. Président de l'Assemblée nationale, il meurt le 7 mars 1865. Son enterrement donne lieu à de pompeuses cérémonies nationales, dont tous les titres de la presse quotidienne se font largement l'écho.

2. En 1865 paraît le premier volume de *L'Histoire de Jules César*, signée « Napoléon III, empereur des Français » ; il compte en effet 415 pages, comme Zola l'indique au paragraphe suivant. En août 1865, Zola rédige une critique circonstanciée de l'ouvrage, dont il apprécie la valeur documentaire, tout en s'opposant vigoureusement à sa ligne politique. Refusé par la presse, ce texte constitue le dernier chapitre du volume de 1866, *Mes Haines*.

moque de César, soit dit entre nous, et si un simple mortel s'avisait de me parler de lui pendant 415 pages, je me fâcherais tout rouge. Mais nous autres femmes nous aimons les fruits rares. Nous avons un profond respect pour tout ce qui est unique. Les hommes, d'ailleurs, sont plus femmes que nous sur ce point.

Sans mentir, j'ai réussi à en apprendre de mémoire deux pages et quatre lignes. Je ne vous les réciterai pas.

Les Allemands sont décidément de féroces mangeurs ; ils dévorent encore l'auguste mets avec plus de gloutonnerie que les Français. Simple question de tempérament.

Et puis, et puis…

Et puis nous sommes en carême, le carnaval vient de finir et le printemps va commencer. Je suis heureuse de vous donner la première ces nouvelles scabreuses et délicates.

Je vous parais naïve, regardez mieux mon sourire.

Nous sommes en carême, c'est-à-dire il y a disette d'œuvres vivantes et vraies, les romanciers dorment et les poètes sont morts.

Le carnaval vient de finir, c'est-à-dire ôtez vos masques, belles dames et beaux messieurs, bâillez franchement, pour peu que vous en ayez l'envie.

Le printemps va commencer, c'est-à-dire vite une robe blanche et un chapeau de paille, je connais un coin de bois où je pourrai me reposer de mes cinq jours de travail par cinq jours de soleil.

Laissons Thérésa [1] chanter à tour de bras et de reins, Alexandre Dumas lire ses conférences, l'hercule Audoing partir pour Cayenne, le Sénat et le Corps législatif aiguiser leurs crocs et leurs griffes, la terre tourner et s'ennuyer de voyager seule.

---

1. La chanteuse Emma Valladon, dite Thérésa, se produit à la fois dans les cafés-concerts et à la cour de Napoléon III ; figure médiatique, elle interprète plusieurs opérettes d'Offenbach.

J'ai une histoire à vous conter.

Il y avait hier dans le demi-monde parisien une blonde pécheresse qui avait été surnommée le Petit Manteau bleu de l'amour : elle faisait l'aumône de son cœur à tout venant, et voici trois ans que sa charité s'exerçait sans qu'elle parût avoir encore épuisé ses trésors d'affection.

Hier, elle rencontra, dans le foyer d'un théâtre que je ne nommerai pas, un pauvre diable de jeune homme dont le cœur se mourait évidemment d'inanition. Elle le regarda quelques minutes en silence, puis s'approcha vivement, et, l'embrassant : « Tiens, lui dit-elle, voilà mon dernier louis, rends-moi la monnaie. »

Or j'apprends aujourd'hui que la monnaie lui a été rendue, et que le Petit Manteau bleu de l'amour, véritablement ruiné, a annoncé à ses nombreux amis, dans une lettre de faire part, qu'il se voyait forcé de suspendre ses aumônes. Il lui reste tout juste de quoi vivre avec le dernier mendiant qu'il a secouru.

La blonde pécheresse que vous connaissez tous est bel et bien sur le chemin de la mairie et de l'église.

Je ne saurais finir plus moralement, et je laisse retomber sans bruit le couvercle de mon coffret.

PANDORE
18 mars 1865

Hélas ! qu'il y a de tristes semaines pour une curieuse. J'ai eu beau écouter aux portes, je n'ai rien entendu ; j'ai questionné, cherché, commis cent indiscrétions, et me voici forcée de me présenter devant vous, toute confuse, n'ayant pas la moindre confidence à vous faire.

La terre jouit d'une déplorable tranquillité. Pas le plus petit meurtre, pas le plus mince événement comique ou tragique. Les hommes me faisant défaut, je suis obligée de m'adresser au monde des oiseaux et des insectes.

Vous savez la grande nouvelle. Les hannetons ont suivi cette année le précepte de l'Évangile : « Croissez et multipliez. » Ils ont beaucoup aimé, de sorte qu'ils sont aussi nombreux que les grains de sable des bords de l'Océan. Ils couvrent nos champs, ils dévorent nos arbres. La nuée terrible prend possession de notre ciel. Demain, peut-être, les Parisiens, comme les Égyptiens de la légende biblique, s'éveilleront ayant des hannetons dans leurs lits, des hannetons dans leur café au lait, des hannetons partout et à toute heure.

Et ces coureuses d'hirondelles qui ne viennent pas à notre secours ! Vous n'ignorez point que l'hirondelle est l'ennemie du hanneton. Il y a dans leur haine réciproque quelque funèbre histoire qui se perd dans la nuit des temps. Le fait est que jamais le hanneton ne mange l'hirondelle, mais que tous les jours l'hirondelle mange le hanneton à son déjeuner et à son souper. La providence, qui mesure la mort et la vie, aurait dû cette année nous envoyer un renfort d'hirondelles. Or c'est tout le contraire qui arrive ; l'insecte se multiplie, l'oiseau devient plus rare. Nous sommes certainement perdus.

J'aime à remonter aux causes. Je crains qu'il n'y ait une entente tacite entre l'insecte et l'oiseau. Nos enfants auront brisé quelques nids, et les hirondelles outragées nous auront voués au supplice du hanneton.

Je parle au propre, et non au figuré, croyez-moi. Comme le nombre des idiots et des crétins tend à augmenter, vous pourriez croire que les hannetons dont je parle ont élu domicile dans le cerveau de mes contemporains.

Puisque la ville est morne et silencieuse, gagnons la campagne toute blanche de fleurs, toute verte de feuilles.

Là, dans les taillis, sur la mousse, au bord des ruisseaux, en pleine herbe et en plein ciel, j'ai surpris mille secrets. J'ai appris tous les scandales de la forêt ; les violettes séduites par les papillons, les escapades d'une jeune grenouille écervelée, les aristocratiques dédains d'un rossignol, la sottise des grands chênes et les spirituels bavardages des aubépines.

Connaissez-vous rien de plus charmant qu'une belle matinée d'avril dans un des bois de la banlieue de Paris ? La campagne est comme une blanche épousée, au lendemain des noces ; elle a des pleurs de volupté, une jeune langueur, une fraîcheur humide, des parfums tièdes et pénétrants. J'aime les grandes allées, tapissées de mousse, couvertes de feuillage. Au matin, lorsque le soleil à l'horizon pénètre obliquement entre les arbres, par larges nappes, il y a je ne sais quelle chanson douce, quelle harmonie suave dans ces rayons d'or qui se déroulent à terre comme des voiles de soie souples et éblouissants. Le ciel est d'un bleu pâle, les feuilles sont d'un vert tendre ; l'or blond du soleil adoucit encore les teintes et fait chanter toutes les couleurs. Et, dans l'air frais, on entend le réveil de la forêt, les voix de ce monde de parfums et de couleurs, d'arbres et de ruisseaux, d'oiseaux et d'insectes. En avril, c'est là le monde dont je voudrais être la chroniqueuse.

Je suis allée, il y a deux jours, dans les bois de Verrières. Les jolis bois, et le joli volume que je pourrais écrire, si je vous contais ma promenade ! Je ne puis que vous conseiller d'aller contenter votre curiosité en pleins champs, puisque Paris sommeille en ces jours de précoces chaleurs.

Je suis ici pour vous parler des hommes, et non des arbres. Hélas ! rentrons à la ville.

La ville est toute déroutée par le manque de logique que lui paraissent avoir les saisons. Elle sort du carême, et elle ne tient pas à partir tout de suite en villégiature. Elle essaie de danser encore un peu, à la cour et en autres lieux. Elle sue, elle bâille ; elle va voir le frère de *Fanny*, *Monsieur de Saint-Bertrand*[1] ; elle court de *Macbeth* à

1. *Monsieur de Saint-Bertrand*, comédie d'Ernest Feydeau, est représenté au théâtre du Vaudeville en avril 1865 ; *Fanny : étude*, du même auteur, a remporté un grand succès à sa parution en 1858.

*L'Africaine* [1], de Verdi à Meyerbeer. Puis, pour se reposer, elle sue, elle bâille.

Demain, Paris aura une occupation. Le Salon de 1865 ouvre ses portes à deux battants. Il y a l'artiste exposant qui, fiévreux et hérissé, attend l'ouverture avec une impatience concentrée, certain que ses toiles auront été placées dans un mauvais jour ; il y a le critique, qui a en portefeuille ses articles tout faits, et qui va voir avec flegme des croûtes dont le mérite lui importe peu ; il y a le bourgeois, ami des arts, homme raisonnable accomplissant son voyage au palais de l'Industrie comme un pèlerinage, et expliquant à son fils les tableaux d'histoire.

Artistes, critiques et bourgeois forment une foule très curieuse à observer. Je vous conseille d'assister à l'ouverture du Salon, et d'y regarder non pas les toiles exposées, mais le public.

Je ne vous parlerai pas peinture, attendu que j'ai des idées très arrêtées sur l'art et que je craindrais de blesser vos goûts et vos opinions. La modestie sied bien à une faible femme.

Moi, je lis, puisque je ne puis parler. En ces temps chauds et accablants, rien n'est doux comme de s'étendre, demi-nue, dans une bergère, et de feuilleter un livre aimé.

Je lis les *Contes à Ninon* [2].

Connaissez-vous ce livre charmant que la Librairie internationale a mis en vente, il y a quelques mois, et

1. Opéra en cinq actes de Meyerbeer, avec un livret signé Eugène Scribe, *L'Africaine* est créée le 28 avril 1865 à l'Opéra de Paris.

2. Zola journaliste assure ici la promotion de Zola écrivain : son premier livre publié, les *Contes à Ninon*, est sorti en novembre 1864, chez Hetzel et Lacroix, sous le label de la Librairie internationale. Il réunit des textes rédigés entre 1859 et 1864, dont certains ont déjà paru dans la presse périodique. La « curieuse » bat le rappel sans vergogne, plus de cinq mois après la publication du livre, prenant ainsi le relais des annonces bibliographiques rédigées par Zola lui-même pour insertion directe dans la rubrique des comptes rendus.

dont la presse entière s'est occupée ? Je ne sais rien de plus attachant que ces récits d'un poète, dédiés à la blanche vision du jeune âge, à cette maîtresse idéale de tout garçon de seize ans.

M. Émile Zola, l'auteur de ces contes, est sans doute une âme tendre et aimante. Il a la fièvre d'amour, et toutes les femmes aimeront son livre pour les sanglots et les sourires passionnés qu'il contient.

Je désire populariser les *Contes à Ninon* parmi mes sœurs, vierges folles et vierges sages. Elles y trouveront un cœur et une intelligence. Je dois déclarer qu'en fermant le volume je n'ai eu qu'un seul désir, aimer en pleine nature, en pleine beauté.

Les archevêques approuvent les livres destinés à la jeunesse. La commission d'examen pour le colportage approuve les ouvrages destinés aux grandes personnes. Les *Contes à Ninon* sont estampillés, mais j'avoue qu'ils ne méritaient pas cette approbation laïque.

Ils contiennent des discours incendiaires, surtout une proclamation royale que je recommande (pp. 211-219). Nous sommes en pleine politique, s'il vous plaît, et le fouet de la satire claque joyeusement.

Vous toutes, mes sœurs, qui adorez le fruit défendu, lisez les *Contes à Ninon*, de M. Émile Zola, qui ne sont un fruit permis que grâce à un court sommeil de ces messieurs du colportage. Vous aimerez mieux ceux que vous aimez, et vous rirez mieux ensuite de ceux que vous n'aimez pas.

PANDORE
Fin avril 1865

# *Le Salut public*

*En entrant au* Salut public, *feuille sérieuse et libérale créée à Lyon en 1848, Émile Zola conquiert pour la première fois un espace de publication régulière, où s'échafaude sa doctrine critique. En deux ans, de janvier 1865 à janvier 1867, il y publie cinquante-cinq articles, soit un tous les quinze jours en moyenne. Comme il l'écrit à son ami Valabrègue, le journaliste traite enfin de « haute littérature », tout en jouissant « d'une grande liberté et d'un espace fort large*[1] *». Chaque article lui rapporte trois fois le montant d'une chronique au* Petit Journal. *De cette « Revue littéraire », selon le titre générique proposé à Max Grassis, directeur du journal, sera issu le premier volume critique publié par Zola, en 1866 :* Mes Haines.

*« Je suis de mon âge », proclame Zola lecteur des Goncourt, dans le premier des textes retenus ici : la critique se fait programmatique. En se décrivant « le scalpel à la main », transporté devant une œuvre d'art authentiquement nouvelle par « la joie » et « la curiosité du médecin », le critique de vingt-six ans pose les fondements du naturalisme ; en imaginant que le grand Proudhon lui demande « ce qu'[il] vient faire en ce monde », lui, « artiste », et qu'il lui répond, sans ciller, « Je viens vivre tout haut », l'apprenti romancier révèle la solidité précoce d'une esthétique à la fois individualiste et soucieuse de dire la vérité de « l'homme moderne ».*

*Après un an de « tartines », comme il désigne lui-même ses longs articles d'analyse critique, Zola devra toutefois se résoudre à échanger sa « Revue », dense et aux allures de manifestes théoriques, contre une « Correspondance littéraire », plus conforme aux exigences d'un lectorat à la*

1. Lettre de Zola à Antony Valabrègue, 6 février 1865, *Correspondance*, t. I, *op. cit.*, p. 405.

*fois « timoré » et « ennuyé » : « Public, le critique ennuyeux qui va mourir te salue », annonce-t-il dans l'article liminaire de cette nouvelle série* [1].

## Revue littéraire

### *Germinie Lacerteux* par MM. Edmond et Jules de Goncourt [2]

Je dois déclarer, dès le début, que tout mon être, mes sens et mon intelligence me portent à admirer l'œuvre excessive et fiévreuse que je vais analyser. Je trouve en elle les défauts et les qualités qui me passionnent : une indomptable énergie, un mépris souverain du jugement des sots et des timides, une audace large et superbe, une vigueur extrême de coloris et de pensée, un soin et une conscience artistiques rares en ces temps de productions hâtives et mal venues. Mon goût, si l'on veut, est dépravé ; j'aime les ragoûts littéraires fortement épicés, les œuvres de décadence où une sorte de sensibilité maladive remplace la santé plantureuse des époques classiques. Je suis de mon âge.

Je me plais à considérer une œuvre d'art comme un fait isolé qui se produit, à l'étudier comme un cas curieux qui vient de se manifester dans l'intelligence de l'homme. Un enfant de plus est né à la famille des créations humaines ; cet enfant a pour moi une physionomie propre, des ressemblances et des traits originaux. Le scalpel à la main, je fais l'autopsie du nouveau-né, et je me

1. *Le Salut public*, 7 mars 1866.

2. La parution, en janvier 1865, de ce roman des frères Goncourt a provoqué des réactions scandalisées. Dans la préface accompagnant la première édition chez Charpentier, les auteurs revendiquent le droit, pour le roman, aux « franchises et libertés de la science », et mettent en garde le lecteur : « Qu'il ne s'attende point à la photographie décolletée du Plaisir : l'étude qui suit est la clinique de l'amour. »

sens pris d'une grande joie, lorsque je découvre en lui une créature inconnue, un organisme particulier. Celui-là ne vit pas de la vie de tous ; dès ce moment, j'ai pour lui la curiosité du médecin qui est mis en face d'une maladie nouvelle. Alors je ne recule devant aucun dégoût ; enthousiasmé, je me penche sur l'œuvre, saine ou malsaine, et, au-delà de la morale, au-delà des pudeurs et des puretés, j'aperçois tout au fond une grande lueur qui sert à éclairer l'ouvrage entier, la lueur du génie humain en enfantement.

Rien ne me paraît plus ridicule qu'un idéal en matière de critique. Vouloir rapporter toutes les œuvres à une œuvre modèle, se demander si tel livre remplit telles et telles conditions, est le comble de la puérilité à mes yeux. Je ne puis comprendre cette rage de régenter les tempéraments, de faire la leçon à l'esprit créateur. Une œuvre est simplement une libre et haute manifestation d'une personnalité, et dès lors je n'ai plus pour devoir que de constater quelle est cette personnalité. Qu'importe la foule ? J'ai là, entre les mains, un individu ; je l'étudie pour lui-même, par curiosité scientifique. La perfection à laquelle je tends est de donner à mes lecteurs l'anatomie rigoureusement exacte du sujet qui m'a été soumis. Moi, j'aurai eu la charge de pénétrer un organisme, de reconstruire un tempérament d'artiste, d'analyser un cœur et une intelligence, selon ma nature ; les lecteurs auront le droit d'admirer ou de blâmer, selon la leur.

Je ne veux donc pas ici de malentendu entre moi et le public. J'entends lui montrer, dans toute sa nudité, l'œuvre de MM. de Goncourt, et lui faire toucher du doigt les plaies saignantes qu'elle découvre hardiment. J'aurai le courage de mes admirations. Il me faut analyser page par page les amours honteuses de Germinie, en étudier les désespoirs et les horreurs. Il s'agit d'un grave débat, celui qui a existé de tous temps entre les fortifiantes brutalités de la vérité et les banalités doucereuses du mensonge.

Imaginez une créature faite de passion et de tendresse, une femme toute chair et toute affection, capable des dernières hontes et des derniers dévouements, lâche devant la volupté au point de quêter des plaisirs comme une louve affamée, courageuse devant l'abnégation au point de donner sa vie pour ceux qu'elle aime. Placez cette femme frémissante et forte dans un milieu grossier qui blessera toutes ses délicatesses, s'adressera à tout le limon qui est en elle, et qui, peu à peu, tuera son âme en l'étouffant sous les ardeurs du corps et l'exaltation des sens. Cette femme, cette créature maudite sera Germinie Lacerteux.

L'histoire de cette fille est simple et peut se lire couramment. Il y a, je le répète, dualité en elle : un être passionné et violent, un être tendre et dévoué. Un combat inévitable s'établit entre ces deux êtres ; la victoire que l'un va remporter sur l'autre dépend uniquement des événements de la vie, du milieu. Mettez Germinie dans une autre position, et elle ne succombera pas ; donnez-lui un mari, des enfants à aimer, et elle sera excellente mère, excellente épouse. Mais si vous ne lui accordez qu'un amant indigne, si vous tuez son enfant, vous frappez dangereusement sur son cœur, vous la poussez à la folie : l'être tendre et dévoué s'irrite et disparaît, l'être passionné et violent s'exalte et grandit. Tout le livre est dans la lutte entre les besoins du cœur et les besoins du corps, dans la victoire de la débauche sur l'amour. Nous assistons au spectacle navrant d'une déchéance de la nature humaine ; nous avons sous les yeux un certain tempérament, riche en vices et en vertus, et nous étudions quel phénomène va se produire dans le sujet au contact de certains faits, de certains êtres. Ici, je l'ai dit et je ne saurais trop le redire, je me sens l'unique curiosité de l'observateur ; je n'éprouve aucune préoccupation étrangère à la vérité du récit, à la parfaite déduction des sentiments, à l'art vigoureux et vivant qui va me rendre dans sa réalité un des cas de la vie humaine, l'histoire d'une âme perdue au milieu des luttes et des désespoirs de ce monde. Je ne me crois pas le pouvoir de demander plus qu'une œuvre vraie et énergiquement créée.

Germinie, cette pauvre fille que les délicats vont accueillir avec des marques de dégoût, a cependant des sentiments d'une douceur exquise, des noblesses d'âme grandes et belles. Justement – voyez quelle est notre misère – ce sont ces sentiments, ces noblesses, qui en font plus tard la rôdeuse de barrières, l'amante insatiable. Elle tombe d'autant plus bas que son cœur est plus haut. Mettez à sa place une nature sanguine, une grosse et bonne fille au sang riche et puissant, chez qui les ardeurs du corps ne sont pas contrariées par les ardeurs de l'âme : elle acceptera sans larmes les amours grossières de sa classe, les baisers et les coups ; elle perdra un enfant et quittera le père sans que son cœur saigne ; elle vivra tranquillement sa vie en pleine santé, dans un air vicié et nauséabond. Germinie a des nerfs de grande dame ; elle étouffe au milieu du vice sale et répugnant ; elle a besoin d'être aimée dans sa chair et dans son âme ; elle est entraînée par sa nature ardente, et elle meurt parce qu'elle ne peut que contenter cette chair de feu, sans jamais pouvoir apaiser cette âme avide d'affection.

Germinie, pour la caractériser d'un mot, aime à cœur et à corps perdus : le jour où le cœur est mort, le corps s'en va droit au cimetière, tué sous des baisers étouffants, brûlé par l'ivresse, endolori par des cilices volontaires.

Le drame est terrible, vous le voyez ; il a l'intérêt puissant d'un problème physiologique et psychologique, d'un cas de maladie physique et morale, d'une histoire qui doit être vraie. Le voici, scène par scène ; je désire le mettre en son entier sous les yeux du lecteur, pour qu'il soit beaucoup pardonné à Germinie, qui a beaucoup aimé et beaucoup souffert.

Elle vient à Paris à quatorze ans. Son enfance a été celle de toutes les petites paysannes pauvres, des coups et de la misère ; une vie de bête chétive et souffrante. À

Paris, elle est placée dans un café du boulevard, où les pudeurs de ses quinze ans s'effraient au contact des garçons. Tout son être se révolte à ces premiers attouchements ; elle n'a encore que des sens, et le premier éveil de ces sens est une douleur. C'est alors qu'un vieux garçon de café la viole et la jette à la vie désespérée qu'elle va mener. Ceci est le prologue.

Au début du roman, Germinie est entrée comme domestique chez Mlle de Varandeuil, vieille fille noble qui a sacrifié son cœur à son père et à ses parents. Le parallèle entre la domestique et la maîtresse s'impose forcément à l'esprit ; les auteurs n'ont pas mis sans raison ces deux femmes en face l'une de l'autre, et ils ont fait preuve de beaucoup d'habileté dans l'opposition de ces deux figures qui se font valoir mutuellement, qui se complètent et s'expliquent. Mlle de Varandeuil a eu le dévouement de Germinie, sans en avoir les fièvres ; elle a pu faire abnégation de son corps, vivre par la seule affection qu'elle portait aux gens qui l'entouraient ; elle a vieilli dans le courage et l'austérité, sans grandes luttes, ne faiblissant jamais, trouvant un pardon pour toutes les faiblesses. Germinie reste vingt ans au service de cette femme, qui ne vit plus que par le souvenir. Une moitié du roman se passe dans la chambre étroite, froide et recueillie, où se tient paisiblement assise la vieille demoiselle, ignorante des âpretés de l'amour, se mourant avec la tranquillité des vierges ; l'autre moitié court les rues, a les frissons et les cris de la débauche, se roule dans la fange. Les auteurs, en plein drame, ouvrent parfois une échappée sur le foyer à demi éteint, auprès duquel sommeille Mlle de Varandeuil, et il y a je ne sais quelle douceur infinie à passer des horreurs de la chair à ce spectacle d'une créature plus qu'humaine, qui s'endort dans sa chasteté. Cette figure de vieille fille a plus de hauteur que celle de la jeune bonne hystérique ; toutefois, elle est également hors nature, elle se trouve placée à l'autre extrémité de l'amour ; il y a eu, devant le désir, abus de courage chez elle, de même qu'il y a eu chez Germinie abus de lâcheté. Aussi souffrent-elles toutes deux dans leur humanité : l'une est frappée de mort à quarante ans, l'autre traîne une vieillesse vide, n'ayant pour amis que des tombeaux.

Germinie va donc avoir deux existences ; elle va, pendant vingt ans, épuiser sa double nature, contenter les deux besoins qui l'aident à vivre : se dévouer, aimer sa maîtresse comme une mère, et se livrer aux emportements de sa passion, aux feux qui la brûlent. Elle vivra ses nuits dans les transports de voluptés terribles ; elle vivra ses jours dans le calme d'une affection prévenante et inépuisable. La punition de ses nuits sera précisément ses jours ; elle tremblera toute sa vie de perdre l'amitié de sa maîtresse, si quelque bruit de ses amours venait jusqu'à elle ; et, dans son agonie, elle emportera comme suprême châtiment, la pensée que la pauvre vieille, en apprenant tout, ne viendra pas prier sur sa tombe.

Au premier jour, avant toute souillure volontaire, lorsqu'elle ne connaît encore de l'homme que la violence, Germinie devient dévote. « Elle va à la pénitence comme on va à l'amour. » Ce sont là les premières tendresses de toutes les femmes sensuelles. Elles se jettent dans l'encens, dans les fleurs, dans les dorures des églises, attirées par l'éclat et le mystère du culte. Quelle est la jeune fille qui n'est pas un peu amoureuse de son confesseur ? Germinie trouve dans le sien un bon cœur qui s'intéresse à ses larmes et à ses joies ; elle aime éperdument cet homme qui la traite en femme. Mais elle se retire bientôt, dévorée de jalousie, le jour où elle rencontre un prêtre au lieu de l'homme qu'elle cherchait.

Elle a besoin de se dévouer, si ce n'est d'aimer. Elle donne ses gages à son beau-frère, qui spécule sur elle, en l'apitoyant sur le sort d'une de ses nièces qu'elle lui a confiée. Puis, elle apprend que cette nièce est morte, et son cœur est vide de nouveau.

Elle rencontre enfin l'homme qui doit tuer son cœur, lui mettre sur les épaules la croix qu'elle portera la vie entière. Cet homme est le fils d'une crémière voisine, Mme Jupillon ; elle le connaît presque enfant et se met à l'aimer sans en avoir conscience. Par la jalousie irraisonnée, elle le sauve des caresses d'une autre femme, et demeure tremblante sous le premier baiser qu'il lui donne. C'en est fait ; le cœur et le corps ont parlé. Mais elle est forte encore. « Elle écarte sa chute, elle repousse ses sens. » L'amour lui rend la gaieté et l'activité ; elle se fait la domestique de la crémière, elle se voue aux intérêts de la mère et du fils. Cette époque est l'aube blanche de cette vie qui doit avoir un midi et un soir si sombres et si fangeux. Germinie, bien que souillée par une première violence, dont on ne saurait lui demander compte, a alors la pureté d'une vierge par son affection profonde, par son abnégation entière. Le mal n'est pas en elle, il est dans la mère et le fils, dans ces affreux Jupillon, canailles qui suent le vice et la honte. La mère a des tolérances calculées, des spéculations ignobles ; le fils considère l'amour comme la « satisfaction d'une certaine curiosité du mal, cherchant dans la connaissance et la possession d'une femme le droit et le plaisir de la mépriser ». C'est à ce jeune coquin que se livre la pauvre fille ; « elle se laisse arracher par l'ardeur du jeune homme ce qu'elle croyait donner d'avance à l'amour du mari ». Est-elle si coupable, et ceux qui seront tentés de lui jeter la pierre, devront-ils négliger de suivre pas à pas les faits qui la conduisent à la chute, en lui en cachant l'effroi ?

Germinie est bientôt abandonnée. Son amant court les bals des barrières, et, conduite par son cœur, elle le suit, elle va l'y chercher. La débauche ne veut pas d'elle ; elle est trop vieille. Ce que son orgueil et sa jalousie ont à souffrir, est indicible. Puis, lorsqu'elle est admise, on lui facilite la honte par la familiarité qu'on lui témoigne. Dès lors, elle a jugé Jupillon, elle sent qu'elle ne peut se l'attacher que par des présents, et, comme elle n'a pas la force de la séparation, elle consacre toutes ses épargnes, tous ses bijoux, à lui acheter un fonds de ganterie. Sans doute il y a dans ce don l'emportement et les calculs de la passion, mais il y a aussi le plaisir de donner, le besoin de rendre heureux.

Un instant on peut croire Germinie sauvée. Elle a un enfant. La mère va sanctifier l'amante. Puisqu'il faut un amour à ce pauvre cœur en peine, il aura l'amour d'un fils, il vivra en paix dans cette tendresse. L'enfant meurt, Germinie est perdue.

Ses affections tournent à la haine, sa sensibilité s'irrite, ses jalousies deviennent puériles et terribles. Repoussée par son amant, elle cherche dans l'ivresse l'oubli de ses chagrins et de ses ardeurs. Elle s'avilit, elle se prépare à la vie de débauches qu'elle va mener tout à l'heure. On tue le cœur, la chair se dresse et triomphe.

Mais Germinie n'a pas épuisé tous ses dévouements. Elle a donné ses derniers quarante francs à Jupillon, lorsqu'elle était sur le point d'accoucher, se condamnant ainsi à se rendre à la Bourbe. Elle accomplit maintenant un dernier sacrifice. Les Jupillon, qui l'ont chassée de chez eux, l'attirent de nouveau, lorsque le fils est tombé au sort. Ils la connaissent. Elle emprunte à droite et à gauche, sou à sou, les deux mille trois cents francs nécessaires pour racheter le jeune homme. Sa vie entière est engagée, elle se doit à sa dette ; elle a donné à son amant plus que le présent, elle a donné l'avenir.

C'est alors qu'elle acquiert la certitude complète de son abandon ; elle rencontre Jupillon avec une autre femme, et n'obtient des rendez-vous avec lui qu'à prix d'argent. Elle boit davantage, elle a horreur d'elle-même ; mais elle ne peut s'arrêter dans le sentier sanglant qu'elle descend. Un jour, elle vole vingt francs à Mlle de Varandeuil pour les donner à Jupillon. C'est ici le point extrême, Germinie ne saurait aller plus loin. Elle ment par amour, elle se dégrade par amour, elle vole par amour. Mais elle ne peut voler deux fois, et Jupillon la fait mettre à la porte par une de ses maîtresses.

Les chutes morales suivent les chutes physiques. L'intelligence abandonne Germinie, la pauvre fille devient malpropre et presque idiote. Elle serait morte vingt fois, si elle n'avait à son côté une personne qui pût encore la respecter et la chérir. Ce qui la soutient, c'est l'estime de Mlle de Varandeuil. Les auteurs ont bien compris que l'estime lui était nécessaire, et ils lui ont donné pour compagne une femme qui ignore. Je ne puis m'empêcher de citer quelques lignes qui montrent combien Germinie se débattait dans son avilissement. « Elle cédait à l'entraînement de la passion ; mais aussitôt qu'elle y avait cédé, elle se prenait en mépris. Dans le plaisir même, elle ne pouvait s'oublier entièrement et se perdre. Il se levait toujours dans sa distraction l'image de mademoiselle avec son austère et maternelle figure. À mesure qu'elle s'abandonnait et descendait de son honnêteté, Germinie ne sentait pas l'impudeur lui venir. Les dégradations où elle s'abîmait ne la fortifiaient point contre le dégoût et l'horreur d'elle-même. »

Enfin se joue le dernier acte du drame, le plus terrible et le plus écœurant de tous. Germinie ne peut vivre avec le souvenir de son amour enseveli ; la chair la tourmente et l'emporte. Elle prend un second amant, et les voluptés qui la secouent alors ont tous les déchirements de la douleur. Une seule chose reste dans les ruines de son être, son affection pour Mlle de Varandeuil. Elle quitte Gautruche, qui lui dit de choisir entre lui et sa vieille maîtresse, et dès lors elle appartient à tous. Elle va le soir, dans l'ombre des murs ; elle rôde les barrières, elle est toute impureté et scandale. Mais le hasard veut bien lui accorder une mort digne ; elle rencontre Jupillon, elle se purifie presque dans l'amour qui s'éveille de nouveau et lui monte du cœur ; elle le suit, et, une nuit, par un temps d'orage, elle reste au volet du jeune homme, écoutant sa voix, laissant l'eau du ciel la pénétrer et lui préparer sa mort.

Son énergie ne l'abandonne pas un instant. Elle lutte, elle essaie de mentir à la mort. Elle se refuse à la maladie, voulant mourir debout. Lorsque ses forces l'ont trahie et qu'elle expire à l'hôpital, son visage demeure impénétrable. Mlle de Varandeuil, en face de son cadavre, ne peut deviner quelle pensée terrible a labouré sa face et dressé ses cheveux. Puis, lorsque, le lendemain, la vieille fille apprend tout, elle se révolte contre tant de mensonges et tant de débauches ; le dégoût lui fait maudire Germinie. Mais le pardon est doux aux bonnes âmes. Mlle de Varandeuil se souvient du regard et du sourire de la pauvre morte ; elle se rappelle avoir vu en elle une telle tristesse, un tel dévouement, qu'une immense pitié lui vient et qu'elle se sent le besoin de pardonner, se disant que les morts que l'on maudit doivent dormir d'un mauvais sommeil. Elle va au cimetière, elle qui a la religion des tombeaux, et cherche une croix sur la fosse commune ; ne pouvant trouver, elle s'agenouille entre deux croix portant les dates de la veille et du lendemain de l'enterrement de Germinie. « Pour prier sur elle, il fallait prier au petit bonheur entre deux dates – comme si la destinée de la pauvre fille avait voulu qu'il n'y eût, sur la terre, pas plus de place pour son corps que pour son cœur. »

Telle est cette œuvre, qui va sans doute être vivement discutée. J'ai pensé qu'on ne pouvait bien la juger que sur une analyse complète. Elle contient, je l'avoue, des pages d'une vérité effrayante, les plus remarquables peut-être comme éclat et comme vigueur ; elle a une franchise brutale qui blessera les lecteurs délicats. Pour moi, j'ai déjà dit combien je me sentais attiré par ce roman, malgré ses crudités, et je voudrais pouvoir le défendre contre les critiques qui se produiront certainement.

Les uns s'attaqueront au genre lui-même, prononceront avec force soupirs le mot « réalisme » et croiront du coup avoir foudroyé les auteurs. Les autres, gens plus avancés et plus hardis, ne se plaindront que de l'excès de la vérité, et demanderont pourquoi descendre si bas. D'autres, enfin, condamneront le livre, l'accusant d'avoir été écrit à un point de vue purement médical et de n'être que le récit d'un cas d'hystérie.

Je ne sais si je dois prendre la peine de répondre aux premiers. Ce que l'on se plaît encore à appeler réalisme, l'étude patiente de la réalité, l'ensemble obtenu par l'observation des détails, a produit des œuvres si remarquables, dans ces derniers temps, que le procès devrait être jugé aujourd'hui. Eh oui ! bonnes gens, l'artiste a le droit de fouiller en pleine nature humaine, de ne rien voiler du cadavre humain, de s'intéresser à nos plus petites particularités, de peindre les horizons dans leurs minuties et de les mettre de moitié dans nos joies et dans nos douleurs.

Par grâce, laissez-le créer comme bon lui semble ; il ne vous donnera jamais la création telle qu'elle est ; il vous la donnera toujours vue à travers son tempérament. Que lui demandez-vous donc, je vous prie ? Qu'il obéisse à des règles, et non à sa nature, qu'il soit un autre, et non lui ? Mais cela est absurde. Vous tuez de gaieté de cœur l'initiative créatrice, vous mettez des bornes à l'intelligence, et vous n'en connaissez pas les limites. Il est si facile pourtant de ne pas s'embarrasser de tout ce bagage de restrictions et de convenances. Acceptez chaque œuvre comme un monde inconnu, comme une terre nouvelle qui va vous donner peut-être des horizons nouveaux. Éprouvez-vous donc un si violent chagrin à ajouter une page à l'histoire littéraire de votre pays ? Je vous accorde que le passé a eu sa grandeur ; mais le présent est là, et ses manifestations, si imparfaites qu'elles soient, sont une des faces de la vie intellectuelle. L'esprit marche, vous en étonnez-vous ? Votre tâche est de constater ses nouvelles formes, de vous incliner devant toute œuvre qui vit. Qu'importent la correction, les règles suivies, l'ensemble parfait ; il est telles pages écrites à peine en français qui l'emportent à mes yeux sur les ouvrages les mieux conduits, car elles contiennent toute une personnalité, elles ont le mérite suprême d'être uniques et inimitables. Lorsqu'on sera bien persuadé que le véritable artiste vit solitaire, lorsqu'on cherchera avant tout un homme dans un livre, on ne s'inquiétera plus des différentes écoles, on considérera chaque œuvre comme le langage particulier d'une âme, comme le produit unique d'une intelligence.

À ceux qui prétendent que MM. de Goncourt ont été trop loin, je répondrai qu'il ne saurait en principe y avoir de limite dans l'étude de la vérité. Ce sont les époques et les langages qui tolèrent plus ou moins de hardiesse ; la pensée a toujours la même audace. Le crime est donc d'avoir dit tout haut ce que beaucoup d'autres pensent tout bas. Les timides vont opposer Mme Bovary à Germinie Lacerteux. Une femme mariée, une femme de médecin, passe encore ; mais une domestique, une vieille fille de quarante ans, cela ne se peut souffrir. Puis les amours des héros de M. Flaubert sont encore des amours élégantes et raffinées, tandis que celles des personnages de MM. de Goncourt se traînent dans le ruisseau. En un mot, il y a là deux mondes différents : un monde bourgeois, obéissant à certaines convenances, mettant une certaine mesure dans l'emportement de ses passions, et un monde ouvrier, moins cultivé, plus cynique, agissant et parlant. Selon nos temps hypocrites, on peut peindre l'un, on ne saurait s'occuper de l'autre. Demandez pourquoi, en faisant observer qu'au fond les vices sont parfaitement les mêmes. On ne saura que répondre. Il nous plaît d'être chatouillés agréablement, et même ceux d'entre nous qui prétendent aimer la vérité, n'aiment qu'une certaine vérité, celle qui ne trouble pas le sommeil et ne contrarie pas la digestion.

Un reproche fondé, qui peut être fait à *Germinie Lacerteux*, est celui d'être un roman médical, un cas curieux d'hystérie. Mais je ne pense pas que les auteurs désavouent un instant la grande place qu'ils ont accordée à l'observation physiologique. Certainement leur héroïne est malade, malade de cœur et malade de corps ; ils ont tout à la fois étudié la maladie de son corps et celle de son cœur. Où est le mal, je vous prie ? Un roman n'est-il pas la peinture de la vie, et ce pauvre corps est-il si damnable pour qu'on ne s'occupe pas de lui ? Il joue un tel rôle dans les affaires de ce monde, qu'on peut bien lui donner quelque attention, surtout lorsqu'il mène une âme à sa perte, lorsqu'il est le nœud même du drame.

Il est permis d'aimer ou de ne pas aimer l'œuvre de MM. de Goncourt ; mais on ne saurait lui refuser des mérites rares. On trouve dans le livre un souffle de Balzac et de M. Flaubert ; l'analyse y a la pénétrante finesse de l'auteur d'*Eugénie Grandet* ; les descriptions, les paysages y ont l'éclat et l'énergique vérité de l'auteur de *Madame Bovary*. Le portrait de Mlle de Varandeuil, un chapitre que je recommande, est digne de *La Comédie humaine*. La promenade à la chaussée Clignancourt, le bal de la *Boule Noire*, l'hôtel garni de Gautruche, la fosse commune, sont autant de pages admirables de couleur et d'exactitude. Cette œuvre fiévreuse et maladive a un charme provocant ; elle monte à la tête comme un vin puissant ; on s'oublie à la lire, mal à l'aise et goûtant des délices étranges.

Il y a, sans doute, une relation intime entre l'homme moderne, tel que l'a fait une civilisation avancée, et ce roman du ruisseau, aux senteurs âcres et fortes. Cette littérature est un des produits de notre société, qu'un éréthisme nerveux secoue sans cesse. Nous sommes malades de progrès, d'industrie, de science ; nous vivons dans la fièvre, et nous nous plaisons à fouiller les plaies, à descendre toujours plus bas, avides de connaître le cadavre du cœur humain. Tout souffre, tout se plaint dans les ouvrages du temps ; la nature est associée à nos douleurs, l'être se déchire lui-même et se montre dans sa nudité. MM. de Goncourt ont écrit pour les hommes de nos jours ; leur Germinie n'aurait pu vivre à aucune autre époque que la nôtre ; elle est fille du siècle. Le style même des écrivains, leur procédé a je ne sais quoi d'excessif qui accuse une sorte d'exaltation morale et physique ; c'est tout à la fois un mélange de crudité et de délicatesses, de mièvreries et de brutalités, qui ressemble au langage doux et passionné d'un malade.

Je définirai l'impression que m'a produite le livre, en disant que c'est le récit d'un moribond dont la souffrance a agrandi les yeux, qui voit face à face la réalité, et qui nous la donne dans ses plus minces détails, en lui communiquant la fièvre qui agite son corps et les désespoirs qui troublent son âme.

Pour moi, l'œuvre est grande, en ce sens qu'elle est, je le répète, la manifestation d'une forte personnalité, et qu'elle vit largement de la vie de notre âge. Je n'ai point souci d'autre mérite en littérature. Mlle de Varandeuil, la vieille fille austère, a pardonné ; je vais m'agenouiller à son côté, sur la fosse commune, et je pardonne comme elle à cette pauvre Germinie, qui a tant souffert dans son corps et dans son cœur.

24 février 1865

## Proudhon et Courbet

### I

Il y a des volumes dont le titre accolé au nom de l'auteur suffit pour donner, avant toute lecture, la portée et l'entière signification de l'œuvre.

Le livre posthume de Proudhon : *Du principe de l'art et de sa destination sociale* [1], était là sur ma table. Je ne l'avais

1. Le philosophe et politicien Pierre Joseph Proudhon, théoricien de l'anarchisme, né en 1809, est mort en janvier 1865. Cette même année, Courbet expose le *Portrait de Pierre Proudhon et ses enfants en 1853*.

pas ouvert ; cependant je croyais savoir ce qu'il contenait, et il est arrivé que mes prévisions se sont réalisées.

Proudhon est un esprit honnête, d'une rare énergie, voulant le juste et le vrai. Il est le petit-fils de Fourier [1], il tend au bien-être de l'humanité ; il rêve une vaste association humaine, dont chaque homme sera le membre actif et modeste. Il demande, en un mot, que l'égalité et la fraternité règnent, que la société, au nom de la raison et de la conscience, se reconstitue sur les bases du travail en commun et du perfectionnement continu. Il paraît las de nos luttes, de nos désespoirs et de nos misères ; il voudrait nous forcer à la paix, à une vie réglée. Le peuple qu'il voit en songe, est un peuple puisant sa tranquillité dans le silence du cœur et des passions ; ce peuple d'ouvriers ne vit que de justice.

Dans toute son œuvre, Proudhon a travaillé à la naissance de ce peuple. Jour et nuit, il devait songer à combiner les divers éléments humains, de façon à établir fortement la société qu'il rêvait. Il voulait que chaque classe, chaque travailleur entrât pour sa part dans l'œuvre commune, et il enrégimentait les esprits, il réglementait les facultés, désireux de ne rien perdre et craignant aussi d'introduire quelque ferment de discorde. Je le vois, à la porte de sa cité future, inspectant chaque homme qui se présente, sondant son corps et son intelligence, puis l'étiquetant et lui donnant un numéro pour nom, une besogne pour vie et pour espérance. L'homme n'est plus qu'un infime manœuvre.

Un jour, la bande des artistes s'est présentée à la porte. Voilà Proudhon perplexe. Qu'est-ce que c'est que ces hommes-là ? À quoi sont-ils bons ? Que diable peut-on leur faire faire ? Proudhon n'ose les chasser carrément,

1. Charles Fourier (1772-1837) développe une philosophie communautaire et utopiste, dont l'aspect le plus connu consiste dans la théorie du phalanstère, habitat réunissant, selon des modèles rationalisés, les conditions d'une vie collective harmonieuse mais close.

parce que, après tout, il ne dédaigne aucune force et qu'il espère, avec de la patience, en tirer quelque chose. Il se met à chercher et à raisonner. Il ne veut pas en avoir le démenti, il finit par leur trouver une toute petite place ; il leur fait un long sermon, dans lequel il leur recommande d'être bien sages, et il les laisse entrer, hésitant encore et se disant en lui-même : « Je veillerai sur eux, car ils ont de méchants visages et des yeux brillants qui ne me promettent rien de bon. »

Vous avez raison de trembler, vous n'auriez pas dû les laisser entrer dans votre ville modèle. Ce sont des gens singuliers qui ne croient pas à l'égalité, qui ont l'étrange manie d'avoir un cœur, et qui poussent parfois la méchanceté jusqu'à avoir du génie. Ils vont troubler votre peuple, déranger vos idées de communauté, se refuser à vous et n'être qu'eux-mêmes. On vous appelle le terrible logicien ; je trouve que votre logique dormait le jour où vous avez commis la faute irréparable d'accepter des peintres parmi vos cordonniers et vos législateurs. Vous n'aimez pas les artistes, toute personnalité vous déplaît, vous voulez aplatir l'individu pour élargir la voie de l'humanité. Eh bien ! soyez sincère, tuez l'artiste. Votre monde sera plus calme.

Je comprends parfaitement l'idée de Proudhon, et même, si l'on veut, je m'y associe. Il veut le bien de tous, il le veut au nom de la vérité et du droit, et il n'a pas à regarder s'il écrase quelques victimes en marchant au but. Je consens à habiter sa cité ; je m'y ennuierai sans doute à mourir, mais je m'y ennuierai honnêtement et tranquillement, ce qui est une compensation. Ce que je ne saurais supporter, ce qui m'irrite, c'est qu'il force à vivre dans cette cité endormie des hommes qui refusent énergiquement la paix et l'effacement qu'il leur offre. Il est si simple de ne pas les recevoir, de les faire disparaître. Mais, pour l'amour de Dieu, ne leur faites pas la leçon ; surtout ne vous amusez pas à les pétrir d'une autre fange que celle dont Dieu les a formés, pour le simple plaisir de les créer une seconde fois tels que vous les désirez.

Tout le livre de Proudhon est là. C'est une seconde création, un meurtre et un enfantement. Il accepte l'artiste dans sa ville, mais l'artiste qu'il imagine, l'artiste dont il a besoin et qu'il crée tranquillement en pleine théorie. Son livre est vigoureusement pensé, il a une logique écrasante ; seulement toutes les définitions, tous les axiomes sont faux. C'est une colossale erreur déduite avec une force de raisonnement qu'on ne devrait jamais mettre qu'au service de la vérité.

Sa définition de l'art, habilement amenée et habilement exploitée, est celle-ci : « Une représentation idéaliste de la nature et de nous-mêmes, en vue du perfectionnement physique et moral de notre espèce. » Cette définition est bien de l'homme pratique dont je parlais tantôt, qui veut que les roses se mangent en salade. Elle serait banale entre les mains de tout autre, mais Proudhon ne rit pas lorsqu'il s'agit du perfectionnement physique et moral de notre espèce. Il se sert de sa définition pour nier le passé et pour rêver un avenir terrible. L'art perfectionne, je le veux bien, mais il perfectionne à sa manière, en contentant l'esprit, et non en prêchant, en s'adressant à la raison.

D'ailleurs, la définition m'inquiète peu. Elle n'est que le résumé fort innocent d'une doctrine autrement dangereuse. Je ne puis l'accepter uniquement à cause des développements que lui donne Proudhon ; en elle-même, je la trouve l'œuvre d'un brave homme qui juge l'art comme on juge la gymnastique et l'étude des racines grecques.

Proudhon pose ceci en thèse générale. Moi public, moi humanité, j'ai droit de guider l'artiste et d'exiger de lui ce qui me plaît ; il ne doit pas être lui, il doit être moi, il doit ne penser que comme moi, ne travailler que pour moi. L'artiste par lui-même n'est rien, il est tout par l'humanité et pour l'humanité. En un mot, le sentiment individuel, la libre expression d'une personnalité sont défendus. Il faut n'être que l'interprète du goût général, ne travailler qu'au nom de tous, afin de plaire à tous. L'art atteint son degré de perfection lorsque l'artiste s'efface, lorsque l'œuvre ne porte plus de nom, lorsqu'elle est le produit d'une époque tout entière, d'une nation, comme la statuaire égyptienne et celle de nos cathédrales gothiques.

Moi, je pose en principe que l'œuvre ne vit que par l'originalité. Il faut que je retrouve un homme dans chaque œuvre, ou l'œuvre me laisse froid. Je sacrifie carrément l'humanité à l'artiste. Ma définition d'une œuvre d'art serait, si je la formulais : « Une œuvre d'art est un coin de la création vu à travers un tempérament. » Que m'importe le reste. Je suis artiste, et je vous donne ma chair et mon sang, mon cœur et ma pensée. Je me mets nu devant vous, je me livre bon ou mauvais. Si vous voulez être instruits, regardez-moi, applaudissez ou sifflez, que mon exemple soit un encouragement ou une leçon. Que me demandez-vous de plus ? Je ne puis vous donner autre chose, puisque je me donne entier, dans ma violence ou dans ma douceur, tel que Dieu m'a créé. Il serait risible que vous veniez me faire changer et me faire mentir, vous, l'apôtre de la vérité ! Vous n'avez donc pas compris que l'art est la libre expression d'un cœur et d'une intelligence, et qu'il est d'autant plus grand qu'il est plus personnel. S'il y a l'art des nations, l'expression des époques, il y a aussi l'expression des individualités, l'art des âmes. Un peuple a pu créer des architectures, mais combien je me sens plus remué devant un poème ou un tableau, œuvres individuelles, où je me retrouve avec toutes mes joies et toutes mes tristesses. D'ailleurs, je ne nie pas l'influence du milieu et du moment sur l'artiste, mais je n'ai pas même à m'en inquiéter. J'accepte l'artiste tel qu'il me vient.

Vous dites en vous adressant à Eugène Delacroix : « Je me soucie fort peu de vos impressions personnelles… Ce n'est pas par vos idées et votre propre idéal que vous devez agir sur mon esprit, en passant par mes yeux ; c'est à l'aide des idées et de l'idéal qui sont en moi : ce qui est justement le contraire de ce que vous vous vantez de faire. En sorte que tout votre talent se réduit… à produire en nous des impressions, des mouvements et des résolutions qui tournent, non à votre gloire ni à votre fortune, mais au profit de la félicité générale et du perfectionnement de l'espèce. » Et dans votre conclusion, vous vous écriez : « Quant à nous, socialistes révolutionnaires, nous disons aux artistes comme aux littérateurs : "Notre idéal, c'est le droit et la vérité. Si vous ne savez avec cela faire de l'art et du style, arrière ! Nous n'avons pas besoin de vous. Si vous êtes au service des corrompus, des luxueux, des fainéants, arrière ! Nous ne voulons pas de vos arts. Si l'aristocratie, le pontificat et la majesté royale vous sont indispensables, arrière toujours ! Nous proscrivons votre art ainsi que vos personnes." »

Et moi, je crois pouvoir vous répondre, au nom des artistes et des littérateurs, de ceux qui sentent en eux battre leur cœur et monter leurs pensées : « Notre idéal, à nous, ce sont nos amours et nos émotions, nos pleurs et nos sourires. Nous ne voulons pas plus de vous que vous ne voulez de nous. Votre communauté et votre égalité nous écœurent. Nous faisons du style et de l'art avec notre chair et notre âme ; nous sommes amants de la vie, nous vous donnons chaque jour un peu de notre existence. Nous ne sommes au service de personne, et nous refusons d'entrer au vôtre. Nous ne relevons que de nous, nous n'obéissons qu'à notre nature ; nous sommes bons ou mauvais, vous laissant le droit de nous écouter ou de vous boucher les oreilles. Vous nous proscrivez, nous et nos œuvres, dites-vous. Essayez, et vous sentirez en vous un si grand vide, que vous pleurerez de honte et de misère. »

Nous sommes forts, et Proudhon le sait bien. Sa colère ne serait pas si grande, s'il pouvait nous écraser et faire place nette pour réaliser son rêve humanitaire. Nous le gênons de toute la puissance que nous avons sur la chair et sur l'âme. On nous aime, nous emplissons les cœurs, nous tenons l'humanité par toutes ses facultés aimantes, par ses souvenirs et par ses espérances. Aussi comme il nous hait, comme son orgueil de philosophe et de penseur s'irrite en voyant la foule se détourner de lui et tomber à nos genoux ! Il l'appelle, il nous abaisse, il nous classe, il nous met au bas bout du banquet socialiste. Asseyons-nous, mes amis, et troublons le banquet. Nous n'avons qu'à parler, nous n'avons qu'à prendre le pinceau, et voilà que nos œuvres sont si douces que l'humanité se met à pleurer, et oublie le droit et la justice pour n'être plus que chair et cœur.

Si vous me demandez ce que je viens faire en ce monde, moi artiste, je vous répondrai : « Je viens vivre tout haut. »

On comprend maintenant quel doit être le livre de Proudhon. Il examine les différentes périodes de l'histoire de l'art, et son système, qu'il applique avec une brutalité aveugle, lui fait avancer les blasphèmes les plus étranges. Il étudie tour à tour l'art égyptien, l'art grec et romain, l'art chrétien, la Renaissance, l'art contemporain. Toutes ces manifestations de la pensée humaine lui déplaisent ; mais il a une préférence marquée pour les œuvres, les écoles où l'artiste disparaît et se nomme légion. L'art égyptien, cet art hiératique, généralisé, qui se réduit à un type et à une attitude ; l'art grec, cette idéalisation de la forme, ce cliché pur et correct, cette beauté divine et impersonnelle ; l'art chrétien, ces figures pâles et émaciées qui peuplent nos cathédrales et qui paraissent sortir toutes d'un même chantier : telles sont les périodes artistiques qui trouvent grâce devant lui, parce que les œuvres y semblent être le produit de la foule.

Quant à la Renaissance et à notre époque, il n'y voit qu'anarchie et décadence. Je vous demande un peu, des gens qui se permettent d'avoir du génie sans consulter l'humanité : des Michel-Ange, des Titien, des Véronèse, des Delacroix, qui ont l'audace de penser pour eux et non pour leurs contemporains, de dire ce qu'ils ont dans leurs entrailles et non ce qu'ont dans les leurs les imbéciles de leur temps ! Que Proudhon traîne dans la boue Léopold Robert et Horace Vernet [1], cela m'est presque indifférent. Mais qu'il se mette à admirer le *Marat* et *Le Serment du Jeu de paume*, de David [2], pour des raisons de philosophe et de démocrate, ou qu'il crève les toiles d'Eugène Delacroix au nom de la morale et de la raison, cela ne peut se tolérer. Pour tout au monde, je ne voudrais pas être loué par Proudhon ; il se loue lui-même en louant un artiste, il se complaît dans l'idée et dans le sujet que le premier manœuvre pourrait trouver et disposer.

Je suis encore trop endolori de la course que j'ai faite avec lui dans les siècles. Je n'aime ni les Égyptiens, ni les Grecs, ni les artistes ascétiques, moi qui n'admets dans l'art que la vie et la personnalité. J'aime au contraire la libre manifestation des pensées individuelles – ce que Proudhon appelle l'anarchie –, j'aime la Renaissance et notre époque, ces luttes entre artistes, ces hommes qui tous viennent dire un mot encore inconnu hier. Si l'œuvre n'est pas du sang et des nerfs, si elle n'est pas l'expression entière et poignante d'une créature, je refuse l'œuvre, fût-elle la *Vénus de Milo*. En un mot, je suis diamétralement opposé à Proudhon : il veut que l'art soit le produit de la nation, j'exige qu'il soit le produit de l'individu.

D'ailleurs, il est franc. « Qu'est-ce qu'un grand homme ? demande-t-il. Y a-t-il des grands hommes ? Peut-on admettre, dans les principes de la Révolution française et dans une république fondée sur le droit de l'homme, qu'il en existe ? » Ces paroles sont graves, toutes ridicules qu'elles paraissent. Vous qui rêvez de liberté, ne nous laisserez-vous pas la liberté de l'intelligence ? Il dit

1. Aux yeux de Zola, Léopold Robert (1704-1835) et Horace Vernet (1789-1863) incarnent la peinture académique.

2. *La Mort de Marat* (1793) et *Le Serment du Jeu de Paume* (1791) sont parmi les toiles les plus célèbres de Jacques Louis David.

plus loin, dans une note : « Dix mille citoyens qui ont appris le dessin forment une puissance de collectivité artistique, une force d'idées, une énergie d'idéal bien supérieure à celle d'un individu, et qui, trouvant un jour son expression, dépassera le chef-d'œuvre. » C'est pourquoi, selon Proudhon, le Moyen Âge, en fait d'art, l'a emporté sur la Renaissance. Les grands hommes n'existant pas, le grand homme est la foule. Je vous avoue que je ne sais plus ce que l'on veut de moi, artiste, et que je préfère coudre des souliers. Enfin, le publiciste, las de tourner, lâche toute sa pensée. Il s'écrie : « Plût à Dieu que Luther ait exterminé les Raphaël, les Michel-Ange et tous leurs émules, tous ces ornementateurs de palais et d'églises. » D'ailleurs, l'aveu est encore plus complet, lorsqu'il dit : « L'art ne peut rien directement pour notre progrès ; la tendance est à nous passer de lui. » Eh bien ! j'aime mieux cela ; passez-vous-en et n'en parlons plus. Mais ne venez pas déclamer orgueilleusement : « Je parviens à jeter les fondements d'une critique d'art rationnelle et sérieuse », lorsque vous marchez en pleine erreur.

Je songe que Proudhon aurait eu tort d'entrer à son tour dans la ville modèle et de s'asseoir au banquet socialiste. On l'aurait impitoyablement chassé. N'était-il pas un grand homme ? une forte intelligence, personnelle au plus haut point ? Toute sa haine de l'individualité retombe sur lui et le condamne. Il serait venu nous retrouver, nous, les artistes, les proscrits, et nous l'aurions peut-être consolé en l'admirant, le pauvre grand orgueilleux qui parle de modestie.

26 juillet 1865

## II

Proudhon, après avoir foulé aux pieds le passé, rêve un avenir, une école artistique pour sa cité future. Il fait de Courbet le révélateur de cette école, et il jette le pavé de l'ours à la tête du maître.

Avant tout, je dois déclarer naïvement que je suis désolé de voir Courbet mêlé à cette affaire. J'aurais voulu que Proudhon choisît en exemple un autre artiste, quelque peintre sans aucun talent. Je vous assure que le publiciste, avec son manque complet de sens artistique, aurait pu louer tout aussi carrément un infime gâcheur, un manœuvre travaillant pour le plus grand profit du perfectionnement de l'espèce. Il veut un moraliste en peinture, et peu semble lui importer que ce moraliste moralise avec un pinceau ou avec un balai. Alors il m'aurait été permis, après avoir refusé l'école future, de refuser également le chef de l'école. Je ne peux. Il faut que je distingue entre les idées de Proudhon et l'artiste auquel il applique ses idées. D'ailleurs, le philosophe a tellement travesti Courbet, qu'il me suffira, pour n'avoir point à me déjuger en admirant le peintre, de dire hautement que je m'incline, non pas devant le Courbet humanitaire de Proudhon, mais devant le maître puissant qui nous a donné quelques pages larges et vraies.

Le Courbet de Proudhon est un singulier homme, qui se sert du pinceau comme un magister de village se sert de sa férule. La moindre de ses toiles, paraît-il, est grosse d'ironie et d'enseignement. Ce Courbet-là, du haut de sa chaire, nous regarde, nous fouille jusqu'au cœur, met à nu nos vices ; puis, résumant nos laideurs, il nous peint dans notre vérité, afin de nous faire rougir. N'êtes-vous pas tenté de vous jeter à genoux, de vous frapper la poitrine et de demander pardon ? Il se peut que le Courbet en chair et en os ressemble par quelques traits à celui du publiciste ; des disciples trop zélés et des chercheurs d'avenir ont pu égarer le maître ; il y a, d'ailleurs, toujours un peu de bizarrerie et d'étrange aveuglement chez les hommes d'un tempérament entier ; mais avouez que si Courbet prêche, il prêche dans le désert, et que s'il mérite notre admiration, il la mérite seulement par la façon énergique dont il a saisi et rendu la nature.

Je voudrais être juste, ne pas me laisser tenter par une raillerie vraiment trop aisée. J'accorde que certaines toiles du peintre peuvent paraître avoir des intentions satiriques. L'artiste peint les scènes ordinaires de la vie, et, par là même, il nous fait, si l'on veut, songer à nous et à notre époque. Ce n'est là qu'un simple résultat de son talent qui se trouve porté à chercher et à rendre la vérité. Mais faire consister tout son mérite dans ce seul fait qu'il a traité des sujets contemporains, c'est donner une étrange idée de l'art aux jeunes artistes que l'on veut élever pour le bonheur du genre humain.

Vous voulez rendre la peinture utile et l'employer au perfectionnement de l'espèce. Je veux bien que Courbet perfectionne, mais alors je me demande dans quel rapport et avec quelle efficacité il perfectionne. Franchement, il entasserait tableau sur tableau, vous empliriez le monde de ses toiles et des toiles de ses élèves, l'humanité serait tout aussi vicieuse dans dix ans qu'aujourd'hui. Mille années de peinture, de peinture faite dans votre goût, ne vaudraient pas une de ces pensées que la plume écrit nettement et que l'intelligence retient à jamais, telles que : « Connais-toi toi-même », « Aimez-vous les uns les autres », etc. Comment ! vous avez l'écriture, vous avez la parole, vous pouvez dire tout ce que vous voulez, et vous allez vous adresser à l'art des lignes et des couleurs pour enseigner et instruire. Eh ! par pitié, rappelez-vous que nous ne sommes pas tout raison. Si vous êtes pratique, laissez au philosophe le droit de nous donner des leçons, laissez au peintre le droit de nous donner des émotions. Je ne crois pas que vous deviez exiger de l'artiste qu'il enseigne, et, en tout cas, je nie formellement l'action d'un tableau sur les mœurs de la foule.

Mon Courbet, à moi, est simplement une personnalité. Le peintre a commencé par imiter les Flamands et certains maîtres de la Renaissance. Mais sa nature se révoltait et il se sentait entraîné par toute sa chair – par toute sa chair, entendez-vous – vers le monde matériel qui l'entourait, les femmes grasses et les hommes puissants, les campagnes plantureuses et largement fécondes. Trapu et vigoureux, il avait l'âpre désir de serrer entre ses bras la nature vraie ; il voulait peindre en pleine viande et en plein terreau.

Alors s'est produit l'artiste que l'on nous donne aujourd'hui comme un moraliste. Proudhon le dit lui-même, les peintres ne savent pas toujours bien au juste quelle est leur valeur et d'où leur vient cette valeur. Si Courbet, que l'on prétend très orgueilleux, tire son orgueil des leçons qu'il pense nous donner, je suis tenté de le renvoyer à l'école. Qu'il le sache, il n'est rien qu'un pauvre grand homme bien ignorant, qui en a moins dit en vingt toiles que *La Civilité puérile* [1] en deux pages. Il n'a que le génie de la vérité et de la puissance. Qu'il se contente de son lot.

La jeune génération, je parle des garçons de vingt à vingt-cinq ans, ne connaît presque pas Courbet, ses dernières toiles ayant été très inférieures. Il m'a été donné de voir, rue Hautefeuille, dans l'atelier du maître, certains de ses premiers tableaux. Je me suis étonné, et je n'ai pas trouvé le plus petit mot pour rire dans ces toiles graves et fortes dont on m'avait fait des monstres. Je m'attendais à des caricatures, à une fantaisie folle et grotesque, et j'étais devant une peinture serrée, large, d'un fini et d'une franchise extrêmes. Les types étaient vrais sans être vulgaires ; les chairs, fermes et souples, vivaient puissamment ; les fonds s'emplissaient d'air, donnaient aux figures une vigueur étonnante. La coloration, un peu sourde, a une harmonie presque douce, tandis que la justesse des tons, l'ampleur du métier établissent les plans

1. *La Civilité puérile* est le titre d'un traité d'éducation rédigé par Érasme en 1530, retraduit au XIXe siècle ; Zola vise plus probablement ici *La Civilité puérile et honnête*, ouvrage publié au XVIIIe siècle par Jean-Baptiste de La Salle, fondateur de la première congrégation des Frères des Écoles chrétiennes.

et font que chaque détail a un relief étrange. En fermant les yeux, je revois ces toiles énergiques, d'une seule masse, bâties à chaux et à sable, réelles jusqu'à la vie et belles jusqu'à la vérité. Courbet est le seul peintre de notre époque ; il appartient à la famille des faiseurs de chair, il a pour frères, qu'il le veuille ou non, Véronèse, Rembrandt, Titien.

Proudhon a vu comme moi les tableaux dont je parle, mais il les a vus autrement, en dehors de toute facture, au point de vue de la pure pensée. Une toile, pour lui, est un sujet ; peignez-la en rouge ou en vert, que lui importe ! Il le dit lui-même, il ne s'entend en rien à la peinture, et raisonne tranquillement sur les idées. Il commente, il force le tableau à signifier quelque chose ; de la forme, pas un mot.

C'est ainsi qu'il arrive à la bouffonnerie. Le nouveau critique d'art, celui qui se vante de jeter les bases d'une science nouvelle, rend ses arrêts de la façon suivante : *Le Retour de la foire*[1], de Courbet, est « la France rustique, avec son humeur indécise et son esprit positif, sa langue simple, ses passions douces, son style sans emphase, sa pensée plus près de terre que des nues, ses mœurs également éloignées de la démocratie et de la démagogie, sa préférence décidée pour les façons communes, éloignée de toute exaltation idéaliste, heureuse sous une autorité tempérée, dans ce juste milieu aux bonnes gens si cher, et qui, hélas ! constamment les trahit ». *La Baigneuse*[2] est une satire de la bourgeoisie : « Oui, la voilà bien cette bourgeoisie charnue et cossue, déformée par la graisse et le luxe ; en qui la mollesse et la masse étouffent l'idéal,

1. Ce tableau, connu sous le titre *Les Paysans de Flagey revenant de la foire*, exposé au Salon de 1850-1851, est conservé au musée des Beaux-Arts de Besançon. De tonalité sombre, il se prête peu à une lecture en termes de « passions douces ».

2. Exposées au Salon de 1853, *Les Baigneuses* ont reçu un accueil scandalisé.

et prédestinée à mourir de poltronnerie, quand ce n'est pas de gras fondu ; la voilà telle que sa sottise, son égoïsme et sa cuisine nous la font. » *Les Demoiselles de la Seine* et *Les Casseurs de pierres* [1] servent à établir un bien merveilleux parallèle : « Ces deux femmes vivent dans le bien-être... ce sont de vraies artistes. Mais l'orgueil, l'adultère, le divorce et le suicide, remplaçant les amours, voltigent autour d'elles et les accompagnent ; elles les portent dans leur douaire : c'est pourquoi, à la fin, elles paraissent horribles. *Les Casseurs de pierres*, au rebours, crient par leurs haillons vengeance contre l'art et la société ; au fond, ils sont inoffensifs et leurs âmes sont saines. » Et Proudhon examine ainsi chaque toile, les expliquant toutes et leur donnant un sens politique, religieux, ou de simple police des mœurs.

Les droits d'un commentateur sont larges, je le sais, et il est permis à tout esprit de dire ce qu'il sent à la vue d'une œuvre d'art. Il y a même des observations fortes et justes dans ce que pense Proudhon mis en face des tableaux de Courbet. Seulement, il reste philosophe, il ne veut pas sentir en artiste. Je le répète, le sujet seul l'occupe ; il le discute, il le caresse, il s'extasie et il se révolte. Absolument parlant, je ne vois pas de mal à cela ; mais les admirations, les commentaires de Proudhon deviennent dangereux, lorsqu'il les résume en règle et veut en faire les lois de l'art qu'il rêve. Il ne voit pas que Courbet existe par lui-même, et non par les sujets qu'il a choisis : l'artiste aurait peint du même pinceau des Romains ou des Grecs, des Jupiters ou des Vénus, qu'il serait tout aussi haut. L'objet ou la personne à peindre sont les prétextes ; le génie consiste à rendre cet objet ou cette personne dans un sens nouveau, plus vrai ou plus grand. Quant à moi, ce n'est pas l'arbre, le visage, la

1. *Les Demoiselles des bords de Seine (été)*, 1856 ; *Les Casseurs de pierres*, exposé au Salon de 1850-1851. Ce dernier tableau a disparu dans les destructions de la Seconde Guerre mondiale.

scène qu'on me représente qui me touchent : c'est l'homme que je trouve dans l'œuvre, c'est l'individualité puissante qui a su créer, à côté du monde de Dieu, un monde personnel que mes yeux ne pourront plus oublier et qu'ils reconnaîtront partout.

J'aime Courbet absolument, tandis que Proudhon ne l'aime que relativement. Sacrifiant l'artiste à l'œuvre, il paraît croire qu'on remplace aisément un maître pareil, et il exprime ses vœux avec tranquillité, persuadé qu'il n'aura qu'à parler pour peupler sa ville de grands maîtres. Le ridicule est qu'il a pris une individualité pour un sentiment général. Courbet mourra, et d'autres artistes naîtront qui ne lui ressembleront point. Le talent ne s'enseigne pas, il grandit dans le sens qui lui plaît. Je ne crois pas que le peintre d'Ornans fasse école ; en tout cas, une école ne prouverait rien. On peut affirmer en toute certitude que le grand peintre de demain n'imitera directement personne ; car, s'il imitait quelqu'un, s'il n'apportait aucune personnalité, il ne serait pas un grand peintre. Interrogez l'histoire de l'art.

Je conseille aux socialistes démocrates qui me paraissent avoir l'envie d'élever des artistes pour leur propre usage, d'enrôler quelques centaines d'ouvriers et de leur enseigner l'art comme on enseigne, au collège, le latin et le grec. Ils auront ainsi, au bout de cinq ou six ans, des gens qui leur feront proprement des tableaux, conçus et exécutés dans leurs goûts et se ressemblant tous les uns les autres, ce qui témoignera d'une touchante fraternité et d'une égalité louable. Alors la peinture contribuera pour une bonne part au perfectionnement de l'espèce. Mais que les socialistes démocrates ne fondent aucun espoir sur les artistes de génie libre et élevés en dehors de leur petite église. Ils pourront en rencontrer un qui leur convienne à peu près ; mais ils attendront mille ans avant de mettre la main sur un second artiste semblable au premier. Les ouvriers que nous faisons nous obéissent et travaillent à notre gré ; mais les ouvriers que

Dieu fait n'obéissent qu'à Dieu et travaillent au gré de leur chair et de leur intelligence.

Je sens que Proudhon voudrait me tirer à lui et que je voudrais le tirer à moi. Nous ne sommes pas du même monde, nous blasphémons l'un pour l'autre. Il désire faire de moi un citoyen, je désire faire de lui un artiste. Là est tout le débat. Son *art rationnel*, son réalisme à lui, n'est à vrai dire qu'une négation de l'art, une plate illustration de lieux communs philosophiques. Mon art, à moi, au contraire, est une négation de la société, une affirmation de l'individu, en dehors de toutes les règles et de toutes nécessités sociales. Je comprends combien je l'embarrasse, si je ne veux pas prendre un emploi dans sa cité humanitaire : je me mets à part, je me grandis au-dessus des autres, je dédaigne sa justice et ses lois. En agissant ainsi, je sais que mon cœur a raison, que j'obéis à ma nature, et je crois que mon œuvre sera belle. Une seule crainte me reste : je consens à être inutile, mais je ne voudrais pas être nuisible à mes frères. Lorsque je m'interroge, je vois que ce sont eux, au contraire, qui me remercient, et que je les console souvent des duretés des philosophes. Désormais, je dormirai tranquille.

Proudhon nous reproche, à nous romanciers et poètes, de vivre isolés et indifférents, ne nous inquiétant pas du progrès. Je ferai observer à Proudhon que nos pensées sont absolues, tandis que les siennes ne peuvent être que relatives. Il travaille, en homme pratique, au bien-être de l'humanité ; il ne tente pas la perfection, il cherche le meilleur état possible, et fait ensuite tous ses efforts pour améliorer cet état peu à peu. Nous, au contraire, nous montons d'un bond à la perfection ; dans notre rêve, nous atteignons l'état idéal. Dès lors, on comprend le peu de souci que nous prenons de la terre. Nous sommes en plein ciel et nous ne descendons pas. C'est ce qui explique pourquoi tous les misérables de ce monde nous tendent les bras et se jettent à nous, s'écartant des moralistes.

Je n'ai que faire de résumer le livre de Proudhon : il est l'œuvre d'un homme profondément incompétent et qui, sous prétexte de juger l'art au point de vue de sa destinée sociale, l'accable de ses rancunes d'homme positif ; il dit ne vouloir parler que de l'idée pure, et son silence sur tout le reste – sur l'art lui-même – est tellement dédaigneux, sa haine de la personnalité est tellement grande, qu'il aurait mieux fait de prendre pour titre : *De la mort de l'art et de son inutilité sociale.* Courbet, qui est un artiste personnel au plus haut point, n'a pas à le remercier de l'avoir nommé chef des barbouilleurs propres et moraux qui doivent badigeonner en commun sa future cité humanitaire.

31 août 1865

## *L'Événement*

*Le 31 janvier 1866, Zola quitte l'éditeur Hachette. Le lendemain paraît la première des cent vingt-cinq chroniques bibliographiques qu'il publie sous le titre « Livres d'aujourd'hui et de demain » dans les pages de* L'Événement. *Ce quotidien lancé en novembre 1865 par Hippolyte de Villemessant, au prix de dix centimes le numéro, entend enlever au* Petit Journal *« sa couche de lecteurs intelligents*[1] *». « Non content de donner les nouvelles du jour », annonce l'éditorial du premier numéro, le journal « veut être en mesure d'annoncer celles du lendemain ». Zola jouera le jeu de l'événement culturel, en alternant critique littéraire, critique d'art et portraits des « hommes du jour ».*

1. Propos de Villemessant repris par Henri Mitterand dans *Zola*, t. I, *op. cit.*, p. 482.

## LIVRES D'AUJOURD'HUI ET DE DEMAIN

*Dans la hâte du rythme quotidien, les lectures sont restituées à chaud, et la critique s'écrit au présent, parfois même au futur : « Nous ne savons encore ce que sera l'œuvre », « Demain, nous rendrons compte de l'ouvrage », annonce Zola dans le premier des deux articles consacrés aux* Travailleurs de la mer [1]. *Pour assurer la primeur de ses comptes rendus, il se procure les épreuves avant même la publication : ainsi le lecteur est-il tenu « au courant du mouvement journalier de la littérature* [2] *». Tel est le sens de ces « Livres d'aujourd'hui et de demain », titre qui contient « tout un programme », selon l'expression du journaliste : « j'ai mission de lire, avant tout le monde, les quelque cent mille pages qui s'impriment par mois à Paris* [3] *».*

### *Les Travailleurs de la mer* [4]

I

La Librairie internationale met aujourd'hui en vente l'œuvre du poète. Le secret a été fidèlement gardé jusqu'à la dernière heure, et il ne nous est encore permis que de donner la préface.

Voici cette préface dans sa solennité un peu énigmatique :

> La religion, la société, la nature ; telles sont les trois luttes de l'homme. Ces trois luttes sont en même temps ses trois

1. Voir *infra*, p. 100.
2. Lettre de Zola à Gustave Bourdin, gendre de Villemessant et critique littéraire à *L'Événement*, 22 janvier 1866, *Correspondance*, t. I, *op. cit.*, p. 441.
3. Zola, « Livres d'aujourd'hui et de demain », *L'Événement*, 1er février 1866.
4. Victor Hugo publie en 1866 *Les Travailleurs de la mer*, roman dédié à Guernesey, où il vit exilé depuis 1855.

besoins ; il faut qu'il croie, de là le temple ; il faut qu'il crée, de là la cité ; il faut qu'il vive, de là la charrue et le navire. Mais ces trois solutions contiennent trois guerres. La mystérieuse difficulté de la vie sort de toutes les trois. L'homme a affaire à l'obstacle sous la forme superstition, sous la forme préjugé et sous la forme élément.

Un triple *anankè* pèse sur nous : l'*anankè* des dogmes, l'*anankè* des lois, l'*anankè* des choses. Dans *Notre-Dame de Paris*, l'auteur a dénoncé le premier ; dans *Les Misérables*, il a signalé le second, dans ce livre, il indique le troisième.

À ces trois fatalités, qui enveloppent l'homme, se mêle la fatalité intérieure, l'*anankè* suprême, le cœur humain.

Victor HUGO

L'œuvre est dédiée à la terre libre et hospitalière qui a accepté le proscrit. Rien de plus noble ni de plus mélancolique que les quatre lignes du frontispice :

> Je dédie ce livre au rocher d'hospitalité et de liberté, à ce coin de vieille terre normande où vit le noble petit peuple de la mer. À l'île de Guernesey, sévère et douce, mon asile actuel, mon tombeau probable.

Dante, loin de Florence, parlait ainsi, mais il y avait plus d'amertume et plus de colère dans ses lamentations. Nous ne savons encore ce que sera l'œuvre. Mais nous espérons dans ce cœur et dans cette âme qui trouvent des accents si simples et si grands. Si nous ne comprenons guère la préface, nous nous sentons profondément ému à la pensée de ce génie qui désormais dédie ses œuvres à une terre autre que sa patrie.

Demain, nous rendrons compte de l'ouvrage, et nous serons sans doute le premier à en parler longuement.

13 mars 1866

II

L'histoire est simple et navrante.

Je viens de la lire d'une haleine, il est minuit, et je ne quitte le livre que pour prendre la plume. Tout mon être est violemment secoué par la lecture de ces pages étranges et fortes, j'entends mieux les sanglots et les rires de mon cœur, dans le silence profond où je suis.

Je vais simplement vous conter l'œuvre page par page. J'apaiserai ainsi toutes vos curiosités, je m'apaiserai moi-même en vous faisant la confidence des émotions qui m'agitent.

Il s'appelle Gilliatt. Il vient on ne sait d'où, et il va à une mort sublime. C'est un visionnaire et un sauvage, un homme qui a toutes les timidités et tous les courages, qui accomplit un labeur de géant et qui tremble devant son nom écrit sur la neige par le doigt blanc d'une jeune fille. Il habite une maison déserte, il a l'impopularité d'un sorcier, lui-même il se croit sorcier par instants. Il aime et il lutte, telle est sa sorcellerie.

Elle s'appelle Déruchette. Le poète la nomme « un oiseau qui a la forme d'une fille ». Elle a « le front naïf, le cou souple et tentant, les cheveux châtains, la peau blanche, avec quelques taches de rousseur l'été, la bouche grande et saine, et sur cette bouche l'adorable et dangereuse clarté du sourire ». C'est la malicieuse, dont le doigt blanc écrit sur la neige. Ce jour-là elle fit une gaminerie qui devait tuer un héros.

Le drame va se passer entre ces deux êtres. Un regard, un sourire ont suffi. C'est toujours ainsi que cela se fait. On marche tranquillement sur une route. Vient une enfant au regard clair, qui décide de vos rires ou de vos larmes.

Le drame se noue tout naturellement. Déruchette a un oncle, un marin qui a « le cœur sur la main, une large main et un grand cœur ». Lethierry est un rude lutteur qui gagne une fortune sou à sou ; il est ruiné par Rantaire, son associé, un coquin qu'il a élevé et qui se sauve en emportant la caisse. Lethierry se remet à la tâche ; il fait construire le premier bateau à vapeur qui ait servi de paquebot entre les îles anglaises et les côtes de la

Manche. Et voilà que la fortune, risquée sur ce coup hardi, se montre de nouveau favorable. Déruchette conservera ses mains blanches.

Au commencement de l'histoire, Gilliatt rêve, Déruchette gazouille, Lethierry aime sa nièce et son bateau, la *Durande*. Ce bateau a pour capitaine un personnage effrayant de probité, le sieur Clubin, un homme silencieux. Clubin s'est dit que dix ans d'honnêteté aident singulièrement un scélérat à voler à l'aise une somme ronde. Il attend, il veille. Quand il y aura une bourse bien remplie à portée de sa main, il sera un coquin. Jusque-là il préfère rester honnête homme.

Or, voici ce qui arrive. Rantaire reparaît, et Clubin le suit à la piste. Il le rejoint au moment où le bandit vient d'assassiner un garde-côte, qui gênait sa fuite. Un revolver à la main, Clubin vole le voleur, sous prétexte de restitution.

Rantaire qui ne croit pas ces choses-là, une fois qu'il est en mer, hors de la portée du revolver, crie à Clubin qu'il donnera avis de cette restitution à Lethierry, pour que les fonds ne se trompent pas de route.

Clubin tient la somme attendue ; la probité ne lui servant plus à rien, il met l'argent dans sa poche et ne trouve rien de mieux pour disparaître que de faire faire naufrage à la *Durande*. En quittant Saint-Malo, pour retourner à Guernesey, il prépare sa mort ; il mène directement le bateau sur des écueils, il le brise contre les roches.

Mais il a pris ses précautions, il sait comment se sauver. À la dernière heure, il feint encore le dévouement et l'héroïsme. Il entasse les passagers dans une barque, il refuse de les suivre, il paraît vouloir mourir là. Et, lorsque le brouillard se dissipe, il s'aperçoit qu'il a joué avec la mort et que la mort a gagné. Il s'est trompé d'écueil, il se trouve à cinq lieues de la terre, il faut qu'il meure sur ce rocher désert. La fatalité s'appelle ici Providence.

Mais le poème n'est point commencé. Il n'y a encore eu que des pages charmantes et des pages curieuses. Le premier cri de l'œuvre est l'étude poignante du désespoir de ce coquin que Dieu a dupé.

Rappelez-vous *Une tempête sous un crâne*, dans *Les Misérables.* Clubin hurle de douleur ; il est effrayant d'angoisse et de rage. Ses dix ans de probité ne lui ont servi à rien. Il pleure.

Lethierry pleure aussi, il pleure sa belle *Durande* morte sur les roches. Il donnerait son sang pour sauver la machine qui n'est point encore endommagée ; il promet même de donner Déruchette au garçon qui lui rapportera l'âme de *Durande*, cette âme d'acier et de cuivre qui faisait vivre sa bien-aimée sur les flots. Mais il sait qu'il ne trouvera personne, car le sauvetage est impossible, et ce serait folie de le tenter.

Les amoureux sont fous, et Gilliatt est visionnaire. Il a toujours devant lui la page blanche, la grande nappe de neige où Déruchette a écrit son nom. Il s'en va tenter l'impossible, il part seul, comme un ancien héros, pour combattre la grande mer, il monte dans sa barque et porte un défi à l'Océan.

Alors commence un combat épique, combat d'un homme contre l'immensité des flots. Le poète n'a jamais écrit de pages plus grandes et plus énergiques. Je préfère cette bataille suprême à la lutte derrière la barricade, dans *Les Misérables*, et au siège de Notre-Dame par les truands. Ici il y a je ne sais quel souffle venu de l'infini.

Gilliatt est seul en face de la mer. Il veut lui arracher sa proie, il s'établit sur l'écueil, il y reste deux mois à se battre chaque jour contre les vagues. D'abord, il s'agit de dégager la machine et de la poser dans la barque. Je ne puis dire tous les soins qu'il lui faut prendre, tous les moyens auxquels il doit avoir recours. À chaque heure, il joue sa vie. Peu à peu il accomplit son terrible labeur. Il forge, il démonte, il cloue. C'est un effrayant Robinson qui travaille comme un Cyclope. Puis, un beau jour, la machine est enfin sauvée, elle est posée solidement au fond de la barque. Tout paraît fini.

Et voilà que tout recommence. Une effroyable tempête s'abat sur l'écueil. Gilliatt dresse un barrage pour arrêter l'ouragan. La machine est abritée entre deux roches ; il lui fait un rempart qu'il consolide au fur et à mesure que les vagues l'abattent. Si le rempart cède, Gilliatt est englouti.

Mais Gilliatt ne songe qu'à la machine, il lui ferait volontiers un bouclier de son corps. Voyez-vous cet homme perdu dans la tempête, sur une roche de quelques mètres de surface, luttant sans faiblir contre tout l'Océan soulevé ? Il est pâle et debout, battu par la pluie, tenant tête à l'orage, se cramponnant pour ne pas être emporté par le vent. Il est seul, et il se sent le courage et la force de dompter la mer irritée, parce qu'un doigt blanc a tracé les lettres de son nom sur la neige.

C'est un rude travailleur de la mer, celui-là. Un instant, il faiblit pourtant. Le vent s'est apaisé, la tempête s'en est allée, le ciel est bleu. Mais la colère des flots a laissé trace de son passage : la barque fait eau, la machine va sombrer. Gilliatt se dépouille de ses vêtements pour faire un tampon qui empêche l'eau d'entrer. Puis il s'évanouit presque, il tombe sur le roc, épuisé, ne pouvant lutter davantage. Au réveil, il voit que Dieu a eu pitié : la barque surnage, il peut ramener la machine à Guernesey.

J'oubliais une des aventures terribles survenues à Gilliatt sur l'écueil où il lutte pendant deux mois. Un jour, la veille de son départ, cherchant quelque coquillage pour apaiser sa faim, il pénètre dans une grotte sous-marine ; de là, il entre dans une sorte de couloir, aboutissant à une salle étrange et magnifique. Il y rencontre un hôte cruel, un poulpe gigantesque qui l'étreint de ses bras et l'étouffe peu à peu.

La pieuvre, tel est le nom du monstre, va tuer celui que la tempête a épargné. Les flots impuissants semblent charger un de leurs enfants de venger l'inanité de leur colère. Mais Gilliatt tue le monstre comme il a vaincu les flots, et, par un hasard providentiel, il trouve dans la grotte le squelette de Clubin, étouffé par la pieuvre. Près du squelette, dans une ceinture, se trouve la somme volée à Rantaire. Si Gilliatt rapporte à Lethierry cette somme et la machine de la *Durande*, il lui rend à la fois sa première et sa seconde fortune.

Un matin, en s'éveillant, Lethierry aperçoit la cheminée de la machine en face de sa fenêtre. Il manque de devenir fou. Peu après Gilliatt lui rend la ceinture de Clubin, et Lethierry appelle Déruchette, qui peut seule récompenser le héros. Mais Déruchette a les mains blanches, et tandis que Gilliatt se battait là-bas avec l'Océan pour une misérable machine, Déruchette aimait le révérend Ébenezer Caudray, un ministre anglican blond et rose. N'avez-vous jamais songé aux atrocités effroyables que commettent souvent les douces jeunes filles ? Elles font les gamines, elles tentent les pauvres garçons qui vivent solitaires, elles les envoient à la mort, puis, au retour, elles se font surprendre dans un jardin avec un Ébenezer Caudray.

Je ne connais rien de plus poignant que cet instant suprême pendant lequel Gilliatt s'aperçoit qu'une petite écervelée lui a volé son héroïsme et son dévouement. Il ne veut plus de la fille, il étouffe son cœur, il résiste à Lethierry, il marie lui-même Déchurette à Ébenezer. Il a vaincu la mer, il vaincra son cœur.

Puis, tandis que s'éloigne le vaisseau qui emporte de Guernesey les deux jeunes époux, il va s'asseoir sur une roche où il est certain de trouver le repos éternel. C'est là qu'autrefois il a sauvé Ébenezer de la mort. Quiconque s'oublie dans ce creux, à la marée montante, est fatalement englouti sous les flots. Gilliatt, les yeux sur le vaisseau qui emporte son âme, attend tranquillement la mer. Il a triomphé de l'Océan, il consent à mourir par lui. Le vaisseau s'éloigne, les vagues montent. « À l'instant où le navire s'effaça à l'horizon, la tête disparut sous l'eau. Il n'y eut plus rien que la mer. »

Telle est l'histoire, simple et navrante.

Je ne sais si j'ai réussi à donner une idée de ce drame grandiose. Je comprends maintenant la préface : *Les Travailleurs de la mer* sont la lutte de l'homme contre les éléments, de même que *Les Misérables* sont la lutte de l'homme contre les lois, de même que *Notre-Dame de Paris* est la lutte de l'homme contre un dogme.

Moi, je préfère peut-être le spectacle du héros qui triomphe des éléments. Ici le poète a le cœur et l'imagination libres. Il ne prêche, il ne discute plus. Il est simplement le grand peintre des forces de l'homme et des forces de la nature. Il est purement artiste, et je n'ai plus à m'inquiéter de ses théories sociales ni de ses croyances philosophiques.

La langue même qu'il emploie est moins étrange, plus naturelle et plus accessible. Nous en sommes aux *Feuilles d'automne*, lorsque le maître se contentait de rêver et de décrire. Nous assistons au songe grandiose de cet esprit puissant qui met aux prises l'homme et l'immensité. L'homme triomphe de l'immensité. Mais il suffit ensuite d'un souffle pour terrasser l'homme, d'un souffle léger sorti d'une bouche rose.

Sans doute, il y a toujours dans l'œuvre les grondements du philosophe et du politique. Mais ils fausseront le sens du livre, ceux qui voudront y voir trop d'allusions. Le poète a été surtout poète. N'est-il pas bon que l'arbre produise parfois de ses fruits ?

Je crois à un grand succès, à un succès légitime. Nous ne sommes plus ici devant *Les Misérables* ni devant *Les Chansons des rues et des bois*. Victor Hugo n'a pas voulu faire un procès à la société ; il n'a pas embouché son grand clairon de guerre pour chanter les carrefours et les vallons. Il a seulement pris, dans la réalité, une mer irritée, un garçon crédule et fort, une fille douce et cruelle, et il a heurté ces trois êtres.

De là le drame poignant qui m'a empli d'angoisse.

14 mars 1866

# Salon de 1866

*Ami d'enfance de Cézanne, aixois comme lui, Zola fréquente depuis son arrivée à Paris les ateliers, cafés et galeries où se rencontrent les peintres de la nouvelle génération, celle des impressionnistes. Au printemps 1866, il obtient de Villemessant l'autorisation de couvrir le Salon annuel de peinture, qui s'ouvre en mai. En parallèle des « Livres d'aujourd'hui et de demain » paraissent ainsi dans* L'Événement, *sous le pseudonyme de « Claude », de furieux articles qui mènent campagne contre les choix étriqués du jury, coupable d'avoir fait du Salon non pas « l'expression entière et complète de l'art français en l'an de grâce 1866 », mais « une sorte de ragoût préparé et fricassé par vingt-huit cuisiniers nommés tout exprès pour cette besogne délicate* [1] *». Erreur suprême : celle d'avoir écarté les toiles de Manet, « une des individualités les plus vivantes de notre époque ».*

## M. Manet [2]

Si nous aimons à rire, en France, nous avons, à l'occasion, une exquise courtoisie et un tact parfait. Nous respectons les persécutés, nous défendons de toute notre puissance la cause des hommes qui luttent seuls contre une foule.

1. *L'Événement*, 27 avril 1866.

2. Cet article du 7 mai 1866 est le premier jamais consacré, dans son intégralité, à l'œuvre de Manet. Zola a fait la connaissance du peintre en février, au café Guerbois, avenue de Clichy, et a visité son atelier du quartier de la plaine Monceau ; tous deux ont noué des liens d'amitié qui dureront jusqu'à la mort de Manet, en 1883 (voir Henri Mitterand, *Zola*, t. I, *op. cit.*, p. 507). Les positions sans concession de Zola provoquent le désabonnement de nombreux lecteurs, et le conduisent très rapidement à faire ses adieux : « Mon éloge de M. Manet a tout gâté », écrit-il le 20 mai dans *L'Événement*, sous le titre « Les adieux d'un critique d'art » (cité par Henri Mitterand dans la notice de « Mon Salon », *Œuvres complètes*, t. XII, 1969, *op. cit.*, p. 1057).

Je viens, aujourd'hui, tendre une main sympathique à l'artiste qu'un groupe de ses confrères a mis à la porte du Salon. Si je n'avais pour le louer sans réserve la grande admiration que fait naître en moi son talent, j'aurais encore la position qu'on lui a créée de paria, de peintre impopulaire et grotesque.

Avant de parler de ceux que tout le monde peut voir, de ceux qui étalent leur médiocrité en pleine lumière, je me fais un devoir de consacrer la plus large place possible à celui dont on a volontairement écarté les œuvres, et que l'on n'a pas jugé digne de figurer parmi quinze cents à deux mille impuissants qui ont été reçus à bras ouverts.

Et je lui dis : « Consolez-vous. On vous a mis à part, et vous méritez de vivre à part. Vous ne pensez pas comme tous ces gens-là, vous peignez selon votre cœur et selon votre chair, vous êtes une personnalité qui s'affirme carrément. Vos toiles sont mal à l'aise parmi les niaiseries et les sentimentalités du temps. Restez dans votre atelier. C'est là que je vais vous chercher et vous admirer. »

Je m'expliquerai le plus nettement possible sur M. Manet. Je ne veux point qu'il y ait de malentendu entre le public et moi. Je n'admets pas et je n'admettrai jamais qu'un jury ait eu le pouvoir de défendre à la foule la vue d'une des individualités les plus vivantes de notre époque. Comme mes sympathies sont en dehors du Salon, je n'y entrerai que lorsque j'aurai contenté ailleurs mes besoins d'admiration.

Il paraît que je suis le premier à louer sans restriction M. Manet. C'est que je me soucie peu de toutes ces peintures de boudoir, de ces images coloriées, de ces misérables toiles où je ne trouve rien de vivant. J'ai déjà déclaré que le tempérament seul m'intéressait.

On m'aborde dans les rues, et on me dit : « Ce n'est pas sérieux, n'est-ce pas ? Vous débutez à peine, vous voulez couper la queue de votre chien. Mais, puisqu'on ne vous voit pas, rions un peu ensemble du haut comique du

*Déjeuner sur l'herbe*[1], de l'*Olympia*[2], du *Joueur de fifre*[3]. »

Ainsi nous en sommes à ce point en art, nous n'avons plus même la liberté de nos admirations. Voilà que je passe pour un garçon qui se ment à lui-même par calcul. Et mon crime est de vouloir enfin dire la vérité sur un artiste qu'on feint de ne pas comprendre et qu'on chasse comme un lépreux du petit monde des peintres.

L'opinion de la majorité sur M. Manet est celle-ci : « M. Manet est un jeune rapin qui s'enferme pour fumer et boire avec des galopins de son âge. Alors, lorsqu'on a vidé des tonnes de bière, le rapin décide qu'il va peindre des caricatures et les exposer pour que la foule se moque de lui et retienne son nom. Il se met à l'œuvre, il fait des choses inouïes, il se tient les côtes devant son tableau, il ne rêve que de se moquer du public et de se faire une réputation d'homme grotesque. »

Bonnes gens !

Je puis placer ici une anecdote qui rend admirablement le sentiment de la foule. Un jour, M. Manet et un littérateur très connu étaient assis devant un café des Boulevards. Arrive un journaliste auquel le littérateur présente le jeune maître. « M. Manet », dit-il. Le journaliste se hausse sur ses pieds, cherche à droite, cherche à gauche ; puis il finit par apercevoir devant lui l'artiste, modestement assis et tenant une toute petite place. « Ah ! pardon, s'écrie-t-il, je vous croyais colossal, et je cherchais partout un visage grimaçant et patibulaire. »

Voilà tout le public.

1. En 1863, *Le Déjeuner sur l'herbe*, d'abord appelé *Le Bain*, fait scandale au Salon des Refusés, qui expose les œuvres non admises au Salon ; on s'indigne particulièrement que des femmes dévêtues côtoient des hommes habillés.

2. Réalisé en 1863, *Olympia* suscite aussi la fureur des critiques, lors de son exposition au Salon de 1865 ; Jean-Pierre Leduc-Adine note que son entrée au Louvre, en 1907, sera imposée par Clemenceau (Zola, *Pour Manet*, éd. J.-P. Leduc-Adine, Complexe, 1989, p. 74).

3. *Le Fifre*, tableau refusé au Salon de 1866, est aujourd'hui exposé au musée d'Orsay.

Les artistes eux-mêmes, les confrères, ceux qui devraient voir clair dans la question, n'osent se décider. Les uns, je parle des sots, rient sans regarder, font des gorges chaudes sur ces toiles fortes et convaincues. Les autres parlent de talent incomplet, de brutalités voulues, de violences systématiques. En somme, ils laissent plaisanter le public, sans songer seulement à lui dire : « Ne riez pas si fort, si vous ne voulez passer pour des imbéciles. Il n'y a pas le plus petit mot pour rire dans tout ceci. Il n'y a qu'un artiste sincère, qui obéit à sa nature, qui cherche le vrai avec fièvre, qui se donne entier et qui n'a aucune de nos lâchetés. »

Puisque personne ne dit cela, je vais le dire, moi, je vais le crier. Je suis tellement certain que M. Manet sera un des maîtres de demain, que je croirais conclure une bonne affaire, si j'avais de la fortune, en achetant aujourd'hui toutes ses toiles. Dans cinquante ans, elles se vendront quinze et vingt fois plus cher, et c'est alors que certains tableaux de quarante mille francs ne vaudront pas quarante francs.

Il ne faut pourtant pas avoir beaucoup d'intelligence pour prophétiser de pareils événements.

On a d'un côté des succès de mode, des succès de salon et de coteries ; on a des artistes qui se créent une petite spécialité, qui exploitent un des goûts passagers du public ; on a des messieurs rêveurs et élégants qui, du bout de leurs pinceaux, peignent des images mauvais teint que quelques gouttes de pluie effaceraient.

D'un autre côté, on a un homme s'attaquant directement à la nature, ayant remis en question l'art entier, cherchant à créer de lui-même et à ne rien cacher de sa personnalité. Est-ce que vous croyez que des tableaux peints d'une main puissante et convaincue ne sont pas plus solides que de ridicules gravures d'Épinal ?

Nous irons rire, si vous le voulez, devant les gens qui se moquent d'eux-mêmes et du public, en exposant sans honte des toiles qui ont perdu leur valeur première depuis qu'elles sont barbouillées de jaune et de rouge. Si la foule avait reçu une forte éducation artistique, si elle savait admirer seulement les talents individuels et nouveaux, je vous assure que le Salon serait un lieu de réjouissance publique, car les visiteurs ne pourraient parcourir deux salles sans se rendre malades de gaieté. Ce qu'il y a de prodigieusement comique à l'exposition, ce sont toutes ces œuvres banales et impudentes qui s'étalent, montrant leur misère et leur sottise.

Pour un observateur désintéressé, c'était un spectacle navrant que ces attroupements bêtes devant les toiles de M. Manet. J'ai entendu bien des platitudes. Je me disais : « Serons-nous donc toujours si enfants, et nous croirons-nous donc toujours obligés de tenir boutique d'esprit ? Voilà des individus qui rient, la bouche ouverte, sans savoir pourquoi, parce qu'ils sont blessés dans leurs habitudes et dans leurs croyances. Ils trouvent cela drôle, et ils rient. Ils rient comme un bossu rirait d'un autre homme, parce que cet homme n'aurait pas de bosse. »

Je ne suis allé qu'une fois dans l'atelier de M. Manet. L'artiste est de taille moyenne, plutôt petite que grande ; blond de cheveux et de visage légèrement coloré, il paraît avoir une trentaine d'années ; l'œil vif et intelligent, la bouche mobile, un peu railleuse par instants ; la face entière, régulière et expressive, a je ne sais quelle expression de finesse et d'énergie. Au demeurant, l'homme, dans ses gestes et dans sa voix, a la plus grande modestie et la plus grande douceur.

Celui que la foule traite de rapin gouailleur vit retiré, en famille. Il est marié et a l'existence réglée d'un bourgeois. Il travaille d'ailleurs avec acharnement, cherchant toujours, étudiant la nature, s'interrogeant et marchant dans sa voie.

Nous avons causé ensemble de l'attitude du public à son égard. Il n'en plaisante pas, mais il n'en paraît pas non plus découragé. Il a foi en lui ; il laisse tranquillement passer sur sa tête la tempête des rires, certains que les applaudissements viendront.

J'étais enfin en face d'un lutteur convaincu, en face d'un homme impopulaire qui ne tremblait pas devant le public, qui ne cherchait pas à apprivoiser la bête, mais qui s'essayait plutôt à la dompter, à lui imposer son tempérament.

C'est dans cet atelier que j'ai compris complètement M. Manet. Je l'avais aimé d'instinct ; dès lors, j'ai pénétré son talent, ce talent que je vais tâcher d'analyser. Au Salon, ses toiles criaient sous la lumière crue, au milieu des images à un sou qu'on avait collées au mur autour d'elles. Je les voyais enfin à part, ainsi que tout tableau doit être vu, dans le lieu même où elles avaient été peintes.

Le talent de M. Manet est fait de simplicité et de justesse. Sans doute, devant la nature incroyable de certains de mes confrères, il se sera décidé à interroger la réalité, seul à seul ; il aura refusé toute la science acquise, toute l'expérience ancienne, il aura voulu prendre l'art au commencement, c'est-à-dire à l'observation exacte des objets.

Il s'est donc mis courageusement en face d'un sujet, il a vu ce sujet par larges taches, par oppositions vigoureuses, et il a peint chaque chose telle qu'il la voyait. Qui ose parler ici de calcul mesquin, qui ose accuser un artiste consciencieux de se moquer de l'art et de lui-même ? Il faudrait punir les railleurs, car ils insultent un homme qui sera une de nos gloires, et ils l'insultent misérablement, riant de lui qui ne daigne même pas rire d'eux. Je vous assure que vos grimaces et que vos ricanements l'inquiètent peu.

J'ai revu *Le Déjeuner sur l'herbe*, ce chef-d'œuvre exposé au Salon des Refusés, et je défie nos peintres en vogue de nous donner un horizon plus large et plus empli d'air et de lumière. Oui, vous riez encore, parce que les ciels violets de M. Nazon vous ont gâtés. Il y a ici une nature bien bâtie qui doit vous déplaire. Puis nous n'avons ni la Cléopâtre en plâtre de M. Gérôme, ni les jolies personnes roses et blanches de M. Dubufe [1]. Nous ne trouvons malheureusement là que des personnages de tous les jours, qui ont le tort d'avoir des muscles et des os, comme tout le monde. Je comprends votre désappointement et votre gaieté, en face de cette toile ; il aurait fallu chatouiller votre regard avec des images de boîtes à gants.

J'ai revu également l'*Olympia*, qui a le défaut grave de ressembler à beaucoup de demoiselles que vous connaissez. Puis, n'est-ce pas ? quelle étrange manie que de peindre autrement que les autres ! Si, au moins, M. Manet avait emprunté la houppe à poudre de riz de M. Cabanel [2] et s'il avait un peu fardé les joues et les seins d'Olympia, la jeune fille aurait été présentable. Il y a là aussi un chat qui a bien amusé le public. Il est vrai que ce chat est d'un haut comique, n'est-ce pas ? et qu'il faut être insensé pour avoir mis un chat dans ce tableau. Un chat, vous imaginez-vous cela ? Un chat noir, qui plus est. C'est très drôle… Ô mes pauvres concitoyens, avouez que vous avez l'esprit facile. Le chat légendaire d'Olympia est un indice certain du but que vous vous proposez en vous rendant au Salon. Vous allez y chercher des chats, avouez-le, et vous n'avez pas perdu votre journée lorsque vous trouvez un chat noir qui vous égaie.

Mais l'œuvre que je préfère est certainement *Le Joueur de fifre*, toile refusée cette année. Sur un fond gris et lumineux, se détache le jeune musicien, en petite tenue, pantalon rouge et bonnet de police. Il souffle dans son

---

1. François Henri Nazon (1821-1902), Jean Léon Gérôme (1824-1904) et Édouard Louis Dubufe (1820-1883) : trois peintres académiques fort cotés aux Salons de l'époque.

2. La peinture d'Alexandre Cabanel (1824-1889) concentre souvent les attaques de Zola contre la peinture « officielle ».

instrument, se présentant de face. J'ai dit plus haut que le talent de M. Manet était fait de justesse et simplicité, me souvenant surtout de l'impression que m'a laissée cette toile. Je ne crois pas qu'il soit possible d'obtenir un effet plus puissant avec des moyens moins compliqués.

Le tempérament de M. Manet est un tempérament sec, emportant le morceau. Il arrête vivement ses figures, il ne recule pas devant les brusqueries de la nature, il rend dans leur vigueur les différents objets se détachant les uns sur les autres. Tout son être le porte à voir par taches, par morceaux simples et énergiques. On peut dire de lui qu'il se contente de chercher des tons justes et de les juxtaposer ensuite sur une toile. Il arrive que la toile se couvre ainsi d'une peinture solide et forte. Je retrouve dans le tableau un homme qui a la curiosité du vrai et qui tire de lui un monde vivant d'une vie particulière et puissante.

Vous savez quel effet produisent les toiles de M. Manet au Salon. Elles crèvent le mur, tout simplement. Tout autour d'elles s'étalent les douceurs des confiseurs artistiques à la mode, les arbres en sucre candi et les maisons en croûte de pâté, les bonshommes en pain d'épice et les bonnes femmes faites de crème à la vanille. La boutique de bonbons devient plus rose et plus douce et les toiles vivantes de l'artiste semblent prendre une certaine amertume au milieu de ce fleuve de lait. Aussi, faut-il voir les grimaces des grands enfants qui passent dans la salle. Jamais vous ne leur ferez avaler pour deux sous de véritable chair, ayant la réalité de la vie ; mais ils se gorgent comme des malheureux de toutes les sucreries écœurantes qu'on leur sert.

Ne regardez plus les tableaux voisins. Regardez les personnes vivantes qui sont dans la salle. Étudiez les oppositions de leurs corps sur le parquet et sur les murs. Puis, regardez les toiles de M. Manet : vous verrez que là est la vérité et la puissance. Regardez maintenant les autres toiles, celles qui sourient bêtement autour de vous : vous éclatez de rire, n'est-ce pas ?

La place de M. Manet est marquée au Louvre, comme celle de Courbet, comme celle de tout artiste d'un tempérament original et fort. D'ailleurs, il n'y a pas la moindre ressemblance entre Courbet et M. Manet, et ces artistes, s'ils sont logiques, doivent se nier l'un l'autre. C'est justement parce qu'ils n'ont rien de semblable qu'ils peuvent vivre chacun d'une vie particulière.

Je n'ai pas de parallèle à établir entre eux, j'obéis à ma façon de voir en ne mesurant pas les artistes d'après un idéal absolu et en n'acceptant que les individualités uniques, celles qui s'affirment dans la vérité et dans la puissance.

Je connais la réponse : « Vous prenez l'étrangeté pour l'originalité, vous admettez donc qu'il suffit de faire autrement que les autres pour faire bien. » Allez dans l'atelier de M. Manet, messieurs puis revenez dans le vôtre et tâchez de faire ce qu'il fait, amusez-vous à imiter ce peintre qui, selon vous, a pris en fermage l'hilarité publique. Vous verrez alors qu'il n'est pas si facile de faire rire le monde.

J'ai tâché de rendre à M. Manet la place qui lui appartient, une des premières. On rira peut-être du panégyriste comme on a ri du peintre. Un jour, nous serons vengés tous deux. Il y a une vérité éternelle qui me soutient en critique : c'est que les tempéraments seuls vivent et dominent les âges. Il est impossible, – impossible, entendez-vous – que M. Manet n'ait pas son jour de triomphe, et qu'il n'écrase pas les médiocrités timides qui l'entourent.

Ceux qui doivent trembler, ce sont les faiseurs, les hommes qui ont volé un semblant d'originalité aux maîtres du passé ; ce sont ceux qui calligraphient des arbres et des personnages, qui ne savent ni ce qu'ils sont ni ce que sont ceux dont ils rient. Ceux-là seront les morts de demain ; il y en a qui sont morts depuis dix ans, lorsqu'on les enterre, et qui se survivent en criant qu'on offense la dignité de l'art si l'on introduit une toile vivante dans cette grande fosse commune du Salon.

CLAUDE
7 mai 1866

## MARBRES ET PLÂTRES

*La série des « Marbres et plâtres » cède à la vogue des portraits littéraires : cette « galerie contemporaine » expose neuf « bustes », signés d'abord « Simplice » – le lecteur y reconnaît le titre d'un des* Contes à Ninon, *parus en 1865 –, puis Zola*[1].

*Tantôt flatteurs (ce sont les marbres) tantôt critiques (ce sont les plâtres), ces exercices biographiques composent un panthéon personnel, où s'affirme le positionnement esthétique du journaliste, ici juge de ses modèles. Se prêtant avec habileté à la règle de la « vie-œuvre*[2] *», Zola dans ces portraits s'invente comme auteur : le « je » règne en maître, « les mains pleines de vérités dures et implacables », auréolé du prestige de la rencontre avec les grands contemporains.*

---

1. Après la suspension de *L'Événement*, en novembre 1866, les quatre derniers articles de cette série de portraits paraissent dans *Le Figaro*, qui appartient au même directeur, Hippolyte de Villemessant.

2. L'expression est proposée par Antoine Compagnon – qui l'écrit « vieuvre » –, pour désigner une lecture dans laquelle la vie de l'auteur explique son œuvre, et réciproquement (*La Troisième République des Lettres*, Seuil, 1983).

## M. H. Taine [1]

Je suis heureux, dans la galerie de bustes contemporains que j'ouvre aujourd'hui, de pouvoir débuter en montrant au public les traits fins et énergiques d'un homme que j'aime et que j'admire. Les éloges sont doux à donner, surtout lorsqu'on a les mains pleines de vérités dures et implacables.

M. Taine vient d'être enfin décoré [2]. Les personnes qui me rencontrent depuis hier s'étonnent et s'écrient : « Comment, il n'avait pas encore la croix ! » C'est dire que depuis longtemps la foule lui avait donné le ruban rouge. On a simplement réparé un oubli.

M. Taine est décoré comme professeur d'esthétique à l'École des beaux-arts. Est-ce uniquement le professeur qu'on récompense ? J'aurais préféré qu'il soit bien dit qu'on acceptait à la fois le philosophe et le savant, le poète et l'historien.

Vous rappelez-vous le profil pur et délicat d'Alfred de Musset ? Je ne puis voir M. Taine sans me souvenir du visage doux et triste de notre bien-aimé poète. Je ne sais si la ressemblance est frappante ; mais je retrouve dans les deux physionomies les mêmes grandes lignes, les mêmes regards, le même air de finesse mélancolique.

M. Taine a la parole lente ; il hésite sur les mots, s'oubliant pour ainsi dire à regarder sa pensée. Les yeux

1. Le 25 août 1866, Taine accuse réception, avec reconnaissance, de ce « marbre » flatteur : « D'après une phrase, je vois que j'ai le plaisir de vous connaître, écrit-il dans une lettre adressée à Zola, mais vous portez un masque, et je ne puis que serrer la main de l'obligeant domino qui, sans dire son nom, me loue si largement en public » (lettre citée par Henri Mitterand, *Zola*, t. I, *op. cit.*, p. 491).

2. Hippolyte Taine, alors âgé de trente-huit ans, est proposé à la Légion d'honneur par Sainte-Beuve – auquel Zola consacre un autre « marbre », en 1867. C'est comme auteur de la maison Hachette que Taine entre en correspondance avec le jeune romancier, son fervent admirateur, qui lui envoie ses premières œuvres.

sont vagues, un peu voilés. L'allure est celle du savant pressé qui a toujours quelque tâche à finir ; il s'assied, cause pendant quelques minutes avec douceur et affabilité, puis se retire rapidement.

Pour le peindre d'un mot, c'est un lettré que l'on prend pour un poète. Rien de pédant en lui ; il a l'élégance exquise d'une nature aristocratique, nerveuse, presque féminine. Ce savant qui vit dans les vieux livres m'est souvent apparu comme un grand enfant songeur. Je sais qu'il a aussi la bonhomie de cœur d'un enfant, et qu'il a tendu une main secourable à plus d'un de ses camarades.

Il a trente-huit ans à peine. Il habite une vieille maison de l'île Saint-Louis, et vit là entre sa sœur et sa mère. Il me disait un jour : « Il est bien difficile d'arranger son existence. » Lui, il a su disposer sa vie de façon à donner au travail le plus de temps possible. C'est une sorte de bénédictin moderne, forcé d'être professeur à certaines heures, mais ayant grand soin de réserver des journées entières pour ses travaux de prédilection.

Je crois pouvoir dire sans trop m'avancer que M. Taine est en ce moment un des hommes les plus lettrés et les plus érudits de France. Sa vie a été un long labeur. Au sortir de l'École normale, refusant le professorat auquel sa nature devait répugner, il s'est créé de nouvelles études, il a de lui-même agrandi, refait ses connaissances.

Par un rare miracle, son esprit puissant et délié n'a presque point gardé l'empreinte ineffaçable que l'Université met au front de chacun de ses enfants. À certaines raideurs, à certaines tournures dogmatiques involontaires, on sent parfois en lui l'élève enrégimenté ; mais on sent parfaitement aussi qu'il a voulu secouer toute doctrine, toute réglementation.

Ses premiers ouvrages, *Essai sur Tite-Live* et *Les Philosophes français du XIX*e *siècle*[1], ont été une attaque

1. Ces deux titres ont paru chez Hachette respectivement en 1856 et en 1857.

directe et violente contre les principes de critique et de philosophie enseignés officiellement.

Dans cette vie vouée à l'étude, il y a peu de faits. L'esprit seul a agi pour trouver la vérité et a lutté pour la défendre. Toute l'histoire de M. Taine se réduit à dire qu'il a beaucoup travaillé, voyagé un peu. Outre les deux ouvrages que j'ai cités plus haut, il a publié les œuvres suivantes : *La Fontaine et ses fables*, *Voyage aux Pyrénées*, *Essais de critique et d'histoire*, *Nouveaux Essais de critique et d'histoire*, *Histoire de la littérature anglaise*, *Voyage en Italie*.

La biographie sera complète, si j'ajoute qu'il est un des rédacteurs volants du *Journal des débats*, et qu'il occupe deux postes officiels : celui d'examinateur pour l'École militaire de Saint-Cyr, et celui de professeur à l'École des beaux-arts.

Mais, je l'ai dit, l'histoire de cette intelligence vaste et énergique est autrement compliquée. Je ne puis ici la conter tout au long, et je ne fais qu'indiquer les principaux épisodes.

Imaginez un homme qui croit avoir trouvé la vérité, qui cherche toujours pour pouvoir la formuler nettement, qui arrive enfin, selon lui, à remplacer les vieux dogmes par des lois justes et vraies. Ce sont ces lois terribles qui ont soulevé les colères de l'évêque d'Orléans ; ce sont ces lois qui fermeront longtemps encore à M. Taine les portes de l'Académie, et ce sont encore elles sans doute qui ont déterminé l'Administration à décorer le professeur, et non le philosophe et l'historien.

Tous les ouvrages de M. Taine ne sont que les applications d'une même et unique pensée. Dire quelle est cette pensée, c'est conter l'histoire entière de son intelligence.

M. Taine appartient au petit groupe des novateurs qui cherchent à introduire dans l'étude des faits moraux l'observation pure, l'analyse exacte employées dans celle des faits physiques. Il y a en lui un philosophe naturaliste qui déclare que le monde intellectuel est soumis à des lois comme le monde matériel, et qu'il s'agit avant tout de trouver ces lois, si l'on veut avancer sûrement dans la connaissance de l'esprit humain.

Pour me mieux faire comprendre, je prends une comparaison. Lorsque la méthode analytique n'était pas trouvée, on faisait de l'alchimie, et cette prétendue science était plutôt une sorte de poésie étrange. Dès qu'on en est revenu à l'étude des faits, étudiés séparément, puis groupés ensemble, dès qu'on a pu obtenir des formules générales, des vérités premières et absolues, on a fait de la chimie, on a marché pas à pas vers la vérité.

La volonté de M. Taine est d'exercer, en critique, une pareille révolution ; il n'a trouvé que confusion, que caprice personnel dans les façons de juger les hommes et les œuvres, et il tâche de rétablir l'ordre, de formuler des axiomes, d'indiquer une méthode infaillible et complète.

Il a patiemment analysé dix œuvres, vingt œuvres, cent œuvres, et il a cherché en elles les points communs. C'est après ces expériences qu'il a cru pouvoir affirmer qu'un artiste est toujours le produit de la race à laquelle il appartient, du moment historique et du milieu dans lesquels il vit. Telle est la loi qu'il donne comme une vérité absolue.

Le malheur est qu'une fois cette loi formulée, il est forcément devenu dogmatique à son tour. Avant la loi, il analysait sans parti pris, il cherchait le vrai sans idée préconçue ; après la loi, il s'est ingénié malgré lui à la justifier, à trouver dans l'œuvre les trois éléments qu'il veut y voir et qu'il finit par y mettre lui-même, s'ils n'y sont pas.

Nous avons l'impatience de la synthèse. Je crois que M. Taine s'est un peu pressé de conclure. La vie est chose difficile à clouer dans une formule, et les œuvres sont vivantes. Demain, en analysant d'autres faits, il pourrait trouver des démentis aux lois qu'il prétend avoir découvertes, et peut-être serait-il tenté de nous cacher ces démentis.

Je veux en rester encore à la simple analyse, à la pure constatation des faits. Là, pour le moment, est la seule besogne possible. Plus tard, on conclura, s'il y a lieu.

M. Taine se défend vivement d'avoir un système ; il dit qu'il a tout au plus une méthode. N'y a-t-il pas erreur de sa part ? Une méthode est un outil naturel que l'on prend pour chercher le vrai ; un système est un ensemble d'idées acceptées comme autant d'axiomes, et données pour bases forcées à tous les travaux qu'on entreprend.

La grande affaire, pour M. Taine, est d'être historien. Il adore l'histoire, il fait de toutes les autres sciences des dépendances nécessaires et fatales de la science historique. Joignez à cela ses croyances de philosophe naturaliste, et vous vous expliquerez parfaitement la naissance de sa théorie, qu'il est d'ailleurs forcé d'agrandir chaque jour.

Mais si la vérité court parfois quelque risque avec lui, on en est amplement dédommagé par les admirables pages que nous devons à ses façons de voir et de procéder. Jamais homme ne fut doué de qualités plus hautes et plus opposées. En lui, à côté du mathématicien, il y a un poète vigoureux et délicat ; à côté du philosophe sec et exact, il y a un historien qui ressuscite merveilleusement les temps écoulés.

Il résulte de là un charme étrange, une musique barbare et exquise. Ses livres fatiguent, dit-on. Pour moi, ils me captivent et me donnent la grande joie de pénétrer l'admirable mécanisme d'une intelligence puissante et libre.

En littérature et en art, M. Taine a l'amour des tempéraments énergiques et passionnés ; il garde toutes ses tendresses pour les individualités fortes, pour ceux qui nous ont donné leur sang et leurs nerfs. Il se plaît dans les chairs rouges de Rubens, dans les muscles roidis de Michel-Ange, dans la passion de Shakespeare, dans la folie de Swift. Il n'est ni l'homme de son temps ni l'homme de son corps.

Ce qui lui sera un éternel honneur, c'est d'avoir, le premier, affirmé hautement la liberté des manifestations humaines. Il accepte toutes les œuvres produites, et les étudie avec un égal intérêt. Il cherche simplement dans un poème ou dans un tableau l'expression d'un cœur et d'un corps. Plus de règles ni de commune mesure : un large regard embrassant la vie de l'humanité entière. Il analyse et il dissèque ; l'œuvre la plus grande sera l'œuvre la plus vivante et la plus personnelle.

Un continuel sujet d'étonnement pour moi est de lui voir exposer ses théories à l'École des beaux-arts. Je ne m'explique pas comment les élèves de MM. Gérôme, Pils et Cabanel[1] peuvent concilier les préceptes de leurs maîtres avec les vues larges et libres de M. Taine. Il est là en guerre ouverte avec l'enseignement officiel.

Il est vrai que les élèves ne comprennent sans doute pas les conclusions forcées de ses leçons. D'ailleurs, son cours d'esthétique est surtout suivi par des artistes et des écrivains étrangers à l'École.

Chaque fois que je songe à un homme jeune encore et déjà illustre, je me demande quel sera l'avenir pour lui, quels seront ses ouvrages futurs.

M. Taine se répétera forcément. Il obéit à une idée unique, et c'est ce qui fait même la puissance de son œuvre.

Je crois savoir qu'il a le désir de faire prochainement un voyage en Allemagne et de se livrer à des spéculations purement philosophiques. Puis, son œuvre maîtresse, son monument, serait un grand ouvrage sur la France, envisagée sous toutes ses faces[2].

1. Isidore Pils (1813-1875), comme Jean Léon Gérôme et Alexandre Cabanel (voir p. 113, notes 1 et 2), est un peintre considéré comme académique par les défenseurs de la peinture impressionniste.

2. Le livre *Les Origines de la France contemporaine* sera publié par Hachette entre 1875 et 1893.

Mais, quels que soient les travaux qu'il entreprenne, il y portera ses vues larges et claires, son amour ardent de la vérité, la puissance et la poésie de son esprit. Un tel homme honore le bout de ruban qu'on vient de lui donner.

Simplice
19 août 1866

## M. É. Littré [1]

Il y a des figures austères que le caprice de l'artiste ne saurait draper d'une façon pittoresque ; il faut les donner toutes nues, belles de leur beauté énergique et forte. Si j'ai pu, dans cette galerie, enjoliver les visages de MM. Edmond About et Prévost-Paradol [2] et choisir pour eux des cadres fantaisistes, je sens qu'il me faut parler de M. Littré avec la tranquillité simple et sereine dans laquelle a vécu ce savant et éminent esprit.

L'heure est bien choisie pour dresser tout debout devant la foule cet homme modeste qui s'est cloîtré dans des travaux de géant. Il vient de publier le premier volume de son *Dictionnaire de la langue française* [3], et cet énorme livre sera le large piédestal sur lequel je vais

---

1. Né en 1801, Émile Littré est reconnu comme l'un des grands esprits scientifiques de son époque, traducteur de Pline et d'Hippocrate, auteur de savants articles de médecine, important continuateur de la pensée positiviste (il consacre plusieurs ouvrages à Auguste Comte, dont *Auguste Comte et la philosophie positive*, en 1863). Il est enfin l'auteur d'un dictionnaire à son nom, publié à partir de 1863 par la maison Hachette, où Zola entre en relation avec lui.

2. Edmond About et Lucien Anatole Prévost-Paradol, tous deux normaliens, journalistes, essayistes et académiciens, sont les cibles de deux portraits « en plâtre » dans la même série de *L'Événement*.

3. Émile Littré a commencé en 1863 la publication chez Hachette des premières livraisons de son *Dictionnaire de la langue française*. C'est à cette occasion que Zola, employé chez son éditeur, lui a rendu visite, comme il le raconte plus loin.

essayer de le poser, taillé dans mon marbre le plus dur et le plus fin.

Je ne suis allé qu'une fois chez M. Littré. Après la porte cochère, il y a une cour, et là, à droite, un petit escalier étroit et discret. La porte ouverte, je me suis trouvé dans une première pièce qui sert de salle à manger ; la table était mise, une table de famille au milieu de laquelle fumait le potage. À cette simplicité, à cette table qui semble accueillir chaque visiteur avec un bon sourire, je compris que j'étais dans un de ces intérieurs d'une gravité douce où traînent des senteurs de science et de tendresse.

J'écris ces lignes en m'imaginant que je suis de nouveau au milieu de cette petite pièce. La table est mise, et la famille du savant va s'asseoir. Il y a de gais sourires dans ce coin perdu, une activité tendre et réfléchie, et c'est à peine si Paris envoie, au fond de ce désert heureux, les grondements sourds de sa vie haletante et emportée.

M. Émile Littré est né à Paris, le 1er février 1801. Son père, ancien marin, était un héros, une âme droite et forte qui le façonna aux rudes travaux de l'esprit. Sa mère avait l'âme d'une Romaine. M. Sainte-Beuve raconte sur elle le fait suivant [1] :

« Après le 9 thermidor, le père de Mme Littré est incarcéré, et, peu après, sous prétexte de le transférer, on le livre en proie aux fureurs ennemies : il tombe dans la rue assassiné de dix-sept coups de poignard et de pistolet. Sa fille, se précipitant sur le corps de son père et appelant les citoyens à la vengeance, devint si menaçante pour l'ordre d'alors que les autorités la firent arrêter. »

Ce fut entre son père et sa mère, entre ces deux âmes héroïques, que M. Émile Littré devint l'homme qu'il est

1. Zola cite ici la *Notice sur M. Littré, sa vie et ses travaux*, publiée par Sainte-Beuve dans les *Nouveaux Lundis*, en 1863. Plus loin, il s'en inspire largement sans y renvoyer.

aujourd'hui. Sa famille habitait alors rue des Maçons-Sorbonne ; il y grandit dans l'austérité d'une vie consacrée tout entière au travail, et conserva toujours l'empreinte grave et sereine de ce premier milieu. Ses succès scolaires furent très grands : la dernière année de ses études le nombre de livres qu'il obtint en prix dépassa cent volumes.

Au sortir du lycée, après quelques hésitations, il se mit à étudier la médecine. Il consacra à cette étude huit ans de sa vie, et, au dernier jour, lorsqu'il était sur le point de demander et d'obtenir son diplôme de docteur, il préféra rester à l'écart, guidé par des raisons intimes et délicates, que je ne puis analyser ici. C'est ainsi que ce traducteur d'Hippocrate, que ce savant de premier mérite, n'est pas même médecin patenté.

Pendant la belle saison, lorsqu'il habite à Mesnil-le-Roi une petite maison des plus modestes, c'est tout au plus s'il consent à donner à ses voisins des conseils d'hygiène, et à les traiter dans les indispositions légères.

J'emprunte encore à M. Sainte-Beuve un épisode de sa vie de jeune homme : « Dans les journées de juillet 1830, après la violation des lois par le pouvoir existant, M. Littré avait fait selon ses principes ; il avait pris le fusil ainsi que ses amis, avec cette particularité qu'il s'était revêtu d'un habit de garde national, habit séditieux, puisque la garde nationale était dissoute ; et il joignait à l'uniforme un chapeau rond. Pendant toute la journée du mercredi 28, il avait fait le coup de feu dans la Cité, le long du quai Napoléon.

« Le lendemain jeudi, au Carrousel, Farcy [1] avait été frappé d'une balle à ses côtés ; et c'est chez lui que le

1. Georges Farcy, professeur de philosophie, élève de Victor Cousin, et compagnon de promotion de Louis Hachette à l'École normale, participa à l'insurrection des Trois Glorieuses de juillet 1830, et perdit la vie dans l'attaque des Tuileries, le 29 juillet.

corps du généreux jeune homme avait été ramené à travers les mille difficultés du moment. On avait fait une civière avec le pan de volet d'une boutique de marchand de vin ; quatre porteurs de bonne volonté s'étaient chargés du fardeau, et M. Hachette, conduisant le convoi sanglant, chapeau bas, à travers le respect universel, était arrivé à la maison de M. Littré... »

Peu après, M. Littré entra au *National*, où il fut d'abord chargé de la traduction des journaux allemands. Lorsque Armand Carrel [1] eut compris quel esprit puissant il avait là sous la main, il voulut en faire un de ses rédacteurs militants ; mais la lutte au jour le jour ne pouvait convenir à cette nature calme et réfléchie, et il ne donna au journal que des études détachées. Plus tard, en 1857, il aida Paulin [2] à mettre en ordre, à annoter et à publier les *Œuvres politiques et littéraires* d'Armand Carrel. C'était là sans doute, dans sa pensée généreuse, un remerciement et un hommage.

Mais le travail qui emplit la première moitié de sa vie fut sa traduction d'Hippocrate. Il mit vingt-cinq ans à préparer et à produire cette tâche colossale. Il y a des hommes qui jettent au vent leur œuvre, feuille par feuille ; il y en a d'autres qui entassent patiemment leur besogne, qui élèvent chaque jour leur édifice d'une assise, et qui arrivent ainsi à bâtir solidement un monument gigantesque et impérissable.

M. Littré a eu le courage et a trouvé le temps de dresser deux de ces monuments. À peine sorti du labeur accablant de sa traduction d'Hippocrate, il a publié les premiers fascicules de son *Dictionnaire de la langue française*. Pendant vingt-cinq années, il aura interrogé la

1. Directeur du *National*, quotidien d'opposition républicaine, Armand Carrel mourut en 1836 des suites des blessures infligées en duel par Émile de Girardin, fondateur de *La Presse*.

2. Alexandre Paulin (1792-1859) fut un important éditeur du premier XIX^e siècle, chez qui Hetzel fit son apprentissage.

science des Anciens ; pendant vingt-cinq autres années, il aura fouillé les origines de notre langue pour doter la France d'un dictionnaire complet et méthodique. Vous tous, mes confrères, qui écrivez en haletant des articles de deux cents lignes, songez à cet homme qui dépense cinquante ans, sa vie entière, sur deux œuvres arides et austères.

Et cela au milieu de travaux de tout genre. M. Littré écrit à *La Revue des Deux Mondes* depuis 1836 ; il y a douze ans qu'il donne des articles au *Journal des savants*, et quinze ans qu'il collabore au *Journal des débats*. Il a écrit, en outre, de nombreux articles pour le *Dictionnaire de médecine*. Son érudition solide et étendue lui a permis d'annoter plusieurs ouvrages et de fournir des notices importantes à l'*Histoire littéraire de la France*, publiée par l'Académie des inscriptions.

Eh oui ! nous sommes des nains à côté de ce géant. Il appartient à un autre âge, il est le frère de ces terribles savants qui publiaient des in-folio, comme nous publions des dictionnaires de poche.

M. Littré se serait certainement perdu dans les immenses matériaux qu'il a remués, s'il n'avait eu en la main un outil puissant, une méthode vigoureuse et exacte. L'admiration et la sympathie que j'éprouve pour lui, viennent justement du spectacle qu'offre son esprit : une unité absolue, un ordre large et précis, une analyse certaine et complète.

Vers 1840, il lut et connut Auguste Comte. Dès lors, ses croyances furent fixées. Il devint le disciple fidèle du philosophe positiviste, et il appliqua à tous ses travaux la marche analytique indiquée par la nouvelle philosophie.

Il fait ainsi partie du petit groupe des analystes contemporains ; H. Taine, Michelet, Ernest Renan, qui me paraissent avoir tous pour trait commun la simple constatation des faits et la recherche de la vérité à l'aide de l'analyse des êtres et des choses. Ces hommes seront l'éternelle gloire de notre époque, car nous n'avons trouvé qu'une chose, et ce sont eux qui l'ont trouvée, je veux parler de l'admirable méthode critique qui a ressuscité dans leur vérité les civilisations des peuples morts.

M. Littré a appliqué magnifiquement cette méthode dans son *Dictionnaire de la langue française*. Pour ceux qui savent pénétrer jusqu'au fond de ce travail, ce n'est pas là une simple nomenclature de mots, c'est tout le génie de la France, la vie de six à sept siècles, l'histoire de notre langue et de notre civilisation, une analyse mathématique de l'esprit humain. *L'Événement* a déjà parlé de ce dictionnaire, et d'ailleurs je sens bien qu'un pareil sujet n'a pas assez d'actualité pour intéresser nos nombreux lecteurs.

D'ailleurs, si la méthode de M. Littré lui rend de grands services dans ses travaux, il faut avouer qu'elle l'a peu servi le jour où il s'est présenté à l'Académie française. Puis, s'il faut tout dire, il avait eu la maladresse de traduire et de publier *La Vie de Jésus*, de Strauss[1]. Il sentait le fagot, et certains de ces messieurs n'ont pas voulu compromettre leur immortalité en compagnie d'un pareil hérétique.

Il faut donc qu'il se contente d'être membre de l'Académie des inscriptions et belles-lettres, où il est entré en 1839. Il paraît que les cinq Académies n'ont pas également peur de l'enfer.

Et maintenant je vais lever un coin du voile avec discrétion, et vous laisser entrevoir l'homme après vous avoir montré le savant.

M. Littré est petit, d'aspect noirâtre, avec une face étrangement creusée. On sent que le travail l'a aminci, et il a rapetissé à coup sûr. Il paraît que, dans sa jeunesse,

---

1. La traduction par Littré de *La Vie de Jésus*, de David Strauss, avait paru en 1839-1840.

il avait des membres vigoureux et pleins ; il n'a gardé que la vigueur, un labeur incessant a brûlé la chair.

Il vit retiré, en famille. Il s'est marié en 1835, et il a une fille dont il a lui-même fait l'éducation, et qui l'aide dans ses travaux. Cet homme qu'un évêque a dénoncé aux pères de famille comme un esprit mauvais et dangereux, est une sorte de patriarche à l'intelligence ferme et droite, au cœur tendre et dévoué. Sa fille et sa femme sont catholiques, et pratiquent ; lui dont les croyances sont autres, il se renferme dans sa foi, et ne perd rien de ses affections.

Il travaille surtout la nuit. « Sa journée est occupée par les recherches, les devoirs académiques, les œuvres de charité médicale quand il est à la campagne. Vers six heures et demie du soir, après un frugal repas, il se met à l'ouvrage, et depuis plusieurs années, notamment depuis 1859, il ne s'est jamais couché avant trois heures du matin. »

Je le vois au travail, courbé et silencieux, à des millions de lieues de nos boulevards. Là, dans le calme de la nuit, il proteste contre nos fièvres mauvaises, contre nos impatiences d'enfants gâtés et bruyants. Il cherche la vérité, et nous cherchons le mensonge ; il construit lentement son monument d'airain, et nous jouons à bâtir en une heure de misérables taudis en plâtre que renverse le moindre souffle.

*Pour feu Simplice.*
Émile ZOLA [1]
7 novembre 1866

1. Ici se dévoile l'identité de Zola ; le face-à-face plus ou moins imaginaire avec ce grand esprit lui inspire un retour mélancolique sur les tâches d'écriture quotidienne qui retardent l'édification de son propre « monument d'airain ».

# *L'Événement illustré*

*Au tournant de 1867 et 1868, la situation de la presse en France connaît une sensible amélioration. Le pouvoir impérial desserre l'étau de la censure, supprimant notamment, en mai 1868, la procédure d'autorisation préalable qui conditionnait depuis 1852 toute création de journal. Cent quarante nouveaux titres apparaissent à Paris en moins d'un an.*

*Créé en avril 1868,* L'Événement illustré, *journal à deux sous éphémère et sans relation avec* L'Événement *de Villemessant, recrute Zola pour y tenir son « Salon », et lui offre un nouvel espace éditorial; il y publiera plus de soixante articles en cinq mois. Le journaliste a changé de stature ; la parution en novembre 1867 de* Thérèse Raquin *a fait grand bruit. Un journaliste du* Figaro, *Louis Ulbach, y a découvert avec horreur une « littérature putride ». Le nom de Zola fait désormais scandale, et son visage trône à l'exposition annuelle (le Salon) : au portrait de Zola peint par Manet, en 1867, répond le portrait de Manet rédigé par Zola, qui signe le dernier acte de cette « campagne » menée avec fracas pour l'impressionnisme, ou l'école du plein air.*

## MON SALON

### L'ouverture

Le Salon ouvre aujourd'hui. Je n'ai pu encore mettre les pieds dans les salles d'exposition, et je sais cependant déjà quelles longues files de tableaux je verrai pendues aux murs. Nos artistes nous ont peu habitués à des surprises, chaque année les mêmes médiocrités s'étalent avec

*La grande marée de 1868*
par Honoré Daumier

(*Le Charivari*, 19 décembre 1868)

le même spectacle de ces toiles toujours semblables, qui reviennent ponctuellement à la belle saison.

Les salles s'étendent grises, monotones, plaquées de taches aigres et criardes, pareilles aux bouquets de fleurs imprimés sur les fonds neutres des papiers peints. Une lumière crue tombe, jetant des reflets blanchâtres dans les toiles luisantes, égratignant l'or des cadres, emplissant l'air d'une sorte de poussière diffuse. La première sensation est un aveuglement, un ahurissement qui vous plante sur les jambes, les bras ballants, le nez en l'air. On regarde avec une attention scrupuleuse le premier tableau venu, sans savoir seulement qu'on le regarde. À droite, à gauche, partent des pétards de couleur qui vous éborgnent.

Peu à peu, on se remet, on reprend haleine. Alors on commence à reconnaître les vieilles connaissances. Elles sont toutes là, rangées en tas d'oignons, chacune dans leur petit coin, ni plus vieilles ni plus jeunes, ni plus belles ni plus laides, ayant conservé religieusement la même ride ou le même sourire.

Il y a les grandes machines sérieuses, je ne parle pas des tableaux de sainteté dont personne ne parle, mais des œuvres académiques, des torses nus conservés dans du vinaigre, d'après la recette sacrée de l'École. Les chairs, dans la conserve, ont pris des teintes transparentes, des tons rosâtres et jaunâtres, qui rappellent à la fois le cuir de Russie et les pétales d'une rose.

Il y a les œuvres de genre, les scènes militaires, les intérieurs alsaciens, les paysanneries, qui elles-mêmes se subdivisent en plusieurs familles, les petites indiscrétions grecques ou romaines, les épisodes historiques taillés en menus morceaux, que sais-je ? la liste ne finirait pas. Nous sommes, en art, au règne des spécialistes ; je connais des messieurs qui se sont fait une réputation colossale rien qu'en peignant toujours la même bonne femme de carton appuyée sur la même botte de foin.

Il y a les petits tableaux propres qui pourraient servir de glaces de Venise aux belles dames. Ces petits tableaux ont des succès écrasants. Les bonshommes y sont sculptés dans du bois ou de l'ivoire avec une délicatesse, un fini qui fait pâmer la foule. Comment la main d'un homme libre peut-elle s'amuser à imiter le travail des prisonniers taillant des noix de coco ?

Il y a enfin les paysages, des cieux de roc et des prairies de coton, avec des arbres en sucre. Ici, toutefois, il serait injuste de trop plaisanter, nos paysagistes modernes regardent la nature et la copient souvent ; plusieurs d'entre eux sont de véritables maîtres que les autres s'efforcent de suivre.

J'ai oublié les portraits. Le flot des portraits monte chaque année et menace d'envahir le Salon tout entier. L'explication est simple : il n'y a plus guère que les personnes voulant avoir leur portrait, qui achètent encore de la peinture. Les faces niaises et grimaçantes, d'un ton rose et blafard, vous jettent au passage le sourire idiot des poupées en cire qui tournent dans les vitrines des coiffeurs. Si, dans quelques milliers d'années, on retrouve la tête peinte de Mme la baronne S*** ou celle de M. L. D***, il n'y aura qu'un cri d'étonnement et de pitié : « Bon Dieu, diront nos descendants, quelle épidémie régnait donc sur la malheureuse France ? À quelles familles chlorotiques, rongées par des maladies héréditaires, appartenaient ces pauvres gens qui ont pris le triste soin de nous transmettre leur visage pâli, rosé aux pommettes, comme celui des poitrinaires ? »

Les portraits, les paysages, les petits tableaux propres, les œuvres de genre, les grandes machines sérieuses emplissent les murs de long en large, de haut en bas, collés pêle-mêle à côté les uns des autres, les rouges sur les bleus, et les bleus sur les verts, au hasard de l'ordre alphabétique. Pour un œil délicat, cela produit le charivari exaspérant d'un concert où chaque instrument jouerait à faux un air de son invention. Rien ne repose le regard ; tout grimace, tout danse, tout blesse. Certains tableaux ressemblent à une motte de terre glaise, morne et blême ; certains autres sont comme des pots de confiture, transparents, gélatineux, avec des reflets de gelée de groseille ou de coing. Ce qui fatigue, ce qui irrite, c'est qu'on ne trouve pas le moindre petit coin de nature : partout de la banalité, de la sentimentalité, de l'adresse ou de la bêtise, de la rêverie ou de la folie.

De loin en loin, très rarement, une toile vous arrête brusquement. Celle-là s'ouvre sur le dehors, sur la vérité ; l'arc-en-ciel criard des tableaux voisins disparaît, et l'on respire un peu de bon air. On s'aperçoit vite que l'artiste a vu et senti, qu'il a peint en homme, en tempérament énergique ou délicat, regardant la nature et l'interprétant d'une façon personnelle. De pareilles rencontres sont rares, mais j'espère en faire quelques-unes. Je tâcherai d'oublier le plus possible la masse écrasante des médiocrités, pour parler plus longuement des gens de talent et d'intelligence. Ma besogne sera meilleure, moins irritante, plus profitable.

J'avais rêvé, avant d'entrer en matière, d'expliquer l'infériorité artistique du moment. Cette infériorité tient à des raisons profondes que les encouragements, le prix de Rome, les médailles et la croix, ne sauraient détruire. Mais la place me manquerait, je ne puis qu'énumérer en quelques lignes les principales causes qui emplissent le Salon de tant d'œuvres vides et nulles.

La première de ces causes est la nature même du talent français qui se traduit, avant tout, par la facilité, par des qualités aimables et superficielles. Notre peintre, celui qui appartient bien à la nation, est Horace Vernet, spirituel et léger, bourgeois jusqu'aux moelles. Nous aimons la propreté, la netteté, les images aisées à comprendre, qui émeuvent ou qui font sourire. Avec cela, nous avons un penchant très marqué pour l'imitation, nous prenons volontiers aux voisins ce qui nous plaît, mais nous n'avons garde de le prendre brutalement, nous le francisons, nous l'accommodons joliment et lestement au goût du jour. De là, les plagiats dont vit notre École ; nous ne possédons pas un art véritablement français ; nous imitons les Italiens, les Hollandais, les Espagnols même, en leur donnant notre grâce, notre esprit, notre banalité charmante.

La seconde des causes est dans la crise nerveuse que traversent les temps modernes. Nos artistes ne sont plus des hommes larges et puissants, sains d'esprit, vigoureux de corps, comme étaient les Véronèse et les Titien. Il y a eu un détraquement de toute la machine cérébrale. Les nerfs ont dominé, le sang s'est appauvri, les mains lasses et faibles n'ont plus cherché à créer que les hallucinations du cerveau.

Aujourd'hui, on peint des pensées, comme autrefois on peignait des corps. L'extase maladive a fait naître des Ary Scheffer [1], des poètes qui ont voulu rendre des esprits, des êtres immatériels, par des lignes et des colorations matérielles. Le seul génie de ce temps, Eugène Delacroix, était atteint d'une névrose aiguë ; il a peint comme on écrit, en racontant toutes les fièvres cuisantes de sa nature.

La troisième cause, qui découle naturellement de la précédente, est l'ignorance profonde où sont les peintres des choses de leur métier. Je sais que le mot « métier » effarouche ces messieurs ; ils ne veulent pas être des ouvriers, et cependant ils ne devraient être que cela. Les grands artistes de la Renaissance ont commencé par apprendre à broyer des couleurs. Chez nous, les choses se passent autrement : les peintres apprennent d'abord l'idéal ; puis, quand on leur a bien appris l'idéal d'après

1. Le peintre Ary Scheffer (1795-1858) est l'auteur d'une œuvre caractéristique de l'inspiration romantique, dont deux célèbres portraits de Liszt et de Chopin. Sa résidence rue Chaptal, à Paris, est devenue le musée de la Vie romantique.

l'antique, ils se mettent à étaler de la couleur sur une toile, soignant le sujet, veillant seulement à ce que l'exécution soit très propre.

Je ne me plains pas de leur habileté ; ils sont trop habiles au contraire ; chacun d'eux a ses recettes, ses ficelles ; les uns glacent, les autres grattent ; on dirait un travail de tapisserie. Ce dont je me plains, c'est que pas un d'eux n'a le coup de pinceau gras et magistral du véritable ouvrier, de l'homme travaillant en pleine pâte sans craindre les éclaboussures. Il n'y a aujourd'hui que deux ou trois artistes qui sachent réellement leur métier de peintre.

La quatrième cause vient du milieu, de la foule. La bourgeoisie moderne veut de petits sujets larmoyants ou grivois pour orner ses salons aux plafonds bas et étouffants. La grande décoration est morte, *Le Convoi du pauvre* [1] et autres plaisanteries plus ou moins funèbres ont été tirés à des milliers d'exemplaires. M. Prudhomme est le mécène contemporain ; c'est pour lui que travaillent nos peintres, c'est pour lui que chaque année ils encombrent le Salon d'idylles, de fables mises en action, de petites figures nues ou habillées qui font des moues délicieuses de soubrette. Et surtout l'originalité est évitée avec grand soin, l'originalité est la terreur de M. Prudhomme qui se fâche lorsqu'il rencontre une femme en chair et en os dans un tableau, et qui déclare que la nature est indécente. Quand Édouard Manet exposa ses premières toiles, le public fit une émeute ; il ne put se décider à accepter ce tempérament nouveau qui se révélait. Pourquoi diable aussi M. Manet ne peignait-il pas comme tout le monde !

---

1. Cette toile de Pierre Roch Vigneron, réalisée en 1819, suscitait déjà les railleries de Balzac ; comme le notent Béatrice Desgranges et Patricia Carles dans leur annotation de ce texte (http://www.cahiers-naturalistes.com/ecritsarts.htm), *Le Convoi du pauvre* est devenu « un poncif de la peinture bourgeoise et du misérabilisme bien pensant ». Comme identifiant culturel, cette toile joue donc le même rôle que « M. Prudhomme », figure archétypique de la bêtise petite-bourgeoise.

Telles sont, rapidement, les raisons qui amènent cet encombrement d'œuvres médiocres, allant d'une bêtise sentimentale à une gravité ridicule. Nos Salons sont faits pour un public borné, par des artistes d'un talent aimable et facile, qui peignent mal, pensent trop, drapés en gentilshommes dans le manteau troué de l'idéal.

Ah ! si l'art n'était pas devenu un sacerdoce et une plaisanterie, s'il y avait un peu moins de rapins se jetant dans la peinture par drôlerie et par vanité, si nos peintres vivaient en lutteurs, en hommes puissants et vigoureux, s'ils apprenaient leur métier, s'ils oubliaient l'idéal pour se souvenir de la nature, si le public consentait à être intelligent et à ne plus huer les personnalités nouvelles, nous verrions peut-être d'autres œuvres pendues aux murs des salles d'exposition, des œuvres humaines et vivantes, profondes de vérité et d'intérêt.

2 mai 1868

## Édouard Manet

Je viens de lire, dans le dernier numéro de *L'Artiste*, ces quelques mots de M. Arsène Houssaye[1] : « Manet serait un artiste hors ligne s'il avait de la main… Ce n'est point assez d'avoir un front qui pense, un œil qui voit : il faut encore avoir une main qui parle. »

C'est là, pour moi, un aveu précieux à recueillir. Je constate avec plaisir la déclaration du poète des élégances, du romancier des grandes dames trouvant qu'Édouard Manet a un front qui pense, un œil qui voit, et qu'il pourrait être un artiste hors ligne. Je sais qu'il y a

1. Écrivain et journaliste excessivement prolifique, Arsène Houssaye dirige depuis 1843 la revue *L'Artiste*, « Revue du XIX^e^ siècle. Histoire de l'art contemporain », créée en 1831. Il est aussi, en 1857, le dédicataire du *Spleen de Paris*, dont plusieurs pièces sont publiées dans ce périodique.

une restriction ; mais cette restriction est très explicable : M. Arsène Houssaye, le galant épicurien du XVIIIe siècle [1], égaré dans nos temps de prose et d'analyse, voudrait mettre quelques mouches et un soupçon de poudre de riz au talent grave et exact du peintre.

Je répondrai au poète : « Ne désirez pas trop que le maître original et personnel dont vous parlez, ait une main qui parle plus qu'elle ne le fait, plus qu'elle ne le doit. Voyez au Salon ces tableaux de curiosités, ces robes en trompe l'œil. Nos artistes ont les doigts trop habiles. Si j'étais grand justicier, je leur couperais le poignet, je leur ouvrirais l'intelligence et les yeux avec des tenailles. »

D'ailleurs, il n'y a pas que M. Arsène Houssaye, à cette heure, qui ose trouver quelque talent à Édouard Manet. L'année dernière, lors de l'exposition particulière de l'artiste, j'ai lu dans plusieurs journaux l'éloge d'un grand nombre de ses œuvres. La réaction nécessaire, fatale, que j'annonçais en 1866, s'accomplit doucement : le public s'habitue, les critiques se calment et consentent à ouvrir les yeux, le succès vient.

C'est surtout parmi ses confrères qu'Édouard Manet trouve, cette année, une sympathie croissante. Je ne crois pas avoir le droit de citer ici les noms des peintres qui accueillent avec une admiration franche le portrait exposé par le jeune maître. Mais ces peintres sont nombreux et parmi les premiers.

Quant au public, il ne comprend pas encore, mais il ne rit plus. Je me suis amusé, dimanche dernier, à étudier la physionomie des personnes qui s'arrêtaient devant les toiles d'Édouard Manet. Le dimanche est le jour de la vraie foule, le jour des ignorants, de ceux dont l'éducation artistique est encore entièrement à faire.

---

1. Arsène Houssaye a participé, avec les frères Goncourt, à la réhabilitation de l'art du XVIIIe siècle, peu estimé de ses contemporains, comme en témoigne le jugement sévère de Zola.

J'ai vu arriver des gens qui venaient là avec l'intention bien arrêtée de s'égayer un peu. Ils restaient les yeux en l'air, les lèvres ouvertes, tout démontés, ne trouvant pas le moindre sourire. Leurs regards se sont habitués à leur insu ; l'originalité qui leur avait semblé si prodigieusement comique, ne leur cause plus que l'étonnement inquiet qu'éprouve un enfant mis en face d'un spectacle inconnu.

D'autres entrent dans la salle, jettent un coup d'œil le long des murs, et sont attirés par les élégances étranges des œuvres du peintre. Ils s'approchent, ils ouvrent le livret. Quand ils voient le nom de Manet, ils essaient de pouffer de rire. Mais les toiles sont là, claires, lumineuses, qui semblent les regarder avec un dédain grave et fier. Et ils s'en vont, mal à l'aise, ne sachant plus ce qu'ils doivent penser, remués malgré eux par la voix sévère du talent, préparés à l'admiration pour les prochaines années.

À mon sens, le succès d'Édouard Manet est complet. Je n'osais le rêver si rapide, si digne. Il est singulièrement difficile de faire revenir d'une erreur le peuple le plus spirituel de la terre. En France, un homme dont on a ri bêtement, est souvent condamné à vivre et à mourir ridicule. Vous verrez qu'il y aura longtemps encore dans les petits journaux des plaisanteries sur le peintre d'*Olympia*. Mais, dès aujourd'hui, les gens d'intelligence sont conquis, le reste de la foule suivra.

Les deux tableaux de l'artiste sont malheureusement fort mal placés, dans des coins, très haut, à côté des portes. Pour les bien voir, pour les bien juger, il aurait fallu qu'ils fussent sur la cimaise, sous le nez du public qui aime à regarder de près. Je veux croire qu'un hasard malheureux a seul relégué ainsi des toiles remarquables. D'ailleurs, tout mal placées qu'elles sont, on les voit, et de loin : au milieu des niaiseries et des sentimentalités environnantes, elles font des trous dans le mur.

Je ne parlerai pas du tableau intitulé : *Une jeune dame* [1]. On le connaît, on l'a vu à l'exposition particulière du peintre. Je conseille seulement aux messieurs habiles qui habillent leurs poupées de robes copiées dans des gravures de mode, d'aller voir la robe rose que porte cette jeune dame ; on n'y distingue pas, il est vrai, le grain de l'étoffe, on ne saurait y compter les trous de l'aiguille ; mais elle se drape admirablement sur un corps vivant ; elle est de la famille de ces linges souples et grassement peints que les maîtres ont jetés sur les épaules de leurs personnages. Aujourd'hui, les peintres se fournissent chez la bonne faiseuse, comme les petites dames.

Quant à l'autre tableau…

Un de mes amis me demandait hier si je parlerais de ce tableau, qui est mon portrait [2]. « Pourquoi pas ? lui ai-je répondu ; je voudrais avoir dix colonnes pour répéter tout haut ce que j'ai pensé tout bas, pendant les séances, en voyant Édouard Manet lutter pied à pied avec la nature. Est-ce que vous croyez ma fierté assez mince pour prendre quelque plaisir à entretenir les gens de ma physionomie ? Certes, oui, je parlerai de ce tableau, et les mauvais plaisants qui trouveront là matière à faire de l'esprit, seront simplement des imbéciles. »

Je me rappelle les longues heures de pose. Dans l'engourdissement qui s'empare des membres immobiles, dans la fatigue du regard ouvert sur la pleine clarté, les

1. *Jeune Dame en 1866*, ou *La Femme au perroquet* (1866), aujourd'hui conservé au Metropolitan Museum of Art, à New York, fut montré une première fois lors de l'exposition particulière organisée par Manet avenue de l'Alma. Zola rédigea à cette occasion une importante monographie, *Édouard Manet. Étude biographique et critique*, parue sous le titre « Une nouvelle manière en peinture : Édouard Manet », dans la *Revue du XIX^e^ siècle*, alors dirigée par Arsène Houssaye.

2. *Émile Zola. Peinture d'Édouard Manet* (1866), aujourd'hui au musée d'Orsay, représente le romancier à sa table d'écriture : pas de signature sur le tableau, sinon celle, implicite, de la brochure publiée par Zola en 1867, posée sur le bureau, dont le titre, « MANET », est clairement lisible. Voir p. 141.

*Émile Zola*
par Édouard Manet (1866)

Paris, musée d'Orsay

mêmes pensées flottaient toujours en moi, avec un bruit doux et profond. Les sottises qui courent les rues, les mensonges des uns et les platitudes des autres, tout ce bruit humain qui coule inutile comme une eau sale, était loin, bien loin. Il me semblait que j'étais hors de la terre, dans un air de vérité et de justice, plein d'une pitié dédaigneuse pour les pauvres hères qui pataugeaient en bas.

Par moments, au milieu du demi-sommeil de la pose, je regardais l'artiste, debout devant sa toile, le visage tendu, l'œil clair, tout à son œuvre. Il m'avait oublié, il ne savait plus que j'étais là, il me copiait comme il aurait copié une bête humaine [1] quelconque, avec une attention, une conscience artistique que je n'ai jamais vues ailleurs. Et alors, je songeais au rapin débraillé de la légende, à ce Manet de fantaisie des caricaturistes qui peignait des chats par manière de blague [2]. Il faut avouer que l'esprit est souvent d'une bêtise rare.

Je pensais pendant des heures entières à ce destin des artistes individuels qui les fait vivre à part, dans la solitude de leur talent. Autour de moi, sur les murs de l'atelier, étaient pendues ces toiles puissantes et caractéristiques que le public n'a pas voulu comprendre. Il suffit d'être différent des autres, de penser à part, pour devenir un monstre. On vous accuse d'ignorer votre art, de vous moquer du sens commun, parce que justement la science de votre œil, les poussées de votre tempérament vous mènent à des résultats particuliers. Dès qu'on ne suit pas le large courant de la médiocrité, les sots vous lapident, en vous traitant de fou ou d'orgueilleux.

C'est en remuant ces idées que j'ai vu la toile se remplir. Ce qui m'a étonné moi-même a été la conscience

1. Dans la réciprocité du portrait de portraitiste, Zola tire Manet vers le naturalisme : il devient, comme le romancier, « le peintre de la bête humaine ».

2. Allusion au scandale provoqué par *Olympia*, où la présence d'un chat noir, aux pieds de la femme dénudée, a particulièrement choqué. Le motif revient dans de nombreuses caricatures.

extrême de l'artiste. Souvent, quand il traitait un détail secondaire, je voulais quitter la pose, je lui donnais le mauvais conseil d'inventer.

« Non, me répondait-il, je ne puis rien faire sans la nature. Je ne sais pas inventer. Tant que j'ai voulu peindre d'après des leçons apprises, je n'ai produit rien qui vaille. Si je vaux quelque chose aujourd'hui, c'est à l'interprétation exacte, à l'analyse fidèle que je le dois. »

Là est tout son talent. Il est avant tout un naturaliste. Son œil voit et rend les objets avec une simplicité élégante. Je sais bien que je ne ferai pas aimer sa peinture aux aveugles ; mais les vrais artistes me comprendront lorsque je parlerai du charme légèrement âcre de ses œuvres.

Le portrait qu'il a exposé cette année est une de ses meilleures toiles. La couleur en est très intense et d'une harmonie puissante. C'est pourtant là le tableau d'un homme qu'on accuse de ne savoir ni peindre ni dessiner. Je défie tout autre portraitiste de mettre une figure dans un intérieur, avec une égale énergie, sans que les natures mortes environnantes nuisent à la tête.

Ce portrait est un ensemble de difficultés vaincues ; depuis les cadres du fond, depuis le charmant paravent japonais qui se trouve à gauche, jusqu'aux moindres détails de la figure, tout se tient dans une gamme savante, claire et éclatante, si réelle que l'œil oublie l'entassement des objets pour voir simplement un tout harmonieux.

Je ne parle pas des natures mortes, des accessoires et des livres qui traînent sur la table : Édouard Manet y est passé maître. Mais je recommande tout particulièrement la main placée sur un genou du personnage ; c'est une merveille d'exécution. Enfin, voilà donc de la peau, de la peau vraie, sans trompe-l'œil ridicule. Si le portrait entier avait pu être poussé au point où en est cette main, la foule elle-même eût crié au chef-d'œuvre.

Je finirai comme j'ai commencé, en m'adressant à M. Arsène Houssaye.

Vous vous plaignez qu'Édouard Manet manque d'habileté. En effet, ses confrères sont misérablement adroits auprès de lui. Je viens de voir quelques douzaines de portraits grattés et regrattés, qui pourraient servir avec avantage d'étiquettes à des boîtes de gants.

Les jolies femmes trouvent cela charmant. Mais moi, qui ne suis pas une jolie femme, je pense que ces travaux d'adresse méritent au plus la curiosité qu'offre une tapisserie faite à petits points. Les toiles d'Édouard Manet, qui sont peintes du coup comme celles des maîtres, seront éternelles d'intérêt. Vous l'avez dit, il a l'intelligence, il a la vision exacte des choses : en un mot, il est né peintre. Je crois qu'il se contentera de ce grand éloge qu'il est le seul, avec deux ou trois autres artistes, à mériter aujourd'hui.

10 mai 1868

## *La Tribune*

*Fondée en juin 1868 pour préparer les élections législatives de 1869,* La Tribune*, d'abord hebdomadaire puis quotidien, se saisit de la relative libéralisation politique pour donner la parole à l'opposition républicaine, bourgeoise et modérée. Zola y est engagé pour une « Causerie » régulière, plus littéraire que politique, répondant à son « inspiration du moment* [1] *».*

*Au sein de cet « état-major de l'intelligence républicaine* [2] *», Zola s'estime le seul, « avec le garçon de bureau »,*

1. Tels sont les mots d'Eugène Pelletan, fondateur du journal, dans une lettre à Zola, citée par Henri Mitterand, *Zola*, t. I, *op. cit.*, p. 604.
2. L'expression est de Claude Bellanger dans *Histoire générale de la presse française*, t. II, PUF, 1969, p. 353.

*à ne pas être candidat aux élections*[1]. *Ses chroniques du quotidien parisien se font cependant de plus en plus engagées, alternant fiction, ironie et prises à partie des hommes du pouvoir, sur un ton parfois comminatoire : « On nous accuse d'être implacables. Attendez demain, et vous verrez si l'avenir est plus indulgent que nous » (29 août 1869). Cette collaboration se poursuit jusqu'à la disparition du titre, en janvier 1870. Voilà Zola devenu chroniqueur politique.*

*Une soixantaine d'articles signés Zola paraissent sous le titre générique de « Causeries ». Les sujets en sont variés, comme on le verra dans les trois articles suivants, qui passent des séances législatives à l'actualité artistique et littéraire. D'un texte à l'autre demeure cependant une même vigueur polémique, caractéristique de la presse républicaine en cette fin de régime impérial. Le recours à la fiction protège l'auteur, tout en accentuant la proximité avec les premiers tomes des* Rougon-Macquart, *dont les plans initiaux sont exactement contemporains des textes parus dans* La Tribune.

## CAUSERIES

Hier, comme minuit sonnait avec une lenteur grave, une file d'ombres grises a traversé silencieusement le pont de la Concorde. Ces ombres marchaient en emboîtant le pas, dans un ordre parfait. Elles ont monté les marches du Palais-Bourbon et se sont glissées une à une par une porte secrète qui s'est doucement refermée sur elles. Le monument a repris son calme noir ; pas une clarté, pas un murmure ne sortait des façades mornes et endormies.

La session législative était close de la veille. Quel pouvait donc être ce mystère ?

1. Lettre de Zola citée par Henri Mitterand, *Zola*, t. I, *op. cit.*, p. 603.

À l'intérieur, les ombres qui suivaient les couloirs chuchotaient joyeusement ; on eût dit une bande d'écoliers, au matin des vacances. Elles ont enfin pénétré dans la salle des séances, et si quelque curieux, caché dans une tribune, les eût regardé entrer, il eût été singulièrement surpris de reconnaître en elles les membres de la majorité. C'était la troupe fidèle et docile des enfants gâtés du suffrage universel, la troupe des députés agréables, élus par la grâce du gouvernement. Pas la moindre brebis galeuse, pas un seul membre de l'opposition ne se trouvait parmi eux. Ces messieurs, à coup sûr, venaient assister à une fête de famille.

Ils ont bruyamment gagné leurs places, sautant pardessus les bancs, se bousculant comme des collégiens qui vont échapper à la férule du maître. Une joie d'enfant épanouissait leurs visages. Quand ils ont été assis, ils se sont mis à bavarder, à se taquiner entre eux ; imaginez une étude dont le pion vient de sortir.

La salle des séances était brillamment éclairée. De grandes tentures bleues ornaient les murs, et des guirlandes de laurier dessinaient çà et là le chiffre du chef de l'État. La tribune avait disparu ; une estrade en occupait la place. Sur cette estrade, des fauteuils vides encore s'alignaient devant une longue table chargée de couronnes et de prix. Les députés jetaient sur ces prix et sur ces couronnes des regards d'envie et d'admiration.

Évidemment, ces messieurs allaient recevoir la récompense de leur sagesse et de leur docilité. Tandis qu'une nuit chaude écrasait Paris de cauchemars, une cérémonie solennelle réunissait les élus des préfets, qu'un gouvernement paternel voulait renvoyer dans leurs foyers avec des brins de feuillage au front.

Cependant les fauteuils restaient vides. Les députés commençaient à s'impatienter, lorsque tous les ministres sont arrivés à la file, en grand costume. Leur entrée a été saluée par l'air de *La Reine Hortense*, qu'un orchestre, placé dans une tribune, s'est mis à jouer en y mêlant adroitement quelques couplets de *La Belle Hélène*. Les jeunes élèves – pardon, les députés – ont accueilli avec des applaudissements les ministres qui ont gravement pris place sur l'estrade. M. Rouher [1] s'est emparé du fauteuil destiné au président, ses collègues se sont partagé les autres sièges comme ils ont pu. Il paraît même que M. Pinard [2] a dû s'asseoir sur un tabouret.

Alors, quand le calme a été rétabli, M. Duruy s'est levé. En qualité de ministre de l'Instruction publique, il avait été chargé de prononcer le discours traditionnel. Nous sommes heureux de pouvoir reproduire ce discours qui a pour titre : *Du danger qu'une nation court en s'occupant de ses affaires.*

M. Duruy s'est exprimé en ces termes :

« Jeunes élèves,

« Vos maîtres sont contents de vous. La plus exacte discipline n'a cessé de régner dans vos rangs, et votre obéissance a été sans égale. Sur un simple geste vous vous êtes conformés aux désirs de vos supérieurs, vous avez marché comme un seul homme dans les sentiers où l'on vous a poussés, sans jamais vous plaindre des cailloux et des ronces. Aussi l'heure des récompenses a sonné ; vous avez été sages comme de petits saints, et l'on va vous distribuer des images.

« Votre conduite, jeunes élèves, est d'autant plus méritoire qu'en ce moment des souffles empestés dévastent le monde. L'hydre de l'anarchie relève la tête, la révolution

---

1. Eugène Rouher (1814-1884), homme clé du Second Empire, est depuis 1863 président du Conseil d'État et ministre d'État. Il donnera plusieurs de ses traits à Eugène Rougon dans le « roman politique » des *Rougon-Macquart*, *Son Excellence Eugène Rougon*, publié en feuilleton en 1876.

2. Ernest Pinard (1822-1896), magistrat rendu célèbre par son rôle dans les grands procès littéraires du Second Empire (*Madame Bovary*, *Les Fleurs du mal*), occupe depuis fin 1867 le poste de ministre de l'Intérieur.

continue à répandre ses détestables doctrines. Oh ! prenez garde à vous, belles et nobles intelligences ; prenez garde que le mauvais esprit du siècle ne vous corrompe, pendant les quelques mois que vous allez passer loin de vos maîtres. Laissez-moi vous mettre en garde contre les tentatives du monde.

« Vous vous souvenez du dernier cours que je vous ai fait dans cette salle. Je vous ai prouvé que la politique avait tué la littérature, et que nos écrivains n'étaient plus que des imbéciles depuis qu'ils s'occupaient des affaires de leur pays. Aujourd'hui, en ce moment solennel, je vous dirai toute ma pensée : la passion de la politique n'a pas tué que les belles-lettres françaises, elle est en train de tuer la France entière. Je m'explique.

« De même qu'un littérateur ne peut cultiver à la fois les fleurs de rhétorique et les broussailles sociales, sans nuire aux grâces de son style, de même une nation ne saurait être parfaitement heureuse et se casser la tête du souci de son bonheur à venir. Ah ! si la France écoutait nos conseils, elle laisserait là le soin de ses affaires publiques, qui lui causent tant de tracas ; elle se débarrasserait de ses inquiétudes et de ses tristesses en ne s'occupant plus du tout de la façon dont on la conduit ; elle remettrait aveuglement son sort aux mains du gouvernement et s'endormirait dans une fainéantise salutaire.

« Voulez-vous un exemple ? Voici les élections qui approchent. Dieu sait le mal que la France va se donner pour se faire représenter. Ne vaudrait-il pas dix fois mieux pour sa paresse qu'elle laissât le gouvernement nommer les députés ? Pendant ce temps, elle se réjouirait au soleil ; elle mangerait et elle boirait ; elle dormirait voluptueusement comme une grasse personne qui connaît le prix de l'oisiveté.

« Imaginez-vous un bonheur plus grand : la France engraissée, tenue sous clé, goûtant toutes les délices du harem ? Il n'y a pas de milieu. Si elle veut guérir de ses fièvres, des secousses profondes qui l'agitent, il faut qu'elle ne s'occupe plus de politique et qu'elle consacre ses heures à jouir des douceurs de l'indifférence. J'étends ma pensée de l'autre jour, et je répète que le cas de la nation est le même que le cas de la tragédie : si les citoyens ne deviennent pas des fainéants, ils mourront comme les tragiques sont morts, lorsqu'ils ont voulu mettre le nez où ils n'avaient que faire.

« Vous seuls, jeunes élèves, êtes assez intelligents pour comprendre que l'unique gouvernement peut avec impunité traiter les affaires publiques. Tout autre y perdrait ses joies. Puisqu'il consent à faire la besogne entière, remercions-le et dormons en paix. Soyons écrivains, soyons tout ce que nous voudrons, mais ne soyons jamais hommes politiques.

« Vous vous êtes dit cela, je n'en doute pas, et c'est pourquoi la politique est votre bête noire. Vous ne vous en occupez jamais, vous êtes législateurs comme je voudrais qu'on fût littérateur, je veux dire que vous faites votre métier sans discuter les affaires du pays. Le gouvernement vous apporte des lois toutes prêtes, et vous les acceptez. Aussi, vous êtes des députés heureux, vous vivez dans les succès et dans les applaudissements. Vous êtes sages, et l'on va vous couronner.

« Ah ! jeunes élèves, continuez à marcher dans le droit chemin. Contentez vos parents, soyez toujours dociles, et Dieu vous récompensera en vous accordant une longue vie et une bonne santé. Répandez dans les départements l'excellent esprit qui vous anime, travaillez à faire de la France la belle personne grasse et oisive dont je vous ai parlé. Et que ceux qui reviendront siéger ici y rentrent avec obéissance, comme la brebis au bercail. Pendant cinq ans, vous avez mené une conduite exemplaire, entrez en vacances et amusez-vous de tout votre cœur. »

Une formidable salve d'applaudissements a accueilli ce discours. M. Duruy s'est assis, vivement ému.

Lorsque l'attendrissement général a été un peu calmé, M. Schneider [1], chargé de faire l'appel des lauréats, s'est levé à son tour. Un frémissement de curiosité a couru dans les rangs des députés. C'est alors que le président du Corps législatif a prononcé ces paroles mémorables :

« Tous les élèves s'étant conduits avec une égale sagesse, le gouvernement, dans sa bonté, a cru devoir les récompenser en bloc et leur décerner à chacun un prix *ex aequo* d'obéissance. »

Tonnerre d'applaudissements. M. Rouher, de sa voix douce, a invité les lauréats à s'avancer :

« Venez, leur a-t-il dit, venez recevoir les couronnes que vous avez si bien méritées… Approchez un à un, et surtout que l'ordre ne soit pas troublé. »

Et le défilé a commencé : chaque député est venu présenter au laurier son front rouge d'orgueil et de joie. Le spectacle était touchant, je vous l'assure. M. Rouher a donné l'accolade aux lauréats les plus méritants. Le fretin s'est fait embrasser par les autres ministres. Pendant une grosse demi-heure, on a entendu un bruit de baisers. Il n'y a que M. Pinard qu'on ait oublié sur son tabouret et dont aucun député n'ait songé à solliciter la bénédiction.

Quant tout le monde a eu repris sa place et essuyé ses larmes, M. Schneider a continué l'appel des lauréats en ces termes :

« Un prix de haute éloquence est accordé aux députés qui n'ont jamais ouvert la bouche. Approchez, messieurs, approchez. »

Et le défilé a recommencé une seconde fois, au milieu d'un attendrissement de plus en plus grand. Presque tous les jeunes élèves sont ainsi venus chercher une deuxième couronne, aux accords de l'orchestre, qui ne cessait de

1. Joseph Eugène Schneider (1805-1875), élu de Saône-et-Loire, fondateur de l'empire industriel des aciéries du Creusot, est président du Corps législatif depuis 1867.

jouer l'air de *La Reine Hortense*, mêlé adroitement de quelques couplets de *La Belle Hélène.*

Puis les divers prix spéciaux ont été proclamés, accueillis chacun par un éclat des cuivres de l'orchestre et par les bravos de tout l'auditoire. Nous ne pouvons donner ici la liste complète de ces prix ; sachez que chaque député en a reçu cinq ou six. Entre autres, nous citerons les noms suivants : M. Belmontet a remporté un mirliton d'honneur ; M. de Tillancourt, un casse-tête chinois ; M. de Janzé, une boîte de londrès ; M. de Guilloutet, une truelle d'argent ; M. Brame [1], une sonde de douanier, etc. Pendant que les élus montaient sur l'estrade, leurs camarades ne cessaient d'applaudir. Une touchante fraternité régnait parmi ces esprits généreux qui ne se souvenaient de leurs luttes pacifiques que pour acclamer les vainqueurs.

Quand il n'y a plus eu de lauriers à distribuer, M. Rouher a terminé la cérémonie par ces paroles émues :

« Jeunes élèves, vous pouvez vous retirer. Nous vous rendons à vos familles, certains que vous n'abuserez pas de la liberté. L'année prochaine, nous vous rappellerons sur ces bancs. Hélas ! il en est parmi vous que nous ne reverrons pas. Ceux-là doivent se consoler en se disant que, si nous consentons à nous séparer d'eux, c'est que leurs services nous sont devenus inutiles. Allez, et soyez bien sages. »

Ces paroles ont paru jeter un certain froid. Les députés n'en ont pas moins applaudi chaleureusement M. Rouher, par habitude.

2 août 1868

---

1. Ces noms désignent des députés en place à cette date : Louis Belmontet (1798-1879), élu du Tarn-et-Garonne ; Edmond de Tillancourt (1808-1880), élu de l'opposition ; Charles de Janzé (1822-1892), député des Côtes-du-Nord ; Joseph Louis Adhémar de Guilloutet (1819-1902), député des Landes ; Jules Brame (1808-1878), député du Nord.

## Coups d'épingle

J'ai lu, dans le dernier numéro de *La Tribune*, qu'on venait de refuser à M. Manet l'autorisation de faire tirer une lithographie représentant l'exécution de Maximilien [1].

C'est là une de ces mesures qui sauvent un gouvernement. Le pouvoir est donc bien malade que ses serviteurs croient devoir lui éviter les plus légères contrariétés ?

Les censeurs ont sans doute pensé : « Si nous laissons fusiller Maximilien en public, son ombre ira rôder, avec des plaintes sinistres, dans les corridors des Tuileries. Voilà un fantôme que notre devoir est de mettre au violon. »

Je sais bien quelle lithographie ces messieurs seraient enchantés d'autoriser, et je conseille à M. Manet, s'il veut avoir auprès d'eux un véritable succès, de représenter Maximilien, plein de vie, ayant à son côté sa femme, heureuse et souriante ; il faudrait en outre que l'artiste fît comprendre que jamais le Mexique n'a été ensanglanté, et qu'il vit et vivra longtemps sous le règne béni du protégé de Napoléon III. La vérité historique, ainsi entendue, ferait verser à la censure des larmes de joie.

Au fond, je ne m'expliquais pas d'abord les rigueurs de la censure pour l'œuvre de M. Manet. Je me souvenais d'avoir vu, à toutes les vitrines des papetiers, une image d'un sou, sortie, je crois, des ateliers d'Épinal, qui représentait les derniers moments de Maximilien, avec une

1. Napoléon III avait soutenu Maximilien de Habsbourg dans sa prise de pouvoir à la tête du Mexique ; en 1867, l'armée française se retira. Maximilien fut alors exécuté par l'armée républicaine mexicaine. Manet représente l'événement sur différents supports, notamment un petit tableau à l'huile, une lithographie, interdite, et un grand tableau, inspiré de Goya, *L'Exécution de Maximilien*. Le tableau n'a pas été envoyé par l'artiste au Salon de 1868 ; de son vivant, Manet n'a pu vendre aucune de ces œuvres.

naïveté terrible. Pourquoi interdire à un artiste de talent ce que l'on avait permis à un industriel ? Je crois avoir trouvé aujourd'hui le mot de l'énigme, et ce mot est une véritable perle.

En examinant une épreuve de la lithographie incriminée, j'ai remarqué que les soldats fusillant Maximilien portaient un uniforme presque identique à celui de nos troupes. Les artistes fantaisistes donnent aux Mexicains des costumes d'opéra-comique ; M. Manet, qui aime d'amour la vérité, a dessiné les costumes vrais, qui rappellent beaucoup ceux des chasseurs de Vincennes.

Vous comprenez l'effroi et le courroux de messieurs les censeurs. Eh quoi ! un artiste osait leur mettre sous les yeux une ironie si cruelle, la France fusillant Maximilien !

À la place de M. Manet, je regretterais de n'avoir pas eu l'intention de l'épigramme sanglante que la censure a dû lui prêter.

M. Manet se console : il aura bientôt, dit-on, pour maître et seigneur, M. Haussmann [1], que l'on désigne comme le successeur probable du maréchal Vaillant au ministère des Beaux-Arts.

Que M. Haussmann règne sur les maçons, cela est logique ; mais puisqu'on semble comprendre enfin qu'un soldat n'est pas fait pour commander à des peintres, il est ridicule qu'on songe à remplacer le soldat par un entrepreneur de bâtisses.

Ah ! les belles démolitions que M. Haussmann rêve déjà de pratiquer dans l'art contemporain ! On assure qu'il va exiger que toutes les toiles aient la même dimension, et que tous les cadres soient faits sur un modèle

1. Le baron Haussmann, en charge, comme préfet puis sénateur de la Seine, des grandes transformations de Paris, fut l'une des cibles privilégiées des opposants à l'Empire : le républicain Jules Ferry publia ainsi, pendant six mois, une série d'articles intitulée « Les Comptes fantastiques d'Haussmann » (*Le Temps*, décembre 1867-mai 1868).

uniforme. La Ville se chargera de la fourniture de ces cadres, petite opération dont les bénéfices seront employés à combler le déficit de sa dette.

Si les artistes refusent les cadres, M. Haussmann est bien décidé à se passer des artistes pour meubler les Salons annuels. Il chargera ses employés de peindre, à leurs moments perdus, les maisons des nouveaux boulevards, et, de la sorte, les expositions prochaines raconteront les merveilles artistiques accomplies sous son règne.

Vous savez que M. Haussmann s'est défendu vivement de posséder une seule maison à Paris. Il a déclaré, en toute solennité, que ses propriétés se trouvaient en province.

Cette déclaration était inutile, tout le monde savait à quoi s'en tenir. Si M. Haussmann était propriétaire à Paris, il ne s'amuserait pas à bouleverser la ville d'une si rude façon.

Il prouve son activité en faisant danser les pavés ; son remue-ménage n'est que le zèle d'un bon fonctionnaire. Mais il sourit dans sa barbe : « Quand j'aurai rendu Paris inhabitable, pense-t-il, je me retirerai au fond de quelque département. Je m'en moque : toutes mes propriétés sont en province. »

Les journaux annoncent que le gouvernement pontifical a pris des mesures pour que les soldats de son armée, sans exception, soient munis de fusils Remington le 15 mars prochain.

On ne dit pas si le pape bénira ces fusils, en implorant le Ciel de veiller à ce que pas une de leurs cartouches ne soit perdue. Le pape n'est pas riche, et le plomb est cher. Tout coup tuera son homme, si Dieu protège son doux pontife.

4 février 1869

On a reproché à la démocratie son entêtement dans la haine. Selon certaines gens, les faits accomplis doivent être pardonnés, après un temps plus ou moins long. Je voudrais bien savoir sur quel calcul ces gens-là basent l'oubli des crises. Faut-il dix ans, faut-il vingt ans, pour qu'une mauvaise action devienne bonne, et à quel signe peut-on reconnaître que le coupable d'hier est l'innocent d'aujourd'hui ? La conscience humaine ne saurait avoir de ces compromis, et quand même une génération serait assez lâche pour oublier une date maudite, l'impartiale Histoire serait là qui crierait à la postérité : « Tel jour, à telle heure, le droit a été violé et la France meurtrie. »

À quoi bon nous prêcher alors l'oubli du 2-Décembre [1] ? La France, dit-on, avait besoin d'un maître, et si le maître, au bout de dix-huit ans, consent à lui rendre un peu de sa liberté, vous n'avez qu'à lui baiser les mains. Et croyez-vous que tout serait fini, si vous parveniez à nous persuader que le droit absolu est une chimère, et que l'intérêt du pays demande le pardon du parjure et de la violence ? Quand vous nous auriez convertis, qui convertirait nos enfants ? Espérez-vous envoyer, dans les âges futurs, des missionnaires pour prêcher cette religion sinistre ? Chaque génération qui naîtra, apportant avec elle l'éternelle justice native, reprendra le procès et condamnera à son tour. Laissez-nous donc nous indigner en paix, nous qui passerons. Cherchez plutôt à effacer la tache de sang qui souille, à la première page, l'histoire du Second Empire. Appelez vos fonctionnaires, appelez vos soldats, et qu'ils s'usent les doigts à vouloir enlever cette tache. Après vous, elle reparaîtra, elle grandira et coulera sur toutes les autres pages.

C'est d'hier que nous commençons à connaître le 2-Décembre, et l'on veut que nous pardonnions aujourd'hui.

---

1. Le 2 décembre 1851 est la date du coup d'État par lequel Louis-Napoléon Bonaparte, président de la II$^{e}$ République, modifia la Constitution pour installer les bases d'un régime autoritaire. La date de cette prise de pouvoir fut choisie en souvenir du sacre de Napoléon I$^{er}$, le 2 décembre 1804.

Je défie, non pas un citoyen, mais simplement un homme quelconque, un étranger, de parcourir sans une indignation profonde, les documents qui grossissent peu à peu le sanglant dossier. Pendant que le Sénat délibérait s'il allait ou non desserrer d'un tour les cordes qui nous garrottent, je viens de lire un livre dont je suis tout vibrant encore. C'est en le fermant que je me suis promis d'en parler aux lecteurs de *La Tribune* [1], pour leur rappeler quelle effroyable dette on a contractée envers nous, et de quelle façon dérisoire, après dix-huit ans, on offre de nous la payer.

M. Noël Blache est un jeune avocat de Toulon. Il était enfant lorsqu'on tuait comme des chiens enragés les hommes libres du Var. En décembre 1851, il vit passer les républicains prisonniers que l'on conduisait au fort Lamalgue [2], pareils à un troupeau de voleurs et d'assassins. Son grand-père, un ancien prisonnier du *Thémistocle*, sous la grande révolution, le tenait par la main.

« Grand-père, demanda-t-il au vieillard dont les regards étincelaient, qu'ont fait ces gens-là ?

– Ces gens-là, mon enfant, viennent de se battre pour la défense de la liberté et de la patrie. Quand tu seras devenu grand, souviens-toi de décembre 1851. »

Le vieux républicain est mort quelques années après. L'enfant devenu homme n'a pas oublié le coup d'État.

Et, en effet, M. Noël Blache publie aujourd'hui une *Histoire de l'insurrection du Var en décembre 1851*. Il

1. À partir de février 1869, *La Tribune* est devenu un journal quotidien, afin d'intensifier le rythme de sa campagne républicaine avant les élections législatives du mois de mai. Zola doit se plier à une ligne éditoriale dictée par l'actualité politique, comme le lui impose Théodore Duret, dans une lettre de janvier 1869 : « La nouvelle *Tribune* devant être exclusivement politique et journal de combat, on ne saurait y admettre à titre régulier et habituel aucune partie littéraire, mais [...] de temps en temps [...] des articles littéraires sur certains grands livres politiques » (cité par Henri Mitterand, *Zola*, t. I, *op. cit.*, p. 656).

2. Prison située dans la rade de Toulon.

appartient à cette génération qui vient d'arriver à la vie politique. Il compte parmi ces quatre millions d'électeurs qui demandent à l'Empire de quel droit, après avoir ensanglanté leurs berceaux, il a préparé pour leur âge mûr la malheureuse époque que nous traversons. Ceux-là ne sont pas coupables des faiblesses de leurs pères, et ils entendent rappeler la liberté proscrite.

Ce qui donne à l'œuvre du jeune avocat un caractère particulier, c'est qu'il est un enfant de ce malheureux coin de terre, où la répression fut si terrible. Ce n'est pas un historien qui compile dans son cabinet des notes prises aux journaux du temps ; c'est un juge qui a instruit l'affaire sur le théâtre même du crime, parcourant le pays à pied, interrogeant les victimes du drame. Ces hommes qu'on a traqués comme des bêtes fauves, il les connaît, il a entendu de leur bouche le récit de leurs misères. Certainement il en sait plus qu'il n'ose en dire. Il y a, dans sa relation, des réticences faciles à expliquer. Allez dans le Var, et vous entendrez raconter de sombres légendes qui demain peut-être deviendront des vérités. À chaque page, l'auteur vous dit : « J'ai vu ce citoyen, j'ai touché ses blessures, je l'ai entendu parler de la liberté avec un enthousiasme que dix-huit années de silence n'ont pas affaibli. » Car ils ne sont pas tous morts, les fusillés et les déportés, et ceux qui restent ont des flammes dans les yeux quand ils parlent de ceux qui ne sont plus. Cette voix républicaine de la Provence, cette œuvre d'un fils du Var, née sur les routes blanches où ont retenti les cris de « Vive la République ! Vive la Constitution ! » m'a profondément touché, moi qui n'étais aussi qu'un enfant en 1851, et qui me rappelle avec émotion une visite faite, à cette époque, dans la prison d'Aix, à un des bons amis de mon enfance.

Que la vérité historique est lente parfois à se faire ! Il semble que des faits contemporains devraient être connus de tout le monde, dans leurs moindres détails. Et souvent ce sont précisément ceux-là sur lesquels il est le plus difficile de porter un jugement certain, surtout lorsque le parti du plus fort a intérêt à les dénaturer. Jusqu'à ces derniers temps, on a laissé dormir, dans les rapports de l'administration et dans les journaux favorables au coup d'État, les monstrueuses et lâches accusations dirigées contre ceux qui, en 1851, s'armèrent pour la défense du droit et de la liberté. Il a fallu un réveil de l'opinion, et alors on a appris de quel côté se trouvaient les mesures illégales et les actes atroces. Dans le Var, un seul meurtre fut commis par les insurgés, à Cuers, dans une insurrection partielle. Mais la grande levée démocratique du département, la colonne qui, partie du Luc et de La Garde-Freinet, alla mourir dans la plaine d'Uchâne, traversa les bourgs et les villes, sans laisser derrière elle une seule goutte de sang. Ils étaient trois mille et ils ne commirent pas même un acte de maraude. Et quand on les eut sabrés, quand on eut fusillé de sang-froid une douzaine d'entre eux, on leur jeta à la face l'injure d'assassins. C'est une funèbre plaisanterie, n'est-ce pas ? Vous savez bien quels furent les assassins. Si la victime de Cuers demandait du sang, cette victime qui n'avait pas même été frappée par ceux que vous avez égorgés, vous en avez versé une mare assez grande pour que tous les bourreaux de France soient jaloux de vous.

Je ne puis citer toutes les atrocités que raconte M. Noël Blache. Il en est pourtant une que je crois n'avoir lue nulle part, et qui mérite la plus grande publicité. Il s'agit du meurtre de Besson, d'Hyères. Ce citoyen, grand chasseur, s'était caché dans un marais, à la tour du Jaï. On envoya un détachement de marine à sa poursuite :

« Le détachement partit ; chose douloureuse, sa mission était si peu cachée, que sur son passage plusieurs enfants crièrent ces mots : *Van tua moussu Bessoum* (on va tuer monsieur Besson…).

« Besson ignorait tout. À huit heures du matin, il déjeunait ce jour-là à la tour du Jaï avec Chichin Buscaille (un homme qui allait vendre à la ville le gibier qu'il tuait). Besson lui dit : "Je vais me cacher. Cette nuit, j'ai tué deux canards dans le marais. Va les chercher, et tu les vendras à Hyères, pour mon compte." Il lui indiqua l'endroit où les canards étaient tombés, et le quitta pour aller dormir dans son trou.

« Buscaille a dit depuis qu'à ce moment Besson laissa son carnier et son fusil derrière la porte, que Buscaille en sortant ferma à clé derrière lui.

« Peu d'instants après son départ, les troupes arrivaient. La tour et le hangar furent cernés, tandis que des matelots, pénétrant dans l'intérieur, fouillaient la paille à coups de baïonnettes.

« Besson, entendant ce bruit inaccoutumé, souleva les tuiles de la toiture et parut au-dehors. Un cri de "Feu !" retentit, et le pauvre Besson tomba foudroyé. Un matelot monta sur le toit, et fit choir avec les pieds le cadavre, qui roula lourdement sur le sol…

« Plusieurs jours après, des braconniers aperçurent encore, le long de la façade de la tour du Jaï, de longs sillons de sang.

« Besson laissait sans ressources une femme et un enfant. »

Plus tard, on prétendit que Besson avait couché en joue les matelots, ce qui est impossible, puisqu'il n'avait pas son fusil avec lui. Un des matelots du détachement disait le soir : « Nous connaissons celui qui le premier a commandé le feu… mais qu'on nous crache au visage si jamais on nous voit lui serrer la main. » Et M. Noël Blache s'écrie avec indignation :

« Voilà donc un de ces martyrs obscurs, jusqu'à cette heure inconnu, de la cause républicaine, tombé victime du zèle excessif des partisans du coup d'État. Ce mot d'"excessif" est-il exagéré, quand on songe que Besson a été tué le 11 décembre – quand le Var était presque tout entier pacifié ! Le sang de Besson demande justice. Ce que sa veuve réclamait : un jugement, il est encore temps de l'accorder. Nulle prescription ne saurait couvrir de pareils faits. »

Quant au double meurtre de Martin Bidauré, M. Noël Blache, après avoir réfuté les deux versions qui ont cours sur la première exécution de ce malheureux, parle d'une troisième version « bien connue dans le Var, dit-il, version lugubre et qui expliquerait l'acharnement avec lequel on s'est efforcé de faire disparaître plus tard le seul homme capable de donner sur cette affaire les détails les plus circonstanciés ». Et il ajoute : « Le temps n'est pas venu d'approfondir cette troisième narration, étayée de preuves à cette heure incomplètes… » Mais ce qu'il affirme, c'est que le préfet Pastoureau assistait à cette première exécution, malgré le démenti formel qu'il a donné dans une lettre à *La Tribune*. D'ailleurs, il n'hésite pas à déclarer que M. Pastoureau était déjà à Toulon lors de la deuxième exécution de Martin, et qu'il faut mettre cette exécution au compte de l'autorité militaire seule.

M. Noël Blache nous annonce une curieuse publication. Giraud, le tisserand du Luc, auquel, sur un ordre de ses chefs, le gendarme Mayère tira un coup de pistolet dans l'oreille, et qui survécut par miracle à sa blessure, a écrit une brochure qui va paraître sous cet étrange titre : *Mémoires d'un fusillé*.

Et ce sera un document de plus à joindre au dossier. On nous accuse d'être implacables. Attendez demain, et vous verrez si l'avenir est plus indulgent que nous.

29 août 1869

# Zola face à l'Histoire : la guerre, la Commune et la République (1870-1872)

*Après la défaite de Sedan, la chute du Second Empire et la proclamation de la République (4 septembre 1870), Zola quitte Paris pour la Provence, où l'alternance politique lui fait espérer une place au sein de la nouvelle administration républicaine.*

*À Marseille, toutefois, ses démarches n'aboutissent pas. Dans la situation de trouble politique que connaît la ville, partagée entre un gouvernement provisoire modéré et une garde civique ouvrière et radicale, il décide de lancer un journal quotidien, qui sera sa tribune politique. Avec son ami Marius Roux et le soutien logistique de Gustave Naquet, directeur du journal* Le Peuple, *il crée* La Marseillaise, *le 27 septembre 1870. Ce quotidien populaire à cinq centimes existera deux mois et demi ; dès la fin du mois d'octobre, il passera sous la tutelle du* Peuple.

*Pendant les premières années de la République, Zola exerce l'activité régulière de chroniqueur politique : en décembre 1870, il quitte Marseille pour s'installer à Bordeaux, où siègent le gouvernement provisoire et l'Assemblée nationale. Au printemps 1871, quand le pouvoir s'installe à Versailles, l'écrivain retrouve son domicile parisien. Les « Lettres » qu'il envoie à Paris pour* La Cloche, *ou à Marseille pour* Le Sémaphore, *sont le bulletin d'une mutation historique vécue au jour le jour. De la guerre à la paix, de Marseille à Paris, des rêves républicains au cauchemar de la Semaine sanglante, les articles qui suivent restituent les impressions contradictoires d'un témoin aux yeux grands ouverts sur l'Histoire.*

## *La Marseillaise*

*Depuis la déclaration de guerre de la France à la Prusse, le 19 juillet 1870, le pays est en proie à des mouvements de troupe anarchiques et à des affrontements meurtriers, qui seront détaillés, vingt ans plus tard, dans* La Débâcle, *avant-dernier* opus *des* Rougon-Macquart. *Mal gouvernée par un empereur malade et épuisé, la France capitule le 2 septembre 1870 ; Napoléon III est fait prisonnier. La guerre se poursuit pourtant : un gouvernement provisoire se constitue, et des armées s'organisent avec les soldats qui refusent la démobilisation, sous la houlette de Gambetta. Paris est soumis au siège prussien, tout comme Strasbourg et Metz.*

*Dans cette atmosphère de catastrophe nationale, les journaux, enfin libres après la fin de la censure impériale, mobilisent leurs lecteurs, en rendant compte des exactions ennemies et en appelant à la résistance. Tel est le cas de* La Marseillaise, *dont la ferveur patriotique rappelle les grandes heures de la presse révolutionnaire, comme l'indique le choix même de son titre.*

### UN EXEMPLAIRE DE *LA MARSEILLAISE* SORTI DE L'OUBLI

*Voici retrouvé, pour la première fois depuis plus d'un siècle, un exemplaire de* La Marseillaise, *qui apporte un témoignage inédit sur l'aventure éditoriale tentée par Émile Zola en septembre 1870, après la défaite de Sedan.*

# LA MARSEILLAISE

BUREAUX : Rue Montier, N° 12, Marseille.

Abonnements, Marseille — Trois mois...... 4 fr. — Six mois...... 9 fr. — Un an...... 18 fr.

Un numéro : Cinq centimes dans les Bouches-du-Rhône et dans les départements limitrophes — 10 cent. pour le reste de la France

Abonnements, Départements — Trois mois...... 7 fr. — Six mois...... 13 fr. — Un an...... 25 fr.

N° 58 — Samedi 26 Novembre 1870

(Voir les dépêches à la 4e page).

## AVIS

*Le succès de la* Marseillaise *nous fait un devoir de prendre une détermination qui sera, nous l'espérons, bien accueillie de nos lecteurs.*

*A partir du premier décembre, le journal augmentera son format et complétera sa rédaction. Pour le laisser à la portée de toutes les bourses, nous ne mettons le prix du numéro qu'à DIX CENTIMES.*

*La* Marseillaise *donnera en feuilleton un grand roman d'*ALEXANDRE DUMAS :

**LA TERREUR PRUSSIENNE**

*œuvre d'actualité et d'un intérêt saisissant.*

## BULLETIN

D'heureuses nouvelles sont arrivées de Paris. Ce n'est point encore la délivrance de la capitale, mais c'est un effort considérable qui montre quel élan auront les Parisiens, le jour de la sortie décisive.

Nous sommes toujours sans nouvelles de l'armée de la Loire. A-t-elle fait un mouvement en avant, coïncidant avec la sortie de Châtillon ? ou attend-elle un mot d'ordre pour se porter sur un point donné ? Nous ne savons rien, et saurions-nous quelque chose, que nous garderions le plus religieux silence.

On prête à cette armée les mouvements les plus contraires. Soit qu'on la fasse s'avancer en droite ligne sur Paris, soit qu'on la montre se retranchant autour d'Orléans, soit encore, hypothèse que nous admettons volontiers, qu'elle ait opéré un mouvement sur la gauche, ou qu'elle ait été renforcée près de Chartres par l'armée de Kératry et qu'elle s'approche d'Etampes, nous ne pouvons que faire des vœux pour une action prompte, et attendre patiemment l'heure fixée par nos généraux.

Nous craignons seulement que nos généraux, en perdant un temps précieux, aient permis aux Allemands de compléter leur nouvelle ligne militaire, qui, en s'étendant aujourd'hui de Versailles à la frontière suisse, menace jusqu'au centre de la France. Il est facile de s'expliquer maintenant le système stratégique des Prussiens : Prenant leur armée de Paris comme pivot, leurs forces s'étendent à droite et à gauche dans le but de paralyser toutes nos ressources.

C'est là un plan hardi. Seulement, si leur pivot, si leur armée de Paris venait à être battue, ils seraient écrasés, ils éprouveraient un désastre irréparable. Et nous avons le ferme espoir que les Parisiens seront vainqueurs, et que la France sera sauvée. Les bonnes nouvelles d'hier, la victoire de Châtillon est le second sourire de la Fortune. Nous avions vaincu à Orléans, nous venons de vaincre sous Paris, nous vaincrons désormais dans chaque rencontre.

Nous continuons à enregistrer les notes furibondes que les journaux anglais publient au sujet de la question d'Orient. Le *Pall Mall Gazette* est encore plus catégorique que le *Times*. Voici la conclusion d'un de ses articles :

« Qui sait si dans les vingt-quatre heures cette question ne sera pas tranchée au grand détriment de l'Angleterre ? C'est pourquoi nous adjurons le gouvernement de couper court à toute suggestion d'atermoiement ou d'hésitation. — « Oui ou *non*, voulez-vous vous joindre à nous pour soutenir le traité de Paris ? — Telle est la question qui doit être adressée à Versailles.

« Et cette autre question devrait être adressée en même temps à Saint-Pétersbourg :

« *Oui* ou *non*, voulez-vous retirer la circulaire de Gortschakoff ? « Et s'il n'est répondu *oui* à cette double question de la façon la plus péremptoire, la déclaration de guerre devrait suivre immédiatement. »

S'il arrivait, dans la guerre qui menace d'éclater, que l'Angleterre fût écrasée par la Russie, nous serions plus doux pour elle qu'elle ne l'a été pour nous. Et pourtant elle mériterait cette terrible leçon.

On écrit de Vienne :

« ..... Napoléon III, à Wilhelmshohe, est occupé, en ce moment, à mettre la dernière main à la proclamation par laquelle il signifie à la France et à l'Europe son abdication au trône de France. »

Le captif de Wilhelmshohe renonçant au trône de France ! cela ne vous fait-il pas un peu l'effet d'un caissier infidèle qui écrirait de Bruxelles, à son patron, pour annoncer qu'il lui donne sa démission ?

Malheureusement, la laconique dépêche ci-dessus ne nous dit pas si *l'homme de Sedan* renonce à la caisse — qu'il a *emportée* — en renonçant à l'emploi.

## RARA AVIS

Une lettre de Fougères, le 18, qui nous est communiquée, porte :

« Ici, personne ne se fait prier pour partir. L'abbé Caillel, l'un des amis de A*** est parti avec nos premiers mobiles, il a emporté avec lui une somme de 8,000 francs pour pourvoir à leurs besoins, leur promettant qu'une fois cette somme épuisée, il en trouverait d'autres. Cet acte de générosité fut un encouragement pour les ouvriers pauvres, les [illegible] et les paysans qui n'avaient pas la poche bien garnie. »

Il nous arrive souvent de combattre les abus de l'influence cléricale, mais nous agissons sans aucun parti pris et nous le prouvons en signalant aujourd'hui dans nos colonnes, avec un véritable empressement le fait si honorable pour l'abbé Caillel dont parle cette lettre.

Et maintenant, empressons-nous de dire, pour détromper les ignorants, que Fougères n'est pas une ville de Provence, c'est une petite ville de Bretagne.

En Provence les curés sont moins patriotes.

Ces messieurs, qui savent parfaitement conjuguer le verbe *recevoir*, ignorent complètement ce que signifient ces autres verbes : *offrir donner*.

On ouvre journellement des souscriptions pour des œuvres patriotiques. Jamais, au grand jamais, on n'a vu le nom d'un curé sur ces listes.

En désespoir de cause, la Patrie en danger s'est adressée à ces messieurs, les invitant à transformer, provisoirement, leurs cloches en canons ; — mais les égoïstes font la sourde oreille.

Inutile, — comme l'a fait le gouvernement, — de leur offrir honneurs et récompenses. Ces messieurs aiment mieux tenir que d'attendre.

Le gouvernement verra plutôt la couleur de l'argent de Bismark que celle de l'argent des curés.

Il n'y a, jusqu'à ce jour, qu'un pauvre petit curé de la banlieue de Marseille, le curé des Crottes, dit-on, qui ait offert la cloche de sa paroisse.

Ce sont toujours les plus humbles qui sont les plus généreux.

Si on en voulait d'autres preuves que celles des humbles prêtres de Fougères et des Crottes, on n'aurait qu'à consulter les listes de souscription dont nous parlions en commençant.

Les noms des riches et des puissants y figurent assez rarement : et quand on compare l'offrande de ceux qui se décident à délier les cordons de leur bourse, avec l'offrande, franchement exagérée, du pauvre ouvrier, on est vite convaincu de cette vérité.

**Feuilleton de la Marseillaise**

(56)

## LES VOLONTAIRES DE 93

### XX.

*L'Expiation.*

(Suite)

La princesse alors ne concevait sa fille heureuse que dans une brillante position ; et, comme elle avait une volonté inébranlable, et peu de scrupules, elle employait pour agir, les moyens les plus prompts, les plus expéditifs, fussent-ils les plus criminels.

Mais de là, à frapper sa fille même, à se faire le bourreau de son enfant... il y avait tout un abîme... il y avait tout son cœur de mère !

Elle repoussait cette idée comme un spectre, comme un fantôme. Elle se voyait maudite, maudite de Dieu et des hommes, maudite peut-être de sa fille !...

Dire toutes les tortures qui tenaillèrent l'âme de cette femme pendant que le prince examinait le verre de vin du Rhin, ce serait sonder cet abîme de douleurs et de misère que l'esprit vengeur a creusé au fond des natures condamnées.

Enfin, Linzi fit quelques pas vers la princesse, et lui saisit le bras avec énergie.

— C'est du poison ! lui dit-il à voix basse et sourde... Toujours ! épouse adultère... mère criminelle...

— Taisez-vous ! taisez-vous ! balbutia la princesse altérée.

Et elle se traîna sur ses genoux vers le prince, joignit les mains comme pour lui demander grâce et cacha son visage couvert de honte, de terreur, agité de mille convulsions douloureuses. Tout son corps tressaillait ; des sanglots, des cris de désolation soulevaient sa poitrine et secouaient tout son être.

Pierre, ne comprenait pas le sens de cet immense désespoir, il n'entendait que les sanglots de la mère.

Du reste, il s'abandonnait lui même tout entier aux mouvements désordonnés de son cœur. Aux paroles prononcées par le prince, il n'avait pas voulu en croire ses oreilles. Il avait dressé la tête comme s'il eût éprouvé un heurtement imprévu ; il s'avança vers Linzi, le visage bouleversé et frappé de stupeur.

— Qu'avez-vous dit ? s'écria-t-il d'une voix étranglée.

J'ai dit que Maria avait bu du poison !.. répondit le prince.

— Mais c'est impossible...

— J'en suis sûr.

— Et qui donc l'aurait versé ce poison.. Quel est le misérable ?... Ah ! prince, c'est moi qui le tuerais, celui-là...

— Oui, il faut que l'assassin meure ! dit le prince, d'une voix grave et comme s'il eût dicté une sentence.

Et en prononçant ces mots, il s'était tourné vers la princesse.

Celle-ci ressentit de cette parole un choc terrible. Elle se releva avec égarement, comme si elle eût voulu fuir l'arrêt qui la frappait.

— Vous avez peur ! murmura le prince à son oreille d'un ton de mépris implacable.

— Oh ! c'est pour elle que j'ai peur, vous le voyez bien.

— Il restait encore en vous un sentiment humain.

— Mais c'est ma fille ! c'est mon enfant !...

Et elle se jeta sur le corps inanimé de Marie, qu'elle pressa d'une étreinte passionnée.

Le prince, sombre, terrible, poursuivit la princesse jusque sur le corps de Maria.

— C'est bien du poison qu'on lui a versé ? dit-il d'une voix stridente.

— Grâce ! grâce ! murmura la mère.

— Répondez.

— Oui.

— Et ce poison est mortel !

— Oh ! ce n'est pas elle qui devait mourir.

— Enfin, elle est perdue !

— Perdue ! perdue !... ma fille !... s'écria la princesse, folle de douleur et en se tordant les bras... Je n'y survivrai pas !

Et prompte comme l'éclair, elle s'élança vers la table, saisit un des verres emplis de vin du Rhin et le vida résolûment.

Que veut dire cela ? demanda Pierre Duval, qui depuis longtemps, allait d'étonnement en étonnement.

— Silence ! répondit Linzi d'une voix grave, il y a là le doigt de Dieu.

*La Marseillaise*, numéro du 26 novembre 1870, p. 1

LA MARSEILLAISE

La Bretagne, l'Est et le Centre envoient leurs bataillons au secours de Paris. Que le Midi lève ses siens.

Hâtons-nous de prendre aux combats la place d'honneur où nous appelle la patrie.

Un camp va être formé à Toulouse, où seront réunies toutes les forces vives de la région. Investis de tous pouvoirs pour organiser à bref délai ces forces, nous n'aurons, nous en sommes certains, à faire appel qu'à votre patriotisme.

Les soldats de cœur ne manquent pas dans cette vaillante contrée. Que toutes les intelligences et tous les dévouements nous viennent en aide!

Que les femmes cousent les vêtements et les tentes. Que le Midi devienne le grand arsenal de la France. Nous sèmerons pour nous l'année prochaine. Ne travaillons aujourd'hui que pour la patrie!

En avant, citoyens! Formons nos bataillons! Il ne suffit pas de crier : *Vive la République!* Il faut encore la faire vivre.

Reconquérons la France, et, comme en 92, que la République nous rende une patrie!

Fait à Toulouse, au grand quartier-général, ce 14 novembre 1870.

Le général de division, commandant supérieur du camp de Toulouse, et les deux commissaires de guerre à l'armée du Sud-Ouest :

E. Demay, Lissagaray, G. Perrin.

Le lieutenant-colonel, chef d'état-major :

E. Jay

—

## Atrocités prussiennes

—

On communique à l'*Etoile belge* les renseignements suivants :

« Un riche propriétaire de Paris, réfugié en ce moment à Bruxelles, a laissé en France deux neveux : l'un, procureur impérial à Vitry-le-Français a été bien étonné de voir entrer chez lui, il y a huit jours, un officier prussien suivi de quatre soldats.

» C'était le matin : l'officier lui donna l'ordre de se lever.

» — Que me voulez-vous? demanda le magistrat.

» Vous expédier en Allemagne, où vous serez détenu dans la forteresse de Mayence.

» — Pour quel motif?

» — Il ne m'appartient pas de vous le dire.

» — Je demande alors à parler au commandant de la ville.

» — Qu'à cela ne tienne, habillez-vous et marchons.

» Le procureur impérial, conduit devant l'officier supérieur, renouvela sa question :

» — Vous n'aimez pas assez les Prussiens, lui répondit l'homme de guerre, et comme votre influence pourrait nous être nuisible, à cause de votre position sociale, nous allons vous éloigner du pays.

» Le magistrat fut dirigé sur le chemin de fer, sans qu'on lui laissât le temps de faire aucune disposition, ni de prendre aucun argent. Il est actuellement à la forteresse de Mayence, où son oncle a été obligé de lui envoyer une somme de 2.000 francs.

» L'autre neveu, conseiller de la cour d'appel à Nancy, a eu le même sort. Il est maintenant prisonnier de guerre dans la forteresse de Rastadt.

» Les Prussiens arrêtent donc comme prisonniers de guerre des hommes qui n'ont jamais porté les armes.

—

La lettre qu'on va lire, adressée de Dôle à l'*Indépendance*, signale un fait qui serait vraiment monstrueux, s'il était avéré :

Monsieur le rédacteur,

Je viens vous prier de vouloir bien m'ouvrir les colonnes de votre journal, afin de signaler à l'indignation de tous les honnêtes gens, les atrocités que messieurs les Prussiens exercent contre les officiers des corps-francs.

Dans le courant de la semaine dernière, dans les environs de Dôle, un brave capitaine, le capitaine Larimaîtrier, à la tête des guérillas parisiens, se trouva engagé avec les Prussiens, il fut fait prisonnier; et en dépit du droit des gens et de tous les droits de la guerre, foulant aux pieds les droits de l'humanité, ils ont pendu ce capitaine par les pieds, lui ont ouvert le ventre, et se sont servis de son corps comme d'une cible; chaque soldat prussien tirait sur lui, l'un après l'autre, prenant tantôt les jambes pour point de mire, tantôt les bras!

Toutes les personnes qui ont connu ce capitaine ont été vivement peinées en apprenant sa triste fin, et moi, personnellement, ayant combattu pendant huit jours à ses côtés.

Agréez, Monsieur, l'assurance de mon respect.

B. Faillet,

*Chirurgien de la légion bretonne.*

—

A Maizières, près Strasbourg, les Badois se sont emparés des pères de 26 jeunes gens qui étaient partis pour *rejoindre les francs-tireurs*, et les ont fusillés. Ce n'était pas assez; on leur a coupé les oreilles et le nez, puis leurs corps ont été rangés le long des murs de l'église, où les sauvages ont affiché un écriteau portant que quiconque toucherait à cette sinistre exposition serait immédiatement passé par les armes.

Lorsque la lettre qui signale ce fait monstrueux a été écrite, il y avait 23 jours que ces 26 cadavres pourrissaient à la pluie!

« Encore une fois, est-ce que tout cela ne crie pas vengeance?

—

## Le pillage

—

Le maire et l'adjoint de Neuville et This, ainsi que le curé, ont été garottés; couchés sur un peu de paille, ils ont alternativement reçu la schlague (sic) de 56 coups de bâtons chacun. Ils ont été ensuite liés à la queue des chevaux et traînés dans la boue. Enfin, on a consenti à les mettre en liberté moyennant une somme individuelle de mille francs. Le maire n'ayant que quatre cents francs chez lui, sa maison a été complètement incendiée.

Les Prussiens, en quittant Neuville et This (ils venaient de Boulzicourt, sur les lignes de Mézières à Rethel, où ils ont un camp), ont pris la route de Clavy. Là les principales maisons ont été pillées, le village de Neufmaison a subi le même sort.

—

A Nemours, dans la journée du 15, les Prussiens étaient entrés dans cette petite ville deux mille avec cavalerie et artillerie. Cela a commencé par des réquisitions énormes pour la dimension de cette ville; les réquisitions faites, le conseil municipal a été arrêté. Un vieillard infirme a été jeté hors de chez lui; sa femme, qui implorait à genoux la pitié du bourreau, a été reçue à coups de pied et a roulé dans la boue. Et l'homme qui présidait à ces violences était, paraît-il, un officier supérieur, un prince, le prince de Hesse.

Dans la même maison, le feu a été mis sous le lit d'une femme paralytique. Puis avec des torches de résine et des fioles de pétrole, ces bandits ont brûlé quatorze maisons, toute la gare, un chantier de bois, et se sont vivement opposés à ce qu'on apportât aucun secours. Une dizaine d'autres maisons ont été pillées. Ils ont emmené six prisonniers, tous civils et presque tous impotents.

—

## Les Traîtres

—

Le commandant de Belfort a fait arrêter le maire de Pérouse, petit village des environs de la place, et qui, dans la soirée du 3 novembre, au lieu de faire prévenir un détachement français voisin de la présence chez lui de deux officiers de uhlans, les a invités à sa table et leur a fait la réception la plus cordiale. Ce digne fonctionnaire va passer devant un conseil de guerre. On a pris note de tous les maires qui, dans les Vosges, ont tenu une conduite anti-patriotique, et le retour de nos mobiles pourra leur être assez désagréable.

—

## Echos et Nouvelles

—

Les forces prussiennes, dans toute la France, ont sensiblement diminué depuis le 2 novembre, quoiqu'il n'y ait pas eu de grande bataille depuis cette époque. Le nombre des combattants valides actuellement en France ne dépasse guère 550,000; sur ce nombre, 250,000 environ sont aux environs de Paris; 50,000 forment l'armée de Manteuffel, qui marche sur le Nord et la Normandie; 135,000 sont chargés d'opérer contre notre armée de la Loire; 65,000 hommes forment l'armée du général Werder, chargée d'opérer contre Lyon, et le reste, soit 50,000, est occupé aux sièges des petites places fortes. En somme, les 32 corps anciens de l'armée prussienne ont été fusionnés en 16 corps; il y a en outre 2 corps bavarois et 6 divisions de landwehr.

Désormais nos francs-tireurs ont la partie belle.

—

Il vient de se passer un fait de guerre assez important : « La garde nationale d'Auxerre est parvenue à faire dérailler un train prussien, dans lequel se trouvaient 57 ballots de dépêches, tant officielles que privées. » Il sera donc facile au gouvernement de se rendre approximativement compte des impressions de l'armée et d'y puiser aussi d'utiles renseignements militaires.

—

Depuis huit jours, cent énormes caisses d'objets de pansement et de médicaments, de vivres et de friandises sont arrivées à l'ambulance du passage Saint-François, à Tours, avec cette destination spéciale : *Pour les blessés français.*

Toutes ces caisses sont envoyées d'Angleterre.

—

On raconte, dit le *Journal du Loiret*, d'un de nos compatriotes un trait d'audace qui lui vaut le bonheur d'échapper aux prisons prussiennes.

M. James Malon, ancien élève du lycée d'Orléans, sous-lieutenant de la dernière promotion de Saint-Cyr, était compris dans la capitulation de Metz. Il avait opté pour l'emprisonnement dans l'espoir de se soustraire à ses geôliers.

A peine le train qui l'emmenait était-il en marche, qu'un projet d'évasion apparaît à l'esprit de M. Malon. Le convoi s'éloigne. Tout à coup il ouvre la portière du wagon; d'un bond il est à terre, et le voilà qui court à travers champs. Après mille aventures non moins périlleuses, il arriva sain et sauf en Belgique.

De Bruxelles M. Malon a gagné Lille, où il est venu offrir ses services au général Bourbaki.

Le jeune officier commence heureusement sa carrière. Puisse son courage lui réussir toujours comme en cette circonstance.

## LES OTAGES

—

On mande de *Brême*, *13 novembre*. — On attend l'arrivée de quarante otages français, qui doivent être internés ici en représailles de l'emprisonnement illégal de capitaines allemands.

Il paraît que M. de Bismark prétend mettre en pratique des doctrines toutes nouvelles de droit international; car il n'est pas à notre connaissance que des puissances belligérantes aient agi à l'égard des capitaines de navires de commerce régulièrement capturés par leurs croiseurs, autrement que la France l'a fait pendant cette campagne.

Il a toujours été admis que la marine marchande, qui peut à tout instant être transformée en un instrument de guerre, est soumise, quant à son personnel et à son matériel, aux coups des forces navales ennemies qui peuvent l'atteindre.

Certes, il est possible que le développement des principes d'humanité qui tendaient à prévaloir en Europe, avant que la Prusse n'ait apporté dans la guerre actuelle des procédés qui rappellent les barbaries d'un autre âge, conduise un jour les peuples à appliquer en temps de guerre des conventions qui permettraient de respecter même, sur mer, et la propriété privée et les personnes des individus qui n'appartiendraient pas exclusivement aux armées; mais les procédés que nous voyons les Prussiens mettre tous les jours en pratique, ne sont pas faits pour nous engager à innover en pareille matière.

Nous continuerons donc, jusqu'à nouvel ordre, à traiter comme prisonniers de guerre les capitaines des navires capturés par nos croiseurs; en agissant ainsi, nous sommes dans notre droit strict. Libre à la Prusse, de son côté, d'emprisonner à Brême quarante otages français : nous considérons ce fait comme des représailles *illégales*.

Il n'est d'ailleurs que la conséquence naturelle du système qui consiste à faire voyager sur les locomotives les notables des villes, à fusiller sommairement les maires des villages qui ne peuvent fournir des réquisitions exagérées, et des autres violences dont les Prussiens souillent leur triomphe depuis que les armées allemandes ont pénétré sur notre territoire. Jamais ces mesures d'intimidation n'empêcheront un seul Français de faire son devoir, et elles nuiront plus à la Prusse qu'elles ne lui serviront, car l'Europe s'en émeut déjà, et l'histoire les jugera sévèrement.

## BULLETIN TÉLÉGRAPHIQUE

—

Tours, 22 novembre.

Hier à Nuits, un engagement de 5 heures a eu lieu, sans résultat, entre 300 francs-tireurs et 1,200 Prussiens. Cet engagement a dû reprendre aujourd'hui.

Le 19, dans l'Aisne, divers engagements de tirailleurs ont eu lieu, un notamment assez important à Venel près La Fère où nous avons perdu un capitaine et 7 ou 8 hommes.

On parle d'une sortie heureuse de Belfort vers Bessoncourt. L'ennemi fortifie Montbéliard.

—

Tours, 23 novembre.

Un décret interdit la sortie des œufs et du beurre salé sur toutes les frontières de la République.

Le bulletin du *Moniteur* dit que les forces prussiennes menaçant les ailes de l'armée de la Loire sont relativement peu considérables. Le duc de Mecklembourg qui a pris la ville de Dreux dispose de 40,000 hommes et le prince Frédéric Charles, qui vient d'occuper Montargis de 80,000 hommes.

Relativement au général de Werder, il dit que s'il a abandonné l'objectif de Besançon et de Lyon pour se rapprocher du centre, il trouvera des forces capables de lui barrer le chemin. Les Prussiens ne pourraient pas sans témérité pousser trop rapidement sur Le Mans ou sur Vendôme qui sont bien gardés et s'ils continuaient leur mouvement tournant avec l'objectif d'inquiéter les derrières de l'armée de la Loire ils seraient pris entre deux feux.

—

Londres, 23.

Le *Times* dit que le général Manteffel est arrivé à Gisors.

La presse de Moscou n'exprime pas la même confiance dans une solution pacifique de la question d'Orient que la presse de St-Pétersbourg.

Le *Daily-New* dit que les Allemands avancent sur Amiens.

Le *Daily-Télégraph* mentionne le bruit que le gouvernement aurait l'intention d'interdire l'exportation des armes et munitions.

La réponse de Gortschakoff est attendue ici aujourd'hui.

Le *Morning-Post* assure qu'il a raison de croire que l'Italie adoptera la même politique que l'Autriche et l'Angleterre, et dément les bruits qui disent que la Turquie négocie directement avec la Russie.

—

(*Communication officielle.*)

—

Tours, 23 novembre 1870.

*Le ministre de l'intérieur aux Préfets*

Près de Vernon (Eure), nos troupes ont repris l'offensive. Elles ont cerné un important convoi de vivres venant de Mantes, le convoi est resté entre nos mains; un détachement de 1500 prussiens a été mis en déroute. Nous avons eu 2 mobiles tués et 5 blessés; l'ennemi a eu un officier, 10 hommes tués et une quarantaine de blessés. Nous avons fait quatre prisonniers avec 5 chevaux. Le commandant Mongolfier des mobiles de l'Ardèche s'est distingué; il a eu son cheval tué sous lui.

La vallée de l'Eure est dégagée.

L'ensemble des nouvelles militaires de Paris est excellent; le feu des forts continue à faire le plus grand mal à l'ennemi et le cercle de l'investissement s'élargit.

Mézières débloqué fait parvenir ses journaux et des dépêches.

*Le préfet des Bouches-du-Rhône,*

Alphonse GENT.

—

Londres, 23 novembre.

Le *Times* dit que la Porte a exprimé aux signataires du traité de 1856 la surprise pénible que lui a causé la circulaire Gortschakoff et espère que les signataires aideront la Turquie à empêcher l'accomplissement de cet acte qui détruirait les relations internationales.

—

Berlin, 23 novembre.

La *Correspondance provinciale* croit que la Prusse ne doit exercer que peu d'influence conciliatrice relativement à l'affaire de la Russie.

—

Bombay, 23 novembre.

Saïgon est mis en état de siége, tous les Allemands sont expulsés.




L'Administrateur-Gérant :

Cyprien Arnaud.

Marseille. — Typ. Doucet et Cie, r. Mouton.


*La Marseillaise*, numéro du 26 novembre 1870, p. 4

*C'est le seul numéro retrouvé de ce titre : nous en reproduisons deux pages en fac-similé. Daté du 26 novembre 1870, composé de quatre pages grand format, il ne mentionne pas le nom de Zola, car les articles ne sont pas signés. Cet exemplaire porte le numéro 58 ; en tête, un avis annonce un changement de prix et de format, deux mesures visant sans doute à relever un titre largement déficitaire. On sait, d'après les témoignages de contemporains, que soixante-dix numéros du quotidien sont sortis des presses. Une seule annonce figure en dernière page : celle de la Librairie internationale, pour une édition en dix volumes des* Œuvres *de Victor Hugo.*

## DE *LA MARSEILLAISE* AU *MESSAGER DE PROVENCE*

*Les deux articles qui suivent ont été publiés dans* La Marseillaise, *mais nous les connaissons parce qu'ils ont été repris dans* Le Messager de Provence. *Les deux journaux entretenaient en effet des relations étroites : ils étaient imprimés chez Alfred Arnaud, qui était aussi directeur et cofondateur des deux titres, l'un quotidien, l'autre paraissant un jour sur deux.*

*Les auteurs de ces lignes, et parmi eux Zola, pratiquent un journalisme de guerre, décrivant le conflit au quotidien, dans une ferveur patriotique qui entre en écho avec le titre du journal. La description des « atrocités prussiennes » occupe à la fois les rubriques informatives et le feuilleton d'Alexandre Dumas (*La Terreur prussienne*), « œuvre d'actualité » annoncée pour décembre, et qui pourtant n'est que la republication d'un roman paru en 1867. Sort des otages, opérations militaires, état des communications : tels sont les principaux motifs de ce journalisme de guerre, aux accents révolutionnaires.*

## La Marseillaise [1]

À cette heure, *La Marseillaise* est le cri et la voix de la France.

Des villes assiégées, des villes qui attendent l'ennemi, des moindres villages, des pays de plaine et des pays de montagne, de tout le sol de cette chère patrie indignée et fière, cette voix monte, immense, avec un roulement formidable de tambour et un éclat retentissant de clairon.

La femme qui coud sur le seuil de sa porte, l'ouvrier qui presse sa besogne, le passant des grandes routes, le peuple entier pousse le cri de 92. Et, sur le rocher perdu, dans le désert où il vit seul, le chevrier le jette aux aigles effarés, tandis que chaque wagon de troupes qui passe à toute vapeur, orné de bouquets de chêne et agitant des drapeaux comme un char de triomphe, l'envoie aux échos et s'éloigne, vibrant du chant de liberté, traversant les campagnes avec les sonorités fiévreuses d'un appel aux armes.

Et c'est ainsi qu'à cette heure, *La Marseillaise* est le souffle même de la France. La France respire, et *La Marseillaise*, comme l'haleine immense d'une nation, roule sur le monde.

Un instant, l'Empire essaya de salir le chant national. L'assassin du 2-Décembre [2], quand il se trouva en face de la Prusse, le fit chanter à Saint-Cloud, au dessert, tandis que ses aides de camp, ces héros de boudoir qui nous ont vendus, applaudissaient du bout des doigts.

---

1. Cet article paraît dans *Le Messager de Provence* accompagné de la mention suivante : « Tel est le titre d'un nouveau journal qui vient de paraître à Marseille et qui justifie ainsi son titre. » On ne peut, comme le note Roger Ripoll, être totalement certain que Zola en soit l'auteur, en raison de la règle d'anonymat (Roger Ripoll, « Quelques articles retrouvés de *La Marseillaise* », *Cahiers naturalistes*, n° 34, 1967, p. 148-164). Toutefois, le ton et le style de cet article font pencher pour cette hypothèse, d'autant que plusieurs passages de ce texte sont repris dans *La Débâcle*, en 1892.

2. Il s'agit de l'empereur Napoléon III, auteur du coup d'État du 2 décembre 1851.

En 51 [1], les généraux saoulaient les soldats pour les pousser à tirer sur le peuple. En 70, ils ont dû regarder *La Marseillaise* comme un vin généreux dont il fallait griser l'armée.

Et le chant glorieux était devenu une arme dans les mains de César, un expédient politique, une machine nécessaire. Il l'avait pris en disant : « *Ceci m'est utile ; quand je l'aurai usé, quand je l'aurai honteusement souillé dans mes mains sanglantes, je le rejetterai, et personne n'en voudra plus !* »

Mais il n'avait pas songé qu'il est imprudent de griser la France. Qui pourrait dire si cette *Marseillaise*, permise en juillet contre les Prussiens, n'a point grandi dans les âmes contre les Bonapartes, pour aboutir au cri superbe et libre de septembre ?

Je l'ai entendue, *La Marseillaise*, le 4 septembre, dans cette radieuse journée de la jeune République. Comme elle éclatait gaiement et largement ! Ce n'était plus le chant bâtard de l'Empire, l'expédient politique et militaire toléré par la police.

Elle sonnait dans le soleil, avec une confiance, une espérance, une tendresse infinies, elle était la consolatrice de la patrie en danger.

Aujourd'hui, elle est à nous de nouveau ; elle est purifiée, elle n'a jamais été touchée par un César, elle est le peuple, la chair et le sang de la nation.

Et elle n'est plus un chant de révolte, un cri de guerre civile, un appel au désordre de la rue. Napoléon le Petit a glissé dans le sang et la boue. La France a reconquis sa liberté. *La Marseillaise* a repris sa signification généreuse et héroïque. Quand elle demande du sang, c'est du sang étranger qu'elle veut.

Dès l'aube, elle sonne la diane du peuple. Elle lui crie : Aux armes ! Elle le jette sur les Prussiens. Elle dit à la

1. Allusion à la répression armée ordonnée par l'empereur pour écraser les opposants républicains.

République : « Si tu chasses l'ennemi, tu seras à jamais solide et grande ! »

C'est cette *Marseillaise* que ce journal va chanter.

Il la chantera de toute sa voix, de toute son énergie, contre les Prussiens. Il la chantera, parce qu'elle n'est plus révolutionnaire, dans le sens fratricide de ce mot, et qu'elle n'appelle plus les citoyens qu'à la tuerie de ces brutes du nord qui brûlent nos villes et volent nos richesses.

Il la chantera d'une voix haute, sans cesse, n'ayant qu'un but, travailler à la délivrance du territoire.

Il la chantera jusqu'à sa dernière goutte d'encre comme jusqu'au dernier homme, remettant à plus tard les questions intérieures, ne voulant entendre parler que d'une paix honorable ou d'une lutte sanglante.

Et maintenant ! Aux armes, citoyens !

Si *La Marseillaise* est née dans l'héroïque ville de Strasbourg, elle est notre fille adoptive, notre filleule, à nous autres Provençaux. Ce fut de nos poitrines ardentes que son cri terrible sortit pour aller épouvanter les rois. Elle a pris à notre soleil toutes ses flammes. C'est nous qui devons la chanter le plus haut, dans ce Midi brûlant comme elle de patriotisme et de vengeance.

Et si l'Empire nous avait légué une ruine irrémédiable, si nous étions écrasés, nous la chanterions encore, sur les décombres fumants de Paris, sur les débris de la France entière.

À genoux, le drapeau au poing, jusqu'au dernier souffle, nous chanterions l'amour sacré de la patrie !

27 septembre 1870 [1]

1. Dans *Le Messager de Provence*, l'article est daté du 29-30 septembre 1870 : ce journal ne paraît en effet que tous les deux jours.

## Aux armes [1] !

L'appel est jeté, la France entière répondra aujourd'hui, toute espérance de paix serait ridicule, c'est une guerre sans merci, un massacre. Chacun doit prendre l'arme qui lui tombera sous la main. Si l'on a des fusils, c'est bon. Autrement, on prendra des couteaux, et si les couteaux manquent, les faux et les fourches suffiront.

Ce que l'on doit faire, c'est jeter toute la nation sur les Prussiens. S'ils sont un million, soyons dix millions. Nous n'aurons même plus besoin d'armes. Nous nous lancerons en avant comme un rocher se détache et roule d'une montagne. Nous écraserons l'ennemi par notre poids, par notre masse.

Quand nous serons dix millions, nous aurons beau laisser la moitié, les deux tiers des nôtres en chemin, nous finirons par prendre les Prussiens à la gorge, nous les étoufferons dans nos bras, nous les déchirerons à coups de dents, nous les assommerons à coups de poing. Qu'importe, pourvu que nous les anéantissions. Et si nous devons tous mourir, qu'importe encore, pourvu qu'ils meurent tous avec nous.

Aux armes, aux armes !

C'est la lutte sainte, la lutte suprême. Que dans chaque village, le tocsin sonne sans relâche. Le feu est aux quatre bouts de la France. Le pays a besoin du dernier de ses enfants.

S'il le faut, nous ferons du sol une immense poudrière et nous sauterons avec l'étranger. Nous brûlerons nos récoltes, nos forêts, nos maisons. Nous accumulerons les ruines. Nous disparaîtrons tous dans l'écroulement de la patrie, et les peuples se pencheront avec terreur au-dessus du gouffre béant que nous aurons creusé et dans lequel

---

1. Dans *Le Messager de Provence*, l'article paraît avec la précision suivante : « AUX ARMES ! AUX ARMES ! Voici comment *La Marseillaise* répond à l'insolence prussienne. »

deux nations, plusieurs millions d'hommes se sont engloutis.

Alors, qu'à la place de la France il ne reste qu'un trou noir, pareil à la bouche d'un volcan. Au fond, une lueur rouge annoncera seule l'incendie de deux peuples.

En 92 [1], on forgeait des sabres et des canons, des fusils sur les places publiques. Et dès qu'une lame de fer était aiguisée, la République comptait un soldat de plus.

Nous serons, à notre tour, tous forgerons et armuriers, s'il le faut chacun se fera une arme. Et si les munitions manquent, s'il n'y a plus de plomb en France, nous fondrons notre cuivre, notre argent, notre or, nous enverrons aux Prussiens, par la gueule de nos canons, les milliards qu'ils espèrent voler dans nos poches.

À la dernière heure il faudra les payer de la sorte. Je le dis sérieusement. Nous ne devons pas garder un lingot ni une pièce monnayée. Chacun videra sa bourse dans le creuset national. S'ils veulent de l'or, ils chercheront dans les blessures de leurs cadavres.

Ce sont des pauvres, ces brutes du nord, des mendiants qui viennent nous demander l'aumône, le fusil au poing. Leur pays misérable ne produit pas assez de blé pour les nourrir, ni assez de vin pour les saouler. Ils se sont rués sur la France comme sur une bonne et grasse ferme où ils comptaient faire bombance. Gueux affamés auxquels notre charité a jeté si longtemps un morceau de pain, et qui reviennent la nuit crocheter nos portes, pareils à d'anciens valets chassés pour leur ivrognerie. Ils connaissent le logis, ils y ont tant de fois quêté leur existence.

Quelle rage de ne pouvoir, du jour au lendemain, les chasser à coups de trique ! Mais l'élan est donné, l'exaspération est au comble. Nous les pousserons dehors en

1. Allusion à la guerre menée par la France révolutionnaire contre l'Autriche, en 1792.

nous mettant tous sur une ligne et en marchant sans cesse en avant, d'un effort continu, quoi qu'il advienne.

Nous serons un océan, un mur vivant de chair humaine. Nous donnerons autant d'hommes à leurs canons qu'il en faudra. Il viendra bien une heure où ils seront las de tuer. Alors ceux qui survivront les tueront à leur tour. Puisqu'ils veulent que le monde devienne un abattoir, nous serons le troupeau interminable qui les noiera de son sang.

Ainsi comprise, la guerre est aisée. À quoi bon perdre du temps à apprendre le maniement du fusil ? Nous nous réunirons tous quelque part et nous irons en avant, graves, le front haut. Quand nous rencontrerons l'armée prussienne, nous irons toujours. Une foule est une armée qui marche.

Il faut être une foule. Et c'est pourquoi l'appel aux armes est jeté.

Après les hommes de quarante ans, les vieillards marcheront. Peut-être vaudrait-il mieux que, dès maintenant, tout le pays, hommes, femmes, enfants, poussent devant eux l'étranger. Nous sommes en dehors de toute guerre généreuse. C'est l'extermination d'un peuple qui seule, à cette heure, amènera la paix. Ou la France ou la Prusse. Disons, s'il le faut, la France et la Prusse à la fois.

Je ne suis pas inquiet. La garde nationale mobilisée fera son devoir. Elle est le pays lui-même. Elle n'est pas une de ces armées permanentes dont le métier est de se battre. Elle se bat pour elle, pour ses biens et ses affections.

Ah ! Si elle battait les Prussiens, si ces hommes, ces soldats du foyer, revenaient victorieux, combien la France grandirait encore ! Pour des siècles, elle serait à la tête des nations.

Les peuples voisins n'oseraient plus inquiéter ce peuple dont un effort aurait suffi pour fonder la liberté.

Aux armes, citoyens, et que le jour de gloire arrive pour la France !

Avant le 4 octobre 1870 [1]

---

1. L'article reparaît dans *Le Messager de Provence*, numéro daté du 4-5 octobre 1870.

# *La Cloche* et *Le Sémaphore de Marseille*

## LETTRES DE BORDEAUX

*Le 28 janvier 1871, l'armistice est signé avec la Prusse. En février, des élections désignent les membres de l'Assemblée nationale, à dominante nettement conservatrice, qui se réunit dans le Grand Théâtre de Bordeaux. Zola habite cette ville depuis décembre, exerçant les fonctions de secrétaire auprès de Glais-Bizoin, ministre sans portefeuille et ancien directeur de* La Tribune*.*

*Grâce à cet emploi administratif, Zola, familier des coulisses gouvernementales, a toute légitimité pour déployer une intense activité de chroniqueur parlementaire. Entre 1871 et 1872, deux journaux accueillent la plupart de ses articles, qui paraissent avec une régularité jamais atteinte jusque-là : dans les pages de* La Cloche*, quotidien républicain fondé en 1869 par Louis Ulbach, Zola publie trois cent soixante-huit textes en un an et demi. Les colonnes du* Sémaphore de Marseille*, titre plus modéré, récemment rallié à la République, accueillent quant à elles près de mille huit cents articles de lui entre février 1871 et mai 1877.*

*Souvent publiées deux fois, à Paris et à Marseille, ces chroniques de la vie politique manifestent le souci de décrire en toute indépendance manœuvres et compromis électoraux. À tel point que le directeur du journal éprouve parfois la nécessité de souligner que « chacun des correspondants » conserve « la responsabilité de son opinion » : « Voilà pourquoi nous laissons M. Zola écrire ce qu'il pense, quoiqu'il ne pense pas comme nous sur certains faits et sur certains hommes*[1]*. »*

1. Avertissement de Louis Ulbach publié dans *La Cloche*, le 22 février 1871.

25 février 1871 [1]

Mon cher directeur,

Hier soir, les figures des représentants que l'on rencontrait étaient consternées. Le bruit s'était répandu dans les bureaux que les exigences de la Prusse étaient telles que M. Thiers [2] allait demander à l'Assemblée de voter la guerre à outrance. C'eût été un grand crève-cœur pour la plupart de ces messieurs, partisans décidés de la paix.

Ce matin, les mêmes visages se promenaient sur la place de la Comédie, l'air souriant, le front serein. Je n'ai pas besoin d'ouvrir *Le Moniteur* [3] pour m'assurer que les bruits fâcheux d'hier n'avaient nul fondement. Aucune nouvelle ne nous est encore parvenue de Versailles. Malgré les craintes témoignées par les grands propriétaires peureux, on croit généralement que M. Thiers rapportera la paix. Il y a toutefois, dans l'Assemblée, une sorte de réveil patriotique que je suis très heureux de constater. Plusieurs généraux ayant déclaré et démontré que nous pouvions continuer la lutte avec succès, la nécessité possible de la guerre est accueillie avec plus de fermeté. Je ne parle pas des trembleurs et des pessimistes, de ceux qui, hier soir, mangeaient leur douzaine d'huîtres au *Chapon fin*, en geignant comme des poulets que menace le couteau du cuisinier.

Les journaux radicaux, qui poussent ici dans une nuit comme des champignons, disaient ce matin que toute la

---

1. La date du 25 février correspond à la date d'envoi de l'article ; c'est donc Zola qui l'inscrit, en tête de son texte, conformément au titre épistolaire de cette rubrique. La date de publication lui est postérieure de quelques jours (ici, 28 février 1871).

2. Adolphe Thiers (1797-1877) occupe alors les fonctions de chef du pouvoir exécutif. Député de l'opposition libérale sous le Second Empire, il apparaît comme « inévitable », selon l'expression de François Roth (*Histoire de la guerre de 1870*, Fayard, 1990, p. 470), et est élu dans trente et un départements. Il incarnera la voie conservatrice après l'écrasement de la Commune, en mai 1871.

3. *Le Moniteur universel*, créé en 1789, équivalent jusqu'en 1901 du *Journal officiel*.

police et toute la troupe de Bordeaux étaient consignées, dans l'attente de nouvelles graves qui pourraient ameuter la population. C'est là une excellente histoire. Quand on ameutera les Bordelais, je crierai au miracle ; ce sont des gens bien trop sages et, d'autre part, M. Thiers est bien trop fin, s'il a de trop mauvaises nouvelles, pour ne pas les apporter lui-même et nous les faire avaler en douceur, s'il est nécessaire.

La vérité est qu'il y a une grande concentration de troupes autour de Bordeaux. On parle d'une véritable armée de cent mille hommes. Mais je ne pense pas qu'une telle force soit groupée là pour protéger l'Assemblée contre le parti révolutionnaire. Je crois plutôt à une précaution des plus sages : si les négociations échouaient, il s'agirait de mettre sur-le-champ une armée entre les Prussiens et notre représentation nationale. Et c'est cette armée qui est là toute prête.

Le général Chanzy [1] est retourné à Poitiers. Signe que tout va mal, disent les pessimistes. On interprète tout ; on torture le moindre fait pour lui donner une signification bonne ou mauvaise. À l'heure où je vous écris, l'opinion qui prévaut est celle-ci : les préliminaires de paix seront apportés dimanche au plus tard ; l'Assemblée les discutera et les votera en deux ou trois séances au plus pendant qu'on en fera de même à Berlin ; puis les Prussiens se retireront immédiatement en Champagne, et l'Assemblée montera à Paris où elle se dissoudra pour faire place à une Constituante, après avoir réglé les détails de la situation.

Dans une heure, ce sera sans doute autre chose ; mais, comme je ne puis heure par heure enregistrer les bruits,

1. Le général Chanzy (1822-1883) commandait en octobre 1870 l'armée de la Loire, l'une des trois armées reconstituées par Gambetta. Élu en février 1871 dans les Ardennes, il fut chargé de la réorganisation de l'armée.

tenez pour certains, jusqu'à nouvel ordre, les renseignements que je vous donne.

Je parle de la dissolution de l'Assemblée, et je crois pouvoir vous assurer que M. Thiers y tient essentiellement. Il y aurait rencontré un mauvais vouloir auquel il ne s'attendait pas. Les partis ont cru venir à la curée. Quand ils ont vu que M. Thiers tenait à conserver la République, il y a eu désenchantement général [1].

On n'attend que le départ des Prussiens pour engager la lutte. Et c'est pourquoi il sera urgent, après la signature de la paix, de confier les destinées de la France à une Chambre élue avec plus de réflexion et qui n'aura pas dans son bagage politique un traité avec la Prusse.

L'attitude libérale de M. Thiers s'accuse aujourd'hui nettement. La meilleure preuve, ce sont les efforts que les orléanistes et les légitimistes purs font en son absence pour se grouper et exercer sur lui une influence décisive.

Ainsi, je vous ai parlé des princes d'Orléans. La dernière version, à leur sujet, est qu'ils seraient bien venus jusqu'à Bordeaux, et que là M. Thiers les aurait fait prier de repartir au plus tôt, en les avertissant que, dans le cas contraire, il se verrait dans la fâcheuse nécessité de les faire arrêter. Cette histoire m'a été contée par un personnage officiel.

Ce fait et plusieurs autres expliquent l'accord entier qui existe entre M. Thiers et l'ancienne gauche. Selon moi, les membres du gouvernement de la Défense nationale ne pouvaient que se rallier au chef du pouvoir exécutif. Toute autre attitude leur était interdite par la capitulation de Paris et par la signature de l'armistice [2]. Ils se sont groupés avec les républicains modérés et ont organisé des réunions rue Jean-Jacques-Bel ; ils sont là

1. L'Assemblée élue en février compte une large majorité de partisans de la restauration monarchique ; à Paris, toutefois, l'extrême gauche l'emporte (Louis Blanc et Victor Hugo y sont élus).

2. Respectivement, le 2 septembre 1870 et le 15 février 1871.

une centaine de représentants, tout disposés à suivre M. Thiers tant qu'il ne portera pas la main sur la République. C'est une véritable force sur laquelle le chef du pouvoir exécutif compte s'appuyer pour paralyser les exigences de l'extrême droite.

La nouvelle gauche, qui ne compte qu'une cinquantaine de membres, se réunit rue Lafaurie-de-Monbadon. On y fait une opposition déterminée à M. Thiers. Deux lettres y ont été rédigées hier : l'une, œuvre de M. Louis Blanc, est adressée à Garibaldi et proteste contre l'accueil qui lui a été fait par l'Assemblée ; l'autre, adressée à M. Keller [1], se rallie à son programme et déclare que les républicains adhèrent à la protestation des représentants de l'Alsace et de la Lorraine contre toute cession de territoire. On dit que, dans le cas où une cession serait votée, la nouvelle gauche se lèverait tout entière et quitterait la salle des séances. Mais on ne dit pas ce qu'elle ferait dans le cas d'une neutralisation qui devient de plus en plus probable. La nouvelle gauche, d'ailleurs, dans cette Assemblée chargée uniquement de traiter avec la Prusse, n'est qu'une protestation vivante. Elle protestera encore et toujours.

Le travail des commissions est de plus en plus laborieux. Hier, M. Clément Laurier [2] a fourni des explications à la commission des finances sur l'emprunt de deux cent cinquante millions négocié par lui à Londres. M. Laurier est un habile homme. Ses explications ont, paraît-il, été des plus satisfaisantes. Ma conviction est que, lorsque les faits seront bien connus, on trouvera que la France est restée grande et digne dans cette crise suprême. On a pu exploiter certains actes ridicules ou odieux, mais les mesures générales seront approuvées et même admirées un jour.

---

1. Émile Keller (1828-1909), élu du Haut-Rhin.
2. Clément Laurier (1832-1878), avocat républicain, défenseur de Victor Noir en janvier 1870, et élu du Var.

À cette heure, dans ce Bordeaux devenu capitale, le sentiment qui domine est le malaise qu'on éprouve dans la chambre d'un mort. Le cadavre est là, roide et béant, la famille pleure, les amis souffrent de ces larmes. Au fond, chacun désire qu'on emporte le mort, qu'on l'enterre, qu'on n'en parle plus. L'enterrement est une cruauté, on n'a plus de sanglots, et il faut sangloter encore. Aussi, comme on est secrètement pressé d'entendre sonner sur la bière la dernière pelletée de sable !

Notre mort, c'est nos illusions, notre orgueil, notre vanité. Qu'on l'emporte, qu'on l'enterre, qu'on n'en parle plus. Nous respirerons seulement quand le mort ne sera plus là, et que les Prussiens, les croque-morts, auront disparu. Alors nous sécherons nos larmes, nous aurons le courage de la vie, de la résurrection, de la revanche.

*La Cloche*, 28 février 1871

## LETTRES DE PARIS

*En mars 1871, l'Assemblée quitte Bordeaux pour Versailles. Zola réintègre alors son domicile parisien, tout en regrettant la méfiance manifestée par les élus à l'égard de la capitale : « Que va faire Paris livré à lui-même, décrété de mauvais esprit, regardé avec défiance comme le pire ennemi de la France ? […] Eh, que diable ! messieurs, vous avez été nommés pour veiller au ménage du pays ; allez vite à Paris pour que notre vaisselle ne soit pas cassée jusqu'à la dernière assiette [1] ! »*

*De fait, Paris entre en conflit ouvert avec les institutions nationales (Chambre des députés et gouvernement de Défense nationale dirigé par Thiers), signataires de l'armistice avec Bismarck et chargées de négocier les conditions du traité de paix. Alors que l'Assemblée nationale est dominée*

1. Zola, « Lettres de Bordeaux », *La Cloche*, 10 mars 1871.

*par une majorité conservatrice, les élections législatives ont porté au pouvoir à Paris des députés de gauche, favorables à la poursuite des combats dans une capitale assiégée. Des comités de vigilance s'organisent spontanément dans les arrondissements parisiens et se fédèrent en « Comité central ». C'est ainsi que naît la Commune de Paris, nom que se donnent les insurgés, constitués notamment des bataillons de la garde nationale refusant la démobilisation. À partir du 18 mars 1871, le conflit devient une guerre civile, opposant l'armée envoyée par Versailles à ceux que l'on appelle désormais les communards.*

*Rédigées dans le fracas des canonnades, les « Lettres de Paris » paraissent uniquement dans* Le Sémaphore de Marseille *: la publication de* La Cloche *est en effet suspendue par le pouvoir communard entre avril et mai 1871. Ces textes ne manifestent guère de bienveillance à l'égard des insurgés, « têtes folles » et « mal construites » – concession faite peut-être à un lectorat provincial et conservateur, alors que Zola déplorait, dans* La Cloche, *de voir « notre pauvre grande cité » désignée à Versailles « comme un repaire de bandits », « tous bons à fusiller [1] ». Au spectacle pour lui incompréhensible d'une insurrection spontanée, l'écrivain oppose toutefois la vision poignante des victimes, sacrifiées à « cette épouvantable lutte ». Ses pas de reporter de guerre (civile) le mènent en effet des réunions politiques aux morgues et hôpitaux provisoires, dans le défilé des ambulances et des cadavres, avant « l'horreur » et la « boucherie » de la Semaine sanglante.*

Paris, 21 avril

La Commune s'est enfin décidée hier à lancer une déclaration au peuple de Paris. Je ne sais si ce document [2]

1. Zola, « Lettres de Versailles », *La Cloche*, 7 avril 1871.
2. La « Déclaration au peuple français » votée le 19 avril 1871 détaille le programme politique du mouvement communard : extension de l'insurrection au niveau national, séparation de l'Église et de l'État,

parviendra entre vos mains. Il est bon à méditer. Il hâte la défaite de ce petit groupe d'hommes qui se sont posés en dictateurs.

Si la Commune s'était contentée de réclamer nos franchises municipales, la population entière aurait été avec elle. Je ne dois pas vous le cacher, Paris entend fermement se gouverner lui-même, et la loi municipale votée dernièrement par l'Assemblée est loin de satisfaire. L'appui indirect que l'insurrection a trouvé dans la neutralité gardée par la bourgeoisie et la partie saine de la garde nationale, n'a pas d'autre cause que la méfiance de Paris pour les hommes du 4-Septembre conservés au pouvoir par M. Thiers, et que la revendication énergique unanime des libertés de la cité.

Mais si la grande ville entend désormais faire ses affaires elle-même, elle ne veut en aucune façon prêter la main à une révolution dont le but avoué est de s'emparer du pouvoir central. Aussi la Commune vient-elle de commettre une grande faute en donnant à entendre qu'elle voulait se substituer au gouvernement de Versailles et régénérer violemment la France entière. Les hommes qui, sans approuver leurs actes odieux, laissaient faire jusqu'à un certain point les meneurs du 18 mars [1], en espérant que les franchises municipales sortiraient de l'échauffourée, vont dès aujourd'hui abandonner un mouvement qui tend à une révolution inopportune et n'offrant aucune chance de succès.

La Déclaration au Peuple de Paris, bien que noyée dans des phrases sonores, est des plus explicites. La Commune demande d'abord l'établissement, dans toutes les villes de France, de communes taillées sur son modèle.

---

adoption du drapeau rouge, interdiction du travail de nuit sont quelques-unes des mesures exposées dans ce texte.

1. C'est le 18 mars 1871 que se déclencha l'insurrection parisienne, quand l'armée versaillaise fut envoyée à Paris pour récupérer les canons conservés par les membres de la garde nationale.

Cela est inacceptable, Paris ne peut faire la loi aux autres cités ; il ne peut, au plus, que se donner en exemple. Mais la Commune de Paris ne s'arrête pas là ; elle prend tout le pouvoir pour elle, dans un énoncé un peu vague de ses attributions. On se demande ce qu'aurait à faire le gouvernement central ; il lui resterait à se croiser les bras et à regarder paisiblement l'agonie de la France.

En somme, cette déclaration n'est qu'un dernier effort de nos dictateurs pour tenter de soulever les départements. Elle fait appel à la province, aux grandes villes ; elle escamote tout le côté odieux et ridicule de la situation, pour étaler un but de grandeur vague, de trompeuse résurrection. Je compte bien que les départements ne se laisseront pas prendre à cette pièce déclamatoire, très soignée comme style, et qui n'est que le cri de détresse de l'émeute aux abois. Le programme si absolument irréalisable des hommes de l'Hôtel de Ville prouve qu'il n'y a pas la moindre idée bonne et utile dans les têtes folles qui ensanglantent Paris, et que le devoir de la patrie est d'aviser à envoyer ces malheureux, dans le plus bref délai, à Charenton et à Bicêtre [1].

Ici, leur règne est fini. On commence à moins trembler devant eux. Hier, *Le Bien public*, un des quatre journaux supprimés, a courageusement paru, et un assez grand nombre de numéros ont réussi à être mis en vente, malgré un fort piquet de gardes nationaux qui cernaient l'imprimerie Dubuisson. La vente du journal poursuivi a donné lieu, sur les boulevards, à divers incidents. Un agent de police, en bourgeois, a arraché la feuille des mains de trois ou quatre personnes qui la lisaient. Des gardes nationaux ont arrêté plusieurs vendeurs. Mais la patience de la foule était à bout. On a sifflé, hué les gardes nationaux, et peu s'en est fallu qu'on ne les désarmât et qu'on ne les chassât à coups de poings. Il viendra une heure, et

1. Charenton et Bicêtre abritaient encore, au XIX^e^ siècle, deux hôpitaux enfermant les aliénés.

cette heure est proche, où le Paris honnête se lèvera enfin et aidera Versailles à mettre ces misérables à la raison.

Il y a ici tout un groupe de citoyens qui applaudissent à chaque sottise et à chaque infamie commises par la Commune. Elle arrête les prêtres, parfait ! Elle met en adjudication la colonne Vendôme, c'est excellent ! Elle jette les braves gens à Mazas [1] et elle bâillonne les journaux sensés, de mieux en mieux ! Elle appelle aux armes les citoyens, mariés ou non, jusqu'à l'âge de cinquante-cinq ans, bravo, c'est le bouquet ! Espérons que demain la sottise et l'infamie deviendront de la folie furieuse et que la coupe s'emplira enfin, et que le dégoût montera aux lèvres des hommes égarés dont la Commune fait des espions et des voleurs. Elle doit tomber plus encore sous l'indignation et la colère publique que sous les balles de Versailles. Il faut qu'on la balaie de Paris, non à coups de canon, mais à coups de sifflets, comme le cortège débraillé de quelque carnaval sinistre, aux loques tachées de boue et de sang.

Et, cependant, j'ai une grande pitié pour les victimes de cette épouvantable lutte. Que d'hommes trompés et égarés, pour quelques fous ! Les listes des morts et blessés que publient les journaux de Versailles sont navrantes à lire. Ce sont presque tous des ouvriers : ils sont mariés, ils ont quatre ou cinq enfants. Que de veuves et d'orphelins jetés dans le vice de la grande ville ! Pauvres gens, encore tout secoués par les émotions du siège, qui ont pris l'oisiveté des camps et qui préfèrent aujourd'hui encore le corps de garde à l'atelier. Si l'on analysait aujourd'hui cette armée de Paris qui se bat contre la France, on y trouverait les éléments les plus divers : les hommes qui se battent pour leurs trente sous, les

1. La prison Mazas, construite en 1850 dans le quartier d'Austerlitz, fut détruite en 1898 ; on y enfermait les prisonniers de droit commun, en cellules individuelles.

hommes qui n'osent reculer et qui vont là par camaraderie, comme ils iraient au cabaret, et ceux qui ont peur d'être fusillés, s'ils ne marchent pas, et ceux qui tirent des coups de fusil comme des brutes, sans trop savoir ce qu'ils font, on arriverait ainsi à dégager de la masse un petit noyau composé d'intrigants qui essaient simplement de se créer une position dans le sang français, et de têtes mal construites qui croient naïvement se battre pour le triomphe de la vérité et de la justice. Je ne parle pas des chenapans, des repris de justice, trouvant à satisfaire leur goût de l'assassinat, ni des mercenaires cosmopolites qui se prêtent à toutes les guerres civiles.

Certes, pour les vrais ouvriers, pour ceux que des besoins ou des convictions poussent sous la mitraille, mes compassions sont grandes, je ne crains pas de le répéter. Il faut avoir vu rentrer dans Paris les voitures d'ambulance, il faut surtout pénétrer dans une des salles où l'on dépose les victimes inconnues, celles qu'on a ramassées sur le champ de bataille, et qui attendent sur les dalles d'une morgue, qu'un parent ou un ami vienne les réclamer. C'est navrant. L'ancienne prison de Clichy est ainsi transformée en morgue provisoire. J'y ai vu une pauvre femme tenant un enfant de chaque main, écrasée de douleur devant une table où gisait un cadavre, la face à demi emportée par un obus. Que la Commune, en face de ces cadavres, ait donc un éclair de raison et de pitié ! Ce sang est inutile, il ne fécondera rien, il ne sortira des tombes que des malédictions pour elle.

Aucune nouvelle d'ailleurs. Les opérations militaires continuent autour de Paris. Les uns croient au blocus, les autres à une attaque de vive force. Ce sont ces derniers qui sont le plus favorablement écoutés. La situation devient intolérable.

*Le Sémaphore de Marseille*, 28 avril 1871 [1]

1. La lettre a été rédigée une semaine plus tôt, mais l'acheminement du courrier est ralenti par le siège parisien et le contrôle exercé aux frontières de la capitale.

Paris, 28 mai

Je reviens d'une longue et navrante promenade. Je savais qu'une lutte acharnée s'était livrée dans le cimetière du Père-Lachaise. On donnait des détails atroces [1]. L'horreur du spectacle m'a tenté, et j'ai voulu voir s'il y avait encore en moi de l'émotion et de la pitié, après les terribles tableaux que j'ai déjà vu passer devant mes yeux.

J'ai suivi les boulevards extérieurs. La route n'est pas encore très sûre. Bien que l'émeute soit vaincue, il part de temps à autre des coups de fusil de certaines fenêtres, surtout dans les quartiers excentriques. On m'a montré, à l'ancienne barrière des Poissonniers, une lucarne par laquelle, le matin même, un insurgé avait tué une estafette ; l'insurgé a été pris et fusillé. J'ai vu, sur le trottoir, le sang de cet homme. Aussi me suis-je avancé en toute prudence, l'œil aux aguets, comme en pays ennemi.

La matinée était sombre ; un grand vent chassait dans le ciel d'énormes nuages qui roulaient avec rapidité. Un temps d'enterrement, presque froid, d'un gris lugubre. Au loin, toujours quelques coups de feu. Je n'ai pas entendu le canon. Les boulevards extérieurs sont mornes et déserts. À chaque carrefour, traînent des débris de barricades. Aucune n'a été attaquée de front. Partout le fameux mouvement tournant des Prussiens a livré aux soldats, en quelques heures, les plus formidables redoutes. On a conduit cette guerre de rues avec une remarquable habileté. Les insurgés se sont trouvés pris dans leurs retranchements comme dans des souricières. Eux qui comptaient sur leurs barricades, dont ils faisaient tant de bruit, se sont empêtrés dans leurs propres

1. Le 28 mai clôt la répression du mouvement communard, écrasé dans le sang tout au long de la Semaine sanglante. L'armée versaillaise, soutenue par les Prussiens, a tué 25 000 insurgés, exécutés notamment au Père-Lachaise, devant le « mur des Fédérés ». Les pertes gouvernementales s'élèvent à 1 200 morts, dont soixante-quatre otages exécutés (ces chiffres sont rappelés par Henri Mitterand, dans *Zola*, t. I, *op. cit.*, p. 809).

lignes de défense, qui souvent n'ont servi qu'à leur rendre la fuite impossible.

Des habitants, qui causent prudemment dans les coins abrités, me donnent les détails que je viens de vous communiquer, et sont unanimes pour déclarer que les barricades n'ont même pas été canonnées. C'est le génie qui, en quelques coups de pioche, en a plus tard dispersé les matériaux, dans l'éventualité d'un retour offensif.

À plusieurs reprises, il m'a fallu quitter les boulevards extérieurs. Des sentinelles interdisaient le passage. Sans doute, on se battait encore sur ces points. J'en ai été quitte pour faire quelques détours. Je vous ai dit hier que l'émeute, refoulée pas à pas de l'ouest à l'est, de l'Arc de Triomphe à la place du Trône, occupait encore la partie de la ville située entre Belleville et le Père-Lachaise. Elle y a été cernée et battue. Cependant certaines rues devaient tenir encore, au moment où j'ai longé ce quartier, car j'ai parfaitement entendu le grondement déchirant des mitrailleuses. Enfin, après trois grandes heures de marche, après avoir été arrêté vingt fois par des décombres, j'ai pu atteindre le haut de la rue de la Roquette. En face de moi, se dressait le vaste amphithéâtre funéraire, la colline où les morts rêvent en regardant Paris vivre à leurs pieds.

Les murs sont crénelés, à gauche un obus a creusé une brèche énorme. Jamais je ne perdrai la mémoire de ces choses ; j'ai pénétré dans le cimetière par la porte béante, dont le canon a jeté les battants à terre. Je me suis souvenu d'une promenade que j'avais faite en ce lieu, il y a trois ans, au mois de mai, poussé par une curiosité littéraire ; j'étais venu voir la tombe d'Alfred de Musset, le jour de l'anniversaire de sa mort, et rendre ainsi un hommage discret au poète de ma jeunesse. Quelle radieuse matinée ! Je me rappelle le clair soleil, l'air chaud qui baignait les jeunes feuillages, la béatitude des morts, des pauvres morts, dont les tombes semblaient saluer le printemps d'un frisson universel. Je me promenai longtemps, dans une joie grave, regardant au loin Paris, enviant le silence et la paix de la sainte colline, me retrempant dans cette mort heureuse de jouir du ciel bleu. N'avez-vous jamais passé ainsi une matinée dans un cimetière tout frémissant de sève ? On dirait que les morts rient dans la terre et qu'ils envoient tout leur sang aux rouges coquelicots des talus.

Mais quel épouvantable contraste aujourd'hui ! Les tombes sont brisées, les fleurs meurtries sous les talons des combattants. Il semble qu'un ouragan ait passé dans ce champ de repos et soit parvenu à tuer une seconde fois les morts. Sur ce désastre sacrilège, le ciel gris mettait comme un crêpe de deuil.

Les fédérés ont traîné là tout ce qui leur restait d'artillerie. Ils ont établi des batteries sur l'allée haute qui passe devant la sépulture des Demidoff. Les canons y sont encore, dans un désordre incroyable, jetés sur les côtés, la gueule enfoncée en terre. C'est de là que, pendant deux jours, ils ont jeté des bombes à pétrole sur le centre de Paris. Étrange emplacement pour cette besogne de destruction : c'était de derrière un tombeau que sortait le feu mortel des incendies. Toute cette partie de cimetière est piétinée, comme si une lutte sauvage s'y était engagée corps à corps. Çà et là des mares de sang, des cadavres qu'on n'a pas même pris la peine de relever. J'ai vu un enfant de dix-sept ans, allongé sur une pierre blanche, les bras croisés, pareil à une de ces roides statues que le Moyen Âge couchait sur les mausolées. Plus loin, un garde national était tombé sur les pointes aiguës d'une grille et s'y trouvait encore accroché, plié en deux, horrible, comme un bœuf pendu à l'étal d'un boucher. Du sang avait jailli sur des couronnes d'immortelles, et il y avait, le long des marbres, des empreintes de doigts sanglants, comme si quelque misérable, frappé à mort, s'était retenu aux encoignures avant de tomber.

Je ne puis tout vous dire, car l'horreur me monte à la gorge. Que les fossoyeurs fassent vite leur besogne, et que le cimetière reprenne son rêve silencieux et navré ! Vous ne sauriez croire quel effet produit une telle boucherie dans un cimetière. On n'y trouve d'ordinaire que le souvenir désolé de ceux qui ne sont plus, et ce brutal étalage de cadavres défigurés y blesse toutes nos délicates religions de la mort. C'est un charnier, bouleversé par la mitraille, taché de sang, ce n'est plus un refuge verdoyant et soigné où les veuves et les orphelins peuvent venir promener les douleurs de leurs souvenirs.

Les obus ont fait d'assez grands ravages. J'ai vu plusieurs tombeaux percés de part en part. Les allées sont semées de débris de grilles, de couronnes défaites, d'éclats de marbre. Une bombe a éclaté dans une petite chapelle, où elle a mis l'autel en poudre ; mais ces dommages ne sont rien à côté du bouleversement des tombes plus modestes. Les insurgés, pour se barricader solidement, ont arraché toutes les pierres tombales qu'ils ont pu soulever du sol. J'ai vu une de ces barricades faites de tombes, rien de plus navrant ; on lit encore les inscriptions et, sur l'une d'elles, j'ai pu déchiffrer le nom d'une jeune fille, Marie-Louise Maurin, « *morte dans la dix-septième année de son âge* ». Cette barricade faite de tombes restera dans mon esprit comme le comble de l'épouvantable désastre, comme l'image de cette émeute qui, après avoir incendié une ville, est allée réveiller les morts, les arracher à leur éternel repos, avant de mourir elle-même et de disparaître dans la malédiction universelle.

Il fallait que les hommes du 18 mars [1] vinssent se heurter contre ces pierres et se jeter de leur propre mouvement dans la fosse commune. Je me disais que tout cela était fatal, en suivant les allées, en regardant les caveaux que des mains criminelles ont laissés béants. Un officier m'a affirmé que la tombe de Musset a reçu un obus.

1. Les « hommes du 18 mars » désignent les communards : voir *supra*, p. 178, note 2.

Pauvre tombe, où des mains pieuses viennent, chaque année, apporter des violettes, et que la guerre écorne en cette saison de printemps maudit ! J'ai contemplé du haut de la colline Paris qui continue à brûler, et devant ces monuments en cendres, devant ces sépultures violées, devant cette misère profonde des vivants et des morts, un sanglot est monté à ma gorge : je me suis demandé en pleurant si je n'avais plus à mes pieds qu'un immense cimetière où la France venait d'être ensevelie.

*Le Sémaphore de Marseille*, 2 juin 1871

Paris, 7 juin

La retraite de MM. Picard et Le Flô [1] a été accueillie hier avec la plus parfaite indifférence. Les hommes du 4-Septembre sont jugés. Ceux qui les excusent le plus conviennent qu'ils se sont montrés incapables et maladroits. On croit, d'ailleurs, que le nouveau ministère, replâtré pour quelque temps, n'a pas beaucoup plus de solidité que l'ancien. Dès que le provisoire, dès que le consulat de M. Thiers aura toute la solidité d'un gouvernement définitif, il est à croire qu'il y aura un dernier changement de cabinet, le bon, le sérieux, celui qui sera chargé de réorganiser sagement la France.

Jusqu'à jeudi, le monde politique vivra dans l'attente. Mais, dès aujourd'hui, on peut regarder l'accord comme établi entre les divers partis de la Chambre. *Le Figaro*, qui passe pour l'organe attitré des légitimistes, accepte, dans son numéro de ce matin, le consulat pour une année ; ce qui indiquerait que le laps de temps reste seul à régler. Nous verrons bien. D'ailleurs, que peuvent faire

1. Le général Adolphe Le Flô (1804-1887), ministre de la Guerre du gouvernement Thiers, et Ernest Picard, ministre de l'Intérieur, sont deux hommes clés dans la répression brutale de la Commune.

les monarchistes de la Chambre ? Ils ont eu déjà, ils ont presque tous les jours des velléités de révolte. Mais quand ils arrivent à l'action, ils se sentent si seuls, si abandonnés de tous les hommes sages, qu'il se produit parmi eux une débandade. C'est ainsi qu'on doit s'expliquer les votes formidables emportés par M. Thiers. Tout le monde finit par voter pour lui, même ses adversaires, parce qu'il est fort et qu'ils se sentent très faibles. Les fanfarons, au bord du fossé, préfèrent ne pas faire la culbute.

Nous avons eu aujourd'hui, à neuf heures, une cérémonie bien imposante. On a procédé aux obsèques de l'archevêque de Paris et de quatre autres de victimes de la Commune. Le chapitre est allé chercher le corps de Mgr Darboy en grande cérémonie. Sur le parcours, de la rue de Grenelle à Notre-Dame, la foule recueillie a fait au cortège un accueil des plus émus. La métropole était ornée avec un grand luxe. La nef, toute tendue de noir, s'enfonçait comme une large allée obscure, où des milliers de cierges allumaient des étoiles d'or. De la porte d'entrée, on apercevait les cinq catafalques, immenses, se dressant avec une majesté sombre. Au centre était celui de l'archevêque, bordé d'argent, surmonté d'un dais colossal, dont les panaches noirs montaient jusqu'aux tribunes, à droite et à gauche se trouvaient ceux de Mgr Surat et de M. l'abbé Deguerry, plus loin enfin, s'allongeaient deux autres estrades, plus modestes, où reposaient le curé de Bonne-Nouvelle et le second vicaire de Notre-Dame de Lorette [1]. Chaque draperie portait les

1. En avril 1871, la Commune décida la mise en œuvre d'une « politique des otages », selon l'expression de l'historien Bertrand Tillier (*La Commune de Paris : révolution sans image ?*, Champ Vallon, 2004) ; les personnalités détenues étaient souvent des ecclésiastiques, au point qu'un acteur de l'insurrection évoqua plus tard, pour la désapprouver, cette « razzia des soutanes ». En mai 1871, la Commune proposa d'échanger ses otages, dont Mgrs Darboy, Surat et Deguerry, contre la libération du vieux Blanqui. Thiers refusa ; six de ces otages furent finalement exécutés après la Semaine sanglante, dans la prison de la Roquette.

initiales des victimes. Ce décor funèbre avait une véritable grandeur.

La cérémonie a été fort belle et très touchante. Un monde fou, comme vous pouvez le penser. Tout le corps diplomatique, une députation de l'Assemblée, et une foule de curieux qui se pressaient aux portes, n'ayant pu entrer. Les orgues pleuraient majestueusement sur ce deuil grandiose.

Pendant qu'on rend hommage aux victimes, les assassins sont brouettés au cimetière. L'exhumation des cadavres, enterrés un peu partout dans le tumulte de la lutte, s'accomplit sur tous les points avec une grande activité. Il a paru dans *Le Temps*, à ce sujet, un article que je vous recommande. Je dois vous dire que la légende commence à s'emparer des terribles événements si près de nous, et qu'on ne voit déjà plus que dans le vague du cauchemar. C'est ainsi qu'on accuse les fossoyeurs improvisés d'avoir enterré pêle-mêle les blessés et les morts. Dans certains jardins, on aurait vu des bras sortir de terre et s'agiter. On prétend qu'à Auteuil, on a trouvé un blessé qui avait réussi à sortir à demi de terre, et qui est mort là, les jambes encore prises dans le sol, les bras horriblement tordus, la face affreuse, tournée vers le ciel. Le fait n'est pas impossible, des erreurs ont pu être commises, mais il ne faut pas trop écouter les imaginations folles qui sont en train d'inventer des contes dont nos petits-neveux frissonneront encore dans plusieurs siècles.

On transporte tous les débris qu'on exhume loin de Paris, dans les cimetières des environs. Les plus grandes précautions sont prises. Il paraît que le jour de l'entrée des troupes, on avait empli de cadavres les casemates des fortifications. Comme on ne pouvait songer à vider ces charniers, sans empester tout Paris, on s'est décidé à se servir des casemates comme de fours énormes ; on a ouvert des cheminées par le haut, et l'on a ensuite mis le feu aux cadavres qui ont cuit sous terre. Tout cela est horrible. Et pendant que les orgues jouaient, que les fidèles s'agenouillaient devant les superbes catafalques, je songeais à ces morts affreux, à ces morts à demi pourris qu'on brûle comme un tas d'ordures malsaines ; pour ceux-là, le châtiment commence même dans leurs cadavres.

Paris attend pour se remettre franchement au travail. Le bruit absurde d'un coup d'État militaire a couru, ce qui effare encore le commerce. Des peureux m'ont confié avec toutes sortes de grimaces que « ce n'était pas fini ». Et comme je montrais Paris désarmé, las, avide de paix, on m'a répondu : « Ce n'est plus Paris qui bougera, c'est l'armée qui va s'insurger contre l'Assemblée nationale. » Je vous raconte ces sottises, parce qu'elles ont un certain caractère de gravité. Elles m'ont fait rêver à quelque folie bonapartiste. Les Napoléon doivent tâter les foules. Heureusement l'armée se souvient de Sedan et le maréchal Mac-Mahon est un brave soldat qui a juré de ne jamais faire de politique avec son épée. On peut dormir tranquille.

Il y a cependant des boutiquiers courageux qui font remettre leurs magasins à neuf. Dans les quartiers du centre surtout, on voit des peintres et des maçons badigeonnant les devantures, bouchant les trous. Mais où l'activité règne, c'est dans les hôtels, les restaurants, les cafés. Le flot des étrangers arrive. Nous allons en voir défiler des centaines de mille. Tous les blasés de l'Europe, tous les touristes qui sont allés en vain demander des émotions au Colisée et aux pyramides d'Égypte, vont venir promener leur spleen devant notre Hôtel de Ville et nos Tuileries. J'en ai déjà vu passer, blêmes, froids, regardant les ruines avec des lorgnettes, méthodiquement, comme s'ils mesuraient les trous. Ils vont par bandes, et ils semblent si parfaitement indifférents qu'on serait tenté de les battre. Qu'ils soient les bienvenus, toutefois, puisqu'ils ramènent chez nous la vie du monde, cette curiosité européenne qui revient à nous jusque dans nos désastres et nos larmes.

*Le Sémaphore de Marseille*, 11-12 juin 1871

# LETTRES DE VERSAILLES [1]

*Au lendemain de la Commune, Zola retourne à la Chambre, et reprend sa correspondance parlementaire. Les « Lettres de Versailles » exploitent de nouveau la publication à double détente (dans* La Cloche*, à Paris, et dans* Le Sémaphore de Marseille*, en Provence). La routine des travaux parlementaires suscite chez le journaliste un ennui profond, qui s'ajoute au sentiment d'exil dans cette ville royale, « sacristie départementale » ; mais l'organisation de la répression contre les acteurs de la Commune le révolte encore davantage. Le cas de Courbet, jugé pour avoir provoqué la démolition de la colonne Vendôme, révèle une fois encore la « bêtise folle » qui dégrade l'humanité quand elle fait foule.*

*À force d'ironie et de franc-parler, les diatribes de Zola suscitent l'inquiétude de Louis Ulbach, directeur de* La Cloche*, qui lui reproche les passages « obscènes » de certains articles littéraires. « Je suis plus hautement moral que toute la clique des imbéciles et des fripons », répond le romancier [2]. Ce sera la fin de deux années de collaboration.*

Versailles, le 15 août 1871

Puisque l'Assemblée chôme, je vous conduirai dans la salle d'audience du 3e conseil de guerre. Hier, j'ai eu la curiosité d'aller assister à l'interrogatoire de Courbet [3].

---

1. Ces chroniques, comme les « Lettres de Bordeaux », qui les précèdent, ont été publiées une première fois par Jacques Kayser, en 1956, sous le titre *La République en marche*, inspiré avec justesse par celui que choisit Zola pour ses articles liés à l'affaire Dreyfus, en 1901 (*La Vérité en marche*, Charpentier).

2. Lettre de Zola à Louis Ulbach, 9 septembre 1872, citée par Henri Mitterand dans *Zola journaliste*, *op. cit.*, p. 168.

3. Le peintre Gustave Courbet s'était engagé dans la Commune au nom de la liberté de créer ; nommé à la tête de la Fédération des artistes, il souhaitait la suppression de l'École de Rome et de l'École des beaux-arts, et la nomination par le peuple des directeurs et conservateurs de musées. Arrêté le 7 juillet 1871 par l'armée versaillaise, il

J'ai une vive sympathie pour cette grosse bête de grand peintre, et je voulais voir comment il se tirait d'affaire.

La salle d'audience est d'une nudité glaciale. Le tribunal, en grand uniforme, décoré jusqu'au menton, est assis autour d'une table recouverte d'un tapis vert. C'est peu solennel, et l'on songe vaguement à quelque conseil de révision. Dans la salle, beaucoup de places vides. Les billets d'entrée sont très difficiles à obtenir. Cependant, à mesure que le procès avance, la salle se remplit davantage. Il y a là un assez grand nombre de dames en toilette. Aux places réservées, on montre certaines notabilités. Ce sont généralement d'anciens fonctionnaires bonapartistes qui viennent entendre juger la queue de l'Empire, cette Commune qui est la résultante immédiate de nos quinze années de honte.

En somme, je me suis trouvé très mal à l'aise dans ce milieu. Le public est nerveux, se fâche contre les accusés, va même parfois jusqu'à troubler l'audience. Quel que soit le criminel assis sur la sellette, il m'a toujours répugné de voir la foule l'exécuter à l'avance. Je dois dire que le président, M. Merlin, conduit l'affaire avec un grand tact. Il n'en est pas de même du commissaire de la République, M. Gaveau, irritable, formaliste, jouant au Jupiter tonnant, et aiguisant sa foudre à chaque incident. Les avocats, à la vérité, font beaucoup de bruit. Comme dans toute cause politique, ils travaillent à leur popularité. Leur attitude, qui explique un peu celle de M. Gaveau, est très agressive, si agressive, que le conseil de l'ordre s'est, dit-on, réuni hier à Paris et a décidé qu'un blâme leur serait infligé. M. Lachaud fait tous ses efforts pour

---

n'avait pourtant pas participé aux combats, ni aux violences si brutalement réprimées. Les historiens ont clairement établi depuis que l'artiste n'a pris qu'une part toute symbolique à la destruction de la colonne Vendôme, symbole de l'Empire : initiateur, en novembre 1870, d'une pétition pour demander au Gouvernement de Défense nationale le déplacement du monument, il n'était même pas encore membre de la Commune quand fut votée sa destruction.

calmer la tempête. Quand ses confrères ont commis quelque frasque, il parle dévotement au tribunal de ses grandes vertus militaires, et le tribunal s'adoucit par enchantement.

En somme, si le milieu est vulgaire, répugnant, l'histoire écoute ce qui se dit là. La Commune s'y éclaire par instant de jours tout nouveaux. Pour moi, les accusés se classent en quatre groupes bien distincts : il y a les scélérats, les fous, les braves gens et les imbéciles. Je ne nomme personne, je suis d'avis que lorsqu'un homme est devant la justice, il faut attendre le verdict pour parler librement de lui.

Mais, dès aujourd'hui, après les interrogatoires de ces derniers jours, il est permis de constater ce que j'ai vu de mes yeux, d'ailleurs, et ce que je n'osais dire par crainte de passer pour un communeux : c'est que les malheureux et les misérables qui ont siégé à l'Hôtel de Ville n'étaient pas les maîtres du mouvement, endossaient la responsabilité des crimes de la masse et étaient fatalement portés à l'incendie et au meurtre par le flot hurlant de la foule. Je mets à part ces fous furieux comme ce Raoul Rigault[1] ; si l'on prend le plus grand nombre des membres de la Commune, et si on les étudie en moraliste et en médecin, on ne tarde pas à conclure que c'étaient des gens fort doux, un peu fêlés peut-être, mais incapables d'une vilaine action dans la vie privée. Et cela, je vous l'avoue, me rend bien triste. Ô la pauvre humanité ! comme les foules sont bêtes et méchantes, et comme les crimes poussent partout où un peuple passe.

Ils paieront pour la masse, et ce sera justice après tout. Il faut frapper les monstres à la tête. Mais derrière ces hommes bêtes et fous, victimes et bourreaux, sentez-vous le monstre qui s'agite effroyablement dans l'ombre ? Il sera toujours là, quand on aura fusillé ou déporté ces

1. Raoul Rigault (1846-1871), chef du Comité de sûreté générale de la Commune, fut abattu pendant la Semaine sanglante.

hommes, c'est à peine si on lui aura rogné les griffes, et les griffes repoussent. C'est pourquoi je demande un peu de pitié pour ces malheureux. Puisque l'expérience nous a montré que plus on taille l'arbre du mal, plus les branches maudites s'allongent, plus les fruits empoisonnés se multiplient, il serait temps peut-être de chercher à greffer l'arbre au lieu de vouloir l'émonder.

Je songe à ce grand bêta de Courbet. On n'est pas plus doux que ce gros homme. Je l'ai entendu parler des nids des petits oiseaux, avec des larmes dans les yeux. Est-il possible, grand Dieu ! qu'il soit là, accusé de meurtre et d'incendie ! Il a cru charmant, sous l'Empire, de dire qu'il fallait « déboulonner » la Colonne. Aujourd'hui, la Colonne lui est tombée sur le dos et l'a écrasé. C'est une plaisanterie qui peut lui coûter cher. Si l'on pesait, dans les balances de la justice, le crime de Courbet, on y trouverait une once de colère contre M. de Nieuwerkerke [1], une once de folie politique, cinquante kilogrammes de toquades artistiques et cinquante kilogrammes de vanités.

On veut sauver Courbet, et l'on a raison. Un jour l'histoire nous demanderait compte de ce grand artiste, qui n'a pas fait le moindre mal, et dans lequel on ne condamnerait que le principe insurrectionnel. Je trouve même que le gouvernement a eu tort de ne pas le faire évader, comme MM. Thiers et Beslay [2]. On aurait évité le spectacle pénible d'hier. Les personnes les plus honorables sont venues déposer en sa faveur : MM. Charton, de Courteille, Horace de Choiseul, Barbet de Jouy,

1. Émilien de Nieuwerkerke (1811-1892) : ancien directeur des Beaux-Arts sous le Second Empire. Dans sa correspondance, Courbet le décrit comme « l'homme le plus inepte » qu'il ait rencontré (lettre à Alfred Bruyas, octobre 1853, Gustave Courbet, *Correspondance*, éd. Petra Ten-Doesschate Chu, Flammarion, 1996, p. 107).

2. Charles Beslay (1795-1878) obtint de Thiers, en mai 1871, un laissez-passer pour quitter la France ; réfugié en Suisse, il bénéficia d'un non-lieu lors de son procès, en décembre 1872.

Dorian[1], etc. M. Jules Simon, ministre de l'Instruction publique, est venu lui-même plaider les circonstances atténuantes. Vainement le commissaire de la République, le terrible M. Gaveau, a fait la grosse voix. Je ne puis croire qu'il suffise que Courbet ait fait partie de la Commune pour qu'on jette en prison un homme dont la France sera fière un jour.

Je suis sorti navré de l'audience. Il m'a semblé que l'humanité, de sang et de boue, y agonisait dans une crise de bêtise folle.

*Le Sémaphore de Marseille*, 17 août 1871

## Humble supplique

Messieurs les députés,

Le temps a fui, les jours se sont écoulés, et voilà que vous revenez vous battre avec les hirondelles sous les grands ombrages de Versailles. Les méchantes langues disent bien que vous n'êtes pas les oiseaux du printemps. Vous rapportez le froid dans les plis de vos redingotes. Dès que M. de Lorgeril[2] s'est montré sur la place d'Armes, le ciel a pâli et c'est pourquoi nous grelottons à cette heure, après avoir eu chaud pendant votre absence.

---

1. Édouard Charton : créateur du *Magasin pittoresque* et de *L'Illustration*, député de l'Yonne ; Abel Pavel de Courteille (1821-1889) : orientaliste, membre de l'Académie des inscriptions et belles-lettres ; Horace de Choiseul (1837-1915) : député de Seine-et-Oise, futur ministre de Jules Ferry ; Henry Barbet de Jouy (1812-1896) : conservateur au Louvre, dont il est considéré comme le « sauveur » en 1870-1871 ; Pierre Frédéric Dorian (1814-1873) : maître des Forges du Doubs, ministre des Travaux publics du Gouvernement de Défense nationale en 1870.

2. Hippolyte Louis de Lorgeril (1811-1888), député des Côtes-du-Nord, écrivain et monarchiste, siège à l'extrême droite, et manifeste avec constance son opposition à Thiers. Zola fait de lui l'une de ses cibles privilégiées.

Versailles se repeuple de vos ombres. On a vu vos grandes dents à l'hôtel des Réservoirs, la valise, dans laquelle vous devez introduire chez nous Henri V en contrebande, a été aperçue au coin de la rue de la Paroisse ; la voisine qui demeure en face de M. de Gavardie a constaté qu'il fermait chastement ses rideaux pour changer de bottes ; les groupes sombres des Belcastel, des Baragnon, des Dahirel, des Franclieu [1] ont stationné aux carrefours des avenues, à la nuit tombante, chuchotant des paroles terribles. Les indices sont nombreux, tout l'annonce : vous allez être, vous êtes à Versailles.

Et même, sans vous voir, on vous sent. Il suffit de flairer la brise, la brise qui apporte le fumet de votre présence. C'est une odeur de cimetière, une odeur de sacristie, une de ces odeurs vagues de mort et de vieillesse, d'humidité et de poussière, qui traînent dans les coins des vieilles églises, sous les bénitiers. Quand un couple traverse la forêt de Saint-Germain, pleine de l'âpre senteur résineuse des bourgeons, quand il marche dans cette sève forte et odorante, et qu'un souffle épais vient de Versailles, noircissant les feuilles tendres, le couple égaré se détourne en disant : « Tiens ! l'Assemblée qui respire ! »

Vous y êtes, tout le monde vous a sentis. Hélas ! Messieurs, avant d'y être officiellement, écouterez-vous un humble journaliste, qui frissonne à la pensée de s'y emprisonner encore avec vous pour plusieurs mois ? Si vous n'avez pas de pitié entre collègues, si vous vous condamnez de gaieté de cœur à vivre là, dans la vieille église humide, à ajouter votre agonie au sommeil de la province, soyez doux au moins pour les pauvres diables qu'on enferme en votre compagnie, pour les journalistes

1. Ces quatre noms désignent des députés monarchistes, de droite ou d'extrême droite.

qui ne sont condamnés qu'à vous écouter, et qui n'ont pas encouru la torture de Versailles.

Je parle aux députés malins qui font une farce de ce séjour à Versailles. Des plaisants seuls peuvent s'entêter encore. Je les avertis seulement que la farce commence à ne plus être drôle. Jusqu'à présent, la plaisanterie était si forte qu'on pouvait en rire, entre la poire et le fromage ; aujourd'hui, le rire ne monte plus aux lèvres, les épaules se haussent, et l'on est pris de quelque colère. L'heure est vraiment venue, messieurs, de ne pas rendre les journalistes enragés, en les gardant plus longtemps dans votre sacristie départementale.

Revenez à Paris, faites cela pour la presse. Je ne vous parle pas de la France, je vous ferais rire. Je ne vous parle que de nous, les journalistes. Et je vous dis qu'il serait imprudent de nous pousser à bout. Vous avez l'épiderme sensible, un coup de plume vous tire une goutte de sang. Eh bien ! ne nous affolez pas, ne nous forcez pas à des représailles atroces.

La presse ne vous aime pas, dites-vous. Et comment voulez-vous qu'elle vous aime ! Vous lui faites faire chaque jour un voyage abominable, vous la traînez en province tous les après-midi. Cela finit par agacer. Le meilleur garçon du monde a des envies de mordre, à ce jeu-là. Si moi, par exemple, je me suis montré dur parfois, c'est que Versailles m'assomme. Je crois pouvoir vous promettre que nous serions beaucoup plus accommodants au Palais-Bourbon. Réfléchissez, messieurs, et revenez à Paris, par amour pour la presse que vous aimez tant, et qui vous rend toute votre tendresse.

Je pourrais, certes, vous dire que Paris est paisible, que le gouverneur et le préfet de police ont adressé à M. Thiers des rapports excellents, dans lesquels ils affirment que la ville s'est remise au travail avec une sagesse d'enfant. Mais je vous connais ; vous êtes des héros, vous aimez les dangers, vous souhaitez des émeutes pour les dompter, et vous seriez bien capables de ne plus vouloir venir à Paris puisqu'il est si tranquille que cela.

Je pourrais encore vous parler des fêtes de l'Élysée, vous dire avec quelle sympathie la population a accueilli M. Thiers. Vous manquiez au triomphe, messieurs, et je comprends vos jalousies. Non seulement le monstre n'a pas dévoré le gouvernement, mais il l'a embrassé. Il serait facile, pour ménager vos susceptibilités, de vous ménager une ovation pareille. Vous entreriez au son des cymbales, sous des palmes ; des théories de jeunes filles, vêtues de blanc, iraient vous recevoir aux portes, en chantant une cantate de M. Buisson, membre de l'académie de Carcassonne [1] ; et même les jeunes filles pourraient pousser les choses jusqu'à vous baiser au front. Mais je sais trop bien que les réceptions de l'Élysée ont blessé vos modesties républicaines et que, si vous refusez de rentrer dans votre capitale, c'est justement pour grossir le Trésor et rompre avec tous les galas monarchiques.

Enfin, je pourrais vous dire que vous aurez prochainement une occasion superbe d'avoir de l'esprit. Cela devrait vous tenter ; vous usez si peu souvent de ces occasions-là ! Vous n'ignorez pas que le conseil municipal a invité M. Thiers à un grand banquet pour le remercier de l'héroïsme qu'il a montré en s'oubliant dans les rues de Paris jusqu'à minuit. Des hommes moins antiques que vous s'inviteraient à ce banquet. Une délégation de quinze membres viendrait au dessert trinquer avec ces bons enfants de Parisiens, qui ne demandent qu'à sauter à votre cou. Mais, je l'ai dit, vous êtes des hommes antiques, et ce n'est pas un banquet, dût-on y servir les perdreaux fantastiques que la réaction a vus sur la table de M. Thiers, qui vous ébranlera jamais dans vos convictions. Les asperges sont plus tendres à

1. Jules Buisson (1822-1909), avocat et député de droite, est aquafortiste et compositeur.

Versailles, et voici venir les canetons aux petits pois, si moelleusement rissolés dans les casseroles de la province.

Non, je ne vous donnerai aucune de ces mauvaises raisons, je ne mettrai en avant ni la tranquillité du pays, ni la patrie qui souffre, ni le bon sens qui se fâche, ni Paris qui se moque de vous, ni M. Thiers qui en fait autant, quand il est tout seul, dans un petit coin. Je ne placerai pas sous vos yeux la grotesque page d'histoire que vous écrivez, l'étonnant chapitre que vous ajoutez à la naïveté humaine, la faute politique que vous commettez en faveur de vos adversaires, le don de joyeux avènement que vous laissez à la République.

Non, je ne ferai aucune de ces choses, je m'inclinerai simplement devant vous, et je vous dirai : « J'en ai assez, nous en avons tous assez. Revenez à Paris, ne m'enfermez pas davantage avec vous à Versailles, ou je ne réponds plus de moi. Je vous ai mordus, j'ai peur maintenant de vous manger. »

Telle est, messieurs les députés, l'humble supplique qu'ose vous adresser un ver de terre de la presse.

*La Cloche*, 22 avril 1872

## *Le Corsaire*

Le Corsaire, *quotidien républicain créé sous le Second Empire, subit de multiples avanies durant les trois années de son existence, alternant suspensions, refondations, interdictions.*

*Zola y republie en feuilleton, cinq ans après leur première parution, mais sous un nouveau titre (*Un duel social*),* Les Mystères de Marseille*, signés cette fois du pseudonyme*

*« Agrippa ». En parallèle, le romancier fait paraître au mois de décembre quatre « Causeries du dimanche », qui ne doivent, comme il l'assure à Édouard de Portalis, récent acquéreur du journal, aborder la politique « qu'en passant », « et comme par hasard » ; il y sera question « principalement » de « critique artistique et littéraire [1] ».*

*Dès la première « Causerie », l'écrivain renvoie pourtant aux oubliettes l'opposition artificielle entre littérature et politique ; c'est que « l'art est la vérité », et la mission du romancier, de « parler de l'âge actuel », quitte à « trahir la conspiration tacite des hypocrites ». Les trois textes qui suivent démontrent avec une énergique virtuosité à quel point le double jeu de l'écrivain-journaliste, combinant protocoles de la fiction et éloquence pamphlétaire, vise juste quand il s'agit de dévoiler les iniquités au quotidien. Après le quatrième et dernier article de Zola,* Le Corsaire *est de nouveau supprimé.*

## CAUSERIES DU DIMANCHE

Hier, par un de ces gris après-midi de novembre, à l'heure où la nuit tombe, je songeais, les pieds sur les chenets, à ce malheureux pays, à cette triste France qui agonise dans les mélodrames bêtes de Versailles. Et je pensais que cette grande nation, si vive d'esprit et d'intelligence si nette, était vraiment à plaindre d'en être réduite à la littérature d'almanach des Batbie et des Saint-Marc Girardin [2].

Là est la plaie. On retrouvera les milliards donnés à l'Allemagne. On prendra toutes les revanches, mais il est

1. Lettre inédite de Zola citée par Henri Mitterand dans *Zola journaliste*, *op. cit.*, p. 170.

2. Anselme Batbie (1828-1887), juriste et futur ministre de Mac-Mahon, et Saint-Marc Girardin (1801-1873), journaliste et académicien, sont deux représentants de l'esprit conservateur.

à craindre que nous ne soyons devenus des imbéciles, avant la convalescence, dans la fréquentation de certaines gens. C'est la férule au poing qu'il faudrait se débarrasser des ganaches qui, non contentes de faire de la mauvaise besogne, la font en mauvais français. On estime qu'on battra l'étranger à coups de millions, et qu'il s'agit surtout d'avoir des soldats pour être à la tête de l'Europe. Je suis d'avis que de belles œuvres, des œuvres vivantes, feraient autant pour la grandeur de la France que ces constitutions éphémères, qui coûtent au pays de longs mois d'angoisse.

Dès qu'il y a crise politique, la littérature et l'art tombent à l'égout. On les balaie dans un coin. Ce sont des fleurs inutiles. Les esprits les plus larges chassent les poètes de leur république. Tant que dure la bataille des partis, les libraires et les marchands de tableaux peuvent fermer boutique. Il ne pousse plus, dans le fumier des vieilles rancunes, que des rimeurs comme M. de Lorgeril. On oublie que la France, sur les champs sanglants de la Champagne et de la Touraine, n'a gardé qu'une gloire intacte, celle de sa grande famille glorieuse d'artistes et d'écrivains. Payons la rançon d'argent, obéissons au vœu politique de la nation, mais écoutons avec ferveur le réveil du génie français, qui reste seul un chant de triomphe.

Je veux parler des arts et des lettres aux lecteurs affolés par la bataille sociale. Il est faux que le peuple soit dédaigneux de ces choses, et qu'il refuse de les comprendre. Son éducation est à faire, et tout est là. Il ne connaît que l'art officiel, l'art permis, l'art tombé aux puérilités de l'image. Pour lui, l'art est le délassement des riches, le complice des prêtres, une religion dont il se méfie. Et il faut lui dire que l'art est la vérité.

Je n'aime point ce mot d'art, qui entraîne avec lui je ne sais quelle idée d'arrangement, de convention. Je ne connais que la vie. Une œuvre vivante est une page humaine dans laquelle un homme a mis tout son être. Il y a ici une révolution pacifique à accomplir. Les philosophies sont mortes, les idées sociales se sont transformées, tout un monde a croulé, et l'art est resté dans son absolu, dans son attitude raidie de dieu hiératique. Chose très singulière, on rencontre une foule de gens qui ne croient pas à un Dieu, et qui se battent en désespérés pour la défense du beau esthétique, de cette absurdité qui découle évidemment du principe d'un Être supérieur, éternellement parfait.

C'est une étrange histoire. On n'a pas compris encore que, le jour où l'on met en doute le Ciel, on place forcément l'art dans l'homme. Si les paradis sont vides, si l'homme nie la commune mesure de Dieu, il tue l'idéal, il n'a plus de point de comparaison, il en est réduit à la création individuelle, à l'enfantement humain. Là est l'école moderne du naturalisme, la seule qui soit d'accord avec l'abandon des fables anciennes. Cet art de mensonge qui vit de dogmes et de mystères indiscutables, agonise lentement devant le flot montant de la science ; et mon continuel étonnement est qu'il ait survécu si longtemps à l'esprit d'analyse de ces derniers cent ans.

Je ne voudrais pas être trop ennuyeux, dès le début ; mais j'ai besoin, avant d'entrer en campagne, de dire nettement quels sont mes principes de critique. Je trouve absolument grotesque l'invention d'un idéal, d'une perfection placée en dehors de l'homme. Il n'y a que les bambins auxquels les magisters de village donnent des modèles d'écriture à copier. Une statue, dans ces idées, sera d'autant plus belle qu'elle se rapprochera de la statue typique placée quelque part, on ne sait où, dans les nuages des religions. Pour moi, la plus belle œuvre sera la plus vivante, celle qui me parlera d'un homme et d'une nation, d'un tempérament d'artiste et d'une époque historique.

La large production humaine ne peut pas avoir d'étalon ; elle pousse sous les cieux clairs de la Grèce, dans les grands soleils de l'Italie et de l'Espagne, dans les brouillards tendres de la Flandre et de l'Angleterre, multiple, toujours nouvelle, suivant les étapes de l'humanité, en dehors de toutes conditions de culture et de règles.

Nous savons où conduit l'école du beau en art. Rappelez-vous les grandes poupées souriantes des salons annuels, les bonnes femmes molles et sans os, qui ont les cils trop longs et les lèvres rouges des bustes de cire tournant dans les vitrines des coiffeurs. Cela sort de la fabrique du beau. La fabrique fournit les yeux d'émail, les perruques de soie, les nez grecs, les seins d'albâtre, la peau de satin rose. Et il y a des recettes pour coller le tout, pour dresser la poupée sur ses pieds d'une façon aimable. Quand un esprit libre arrive et donne une chiquenaude sur ce beau-là, c'est une consternation. On a outragé la dignité de l'art, les encensoirs des bénisseurs se mettent en branle, et il n'est question que de la profanation du temple.

En littérature, l'école du beau mène aux romans décents, aux études historiques arrangées pour la satisfaction des messieurs graves, à toutes les œuvres lavées à grande eau et coiffées selon la mode du monde. Le beau coupe, taille, rogne ; il faut que rien d'humain ne dépasse. Balzac est indécent.

On veut des livres qui puissent dormir sur les tables, sans parfum, comme des fleurs sèches. Si le livre n'est pas mort, si le livre est tiède du sang d'un cœur, on le prend avec des pincettes. C'est un polisson. Puis les dames boivent à petites gorgées l'eau sacrée d'un romancier bien ganté, où l'auteur, par un excès d'audace, a versé jusqu'à trois gouttes d'eau de fleurs d'oranger.

Ah ! vraiment, il me prend des envies d'aller courir les prés et de revenir avec toutes les odeurs fortes des herbes foulées à mes semelles. Je voudrais rapporter, dans ces salons bégueules, les puissants parfums de la nature, les souffles des eaux et des bois, la senteur des foins qui grise les filles, les grandes rafales de thym et de lavande qui descendent des collines. Et là j'étalerais la nature en rut, goûtant une joie à faire évanouir les dames. Monde pudique qui nettoie son linge entre deux portes, et qui met son nez dans un livre, comme il l'enfoncerait dans une boîte de poudre de riz.

Le livre, le tableau, simples colifichets, bouts de ruban, choses sans conséquence, qui décorent un mur ou complètent une toilette. Le mieux est que cela soit de teinte neutre, pour ne pas déranger les dorures de la pièce ou les bijoux de la dame. Le tapissier se charge des peintures et du damas, et il fournit les volumes du jour avec le guéridon.

Une fenêtre ouverte sur le vrai trouerait désagréablement la muraille dans ce milieu faux ; une œuvre forte suffoquerait la vertu que ces femmes et ces hommes ont passée avec leurs jupons et leurs habits. Je sais des salons où l'on reçoit d'une façon fort aimable cinq ou six femmes adultères, et où *Mademoiselle de Maupin* et *Germinie Lacerteux* [1] font pousser des petits cris de dégoût. Quand un monsieur comme il faut a marché dans une œuvre de talent, il s'essuie soigneusement les pieds sur les paillassons, à chaque étage, avant d'oser sonner.

Eh bien ! il faut leur dire tranquillement leur fait ; il faut leur défendre de châtrer l'art et de coller des feuilles de vigne à la littérature. J'aurais plaisir à remettre dans leurs boîtes à joujou leurs artistes et leurs écrivains, des pantins aimables, aux ventres de son, et qui disent papa et maman comme des personnes naturelles. Et j'aurais plus de plaisir encore à baiser sur les deux joues les garçons inconvenants qui se permettent d'avoir du talent en dehors des mots d'ordre du monde, et qui poussent l'incongruité jusqu'à jeter au soleil des toiles et des livres nus vivant de la vie moderne.

---

1. Deux romans de réputation sulfureuse, le premier de Théophile Gautier (1835), le second des Goncourt (voir p. 69, note 2).

C'est là le grand crime. On ne tolère que les anatomistes qui fouillent les nations défuntes. Mais parler de l'âge actuel, et en parler en hommes résolus à tout dire, c'est trahir la conspiration tacite des hypocrites et répugner les délicats qui viennent de se rincer les mains et les dents de leur dernière débauche.

L'art est l'éternelle floraison de l'humanité. Il pousse à toute heure, et en tout lieu, jusque dans les fentes du pavé des villes. Depuis le premier bégaiement, il est en nous ; il naît d'une création essentiellement individuelle. Une belle œuvre ne doit être qu'un coin de la nature vu à travers une personnalité.

Tout le reste, règles, convenances, est affaire de mode, d'école, de siècle, de pays. Il me paraît aussi absurde d'aller étudier un certain beau à Rome, qu'il le serait de porter des culottes courtes à Paris, en 1872. Nous devons trouver notre art, toute l'étude du passé n'est qu'un exercice, qu'une curiosité de savant ; c'est l'étude des langues mortes artistiques, que pas un artiste ne doit parler et qu'on n'épèle dans son enfance que pour se rompre avec les difficultés de sa propre langue.

Quand un homme, dans la maturité de la trentaine, se trouve seul en face de son œuvre, il doit laisser tomber à ses pieds ses langes d'écolier, n'écouter que sa chair, n'écouter que son cœur. Alors peut-être ajoutera-t-il son mot à l'éternelle phrase de la création humaine, que chaque génie allonge, et que les imbéciles seuls recommencent.

L'heure est bonne pour dire certaines vérités. Après chaque catastrophe sociale il y a comme une stupeur, un désir de retourner au vrai. La base fausse sur laquelle on vivait a croulé et l'on cherche un sol plus ferme pour bâtir solidement. Les grandes éclosions littéraires et artistiques ont eu lieu dans des époques de maturité complète ou après de violentes secousses. Et j'espère, je l'avoue, que de tout ce sang, de toute cette sottise va sortir un large courant lorsque la République aura pacifié la France. Ce seront les parias de la veille, les talents niés, ce groupe naturaliste de ces derniers temps, qui arrivera et qui continuera le mouvement scientifique du siècle.

L'analyse positive a déjà renouvelé les sciences pures, l'histoire, la critique ; elle doit élargir l'art, le conduire dans de nouveaux domaines, faire découvrir des beaux inconnus, mettre en avant des personnalités ignorées. Et c'est là chose fatale. Jamais une nation n'est revenue à ses formes littéraires et artistiques épuisées ; elle a poussé jusqu'au bout ses branches hautes, sa végétation du génie national.

Je compte si absolument sur ce printemps prochain de l'art, sur cette résurrection et ce flot de sève nouvelle, que je défie tout garçon fier de rester à la queue du romantisme, le dernier grand mouvement de notre littérature, qui se meurt aujourd'hui dans ses loques trouées. Il faut se montrer respectueux devant ce magnifique élan de 1830 qui a déblayé la route et préparé le passage au naturalisme. Aujourd'hui la route est assez large ; la réalité, cette réalité si grosse qui ne peut entrer dans les littératures sans les faire éclater, a des chances pour traverser la foule, en écrasant peut-être quelques ventres par-ci par-là. Et disons-nous que si le romantisme râle, c'est pour avoir habillé ses audaces du carnaval d'une époque morte.

J'ai quitté mes chenets et, ouvrant la fenêtre, j'ai regardé mon cher, mon grand Paris, affairé dans la cendre grise du crépuscule. C'est lui qui me parle de l'art nouveau, avec ses rues vivantes, ses horizons tachés d'enseignes et d'affiches, ses maisons terribles et douces où l'on aime et où l'on meurt. C'est son immense drame qui m'attache au drame moderne, à l'existence de ses bourgeois et de ses ouvriers, à toute sa cohue flottante dont je voudrais noter chaque douleur et chaque joie. Il est mon frère, mon grand frère, dont les passions me touchent, et qui ne peut pleurer, sans me mettre des pleurs dans les yeux.

Je le sens secoué par l'immense labeur du siècle, je le vois gros d'un monde, et si j'avais quelque orgueil suprême, je rêverais de le jeter tout chaud et tout plein de son travail géant, dans quelque œuvre gigantesque. Et, quand je vois des poètes, des romanciers, des peintres, qui dédaignent cette cité de vie, pour aller demander une originalité grelottante à des pays et à des âges étrangers, je suis pris d'un grand dédain.

Si vous voulez, quand le tableau, quand le livre me manquera, nous nous en irons dans Paris, à l'aventure, le long des rues, le long des quais, et nous le regarderons vivre.

3 décembre 1872

Donc, ils renvoient la République au cabaret ; c'est là qu'ils la veulent asseoir, entre les brocs d'étain et les bouteilles vides. Le cabaret est devenu leur suprême injure, leur argument décisif, le gros mot dont ils souffletent et dont ils condamnent le peuple. Et il semble, à les entendre, que l'esprit révolutionnaire du siècle sorte d'un litre mal bouché, et qu'on ait ramassé dans les rinçures du comptoir les grandes conquêtes légales de 89.

Dans les salons, on conspire entre gens comme il faut, sur le satin des fauteuils. Là, en prenant une tasse de thé, on pousse galamment une grande nation dans la boue, on rêve des coups de fusil pour se débarrasser d'électeurs gênants, on détruit, on corrompt, on se vend d'une façon excessivement distinguée. Les lustres brûlent, les glaces ont des puretés d'âmes candides, les dames sourient aux bals futurs de la prochaine monarchie, quitte à tacher d'une goutte de sang leurs souliers de satin blanc, pour se rendre au palais des Tuileries reconstruit.

Dans les cabarets, les revendications légitimes deviennent des actes abominables, des crimes hideux d'hommes ivres. Les besoins de justice, la voix haute des foules, toutes les paroles venues de la misère et de la souffrance, sont traînés dans le vin et menacés des gendarmes. Les cabarets ne sont sans doute pas assez bien meublés, les dames y manquent, et les grands crus ont le tort d'y être remplacés par du gros bleu. Cela les rend tout à fait inférieurs aux salons. Le peuple est coupable d'y avoir raison, et de ne pas affirmer sa foi, en buvant du bourgogne, en compagnie de M. de Lorgeril.

M. de Lorgeril boit du bourgogne. C'est un homme de bien ; et plus il en boit, plus il a l'estime des honnêtes gens. Quand le bourgogne flambe dans ses yeux, la droite sourit discrètement. Il est plein de la flamme de la monarchie.

Ah ! que je voudrais les voir passer un jour dans le rude labeur des ouvriers : M. Saint-Marc Girardin, en maçon, sur les échelles avec la lourde truelle et l'auge pleine de plâtre. M. Batbie, en forgeron, les bras nus et soulevant des marteaux aussi lourds que lui. M. de Belcastel, en charpentier, allongeant la varlope [1] pendant dix heures de la journée. M. Baragnon [2], en couvreur, marchant au bord des toits, soudant les gouttières, les pieds dans le vide, les autres en serruriers, en fondeurs, en tisseurs, en terrassiers, tous tapant, limant, usant leurs bras, de six heures du matin à six heures du soir.

Et que je voudrais les voir, la journée finie, traînant les pieds éreintés, ayant de la poussière plein la gorge, passer devant les marchands de vins, avec la soif terrible de leurs dix heures de travail. Ils entreraient leurs outils sur l'épaule, ils boiraient un canon, deux peut-être ; et je

1. La varlope est un grand rabot utilisé par les menuisiers.
2. Pour ces quatre noms, voir p. 196, note 1, et p. 200, note 2.

m'imagine que des camarades seraient obligés de monter l'apprenti Lorgeril à son taudis.

Le vin est nécessaire au travailleur surmené. C'est le labeur sans trêve qui jette l'ouvrier dans le vin ; c'est la misère aussi, toutes les causes qui débilitent et qui le poussent à chercher ailleurs des forces factices. Quand l'homme est changé en machine, quand on ne lui demande plus que le rôle d'un engrenage ou d'un piston, il faut lui tolérer le vin, le vin qui rend puissant, qui met du cœur au ventre. Si les salaires étaient plus élevés, si une journée n'avait pas douze heures, il se boirait moins de litres dans les faubourgs.

Et d'ailleurs, ces messieurs de Versailles sont des propriétaires, ils doivent savoir ce qu'a coûté de vin la moindre pierre de taille de leurs maisons ; ils ont des meubles, et leurs meubles aussi ont fait vider des verres ; toute leur richesse est rouge du sang de la vigne. Il faut bien remonter la machine humaine. Lorsque les côtes craquent, que les jambes fléchissent, que les mains sont molles, l'ouvrier, qui entend se fendre le métal de son corps, met de l'huile, se réchauffe, et l'outil devient plus léger.

S'il glisse, s'il roule à l'ivrognerie, c'est votre faute. Est-ce que vous ne le voulez pas stupide, ivre d'ignorance, pareil à la bête ? Alors, il entre au cabaret, il prend la joie qu'il a sous la main, il en abuse, parce que vous lui fermez l'horizon et qu'il a besoin d'un rêve, fût-ce le rêve de l'ivresse.

Est-ce l'ouvrier qui va dans les grands cabarets du Boulevard ? Les cabinets sont discrets, on roule sous la table sans faire de bruit, grâce à l'épaisseur des tapis. Il y a des glaces où les dames décoiffées rajustent leurs chignons, et des divans usés par trois générations de filles. On boit du pommard, du léoville, du chambertin, du sauternes ; et, au dessert, les dents cassent les coupes de champagne. Alors les dames mettent les mains dans les plats et chantent des ordures. On est obligé d'emporter Monsieur dans sa voiture.

Est-ce l'ouvrier qui, ce mois-ci, va au bal de l'Opéra et qui paie, à la sortie, des huîtres aux souillons des trottoirs ? Les restaurants sont pleins à quatre heures. On jette encore plus de bouteilles qu'on n'en boit. Quand les gens comme il faut s'amusent, ils gâchent beaucoup, pour montrer qu'ils ont de l'argent. Ce sont de belles nuits, qui empoisonnent la jeunesse et qui soufflent sur la ville toutes les puanteurs des alcôves suspectes. Les filles ivres et les messieurs ivres cuvent leurs indigestions, fraternellement.

Est-ce l'ouvrier qui va dans les tripots et dans les maisons de jeu ? Jusqu'au lever du jour, l'or sonne, le punch circule, les joueurs mettent une gloriole à perdre royalement. À la vérité, ils suent des sueurs d'angoisse, à voir les pièces rondes courir devant eux. Ils se ruinent, rêvent du suicide, et se consolent en prenant une maîtresse, ce qui achève de les jeter dans les affaires véreuses. Des enfants et des femmes pleurent au logis souvent. Mais il est très comme il faut de jouer.

Est-ce l'ouvrier qui va dans les cafés à la mode, où la cherté des consommations permet aux gens honnêtes d'entrer ? Ils sont là tous, à boire, à causer affaires, politique ou polissonnerie. Les garçons sont propres, il y a des dorures, personne n'a encore dénoncé les cafés à la tribune. Des inutiles s'y noient dans l'absinthe, sans avoir l'excuse de l'ouvrier, et meurent ramollis, les mains vierges de tout travail, après s'être traînés pendant trente ans devant la même table de marbre.

Est-ce l'ouvrier qui va dans les coulisses des petits théâtres ? Là, on ne boit pas, on se pourrit. Des messieurs gantés, parfaits de manières, visitent les maillots des danseuses, leur donnent des claques sur les épaules, et essaient de descendre plus bas.

Est-ce l'ouvrier qui fait vivre la prostitution de Paris, qui met en circulation des gamines de quinze ans ? Est-ce l'ouvrier qui remue les fortunes, qui achète des femmes et des consciences, qui emplit la cité de sa fainéantise, de sa gourmandise, de ses mensonges, de ses vices ? Est-ce l'ouvrier qui a ouvert cette auberge de l'Europe, où le Second Empire tenait maison de tolérance pour les comtes russes et les banquiers américains ?

Eh bien ! que le peuple aille au cabaret, qu'il y aille boire chopine, bras dessus bras dessous, avec la République. Il y trouvera tout le vieux génie national, toute la France gauloise qui ne boudait pas devant un verre plein.

C'est le chant du coq. Le vin est une première revanche en face de l'Allemagne épaissie par la bière. La chanson française chante sous la treille. Là, au *Pot-d'étain*, au *Bon-Coing*, à Ramponneau, se sont assis les poètes, les artistes et les gars solides, et les grandes épées. Il n'y a point déshonneur à prendre place sur les bancs noircis. Le sang de la France, le rire et la raison de la France, coulent des tonneaux mis en perce. C'est le meilleur de nous-mêmes, de notre sol héroïque, qui luit dans la pourpre des bouteilles.

Par un clair dimanche, il faut emmener la jeune République et monter à la barrière. Nous trouverons, à la bordure des champs, un vieux cabaret branlant, avec ses tables et ses bancs fichés en terre, et ses bouts de clématites qui mettent des verdures dans les cheveux blonds des belles filles. Il fait bon sous les petites tonnelles, pendant les tièdes soirées. Le soleil se couche au-delà des fortifications, dans une gloire sanglante, avec de grands rayons d'or qui tombent en poussière à l'horizon.

Et quelque forte fille apportera les pichets, dont l'écume rougit les doigts. Elle emplira les verres, et l'odeur âpre du vin fumera dans la tendresse du crépuscule. Cependant, toute la gaieté du dimanche passe sur la chaussée, avec les blouses neuves et les bonnets frais. C'est la grande paix du repos, tandis que les orgues de Barbarie fouettent le galop des chevaux de bois, et que les pâtisseries en plein vent étalent des galettes toutes chaudes.

Alors, debout, il faut trinquer à la République, lui souhaiter longue vie, la baptiser d'une lampée de vin de France.

17 décembre 1872

## Le lendemain de la crise [1]

I

Le matin, quand les ouvriers arrivent à l'atelier, ils le trouvent froid et comme noir d'une tristesse de ruine. Au fond de la grande salle, la machine est muette, avec ses bras maigres et ses roues immobiles ; et elle met là une mélancolie de plus, elle dont le souffle et dont le branle animent toute la maison, d'ordinaire, du battement d'un cœur de géant, joyeux et rude à la besogne.

Le patron descend de son petit cabinet, et dit d'un air très triste aux ouvriers :

« Mes enfants, il n'y a pas de travail aujourd'hui… Les commandes n'arrivent plus ; de tous les côtés, je reçois des contrordres ; je vais rester avec de la marchandise sur les bras. Ce mois de décembre, sur lequel je comptais, ce mois de gros travail, les autres années, menace de ruiner les maisons les plus solides… Il faut tout suspendre. »

Et comme il voit les ouvriers se regarder entre eux, avec la peur du retour au logis, la peur de la faim du lendemain, il ajoute d'un ton plus bas :

1. Ce long texte, le dernier publié par Zola dans *Le Corsaire*, paraît en première page ; un article du *Sémaphore de Marseille*, anonyme mais de la main de Zola, rapporte le 26 décembre 1872 qu'à Versailles « l'article éclata comme une bombe », provoquant l'interruption de la séance. « Les membres de la droite exaspérés assiégèrent le banc des ministres », « demandant la suppression du *Corsaire* au gouvernement "comme gage de conciliation". » L'affaire vient en Conseil des ministres, et, malgré l'opposition de Thiers, un arrêté d'interdiction est prononcé le 24 décembre 1872.

« Je ne suis pas égoïste, non, je vous le jure… Ma situation est aussi terrible, plus terrible peut-être que la vôtre. En huit jours, j'ai perdu cinquante mille francs. J'arrête le travail aujourd'hui, pour ne pas creuser le gouffre davantage ; et je n'ai pas le premier sou de mes échéances du 15… Vous voyez, je vous parle en ami, je ne vous cache rien. Demain, peut-être, les huissiers seront ici. Ce n'est pas notre faute, n'est-ce pas ? Nous avons lutté jusqu'au bout. J'aurais voulu vous aider à passer ce mauvais moment ; mais c'est fini, je suis à terre, je n'ai plus de pain à partager. »

Alors il leur tend la main. Les ouvriers la lui serrent silencieusement. Et, pendant quelques minutes, ils restent là, à regarder leurs outils inutiles, les poings serrés. Les autres matins, dès le jour, les limes chantaient, les marteaux marquaient le rythme, et tout cela semble déjà dormir dans la poussière de la faillite. C'est vingt, c'est trente familles qui ne mangeront pas la semaine suivante. Quelques femmes qui travaillaient dans la fabrique ont des larmes au bord des yeux. Les hommes veulent paraître plus fermes. Ils font les braves, ils disent qu'on ne meurt pas de faim dans Paris.

Puis, quand le patron les quitte, et qu'ils le voient s'en aller, voûté en huit jours, écrasé peut-être par un désastre plus grand encore qu'il ne l'avoue, ils se retirent un à un, étouffant dans la salle, la gorge serrée et le froid au cœur, comme s'ils sortaient de la chambre d'un mort. Le mort, c'est le travail, c'est la grande machine muette dont le squelette est sinistre dans l'ombre.

Cependant, il y a, ce matin-là, partie carrée à l'hôtel des Réservoirs. MM. Batbie, de Broglie, d'Audiffret-Pasquier [1] et de Lorgeril déjeunent avec des crevettes roses,

1. Gaston d'Audiffret-Pasquier (1823-1905) : député monarchiste ; Albert de Broglie, député de l'Eure, futur président du Conseil sous le gouvernement de l'Ordre moral.

des côtelettes Soubise et une tranche de saumon. M. de Broglie, très distingué comme on sait, parle de faire « péter la boutique » ; M. Batbie boit son café en petites gorgées, en disant que cela va très bien, que la France râle à merveille ; et M. de Lorgeril, qui s'est emparé d'un flacon de fine champagne, appelle entre ses dents les républicains des coquins et des meurt-de-faim. Au mot de « meurt-de-faim », M. d'Audiffret-Pasquier, qui n'a rien dit, sourit finement.

## II

L'ouvrier est dehors, dans la rue, sur le pavé. Il a battu les trottoirs pendant huit jours, sans pouvoir trouver de travail. Il est allé de porte en porte, offrant ses bras, offrant ses mains, s'offrant tout entier à n'importe quelle besogne, à la plus rebutante, à la plus dure, à la plus mortelle. Toutes les portes se sont refermées. Il n'y a pas de travail ; la ruine entre partout ; « la boutique pète » et la France râle.

Alors, l'ouvrier a offert de travailler à moitié prix. Les portes ne s'ouvrent pas davantage. Il travaillerait pour rien, qu'on ne pourrait le garder. C'est le chômage, le terrible chômage qui sonne le glas des mansardes. La panique a arrêté toutes les industries, et l'argent, l'argent lâche s'est caché.

Au bout des huit jours, c'est bien fini. L'ouvrier a fait une suprême tentative et il revient lentement, les mains vides, éreinté de misère. La pluie tombe ce soir-là ; Paris est funèbre dans la boue. Il marche sous l'averse, sans la sentir, n'entendant que sa faim, s'arrêtant pour arriver moins vite. Il s'est penché sur un parapet de la Seine ; les eaux grossies coulent avec un long bruit ; et il voit des rejaillissements d'écume blanche à une pile du pont. Il se penche davantage, la coulée grisâtre et colossale passe sous lui en lui jetant un appel furieux. Puis, il se dit que ce serait lâche et il s'en va.

La pluie a cessé. Le gaz flamboie aux vitrines des bijoutiers. S'il crevait la vitre, il prendrait d'une poignée du pain pour des années. Les cuisines des restaurants s'allument ; et, derrière les rideaux de mousseline blanche, il aperçoit des gens qui mangent. Et il y a encore des rôtisseries, les charcuteries, les pâtisseries, tout le Paris gourmand qui s'étale aux heures de la faim.

Lui, traverse la ville, remonte au faubourg, au milieu de toute cette nourriture. Comme la femme et la petite fille pleuraient, le matin, il leur a promis du pain pour le soir. Il n'a pas osé venir leur dire qu'il avait menti, avant la nuit tombée. Tout en marchant, il se demande comment il entrera, ce qu'il racontera, pour leur faire prendre patience. Il n'a que de mauvaises nouvelles ; rien n'indique la reprise des affaires, et partout on lui a dit de ne repasser qu'au bout d'une quinzaine. Ils ne peuvent pourtant rester sans manger jusque-là. Lui, il essaierait ; mais la femme et la petite sont trop chétives.

Et, un instant, il a l'idée de mendier. Mais quand une dame ou un monsieur passent à côté de lui, et qu'il songe à tendre la main, son bras se raidit, sa gorge se serre. Il reste planté sur le trottoir, et les gens comme il faut se détournent, le croyant ivre, à voir son masque farouche d'affamé. À la même heure, ils sont des milliers qui rentrent sans pain, et qui n'apportent à leur famille que l'eau de leurs souliers troués.

Cependant, il y a réception intime chez M. d'Audiffret-Pasquier. MM. Batbie, de Broglie et de Lorgeril sont là, dans un petit salon, avec le maître de la maison. Ils ont dîné en artistes, en gens qui savent encore manger. Hélas ! dit M. de Lorgeril, c'est une tradition qui se perd ; on ne sait même plus boire. Ces messieurs trempent des petits fours dans du thé à la crème. Mais M. de Broglie, qui est tout chaud de la journée, prétend que la victoire est certaine, que M. Thiers se fatigue, que la France en a assez, et qu'il s'agit de tenir bon encore quelques mois. M. Batbie hoche la tête ; il trouve qu'on est un peu mou ; la crise n'est pas conduite assez rondement, et il y a encore trop de pain chez les boulangers de Paris.

III

La femme de l'ouvrier est descendue sur le seuil de la porte, laissant en haut la petite endormie. La femme est toute maigre, avec une robe d'indienne, et elle grelotte dans les souffles glacés de la rue.

Elle n'a plus rien au logis ; elle a tout porté au Mont-de-Piété. Huit jours sans travail suffisent pour vider la maison. La veille, elle a vendu chez un fripier la dernière poignée de laine de son matelas ; le matelas s'en est allé ainsi, et maintenant, il ne reste que la toile. Elle l'a accrochée devant la fenêtre, pour empêcher l'air d'entrer : la petite tousse beaucoup.

Sans le dire à son mari, elle a cherché de son côté. Mais le chômage a frappé plus rudement les femmes que les hommes. Sur son palier, il y a des malheureuses qu'elle entend sangloter pendant la nuit. Elle en a rencontré une tout debout au coin d'un trottoir, et qui se vendait ; une autre est morte ; une autre a disparu. À chaque crise, de pauvres filles roulent à la Seine ou aux maisons de tolérance.

Elle, heureusement, a un bon homme, un mari qui ne boit pas. Ils seraient à l'aise si les deux sièges et les continuelles secousses du moment ne les avaient dépouillés de tout. Elle a épuisé les crédits : elle doit au boulanger, à l'épicier, à la fruitière, et elle n'ose plus même passer devant les boutiques. L'après-midi, elle est allée chez sa sœur pour emprunter vingt sous ; mais elle a trouvé, là aussi, une telle misère qu'elle s'est mise à pleurer sans rien dire et que toutes deux, sa sœur et elle, ont pleuré longtemps ensemble. Puis, en s'en allant, elle a promis d'apporter un morceau de pain si son mari rentrait avec quelque chose.

Le mari ne rentre pas. La pluie tombe, la femme se réfugie sous la porte ; de grosses gouttes clapotent à ses pieds, une poussière d'eau pénètre sa mince robe. Par moments, l'impatience la prend, elle sort, malgré l'averse, elle va jusqu'au bout de la rue pour voir si elle n'aperçoit pas celui qu'elle attend, au loin, sur la chaussée. Et quand elle revient, elle est trempée ; elle passe ses mains sur ses cheveux pour les essuyer, et elle patiente encore, secouée par de courts frissons de fièvre.

Le va-et-vient des passants la coudoie. Elle se fait toute petite pour ne gêner personne. Des hommes la regardent en face, et elle sent, par moments, des haleines chaudes qui lui effleurent le cou. Tout le Paris suspect, la rue avec sa boue, ses clartés crues, ses roulements de voiture, semble vouloir la prendre et la jeter au ruisseau. Elle a faim, elle est à tout le monde. En face, il y a un boulanger, et elle pense à la petite qui dort, en haut.

Puis, quand le mari se montre enfin, filant comme un misérable le long des maisons, elle se précipite, elle le regarde anxieusement.

« Eh bien ! » balbutie-t-elle.

Lui, ne répond pas, baisse la tête. Alors, elle monte la première, pâle comme une morte.

Cependant, il y a un dîner politique chez M. de Broglie. On n'en est encore qu'au rôti. Comme on se trouve entre amis, on ne se gêne pas. On cause des adresses envoyées à M. Thiers par les commerçants et les industriels. M. de Lorgeril, qui a la bouche pleine d'un blanc de faisan très délicat, dit en s'essuyant les lèvres que Paris doit s'estimer heureux de ne pas avoir été rasé. Le maître de la maison approuve de la tête et parle du doigt de Dieu ; la misère est une punition divine. M. d'Audiffret-Pasquier a alors un de ses fins sourires, en faisant remarquer que si les républicains meurent de faim, c'est la faute de la République. Cela déride un peu M. Batbie ; il est morose, il n'a pas vu assez d'enterrements dans les rues, et les petits gueux qu'il a rencontrés dans les quartiers populeux lui ont semblé trop bien portants.

IV

En haut, la petite ne dort pas. Elle s'est réveillée, elle songe, en face du bout de chandelle qui agonise sur un coin de la table. Et on ne sait quoi de monstrueux et de navrant passe sur la face de cette gamine de sept ans, aux traits flétris et sérieux de femme faite.

Elle est assise sur le bord du coffre qui lui sert de couche. Ses pieds nus pendent grelottants ; ses mains de poupée maladive ramènent contre sa poitrine les chiffons qui la couvrent. Elle sent là une brûlure, un feu qu'elle voudrait éteindre. Elle songe.

Elle n'a jamais eu de jouets. Elle ne peut aller à l'école, parce qu'elle n'a pas de souliers. Plus petite, elle se rappelle que sa mère la menait au soleil. Mais cela est loin. Il a fallu déménager ; et, depuis ce temps, il lui semble qu'un grand froid a soufflé dans la maison. Alors, elle n'a plus été contente ; toujours elle a eu faim.

C'est une chose profonde dans laquelle elle descend, et qu'elle ne comprend pas. Tout le monde a donc faim ? Elle a pourtant tâché de s'habituer à cela, et elle n'a pas pu. Elle pense qu'elle est trop petite, qu'il faut être grande pour savoir. Sa mère sait, sans doute, cette chose qu'on cache aux enfants. Si elle osait, elle lui demanderait qui vous met ainsi au monde pour que vous ayez faim.

Puis, c'est si laid chez eux ! Elle regarde la fenêtre où bat la toile du matelas, les murs nus, les meubles éclopés, toute cette honte du grenier que le chômage salit de son désespoir. Dans son ignorance, elle croit avoir rêvé des chambres tièdes avec de beaux objets qui luisaient ; elle ferme les yeux pour revoir cela, et, à travers ses paupières amincies, la lueur de la chandelle devient un grand resplendissement d'or dans lequel elle voudrait entrer. Mais le vent souffle, il vient un tel courant d'air par la fenêtre qu'elle est prise d'un accès de toux. Elle tousse si fort qu'elle a des larmes plein les yeux.

Autrefois, elle avait peur, lorsqu'on la laissait toute seule ; maintenant, elle ne sait plus, ça lui est égal. Comme on n'a pas mangé depuis la veille, elle pense que sa mère est descendue chercher du pain. Alors, cette idée l'amuse. Elle taillera son pain en tout petits morceaux, et elle les prendra lentement, un à un. Elle jouera avec son pain.

La mère est rentrée, le père a fermé la porte. La petite leur regarde les mains à tous deux, très surprise. Et, comme ils ne disent rien, au bout d'un bon moment, elle répète sur un ton doux et chantant :

« J'ai faim, bien faim, bien faim. »

Le père a pris sa tête entre ses poings, dans un coin d'ombre, et il reste là, écrasé, les épaules secouées par de rudes sanglots silencieux. La mère, étouffant ses larmes, est venue recoucher la petite. Elle la couvre avec toutes les hardes du logis, elle lui dit d'être sage, de dormir. Mais l'enfant, dont le froid fait claquer les dents, et qui sent le feu de sa poitrine la brûler plus fort, devient très hardie ; et se pendant au cou de sa mère :

« Dis, maman, demande-t-elle, pourquoi donc avons-nous faim ? »

Cependant ces messieurs se mettent au lit. M. de Lorgeril a un grand lit jaune, où il enfonce moelleusement, et où il achève de digérer. Le lit de M. d'Audiffret-Pasquier est rouge ; celui de M. de Broglie, violet ; celui de M. Batbie, bleu ciel. Tous quatre ne montrent plus, au-dessus des couvertures, que la rosette de leur foulard. La tiédeur des édredons berce leur demi-sommeil, dans lequel passent des lambeaux de discours, des mots d'ordre donnés à voix basse. Puis, ils s'endorment, ils ronflent même un peu. Et ils font le même rêve : la crise est finie, la France affamée s'est rendue, ils se partagent les portefeuilles sur le corps de la moribonde. M. de Lorgeril est aux Cultes ; M. Batbie, à l'Instruction publique ; M. de Broglie, aux Affaires étrangères ; M. d'Audiffret-Pasquier, à l'Intérieur [1].

22 décembre 1872

1. Comme le souligne Henri Mitterand, Zola ici voit juste : cinq mois après cet article, le duc de Broglie prend la direction du Conseil et le portefeuille des Affaires étrangères, et Anselme Batbie, celui de l'Instruction publique (*Œuvres complètes*, t. XIV, *op. cit.*, p. 214).

# Le naturalisme, bataille de presse (années 1870)

*Au cours de la décennie 1870, Émile Zola consolide la doctrine naturaliste. Or, à bien des égards, les grands manifestes qui ont soudé autour de lui une école de romanciers et suscité maintes critiques et parodies doivent être compris comme autant de gestes journalistiques ou de manifestations médiatiques.*

*Après les éclats de 1872, Zola doit se contenter des chroniques du* Sémaphore de Marseille, *jusqu'à ce qu'un dégel politique, en 1876, desserre l'étau de l'Ordre moral, et lui donne de nouveau accès à la presse parisienne. Après la publication de* L'Assommoir, *en 1877, un parfum de scandale entoure l'auteur des* Rougon-Macquart, *désormais également chroniqueur dramatique dans un quotidien républicain,* Le Bien public.

*Quatre titres de presse font paraître en parallèle les expressions successives de la théorie naturaliste : à Paris (*Le Bien public, *puis* Le Voltaire*), à Marseille (*Le Sémaphore de Marseille*), à Saint-Pétersbourg (*Le Messager de l'Europe*), Zola édifie un système critique qui va bien au-delà de la littérature. Qu'il assiste à des représentations de vaudeville ou qu'il lise Flaubert, qu'il regrette le passéisme sentimental de George Sand ou interroge la passion politique qui consume Vallès, il relève toujours les traces d'un mouvement moderne, ce « souffle naturaliste » qui emporte les œuvres et les hommes, dans le désir partagé de* *la vérité, et des « anatomies pratiquées sur l'humanité dans un but de science et de haute leçon*[1] *».*

*Polygraphe, en pleine ascension, le romancier exploite avec virtuosité les ressources de la presse. Parfois, pourtant, le système le dépasse, et les textes prévus pour être lus seulement hors de France lui reviennent, comme en contrebande, créant le scandale. Ainsi des « Romanciers contemporains », attaque en règle, mais en russe, des écrivains non naturalistes, dont la traduction inopinée suscite la polémique ; Zola y répond dans un « Bilan » publié ci-après, où l'on voit le naturalisme parvenu au seuil d'une « universalisation de la méthode », selon l'expression d'Henri Mitterand*[2].

## *Le Messager de l'Europe*

*Par l'intermédiaire de Tourgueniev, ami de Flaubert, Zola entre en relation avec Michel Stassulevitch, grand admirateur de* La Curée *et directeur du* Messager de l'Europe, *revue littéraire mensuelle de Saint-Pétersbourg. Pendant cinq ans, entre 1875 et 1880, Zola y tient une correspondance mensuelle, traduite en russe ; il bénéficie ainsi à la fois d'un espace éditorial bien plus généreux que dans les titres quotidiens, et d'une relative liberté quant au choix des thèmes abordés. Correspondant parisien de cette revue au public francophile, le romancier envoie soixante-quatre articles. Plusieurs de ces textes reparaissent, en*

1. *Infra*, p. 262 et 273.
2. Henri Mitterand, cité par François-Marie Mourad, *Zola critique littéraire, op. cit.*, p. 337.

BUREAU DE RÉDACTION D'UN JOURNAL A LA MODE

Caricature d'Alfred Le Petit.

*(Le Grelot*, 22 août 1880.)

*1880, dans le volume publié sous le titre* Le Roman expérimental *; aussi la préface de l'ouvrage intègre-t-elle un hommage de Zola à « la grande nation qui a bien voulu m'accueillir et m'adopter », « en me donnant une tribune et un public, le plus lettré, le plus passionné des publics* [1] *».*

*Des romanciers français au panorama parisien, du Salon de peinture au mariage en France, Zola, dans ses « Lettres de Paris », compose une galerie de tableaux synoptiques, qui saisissent la France « vue d'en haut » – ou de loin. Ainsi de cette description de la presse française, qui prend acte, sans grand enthousiasme, d'une mutation majeure connue par le paysage médiatique après 1870 : le développement de la presse populaire, et la promotion de « l'information ».*

## Lettres de Paris

## La presse française

On m'a dit que la presse parisienne est peu connue à l'étranger. Certes, les revues et les journaux français sont lus avec beaucoup d'assiduité dans les pays voisins, mais leurs coulisses y sont totalement inconnues. Les étrangers ne savent ni comment ils sont publiés, ni quelle en est la portée. C'est ce qui m'incite à m'en occuper dans cette lettre. Jetons donc un coup d'œil dans les coulisses du journalisme parisien.

### I

La presse française a traversé une crise sérieuse durant les cinq dernières années. En parcourant la collection des

1. Zola, « Préface » au *Roman expérimental* (septembre 1880), reprise dans les *Œuvres complètes*, t. X, *op. cit.*, p. 1173. Nous ne retenons pas ici les textes qui composeront le recueil intitulé *Le Roman expérimental*, déjà publiés en 2006 dans la collection GF, présentés et annotés par François-Marie Mourad.

journaux du temps de Louis-Philippe, on est surpris de la disproportion entre leur petit format et la longueur des articles, et du peu de variété des sujets abordés. On sent que le lecteur français de l'époque n'était guère exigeant : il demandait un article de fond sur la politique du jour, un roman-feuilleton, des faits divers et des nouvelles littéraires. C'était là un lecteur calme et patient ; il n'était pas pressé d'apprendre les nouvelles une heure plus tôt et lisait consciencieusement le numéro entier du titre aux annonces.

Cette époque fut le véritable siècle d'or de notre journalisme. Dans certaines provinces éloignées, les chemins de fer n'existant pas encore, on lisait les journaux trois jours après leur parution à Paris. Cela semblait naturel et ne choquait personne. Aujourd'hui, un journal paru depuis trois jours est si vieux qu'il ne peut servir que pour l'emballage. Les difficultés de communications berçaient ainsi le journalisme qui vivait tranquillement et posément. Aucune dépêche télégraphique de dernière heure ne venait le matin inquiéter le public. Il fallait une semaine pour la confirmation d'un événement important. Dans certains villages, le journal du lundi gardait tout son intérêt pendant la semaine entière. Il régnait alors une certaine somnolence générale ; l'attitude du public envers le journalisme était patriarcale.

Je le dis sans raillerie aucune : c'était là le bon temps. Si le journalisme marchait à pas de tortue, cette démarche décente lui avait imprimé un plus grand respect de soi. La presse vivant uniquement de nouvelles n'était pas encore née ; chaque journal n'existait donc que grâce aux opinions dont il était le porte-parole. On s'y abonnait par sympathie et l'abonné avait foi en lui. Il y avait un lien étroit entre les lecteurs et le rédacteur. Les listes des abonnés correspondaient en quelque sorte aux cadres du parti représenté par le journal. On ne saurait s'imaginer la solidité que lui donnait cette communauté de convictions.

La vente au numéro n'existait pratiquement pas. Les journaux ne traînaient pas sur les places publiques, ne tombaient pas aux mains du passant ; chaque exemplaire avait une destination précise ; aucun d'eux ne sortait du cercle de la famille, la grande famille des abonnés. Les rédacteurs, peu nombreux et se contentant d'un petit nombre d'idées, défendaient des conceptions parfaitement déterminées. Chaque journal était un temple, plein à craquer de ses fidèles et où n'étaient pas admis les francs-tireurs, les rédacteurs venus en coup de vent troubler par une détonation soudaine de leurs armes le plan adopté une fois pour toutes et poursuivi avec une louable persévérance.

Tel était l'ancien journalisme, un peu guindé, ne songeant pas aux avantages immédiats. Il tirait sa force des groupes politiques ou littéraires dont il était l'expression.

Mais, peu à peu, un autre journalisme se forma. La transformation, provoquée par les faits, fut lente. Au fur et à mesure que chemins de fer et fils télégraphiques faisaient disparaître la distance, les lecteurs devenaient de plus en plus exigeants. D'autre part, la vie devenait fiévreusement agitée et une curiosité inlassable s'emparait irrésistiblement du public. C'est ainsi que prit naissance la presse d'information. Le journal cessa d'être l'organe d'une certaine opinion pour raconter, avant tout, les faits divers et les détails de la vie quotidienne. La chronique s'étala et inonda toutes les colonnes. Il va de soi que les articles de fond eurent à s'effacer devant cette vague envahissante et le jour arriva où les faits devinrent les maîtres du journal. Dès lors deux colonnes suffirent à l'interprétation des événements importants ; souvent même elle était supprimée faute de place. Tout le problème consistant à répartir les nouvelles, les journaux n'avaient plus besoin que de ciseaux.

Je ne m'attaque pas à la presse d'information et je reconnais qu'elle a sa raison d'être. Sa réussite prodigieuse en France vient de ce que la nécessité s'en faisait sentir. On dit qu'elle nous est venue d'Amérique. C'est possible, mais il faut ajouter que, chez nous, elle a été créée par le public même ; elle s'est développée peu à peu, afin de satisfaire les besoins des lecteurs. J'ai assisté à son humble croissance. D'abord les journaux ouvrirent quelques nouvelles rubriques, puis ils accordèrent une place croissante aux échos quotidiens, comme le réclamait la curiosité des abonnés. La presse ne tarda pas à pénétrer partout. Actuellement l'indiscrétion est devenue sa règle ; il n'y a pas de domaine où elle ne se soit glissée ; elle est là pour tout savoir et tout dire.

Là est le mal. Certes, il était difficile que l'ancien journal exprimât la nouvelle société – un journal calme et majestueux dans ses démarches ! Mais le changement fut trop radical. Le journalisme y perdit sa dignité. Il est trop commode de ne plus devoir penser pour écrire, et de tout remplacer par la grossière nudité des faits. Au lieu d'attirer vers le journal quelques hommes de talent, il suffit actuellement de lancer sur le pavé deux dizaines de reporters ; lorsqu'ils reviennent, ils déballent leurs bagages et le numéro est prêt. Les articles un peu longs sont supprimés, car le public ne les lit pas. Les articles de style littéraire effraient les rédacteurs qui ont besoin de cinquante à soixante lignes sur l'événement courant, dépouillées de considérations générales, quelque chose de simple et allant droit au but. De nos jours il est devenu difficile au talent de se manifester. Tout développement un peu long de la pensée est interdit. Le lecteur gavé de nouvelles ne saurait supporter une nourriture plus consistante. Et puis à quoi bon une vaste érudition et des pensées, lorsqu'il s'agit seulement de tenir le registre des événements quotidiens ? C'est pourquoi la rédaction est devenue une véritable brigade volante. Un collaborateur arrive, l'autre s'en va. On ne demande plus de convictions. Les groupes homogènes qui composaient jadis les rédactions sont remplacés par une foule bigarrée, une vraie tour de Babel, où chaque journaliste s'efforce de faire le plus de bruit possible pour attirer sur lui l'attention du public. La discipline est morte et, avec elle, la force morale des journaux.

Ce qui caractérise la presse nouvelle, c'est le fait qu'elle se vend surtout au numéro. *Le Figaro*, par exemple, possède un certain nombre d'abonnés, surtout en province, où il n'est pas très facile de se procurer le journal au jour le jour ; mais à Paris sa vente principale se fait au numéro. Il est acheté par le passant, qui parcourt les informations et souvent ne tourne même pas la première page. Ce public, peu sérieux, est très différent des anciens abonnés provinciaux pour lesquels le journal était une véritable institution. J'ai connu des avocats et des notaires de province qui étaient abonnés au *Siècle* ou au *Constitutionnel* depuis leur fondation. Ils gardaient leur collection complète qui remplissait des greniers et il fallait voir avec quel respect ils détachaient la bande du journal auquel les liait une habitude de trente ans.

Avant de parler des journaux parisiens d'aujourd'hui, j'ai cru indispensable de donner ce bref aperçu historique, sans lequel il me serait très difficile d'expliquer le caractère de certains d'entre eux. D'ailleurs la ligne de démarcation entre les anciens et les nouveaux n'est pas nettement tranchée. Les anciens ont rajeuni, tandis que les nouveaux ont pris l'aspect guindé des vieux. Je tâcherai d'expliquer tout cela.

## II

Le journal resté le plus fidèle à l'ancienne tradition est *Le Journal des débats*. Je n'envisage pas son aspect politique. Il a des opinions modérées et on lui reproche d'être toujours du côté du plus fort. La vérité est qu'il s'efforce d'être avant tout bien élevé ; mais, pour rester « homme du monde » modeste et courtois, il est difficile d'émettre des opinions fermes et extrémistes. Et c'est ainsi qu'il nage dans un agréable dilettantisme. Sa rédaction est un véritable salon où on traite des événements du jour avec esprit et non sans une dose considérable de scepticisme. C'est pourquoi la tendance politique du journal est vague et souple, ce qui convient d'ailleurs à des lecteurs très cultivés, qui apprécient davantage la forme que le contenu de l'article. À l'origine, *Le Journal des débats* était l'organe des orléanistes mais, depuis leur déclin, il est devenu républicain modéré ; ce qui ne l'empêchera pas de se rallier à la monarchie, si demain celle-ci était proclamée en France. Il est, je le répète, par sa nature même, le serviteur de tous les gouvernements au pouvoir. À un moment donné, sous le Second Empire, il avait adhéré à Napoléon III. […]

Une observation curieuse : en France, il n'existe que deux moyens de réussir à lancer un journal : ou bien il faut renoncer à toute décence, inventer chaque jour un nouveau scandale, brûler la chandelle par les deux bouts ; ou bien il faut être rigoureux et guindé, prendre un air solennel, publier de longs articles assommants, accabler les lecteurs d'un ennui artistiquement dilué. J'ignore quelle est la méthode la plus sûre : je crois bien que c'est la seconde. L'expérience en a été faite souvent. Éditez un journal sérieux, d'un sérieux transcendant avec des articles lourds comme du plomb et sans aucun éclair de gaieté : certes, les premiers jours, un tel journal sera difficilement digéré, mais petit à petit il trouvera des lecteurs dont l'amour-propre sera flatté de s'être abonné à un journal aussi sérieux. Avant un an, on en parlera avec considération, tant les choses ennuyeuses inspirent le respect. Et le jour viendra où le journal n'assoira sa réputation que sur sa lourdeur.

J'ai déjà raconté ici l'histoire du *Temps* et de *La République française* qui, avec *Le Journal des débats*, attirent les lecteurs sérieux. *Le Temps* existe depuis vingt ans. Jusqu'à présent il coûtait de l'argent ; il paraît qu'il commence à donner des bénéfices considérables ; mais pour y arriver il lui a fallu faire preuve d'une persévérance incroyable. Il représente l'esprit protestant et puritain.

Politiquement, il est pour une république modérée, ou plutôt pour des idées libérales. Plus modéré encore en littérature, il a terriblement peur de se compromettre en se liant à des romanciers modernes, tout en comprenant qu'il ne peut entièrement se passer d'eux. Bien entendu, ce serait un paradoxe d'affirmer que *Le Temps* doit sa réussite à sa rédaction terne et ennuyeuse. Si le succès a fini par venir, c'est parce qu'il s'adressait à une classe déterminée de lecteurs, répondait à leurs besoins. Mais sans aucun doute son ton doctoral, sa façon pédante d'exprimer les pensées les plus simples, son habitude obstinée de ne jamais sourire ont considérablement contribué à l'estime dont il jouit.

Actuellement *Le Temps* se présente comme le véritable concurrent du *Journal des débats*. Il se fait, lui aussi, un point d'honneur d'avoir des liens avec l'Académie. J'ai su qu'un rédacteur a demandé dernièrement à un romancier d'apporter des modifications dans son roman, en lui disant : « Faites attention ! Si vous maintenez ce passage, cela peut nuire à votre élection à l'Académie. » Voilà qui montre la prétention, assez caractéristique pour ce journal, de « faire » des académiciens.

*Le Temps* a été longtemps animé par Edmond Schérer [1] que l'on considérait comme un érudit, mais qui était obscurci par le pédantisme, nourrissait une haine incurable pour la littérature vivante, et insufflait au journal cet esprit protestant semblable à un brouillard froid qui glace toute chose, toute individualité. Cela n'est pas dans l'esprit français. J'ai toujours préféré un ennemi déclaré à un esprit soi-disant libéral qui feint de tout permettre et de tout considérer afin de réduire plus facilement les autres à une soumission passive. Edmond Schérer a condamné toute notre littérature au nom de la morale et d'un ennui mortel, dont il est le représentant. Et depuis,

1. Edmond Schérer (1815-1889) : journaliste, homme politique élu sénateur de Seine-et-Oise, et pasteur.

*Le Temps* ne se renouvelle pas, il reste coulé dans son moule. Les jeunes collaborateurs auxquels il fait quelquefois appel sont obligés d'endosser son uniforme à sa porte. Il efface toute personnalité au point que, la plupart du temps, on ignore même le nom de ses collaborateurs ; ils ne signent pas, et leur style n'est pas assez personnel pour qu'il permette de les reconnaître. *Le Temps* est un exemple du succès qu'on peut obtenir en se présentant comme un journal sérieux et de bonne compagnie.

Mais c'est le succès de *La République française* qui est le plus surprenant et qui peut nous convaincre du pouvoir de la forme. On sait que Gambetta est traité de « bohème » par ses adversaires politiques qui lui reprochent sa jeunesse orageuse. À en croire ses ennemis, il ne quittait guère les cafés et faisait son apprentissage d'homme d'État en buvant de la bière. Il n'empêche que le jour où Gambetta a décidé de créer un journal, il s'est inspiré des méthodes du *Journal des débats* et du *Temps* ; je veux dire par là qu'il a fondé un organe doctrinaire, sérieux et convenable, sans la moindre étincelle de vie. Peut-être même *La République française* est-elle encore plus guindée, plus pesante, plus ennuyeuse, plus solennelle que ses deux confrères qu'elle cherche à imiter. Et l'on ne peut que sourire aux railleries dont on couvre ses collaborateurs, qui, à en croire leurs ennemis politiques, passent leur vie dans les brasseries. Du reste, le succès du journal s'est avéré considérable. Il a suffi à *La République française* de parler un langage pédant pour devenir un journal important. Si elle avait été plus vivante, plus facile à lire, Gambetta n'aurait jamais acquis l'estime dont il jouit à présent. Le porte-parole d'un homme d'État doit être imposant et ennuyeux – c'est là une vérité incontestable en France.

Je crois néanmoins que Gambetta fut très aidé par Challemel-Lacour [1], le véritable père de *La République*

1. Paul Armand Challemel-Lacour (1827-1896) : normalien, philosophe et figure importante du parti républicain.

*française.* Je ne connais pas d'esprit plus intolérant, ni plus désagréable. Il est tranchant comme un rasoir et pédant comme un vieux professeur aigri. Les sectaires sont terribles lorsque le feu de l'enthousiasme ne les réchauffe plus. Challemel-Lacour créa *La République française* à son image ; c'est un journal qui fait penser à l'École normale, où l'on parle un langage terne et emphatique, où la littérature contemporaine est repoussée avec horreur. Les collaborateurs ne signent pas et restent inconnus. De temps à autre, on attire l'attention sur certains articles qui auraient été écrits par des députés. Il n'y a pas à Paris de journal plus fermé et de cercle moins accueillant aux nouveaux venus. N'est-il pas étrange que l'organe de la République radicale ait revêtu la même tenue que le vieux *Journal des débats* ? Cela prouve, je le répète, que cet uniforme jouit encore d'un prestige certain auprès du public et que dans le journalisme la réussite appartient à celui qui a le courage d'accabler ses lecteurs d'ennui.

## III

Parmi les anciens journaux, il en est qui ont perdu leur influence et leur popularité. Chose singulière : *Le Journal des débats* qui ne suivait pas la mode a conservé son importance tandis que *Le Siècle* [1], seconde puissance il y a quinze ou vingt ans, l'a perdue en dépit de ses efforts répétés pour rajeunir sa rédaction.

Cela est pourtant facile à expliquer. *Le Journal des débats* n'a pas de concurrents ; *Le Temps* s'est créé son propre public ; *Le Siècle* a été obligé, au contraire, de lutter contre tous les journaux démocratiques à dix centimes qui ont paru dans les dernières années du Second

1. *Le Siècle*, quotidien républicain fondé en 1836 pour faire concurrence à *La Presse* de Girardin, publie en feuilleton plusieurs romans du cycle *Rougon-Macquart* (*La Fortune des Rougon*, 1870 ; *La Conquête de Plassans*, 1874 ; *Son Excellence Eugène Rougon*, 1876).

Empire. Ces journaux, dont le ton était vif, les manières légères et qui étaient moins chers, ont beaucoup nui aux journaux qui s'adressaient au même public. Tout le monde se rappelle encore les plaisanteries auxquelles *Le Siècle* était en butte ; on l'appelait le « journal des tavernes », parce qu'on le trouvait dans tous les caveaux et cafés. C'était, à l'époque, l'unique organe républicain qui osait manifester son opposition à l'Empire, et il en tirait naturellement tous les avantages ; il était lu par tout le monde ; de plus, comme il conservait une mentalité bourgeoise, il avait pour abonnés en province tous les libéraux progressistes, une clientèle magnifique. Mais cette excellente position fut ébranlée du jour où des gazettes plus agressives se ruèrent contre l'Empire avec un élan et une ardeur joyeuse. Il faut se rappeler les années 1868 et 1869 : toute une phalange d'organes de l'opposition surgit soudain, les articles se firent extrêmement violents et le pauvre *Siècle* apparut terriblement pâle [1] ; on le rangea dans la catégorie des journaux périmés où l'on ne jette un coup d'œil que par curiosité. *Le Rappel*, par exemple, dont je parlerai plus loin, causa au *Siècle* un préjudice irréparable.

Certes, un journal comme *Le Siècle* ne succombe pas facilement. Son influence acquise le soutient longtemps, alors même que sa popularité a disparu. *Le Siècle* rapportait et rapporte encore d'énormes profits. Il s'est construit un immeuble rue Chauchat, où sont rassemblés tous les services. Il est un des journaux parisiens qui ont le plus d'abonnés en province, mais dont la vente au numéro est insignifiante. En un mot, il rapporte encore de grands profits, mais a perdu tout le crédit dont il bénéficiait dans le parti républicain. On peut prévoir qu'il continuera à décliner.

---

1. Rappelons que Zola lui-même, écrivant dans *La Tribune* en 1868-1869, appartient à cette « phalange » républicaine.

*Le Siècle* a beaucoup perdu le jour de la mort de Havin [1]. Depuis, il est dirigé par un conseil d'administration et un comité de rédaction. Mais rien ne saurait être plus dangereux pour un journal qu'une telle gestion collective : elle livre son sort aux actionnaires les plus importants. Un quotidien exige un dictateur à sa tête. Lui seul peut le diriger avec l'autorité et la rapidité de décision nécessaire dans ce genre d'affaire. Dès qu'il y a un comité, toutes sortes de riens compliquent les choses ; à chaque pas s'élèvent des obstacles, on ne tombe d'accord sur aucune amélioration et la routine règne. Je sais, par exemple, qu'il a été question plus d'une fois au *Siècle* de renouveler la rédaction, en licenciant certains collaborateurs trop vieux pour s'adapter aux événements contemporains ; mais par suite des hésitations du comité cette révolution intérieure n'a jamais eu lieu. Seul un directeur, qui assumerait toutes les responsabilités, pourrait déblayer énergiquement le terrain et redonner au journal une nouvelle vie.

Des demi-mesures ont été prises. Quelques journalistes, relativement jeunes, sont entrés au *Siècle.* Ils y ont introduit des chroniques et tâchent de parler un langage plus vivant. Mais en fait le journal est resté extraordinairement lourd. Il sent le vieux, l'odeur du moisi que le temps donne au papier. Il a conservé ses anciennes conceptions bourgeoises et prudentes. Les membres du comité craignent d'indisposer les vieux abonnés en modifiant une seule rubrique. Ils avaient à choisir : transformer le journal en risquant de mécontenter ses lecteurs ou laisser les choses telles quelles, mais sentir tous les jours les lecteurs se détourner d'eux un peu plus.

*Le Siècle* n'est pas seul à s'être démodé. Presque tous les journaux qui avaient comme lui joué un rôle sous la monarchie de Juillet et sous le Second Empire mènent à

1. Léonor Joseph Havin (1799-1868) : avocat républicain, directeur du *Siècle* de 1851 à 1868.

présent une existence précaire. Il semble que ce soit une loi dans le journalisme : un organe qui s'est adapté à une certaine période politique ne peut survivre à cette période, s'il ne se transforme complètement. Et décidément les journaux se transforment aussi difficilement que les hommes.

Beaucoup de journaux partagent le sort du *Siècle*. Je citerai *Le Constitutionnel*, *La Patrie*, *La Presse*, etc.

Tout le monde se souvient du rôle très important joué par *Le Constitutionnel*. Actuellement ce journal a beaucoup baissé. Il a vécu ses derniers beaux jours sous le Second Empire, quand on y lisait chaque lundi les merveilleux articles de Sainte-Beuve. Lorsque Sainte-Beuve cessa d'y écrire, ce fut comme si la nuit était descendue sur le journal. Ajoutons que, sous l'Empire, il a joué le rôle d'organe officieux, ce qui accroissait son autorité. Mais après la chute de Napoléon III il dépérit, n'osant ni soutenir ouvertement le parti renversé, ni se rallier à la République : voilà sept ans qu'il se fait l'écho d'un bonapartisme timide et qu'il n'a plus ni sens ni influence. Ses collaborateurs sont des inconnus ; sans doute se vend-il très peu. S'il subsiste encore, c'est uniquement grâce à la combinaison selon laquelle six journaux : *Le Journal des débats*, *Le Siècle*, *Le Constitutionnel*, *La Patrie*, *Le Pays* et *La Presse* ont remis toute leur publicité en une seule main. Le jour où cette combinaison prendra fin, *Le Constitutionnel* disparaîtra, car son rôle est terminé.

L'histoire de *La Patrie* est semblable. Elle aussi a joué sous l'Empire un rôle officieux et est aussi reléguée à présent dans la catégorie des journaux dont l'existence n'a plus de raison d'être. En ce moment elle est, peut-être, bonapartiste sans conviction ; mais elle évite de se montrer trop combative. Elle végète.

En parlant de *La Presse*, on ne peut passer sous silence le nom de Girardin [1]. Girardin a été un des plus habiles

1. Émile de Girardin (1804-1881) : véritable entrepreneur de communication, créateur de *La Presse* en 1836, date souvent considérée comme

journalistes de notre temps avec Bertin, Villemessant, Buloz, Millaud. Tous les journaux qu'il a créés ou dont il s'est occupé ont réussi. Tant qu'il en fut le directeur, *La Presse* connut un succès considérable. C'est lui qui inventa les journaux à bon marché et donna aux annonces commerciales un grand développement. Il était l'âme des journaux qu'il enfantait, à tel point que son départ les tuait. Ainsi, *La Presse* est tombée dans la catégorie des journaux obscurs et inutiles. Elle exprime des opinions républicaines modérées, mais en fait c'est à peine si elle existe.

Un autre exemple : *La Liberté* [1] que Girardin a également lancée et dont il ne s'occupe plus depuis longtemps. Si *La Liberté* a malgré tout conservé une certaine importance, c'est grâce aux efforts qu'elle fait pour donner tous les soirs, avant les autres journaux, un très grand nombre de nouvelles. Ces nouvelles souvent sont douteuses ; mais la mode est créée : de nombreux passants achètent *La Liberté* pour être au courant. C'est un journal bonapartiste, un peu fantaisiste ; ses théories politiques ne sont pas toujours faciles à saisir.

Terminons avec Girardin en citant *La France*, qu'il a achetée et où il mène, à l'heure qu'il est, une campagne vigoureuse pour la République. *La France* était un ancien journal du temps de l'Empire libéral, créé pour combattre les idées autocratiques de Rouher ; il avait peu de succès et comme journal et comme arme politique. Il continuait néanmoins à paraître ; mais, incolore, il ne jouait plus aucun rôle au moment où Girardin essaya de lui insuffler une nouvelle vie. Girardin, aujourd'hui, paie de sa personne, agit seul inlassablement et écrit de longs articles pour la défense des institutions républicaines

« l'an I de l'ère médiatique » (voir Marie-Ève Thérenty et Alain Vaillant, *1836. L'An I de l'ère médiatique*, Nouveau Monde Éditions, 2001).

1. *La Liberté*, quotidien créé en 1865 par Charles Muller, fut en réalité racheté par Girardin, qui le dirigea jusqu'en 1870.

avec toute l'ardeur de sa jeunesse. Tout le monde sait que *La France* n'existe que parce qu'elle publie les articles de Girardin, qui sont reproduits ailleurs et suscitent d'âpres polémiques. Je serais pourtant surpris si sa réussite matérielle correspondait au bruit qui se fait autour d'elle, car il y a maintenant beaucoup trop de journaux et il faut des circonstances particulièrement favorables pour en introduire un nouveau. Mais il est certain aussi que Girardin a une volonté ferme ; et une volonté ferme suffit souvent dans la presse.

Je passe au *Moniteur universel* qui, lui aussi, mérite qu'on parle de lui. Pendant de longues années, *Le Moniteur universel* fut le journal officiel du gouvernement français. Quand celui-ci, à la fin de l'Empire, chargea Wittersheim de créer le *Journal officiel* en tant qu'organe officiel du gouvernement, Dalloz, propriétaire du *Moniteur universel* et qui recevait jusqu'alors les subsides du gouvernement, resta avec son journal sur les bras. Il en voulut à mort à Rouher, qui avait prêté la main à la conclusion de l'affaire avec Wittersheim. Et voilà comment *Le Moniteur universel*, après avoir été l'organe de l'Empire, devint un ennemi acharné des bonapartistes. Depuis 1878, sans arborer une étiquette déterminée, il soutient les idées conservatrices, à l'exclusion des bonapartistes. C'est un de ces journaux que la disparition de l'orléanisme officiel a placé dans un grand embarras.

En fait, *Le Moniteur universel* est très peu lu. En dépit de tous ses efforts, il a conservé l'austérité dogmatique de l'époque où il appartenait au parti gouvernemental. Il a presque entièrement perdu ses anciens abonnés : les fonctionnaires et les personnes qui touchent de près ou de loin au gouvernement. Je ne sais pas dans quel autre milieu il pourrait trouver des abonnés, car il est très peu intéressant. Dalloz est un homme très entreprenant, qui dirige une importante entreprise commerciale ; outre *Le Moniteur universel*, il publie deux petites gazettes à un sou, un journal de mode et différentes autres publications. C'est une véritable fabrique. On connaît le succès lorsqu'on mène ainsi ses affaires. [...]

IV

J'en arrive enfin à la partie la plus intéressante de mon étude, celle qui concerne les journaux vivant exclusivement d'informations. Ce sont eux qui témoignent du grand mouvement de la presse contemporaine.

*Le Figaro* est le type même des journaux de cette catégorie. Pour bien comprendre son rôle et sa signification, il faut revenir de quelques années en arrière. Sous l'Empire, en 1865, il était un organe purement littéraire, paraissant deux fois par semaine. Villemessant [1], déjà son rédacteur en chef, lui avait imprimé cette manière passionnée, scandaleuse et superficielle à laquelle il doit son succès. En ce temps-là *Le Figaro* était déjà très lu dans les cafés ; les plus prolixes et les plus extravagants des écrivains parisiens y écrivaient. Vers la fin de l'Empire, en 1866, Villemessant comprit que l'avenir était au journal quotidien et, sans abandonner *Le Figaro*, il publia *L'Événement*, journal littéraire, à dix centimes et paraissant tous les jours. Il faut dire que *Le Figaro* coûtait trente-cinq centimes, ce qui nuisait à sa vente au numéro. Durant toute l'année, le succès de *L'Événement* fut considérable ; il tirait à plus de quarante mille exemplaires. Mais, n'étant pas un journal politique et ayant comme collaborateurs des écrivains très fougueux, il s'attira quelques procès et finit par être interdit. C'est alors que Villemessant décida de relancer comme quotidien *Le Figaro*, qui végétait. Il obtint l'autorisation de le transformer en journal politique ; en un mot, il le fit tel qu'il est

1. Hippolyte de Villemessant (1810-1879) présida aux destinées du *Figaro* pendant plus de vingt ans, entre 1854 et 1875. Le passage du *Figaro* au rythme quotidien date en effet de 1866.

encore à présent. Cela se passait en 1868. *Le Figaro* n'aurait jamais pris une telle importance s'il n'avait été greffé sur *L'Événement*, qui avait servi à Villemessant de coup d'essai.

*Le Figaro* ne porte l'empreinte que d'un seul homme : d'où son grand succès. Toute la personnalité de Villemessant s'y reflète. Évidemment, cette personnalité sort du commun : prolixe, racontant volontiers ses affaires privées en public, aimant laver son linge sale dans la rue, s'adressant constamment à ses lecteurs, ce qui leur plaît beaucoup, Villemessant est avant tout l'homme du trottoir parisien. Il connaît tout le monde, sourit à tous, serre les mains à droite et à gauche. Le succès l'exalte ; il ne se montrera jamais hostile à celui qui est arrivé à faire son chemin, même si c'était son ennemi déclaré. Avec cela il n'est pas très délicat et les potins le passionnent ; il est bavard par tempérament et raconte à haute voix ce qui lui a été chuchoté. Mais ce qui achève son portrait, c'est son esprit, l'esprit d'un commis voyageur qui ne se gêne pas pour dire ce qu'il veut dire. Rien ne l'étonne ; il ne s'arrête devant rien, il avance avec la tranquillité de celui qui veut réussir à tout prix. Au fond, ce n'est pas un méchant homme ; il aime son journal par-dessus tout ; il est quelquefois très bon envers ses collaborateurs ; il vit avec insouciance comme un spéculateur qui connaît bien les vices de la nature humaine et qui en profite. Ajoutez enfin à tout cela une surprenante aptitude pour la réclame, une adresse tout à fait particulière à battre du tambour pour rassembler autour de lui les badauds… Et voilà Villemessant !

On comprend par là ce qu'est *Le Figaro*. Il vit surtout de potins et lance chaque matin des histoires qui font le tour de Paris. L'indiscrétion y est érigée en art. On le lit pour être au courant de la chronique scandaleuse. Du reste, il ne manque pas d'esprit ; aussi les choses les plus risquées passent-elles facilement. S'il était bête, il serait révoltant. Cela suffit à expliquer son succès. Les lecteurs lui sont très reconnaissants des efforts qu'il fait manifestement pour leur plaire. Autrefois, Villemessant s'entretenait avec le public au moins une fois par mois. Il imagina par la suite des procédés extraordinaires : il offrait aux lecteurs des oranges, des montres, des parfums, ce qui maintenait en éveil leur curiosité. Pour bien comprendre la portée de tout cela, il suffit de se rappeler par exemple les manières dogmatiques et impersonnelles du *Journal des débats. Le Figaro* en est le parfait contraste. Pétri de personnalité, il dit constamment « moi » ; il se met en avant, invite le public dans sa cuisine, vit dans la rue. Le ton de ses collaborateurs est aussi à part. Ils sont légers et tranchants ; ils parlent au nom de Paris, prétendent tout savoir et ne souffrent pas la contradiction. Le maître de la maison, le barbier espagnol qui rase et assourdit tout le monde, qui bavarde des heures durant et joue toutes sortes de tours, ne respectant personne, s'inclinant devant le succès, apparaît, du reste, comme la meilleure enseigne qu'un journal ait pu choisir. Chaque fois que je lis *Le Figaro*, je crois entendre malgré moi une musique de foire, le bateleur attirant et enthousiasmant la foule.

Dans les premières années, Villemessant s'était réellement mis en quatre. On ne peut créer une telle entreprise sans lui donner toute son âme. Il jetait l'argent par la fenêtre pour qu'il lui revienne par la porte. Il a considérablement relevé la rémunération de ses collaborateurs. Il payait certains chroniqueurs vingt-cinq mille francs par an ; pour un article de vingt lignes, il payait de trois à quatre cents francs. Ces prix paraissaient énormes, car les journalistes étaient alors mal payés. Il fut le premier à se préoccuper de la rubrique des faits divers. Il lançait à travers Paris une dizaine de jeunes gens afin qu'ils ramassent toutes sortes de nouvelles qu'il payait très cher la ligne ; ces nouvelles étaient ensuite réunies entre les mains d'un rédacteur qui les présentait au public. Ainsi des soins extraordinaires étaient apportés à toutes les parties du journal. Villemessant voulait que le journal fût lu d'un bout à l'autre, du titre au nom de l'éditeur. Il en venait même à être mécontent, lorsque les annonces dépassaient la demi-page, car, disait-il, elles n'intéressent pas le public. Il inventait d'agréables surprises pour ses lecteurs : articles imprévus, numéros spéciaux qui produisaient l'effet d'un feu d'artifice. Selon un de ses axiomes, il fallait rompre la monotonie et introduire de temps en temps, au sein de la nécessaire rédaction permanente, des éléments nouveaux capables de stimuler l'intérêt. Les lecteurs étaient comme ses propres enfants ; il cherchait à les gâter de toutes les façons. De là la grande popularité du *Figaro* réputé, à juste titre, comme le journal le mieux rédigé de Paris.

Mais les choses ont beaucoup changé : c'est l'éternelle histoire de la réussite qui endort les volontés les plus fermes. *Le Figaro* récolte maintenant les fruits des efforts qu'il avait prodigués autrefois pour conquérir le public. Il est tiré à plus de cinquante mille exemplaires. À quoi bon se donner de la peine désormais ? Villemessant, gâté par la fortune, serait devenu avare. Il ne paie plus ses collaborateurs aussi bien ; il s'efforce d'éditer son journal aux moindres frais, afin d'en tirer plus de bénéfices. Le temps est loin où trop de publicité dans son journal lui déplaisait : il arrive fréquemment que, sur les quatre pages du *Figaro*, deux soient envahies par les annonces ; la part de la rédaction proprement dite semble diminuer de jour en jour. Villemessant a même trouvé un nouveau moyen de réclame : une fois par semaine il publie un numéro double, afin d'avoir plus de place pour les annonces. Mais le pire est que le journal est rédigé de plus en plus mal. Il ne contient plus rien d'imprévu ; c'est toujours la même chose, sa rédaction est sèche et monotone. Tous les numéros se ressemblent et tous sont mortellement vides. Enfin, les prétendues nouvelles du *Figaro* ne sont que des inventions dont on a les oreilles rebattues. Sur trois nouvelles, deux sont toujours fausses et la troisième est douteuse. Le journal est obligé de se démentir tous les jours. Rien ne saurait être comparé à la fantaisie de certaines nouvelles, si ce n'est l'imperturbable impudence avec laquelle on les offre au public. L'aplomb tient lieu de bonne foi. Il n'est pas de monstruosité qui n'y soit imprimée sans le moindre remords.

Et voyez quelle est la puissance du succès. Tout le monde sait qu'il n'est plus aussi bien rédigé qu'avant, que, sur cinq numéros, quatre sont remplis d'histoires stupides… et cela n'empêche pas d'acheter *Le Figaro*, qui est devenu un des vices de Paris. Chacun s'accommode de son vice et le nourrit. Ses lecteurs les plus assidus sont précisément ceux qui le critiquent avec le plus de sévérité. Nous avons là un exemple curieux de la force d'une gloire bien établie. Nombreux sont ceux qui me disent : « Que voulez-vous ? *Le Figaro* est souvent vide et il ne faut pas croire la moitié de ce qu'il dit. Mais c'est malgré tout le seul journal qui vous renseigne de temps en temps sur la vie courante. Et puis, j'ai l'habitude de le lire ; je le lis sans y penser ; il me manquerait quelque chose si je ne le parcourais pas le matin. » Voilà la pure vérité sur le succès actuel du *Figaro*.

Il me faut maintenant répondre à une question qui touche à notre honneur : quelle est l'influence de ce journal ? Je déclare que son influence politique est égale à zéro ; chaque fois qu'il soutient un candidat aux élections, ce candidat échoue. *Le Figaro* poursuit une politique fantaisiste, faite de coups de bâton et de plaisanteries gratuites qui font hausser les épaules à la France entière. Il n'est fort que dans le domaine de la publicité. Si l'on veut que tout Paris apprenne un événement quelconque, il suffit d'y consacrer deux lignes seulement dans *Le Figaro*. Comme c'est le journal le plus répandu, la rumeur lancée par lui se diffusera le plus vite. Il est seul à pouvoir lancer aussi bien un livre qu'une eau de toilette. Mais, je le répète, il ne peut patronner rien ni personne ; il est lui-même trop amoral pour donner une force morale à quoi que ce soit. Son sort est d'être beaucoup lu, mais de n'inspirer aucune confiance.

Et je ne suis pas trop sévère. L'historien qui, avec le temps, écrira l'histoire du *Figaro*, prononcera sans doute un jugement encore plus dur. L'influence de ce journal a été tout à fait démoralisante. Il a rabaissé la littérature parisienne en favorisant le succès de toutes les médiocrités et en couvrant d'injures tous les grands talents. Il n'est pas d'homme éminent qu'il n'ait traîné dans la boue. Il a été aussi un agent fort actif de la corruption morale par le bruit qu'il faisait autour du vice. Enfin, en politique, bien qu'il y soit sans influence, il a toujours incité à opprimer la liberté et a usé de violences envers les hommes du progrès.

Le succès du *Figaro* devait inévitablement susciter des imitateurs. Mais seul *Le Gaulois* [1] sut se maintenir sur le même rang que son puissant rival. Fondé dans les dernières années de l'Empire, *Le Gaulois* avait eu des débuts difficiles. Mais son directeur, Tarbé des Sablons, était un homme très intelligent et très énergique. Il a fini par se faire une place au soleil en s'occupant de son journal avec la même passion que Villemessant. Cependant, l'Empire s'écroulait et *Le Gaulois*, pour ne pas porter la même cocarde que *Le Figaro* qui propageait des opinions légitimistes, s'était déclaré bonapartiste tout en annonçant qu'il allait réserver une large place à la littérature. De son caractère exclusivement parisien viennent son originalité et sa réussite. C'est le seul journal de Paris qui publie chaque jour une bibliographie et une chronique de tête. Il est actuellement rédigé beaucoup mieux que *Le Figaro*. Mais son succès est loin d'être aussi grand : son tirage ne doit pas dépasser dix mille exemplaires. Sa lutte avec *Le Figaro* dans la chasse aux informations offre le spectacle le plus curieux. Triomphe celui qui réussit le

1. Fondé en 1868, *Le Gaulois*, bien que conservateur, accueillit cinquante-deux articles de Zola entre 1868 et 1869.

premier à mettre la main sur quelque nouvelle. Ils en arrivent à se battre pour un criminel et à transformer les reporters en agents de police pour découvrir la vérité avant la justice. Tous les mois une querelle éclate et rien ne saurait être plus comique que la fierté triomphante du journal qui a eu la chance de découvrir à Paris un cadavre avant son concurrent. Avec cela, au point de vue politique et moral, *Le Gaulois* est tout aussi ignoble que *Le Figaro.*

Parmi les feuilles de boulevards, mentionnons encore *L'Événement* [1], créé lui aussi pour faire concurrence au *Figaro.* Mais cette tentative a échoué. Magnier, son rédacteur en chef, est un homme aussi nul que vaniteux : pour sauver son journal, il a cru bon de prêcher les opinions républicaines les plus avancées. Mais il n'a aucune autorité et je ne comprends pas comment ce journal, qui est très peu lu, parvient à subsister.

## V

J'arrive maintenant à l'un des grands succès de ces dernières années, au *Rappel*, qui est aussi répandu que *Le Figaro.* Mais son histoire est tout autre.

Pendant les dernières années de l'Empire, un petit groupe de fidèles compagnons de Victor Hugo, ayant à sa tête Vacquerie et Meurice [2], décida de fonder *Le Rappel.* C'était habile. Ces messieurs, malgré tout leur lyrisme et leur romantisme outré, étaient, au fond, fort prudents. Ils voulaient profiter de la liberté rendue à la presse pour créer une opposition à l'Empire. Le journal

1. Il s'agit de *L'Événement* de 1872, créé par Edmond Magnier, et dont la longévité fut bien supérieure à celle du titre lancé en 1866 par Villemessant.

2. Auguste Vacquerie (1819-1895) et Paul Meurice (1818-1905) : ces deux écrivains de l'école romantique, très proches amis de Victor Hugo, furent en 1885 ses exécuteurs testamentaires.

parut dès la fin de 1869 [1], au moment propice, en pleine fièvre politique. Les fondateurs du nouvel organe firent preuve d'idées originales. Mais, je le répète, le moment particulièrement favorable de son apparition, à la veille des événements dramatiques qui marquèrent la fin de l'Empire, avait largement contribué à sa réussite. Les journaux prospèrent toujours dans les périodes de trouble national. On peut affirmer, sans risquer de se tromper, que la chute de Napoléon III servit *Le Rappel*. À tout autre moment ce journal ne se serait pas développé aussi rapidement.

Le procédé imaginé par les créateurs du journal consistait à tout subordonner à la première page, éblouissante par le style et l'esprit, et à jeter tout le reste n'importe comment. Du reste, bien que *Le Rappel* fût un organe politique, ses directeurs n'avaient pas l'intention d'en faire un journal guindé et pédant. Le bulletin politique fut supprimé et remplacé en première colonne par un brillant article de polémique, suivi de deux ou trois articles dont la forme fantaisiste dissimulait le sérieux de l'attaque. On obtenait ainsi une première page pleine de désinvolture, spirituelle et facile à lire. Il faut reconnaître que Vacquerie et Meurice étaient avant tout des hommes de lettres. Ils ne concevaient la politique qu'en bon style, ornée de fioritures, présentée de façon théâtrale pour le plaisir des yeux. Et naturellement ils s'étaient réservé cette première page, en s'attachant deux ou trois collaborateurs de talent, poètes et fantaisistes comme eux. On murmure qu'ils avaient eu soin aussi de s'assurer des traitements généreux. Les trois autres pages avaient été dès le début confiées à des nullités maigrement payées, qui faisaient n'importe comment la cuisine du journal. Aucun journal ne donnait aussi peu de nouvelles que *Le Rappel*. Il n'utilisait que les coups de ciseaux. Les potins parisiens, la chronique judiciaire et théâtrale y étaient

1. Ici, Zola postdate la création du titre : celle-ci date de mai 1869.

traités avec la dernière négligence. Le journal brillait à la première page – et c'était suffisant.

Les raisons du très grand succès du *Rappel*, qui tirait à quarante ou cinquante mille exemplaires, sont tout à fait particulières. J'ai déjà dit qu'il avait été lancé à un moment propice. Mais ce n'est pas tout : ce journal, organe des derniers romantiques, parlait exactement le langage politique dont le public avait besoin. On appelait, en plaisantant, Vacquerie et Meurice les « deux écuyers » de Victor Hugo : ils s'étaient consacrés à sa gloire, se contentant de quelques éclairs dispensés par l'astre. C'étaient des romantiques impénitents, plus romantiques que Victor Hugo lui-même, exagérant encore un lyrisme échevelé et voyant dans le romantisme le salut du monde. Pourtant le romantisme est en train de passer de mode. La troupe de ses fidèles s'éclaircit de jour en jour. Les théâtres et les journaux deviennent inaccessibles à ses œuvres auxquelles le public s'intéresse de moins en moins. De là une grande inquiétude dans le petit camp. Et c'est probablement ce qui a amené Vacquerie et Meurice à se lancer dans le journalisme. En effet, pourquoi ne pas devenir journaliste si l'on ne peut plus gagner de l'argent d'une autre manière ? Ce jour-là, Vacquerie et Meurice eurent réellement une idée géniale.

Oui ! La vanité romantique eut ainsi une excellente occasion d'agiter ses panaches, ses guenilles pittoresques, ses antithèses échevelées. Tout cela était déjà usé au théâtre et dans les romans ; mais la politique ne s'était encore jamais servie de ce clinquant et de cette dorure et la foule devait en être surprise et charmée. Il faut connaître notre peuple pour comprendre cette réussite. Notre peuple est toujours un grand enfant qui aime bien les belles images. Il aime les mélodrames, les acteurs richement vêtus et se tordant les bras. Si vous lui donnez *Le Journal des débats*, *Le Temps* ou *La République française*, c'est à peine s'il les comprendra ; la science politique, sérieuse et grave, le rebute, l'ennuie ; il faut lui donner une politique imagée. *Le Rappel* est justement le journal qu'il lui faut. Le public se croit encore au théâtre de la Porte-Saint-Martin, lorsqu'il voit Vacquerie jouer devant lui les principaux rôles en s'agitant avec frénésie, roulant les mêmes yeux terribles, lançant les mêmes éclats de voix. Il avait assez de tout ce spectacle romantique produit au théâtre ; mais, introduit dans le journal, il suscite un regain d'intérêt. À quoi bon les arguments, les articles intelligents et bien étudiés, s'il suffit au rédacteur de se camper et, tout en agitant fièrement sa plume, de débiter sa tirade avec l'art d'un grand comédien ? Voilà d'où vient tout le succès du *Rappel*.

Meurice s'est effacé depuis longtemps. Mais Vacquerie demeure courageusement sur la brèche et personnifie le journal. Certes, il n'est pas dépourvu de talent et mène brillamment la polémique. Mais ne lui demandons pas autre chose que de l'éclat et de l'esprit : resté poète et dramaturge, il s'est contenté de transposer dans la politique sa méthode littéraire, son romantisme outré. Toutes les situations, il les exprime d'un geste théâtral, par une pause, par des mots bien choisis. Au fond, c'est un homme habile qui a trouvé un filon d'or à exploiter. Il paraît qu'on lui a souvent proposé de devenir député, mais qu'il a refusé, préférant ses beaux gains de journaliste.

Il n'existe pas de chapelle plus fermée que *Le Rappel*, surnommé irrévérencieusement la boutique de Victor Hugo. Le petit groupe romantique y règne en despote. Le journal, conçu dans le salon de Meurice il y a huit ans, n'a eu, depuis cette époque, que quelques rares collaborateurs. Une fois créé, sa porte en fut fermée à clé. Quant aux rares hommes assez habiles pour s'y introduire, ils devaient commencer par jouer les rôles les plus modestes, il fallait d'abord se prosterner devant Victor Hugo, dont *Le Rappel* est l'organe officiel ; ensuite affecter un romantisme exalté ; il ne fallait surtout pas effrayer les maîtres de maison par un trop grand talent.

Ceux-ci veulent rester les étoiles du *Rappel* et ne souffrent auprès d'eux que des hommes ternes, afin de ne pas perdre de leur propre éclat. Ils ne laissent donc entrer personne d'autre que celui qui accepte d'être leur esclave soumis. Ils sont chez eux et veulent y régner en despotes.

*Le Rappel* a provoqué une véritable révolution dans le prix des abonnements et dans la vente au numéro. Il se vend dix centimes – ce qui a beaucoup contribué à son succès. Il a causé le plus grand tort au *Siècle* en lui reprenant la moitié de ses abonnés. Toute la population parisienne le lit. Et, voyez son habileté, il a toujours su éviter d'être poursuivi, bien qu'il soit considéré comme un des organes de la démocratie radicale. Il s'en tire grâce à ses procédés romantiques, des procédés de pure forme, auxquels on n'attache aucune importance. Dans toutes les questions il agite son panache, le peuple est content et le gouvernement ne fait que sourire.

Le romantisme explique si bien le succès du *Rappel* que je citerai, à titre de contraste, le lent progrès du *Bien public* [1]. Ce journal, fondé il y a quelques années, devint après différentes péripéties la propriété de Menier, riche industriel et député à l'Assemblée nationale. Comme *Le Rappel*, il s'est vendu dix centimes et professe des idées républicaines extrémistes. Eh bien ! il coûte déjà très cher à Menier et cela uniquement en raison de ses airs savants qui font un peu peur au public. Comme épigraphe, le journal portait ces deux phrases, à droite : « Le progrès est en raison directe de l'action de l'homme sur les choses, et en raison inverse de l'action de l'homme sur l'homme », et à gauche : « À la civilisation guerrière et sacerdotale, notre but est de substituer la civilisation scientifique et productive. » Évidemment cela n'a rien de clinquant ; c'est austère et froid comme la science même.

1. Zola déploie ici habilement la promotion d'un titre auquel il collabore depuis un an, *Le Bien public*, qui paraît entre 1871 et 1877.

Aussi les lecteurs se recrutent-ils difficilement. Ils préfèrent le velours et la soie du *Rappel*, jeune premier en habit abricot, prononçant des tirades grandiloquentes. Néanmoins, *Le Bien public*, qui se développe, est probablement appelé à devenir l'un des meilleurs journaux parisiens. Rappelez-vous que pendant quinze ans *Le Temps* avait été publié à perte. On ne peut créer un journal sérieux sans y mettre beaucoup de patience et des capitaux considérables.

Il m'est très difficile de dire quelque chose sur certains journaux à tendance ultrarépublicaine. Dès qu'ils apparaissent, les procès tombent sur eux comme la grêle et on les tue à force d'amendes et d'emprisonnement. En six mois nous avons eu : *Le Radical*, remplacé par *Les Droits de l'homme*, puis par *Le Mot d'ordre*, qui a pris la suite des *Droits de l'homme*. C'est un phénix qui ressuscite de ses cendres. Ces pionniers d'avant-garde de la République se distinguent par une polémique brutale qui leur assure le succès. En général ils se vendent beaucoup, nuisant ainsi au *Rappel*, plus prudent. Rédigés n'importe comment, ils se lancent tête baissée dans toutes les questions, poussant la polémique à l'extrême ; ils ont l'avantage d'être vivants et les seuls à oser exprimer leurs pensées jusqu'au bout. Mais il ne faut pas leur demander d'avoir de la tenue et de la discrétion.

Je citerai encore *Le National*, un journal qui a résolu le problème de conserver le grand format tout en se vendant au prix de cinq centimes. Mais ce prix exceptionnellement bas ne lui attire pas beaucoup d'abonnés : tiré à un très petit nombre d'exemplaires, on n'entend presque pas parler de lui. Il est républicain, mais ses rédacteurs sont ternes, et, n'ayant rien à dire, tuent lentement le journal où ils écrivent.

J'ai failli oublier *Le Soir* et *Le Télégraphe* qui comptaient réussir à cause de l'heure de leur parution. À Paris, les journaux du soir sont mis en vente à partir de cinq heures, heure à laquelle ils ne peuvent pas donner les dernières nouvelles, surtout lorsque les Chambres siègent à Versailles. Ils arrivent à peine à publier le début de séance. *Le Soir*, fondé pour pallier cet inconvénient, sort vers huit heures du soir avec un compte rendu détaillé des séances des Chambres et les nouvelles de la soirée. *Le Télégraphe* fut créé dans le même but. Mais la vente de ces journaux est très irrégulière ; on se les arrache les jours orageux et on ne les achète pas du tout lorsque les événements ne passionnent plus. Je pense que leurs affaires vont mal : une seule différence entre eux, *Le Soir* est conservateur, tandis que *Le Télégraphe* est républicain.

## VI

La presse parisienne mériterait une étude plus poussée. Mais je dois être bref.

La création et le succès colossal du *Petit Journal* est l'un des événements le plus caractéristiques de ces dernières années. Sa fondation remonte à 1863. Mais il faut commencer par présenter son fondateur Millaud, mort il y a quelques années, financier doublé d'un vaudevilliste, cherchant à faire fortune par tous les moyens. Très ingénieux, grand fantaisiste, il battait depuis longtemps les pavés parisiens en quête d'idées. Celles qu'il avait eues n'avaient pas été heureuses. Sans abandonner ses affaires de banque, il fabriquait des pièces pour les petits théâtres, lançait des journaux qui mouraient au dixième numéro. Enfin, un beau jour il eut une idée géniale. Voici en quoi elle consistait.

Il s'agissait tout simplement de créer un journal à un sou. Par lui-même le projet n'avait rien d'original ; on s'en était déjà occupé, mais on avait échoué. Ce qui était génial, c'était de rédiger ce journal à un sou de telle sorte que tout le monde, y compris les lecteurs presque illettrés, pussent le lire, le comprendre, et l'aimer. Millaud réussit à réaliser ce programme. Il eut la chance de tomber sur un journaliste, mort à présent, Léo Lespès, qui, pendant plusieurs années, donna tous les jours, sous le pseudonyme de Timothée Trimm, une chronique qui acquit rapidement une grande renommée. Elle n'était certes pas rédigée de façon très littéraire ; ses procédés étaient parfois naïfs. Mais les lecteurs incultes se trouvaient au même niveau que le rédacteur, et c'est de là que vient l'immense popularité de ce dernier. Du reste, toute la rédaction était homogène. Une attention spéciale était apportée aux faits divers, aux accidents, aux crimes ; la chronique judiciaire était complète ; on flattait le peuple personnifié par les concierges, les ouvriers, les petites gens dont on exaltait les qualités rares. Et tout cela écrit dans le style le plus banal, à la portée de tout le monde. Pendant longtemps les autres journaux s'étaient moqués du *Petit Journal*. Ils soulignaient les fautes de grammaire dont il était criblé, citaient ses phrases biscornues, le raillaient de toutes les façons, lui et ses lecteurs. Mais cela n'empêchait pas son succès de croître, au contraire.

Ce fut là un succès sans précédent. Je crois que tout y concourait, même le mauvais papier sur lequel le journal était publié. Certains numéros étaient difficiles à lire, tellement ils étaient mal imprimés, mais ils se vendaient, paraît-il, encore mieux. En quelques mois le succès fut prodigieux. Il faut dire que Millaud déployait une activité fiévreuse. La diffusion du journal, grâce à un grand nombre d'agents en province, atteignait les villages les plus perdus. Tout cela supposait une immense propagande. À Paris, Millaud se livrait à toutes sortes d'extravagances. Il fit faire d'extraordinaires équipages, dorés et harnachés comme des malles-poste, conduits par des postillons attifés comme à l'Opéra-Comique. Ces équipages parcouraient les rues et les boulevards. On lisait sur les murs d'immenses affiches. *Le Petit Journal* était partout, de quelque côté qu'on se tourne. Finalement Millaud fit construire, rue La Fayette, un immeuble couvert de sculptures où il installa son imprimerie et sa rédaction. Désormais sa fortune était assurée.

Le fait est que *Le Petit Journal* répondait à un besoin, d'où son colossal succès. J'ai déjà dit qu'un journal ne pouvait réussir que s'il s'adressait à un groupe déterminé de lecteurs. *Le Petit Journal* visait précisément une masse énorme de gens pauvres et incultes qui, jusqu'alors, n'avaient pas de journal à eux. On a dit, non sans raison, qu'il avait créé une nouvelle classe de lecteurs. À ce point de vue, cette feuille, dont on s'est tellement moqué, avait rendu un réel service : elle apprit à lire, donna le goût de la lecture. Évidemment, la nourriture offerte n'était pas toujours de choix, mais c'était tout de même de la nourriture spirituelle. Dans les coins de province les plus reculés, on pouvait voir des bergers surveiller leur troupeau en lisant *Le Petit Journal* ; ce fait est caractéristique pour la France, où les paysans lisent peu.

Pourtant Millaud, par ses fantaisies, trouva le moyen de compromettre la brillante affaire financière qu'était *Le Petit Journal*, dépensant dans des entreprises absurdes tout l'argent qu'il gagnait. À sa mort, il était dans une situation très embarrassée. Mais *Le Petit Journal* continuait à prospérer. Il est actuellement édité par une société. Son tirage atteint parfois quatre cent mille exemplaires. Il est maintenant figé dans une forme immuable, publiant chaque jour un article de fond écrit par le rédacteur en chef, Henri Escoffier, sous le pseudonyme de Thomas Grimm, et donnant ensuite les informations. C'est un des journaux parisiens les plus riches en menues nouvelles, faits divers, crimes, etc. Il est bien plus solide que beaucoup de journaux politiques.

Un tel succès a naturellement suscité des imitateurs. Aussi, depuis quatorze années que *Le Petit Journal* existe, il voit surgir de toutes parts des concurrents. La plupart d'entre eux n'ont pas vécu longtemps. Ceux qui subsistent rapportent de bons bénéfices, mais n'atteignent pas la popularité du *Petit Journal*. Ce sont *La Petite Presse* et *Le Petit Moniteur*, dirigés par Dalloz, copies serviles du *Petit Journal* sans avoir adopté son ton bon enfant inimitable, *La Petite République française* qui a du mal à subsister, *La Lanterne* où Rochefort publie ses articles sous un pseudonyme.

Pour être complet, je vais parler des journaux illustrés. Chez nous, en France, il y en a beaucoup. Le plus ancien est *L'Illustration*, sorte de *Journal des débats* qui serait illustré. Son ton est doctoral ; il est trop guindé, rédigé avec soin et légèrement pédant. Son concurrent *Le Monde illustré* connaît aussi le succès ; il est bien moins cher que *L'Illustration* et c'est ce qui lui assure des abonnés parmi les cafés de second ordre. Ces périodiques ont surtout comme abonnés les cafés et les cercles, quelques familles aussi ; mais leur vente au numéro est insignifiante. Citons encore *L'Univers illustré*, publié par la maison d'édition Michel Lévy, et qui eut du succès à un certain moment. Mais je m'arrête là, car les publications illustrées sont innombrables, surtout si je descendais aux journaux de mode qui poussent comme des champignons sur les pavés de Paris.

Les feuilles humoristiques sont également très nombreuses. Leur patriarche est *Le Charivari* dont la renommée remonte au règne de Louis-Philippe. Il était alors très brillant. Il vit à présent sur sa gloire passée et se répète sans cesse ; certains de ses bons mots ont trente ans. Il n'y a plus de grands dessinateurs comme Daumier et d'autres, il ne reste plus que Cham, qui ennuie, car il se répète lui aussi. Tout le journal, les dessins et le texte, sent le moisi. Il est temps que l'esprit français se ressaisisse et trouve un sujet plus nouveau. D'ailleurs on ne lit plus *Le Charivari* que dans les cafés et il est devenu sans importance.

Je ne parlerai pas des autres journaux humoristiques. Le seul qui présente un intérêt est *La Lune rousse*, où André Gill continue à publier ses dessins qui sont parfois originaux. C'est le seul caricaturiste de talent de ces dernières années. Il est très populaire.

Il existe une publication illustrée qui passe actuellement par des moments très difficiles, bien qu'elle ait joui d'un grand succès sous l'Empire, *La Vie parisienne.* On connaît son importance en tant que journal officiel des plaisirs mondains du Second Empire. J'ai même entendu dire que tout l'Empire trouvait son expression dans *La Vie parisienne.* En effet, en feuilletant sa collection, il est facile de se représenter cette société disparue. Mais les temps ont changé, et l'on assure que Marcelin, son rédacteur en chef, n'est plus du tout dans le courant. En fait, on n'entend plus parler d'elle.

Il m'est impossible de traiter ici dans toute son ampleur de la presse littéraire. D'ailleurs, il faut avouer, à notre honte, que la politique s'est complètement emparée de nous et que la presse littéraire n'existe pour ainsi dire pas. Dans un de mes articles précédents, j'ai examiné la position actuelle de *La Revue des Deux Mondes.* C'est la seule revue sérieuse que nous ayons ; aucune autre ne peut exister à côté d'elle. Il n'y a pas en France de terrain propice à ce genre de publication. Et même *La Revue des Deux Mondes* a beaucoup perdu de son importance. Elle continue à rapporter de grands bénéfices, mais elle s'est enfermée dans la coterie académique et le nouveau mouvement littéraire passe en dehors d'elle. Néanmoins, je n'oserais nommer après elle aucune autre revue littéraire. Il est vrai qu'il y a *Le Nain jaune*, imitation de l'ancien *Figaro* ; mais il n'a ni la richesse d'imagination ni l'esprit de son frère aîné. Viennent ensuite des revues tout à fait insignifiantes, publiées par des jeunes gens : *La Vie littéraire*, *Le Courrier littéraire* et d'autres. Je pourrais en citer une vingtaine, qui sont en déficit constant et meurent comme des mouches.

Cette étude est aussi détaillée qu'il a été possible, et cependant je suis loin d'avoir énuméré tous les journaux de Paris. Il est difficile d'imaginer le nombre de publications, de périodiques spéciaux qui paraissent chez nous. À Paris seulement, ils dépassent trois cent cinquante. Il y en a deux fois plus en province et cela donne pour toute la France le chiffre de mille publications. Que de papier gâché, mon Dieu !

Je termine. Selon moi, les meilleurs cadres pour un journal seraient les cadres anciens à condition d'être adaptés aux besoins nouveaux. J'aimerais conserver *Le Journal des débats* en lui insufflant, pour les nouvelles, la diversité et l'abondance, la vivacité de ton et cet esprit d'actualité qui font le succès du *Figaro*. Il faudrait trouver une formule intermédiaire entre les anciennes conceptions dogmatiques et les exagérations des reporters d'aujourd'hui. Le journal devrait être élaboré selon un plan scientifique, tout en étant facile et agréable à lire. C'est là un problème ardu, mais qui sera, je l'espère, résolu avec le temps.

*(Retraduit du russe par Alexandre Trifounovitch.)* [1]

Août 1877

1. Les textes publiés par Zola dans *Le Messager de l'Europe* étaient rédigés en français, puis traduits en russe par les rédacteurs de la revue. L'auteur adressait l'original par courrier, sans garder de copie. De ce fait, les articles ne nous sont connus qu'à partir des nouvelles traductions, contemporaines ou postérieures. Zola avait peu de moyens de contrôler la fidélité de la version russe. Il lui est même arrivé de découvrir par hasard des coupes effectuées sans son autorisation : la somme qui lui avait été versée ne correspondait pas au tarif fixé par ligne rédigée, et indiquait donc que certains passages avaient été supprimés.

## *Le Bien public* et *Le Voltaire*

*Au printemps 1876, Zola est engagé comme critique dramatique par le directeur du* Bien public, *Yves Guyot, républicain de tendance radicale. En mai commence, dans le même titre, la parution en feuilleton de* L'Assommoir *; la crudité de ce roman-manifeste suscite un tel scandale, et les critiques, même à gauche, sont si violentes, que la parution s'interrompt au chapitre* VI. *Le feuilleton migre alors vers une revue littéraire,* La République des lettres, *qui doit elle aussi le suspendre, sous peine de saisie par le procureur de la République.*

*De son côté, la « Revue dramatique », publiée dans* Le Bien public *à un rythme hebdomadaire, ausculte la vie des théâtres à l'aune d'une préoccupation dominante : celle de la « vérité » et de « l'esprit moderne », deux mots d'ordre qui répondent au programme éditorial du journal, voué, selon un éditorial paru dans le premier numéro, « au naturalisme » et à « l'observation réelle ». Zola y délaisse souvent l'actualité de la scène, qui lui donne peu satisfaction, pour interpréter les signes de ce « mouvement de la société contemporaine » qu'est le naturalisme. La rubrique change alors de nom, devenant « Revue dramatique et littéraire », en juin 1877. C'est sous ce titre encore qu'elle se poursuit, à partir de 1878, dans* Le Voltaire, *nouveau nom du* Bien public.

## REVUE DRAMATIQUE

# Le théâtre

Le chômage continue, la semaine est encore complètement vide. Nous voici en septembre, et les directeurs ne paraissent pas se presser le moins du monde de donner des nouveautés. Même certains théâtres, l'Odéon, entre autres, reculent leur ouverture. Les autres, ceux qui sont prêts pour la date accoutumée, se contentent de débuter par des reprises. C'est ainsi que nous avons eu *Les Dominos roses*, au Vaudeville, et *La boulangère a des écus* [1], aux Variétés, sans parler des théâtres purement lyriques qui ne sont pas de ma compétence. La seule pièce nouvelle est une opérette dans une petite salle perdue.

La critique a donc des loisirs. Nous ne pouvons que nous croiser les bras, en attendant que les directeurs se décident à lancer leurs grosses affaires. Les soirées sont bien devenues fraîches, mais cela ne suffit pas : il faut que le beau monde soit rentré à Paris. On ouvre la saison avec les succès de l'hiver précédent ; c'est une façon de tâter le public, un simple lever de rideau, destiné à faire patienter le parterre en attendant que l'orchestre et les loges s'emplissent. Cela est passé en habitude. La véritable ouverture de la saison théâtrale n'a jamais lieu qu'en octobre.

1. *Les Dominos roses*, comédie en trois actes signée Delacour et Hennequin, et *La boulangère a des écus*, opéra-bouffe d'Offenbach, livret signé Meilhac et Halévy.

Je ne parle pas des reprises, qui offrent un intérêt médiocre. On connaît les pièces, et l'interprétation n'a pas changé. Je préfère dire mes réflexions en face de cette saison qui commence.

Plusieurs journaux ont déjà annoncé les pièces importantes qu'on doit jouer cet hiver. Il y a deux ou trois tragédies au Théâtre-Français, ainsi qu'une grande comédie de M. Émile Augier. On parle d'une pièce de M. Sardou au Vaudeville. Le Gymnase promet une pièce de M. Dumas [1], ou du moins une pièce arrangée par M. Dumas. Ce sont là les œuvres à sensation, si l'on ajoute plusieurs actes de MM. Meilhac et Halévy joués un peu partout. Puis, après M. Gondinet, M. Poupart-Davyl et quelques autres, vient le fretin, les auteurs dont on accepte les pièces uniquement pour boucher les trous.

Certes, la grosse curiosité reste attachée aux œuvres des auteurs à succès. M. Émile Augier est un esprit très viril, dont les comédies, d'une belle facture simple, sont aujourd'hui les seules qui se rapprochent de la tradition classique. M. Dumas a une grande autorité sur le public, auquel il sait faire accepter les conceptions les plus étonnantes qu'on puisse imaginer. M. Sardou reste un amuseur qui a hérité de l'adresse de Scribe [2], en mouvementant encore ses procédés. Enfin, MM. Meilhac et Halévy savent écrire de délicieuses fantaisies parisiennes, dont le caprice n'est souvent que de la vérité pomponnée et troussée galamment. On a donc raison de s'intéresser surtout aux productions de ces écrivains, qui sont le dessus du panier

---

1. Victorien Sardou, Émile Augier, Alexandre Dumas fils : auteurs dramatiques à succès, dans le registre du vaudeville. Dans une chronique ultérieure, Zola décrit Sardou comme « un charmeur », qui « manque absolument de vérité et de profondeur » (*Le Sémaphore de Marseille*, 19 janvier 1877, repris dans *Œuvres complètes*, t. VIII, Nouveau Monde Éditions, 2004, p. 607).

2. Eugène Scribe (1791-1861) appartient à la génération précédente. Il est notamment l'auteur de livrets d'opéra, pour Donizetti, Verdi, Rossini et Meyerbeer.

de nos auteurs dramatiques. Seulement, pour mon compte, je déclare ingénument que mes préoccupations vont davantage au fretin, aux auteurs inconnus, à ceux qui pour la première fois viennent balbutier sur les planches.

Mon raisonnement est simple. Je sais ce que je dois attendre de M. Émile Augier, et de M. Dumas, et de M. Sardou, et de MM. Meilhac et Halévy. Ces messieurs ont donné aujourd'hui à peu près tout ce qu'ils doivent donner. Certains même ont donné ce qu'ils ne donneront plus. Avec eux, pas de grandes trouvailles possibles ; il s'agit seulement de décider s'ils sont en baisse ou s'ils sont en hausse. Tout a été dit sur leur talent. On ne peut que ressasser chaque hiver l'article de l'hiver précédent, et le seul plaisir de la critique est encore de se battre sur leur dos, de choisir leurs œuvres comme un bon terrain pour le développement des théories générales.

Avec les débutants, au contraire, l'imprévu commence. Le critique arrive au théâtre, la passion en éveil, ignorant de l'émotion qu'il va éprouver. Un grand auteur dramatique va-t-il se révéler ? Telle est la question qu'on se pose et qui suffit à aiguiser l'intérêt.

Sans doute, après dix ans d'exercice, un critique qui s'est posé cette question plusieurs centaines de fois, et qui a reçu chaque fois une réponse désolante, commence à se bronzer singulièrement. Il entre, maussade et ennuyé, en se disant qu'il va voir une ineptie de plus. Les auteurs de génie ne se révèlent pas à la douzaine. Mais l'avenir n'en est pas moins dans les noms inconnus, dans ces œuvres que la réclame ne tambourine pas, et qui se produisent le plus souvent au milieu de l'indifférence publique.

Jamais, certes, le souhait d'une révélation n'a dû être plus vif. Nos auteurs actuels suffisent à peine aux besoins des théâtres. Plusieurs directeurs font de mauvaises affaires, parce que les pièces manquent. Mais, en dehors de la question commerciale, il y a un point de vue plus élevé. Pour quiconque a étudié l'histoire de notre littérature, il est certain que nous sommes dans une période de transition, et que cette période doit fatalement amener un changement de formule. Notre théâtre traverse cette époque de malaise qui précède toujours l'enfantement. Un homme doit naître, cela est évident.

Il est aisé de se rendre un compte exact de la situation. Songez à ce qui s'est passé en 1830. Les romantiques d'alors se trouvaient en face d'une forme usée, la tragédie, qui agonisait et mourait de sa belle mort. La bataille s'engagea entre l'esprit nouveau et l'esprit ancien, et la victoire resta forcément à l'esprit nouveau. Les choses se passent toujours ainsi. Or, aujourd'hui, la situation est exactement la même. La formule romantique est aussi vieille et démodée que la formule classique. Nous sommes en face d'un art théâtral usé, qui vit uniquement d'expédients. Le public se blase et se moque, les théâtres ne sont plus soutenus que par quatre ou cinq auteurs qui gardent quelque autorité sur le public. Évidemment, l'heure est proche où une révolution viendra balayer les règles de 1830, comme la révolution de 1830 a balayé les règles antiques des siècles précédents.

À notre époque, si le mouvement est moins net et moins bruyant, c'est qu'il n'est pas le fait d'un groupe d'écrivains, c'est qu'il ne vient pas de la fantaisie d'un tempérament. Le mouvement naturaliste est le mouvement même de toute la société contemporaine. Nous allons à la vérité par nos sciences, par nos arts, par notre intelligence entière. C'est un immense courant qui roule sur le monde, en entraînant chaque chose vers le but commun, avec une force lente et irrésistible. Il ne s'agit donc plus d'une escarmouche, d'un combat d'avant-poste, comme en 1830, pour déblayer le terrain et conquérir le droit de s'avancer en liberté dans le domaine de l'art. Nous obéissons, même à notre insu, à une poussée plus haute ; nous travaillons à l'enquête universelle sur le monde et sur l'homme.

J'insiste sur ce caractère du mouvement actuel. Il n'est pas le fait d'une école mais le résultat même de la marche générale des esprits. Il hésite et tâtonne, comme la science elle-même dont il procède. Il est fatal et inconscient, ce qui explique pourquoi on peut le signaler partout à la fois, sans le trouver encore nettement formulé nulle part. Ce que personne ne songe à nier, c'est que le besoin de réalité grandit chaque jour, et cet aveu suffit pour indiquer la voie dans laquelle s'avancent les sociétés modernes, artistes, savants, hommes d'études et hommes d'État.

Eh bien ! le critique en moi est avant tout passionné par les moindres traces qui me permettent de constater ce mouvement, jusque dans les œuvres les plus infimes. L'esprit moderne a passé là, j'en sens la chaleur, et j'aime aussitôt l'auteur et sa pièce. Quand on joue une comédie ou un drame d'un auteur à succès, dont le tempérament littéraire est bien connu, ce qui m'intéresse, c'est de constater les déviations que le mouvement naturaliste imprime à ce tempérament. Souvent on trouve ainsi, chez les adversaires d'une formule, les influences inconscientes de cette formule, la conquête de l'écrivain par le milieu nouveau où il continue à produire.

Il y a deux sortes de critiques. Les uns sont pratiques et acquis complètement à l'actualité. Ils jugent surtout le relatif des pièces. Leur grande affaire est de constater la chute ou le succès immédiat d'une œuvre, de dire si le public a applaudi ou sifflé, de décider si l'œuvre aura cent représentations ou une vingtaine seulement. Ils représentent la moyenne du jugement de la foule. D'autre part, ils mettent de côté le génie, ils prennent leur commune mesure dans l'art banal et d'une consommation courante. Un mélodrame est bien fait, quand il suffit au besoin des spectateurs. Par principe, ils semblent laisser de côté les questions plus hautes, et jamais ils ne réclameront une rénovation, quelle que soit l'imbécillité où un genre soit descendu.

Les autres critiques jugent les œuvres absolument. Ils n'excusent pas les absurdités d'un genre, ces absurdités fussent-elles consacrées par un siècle d'applaudissements.

Une pièce est bête, elle est bête, et ils le disent. L'esprit littéraire l'emporte en eux, à ce point qu'une œuvre mal écrite est une œuvre condamnée, sans l'admission d'aucune circonstance atténuante. Mais ce qui les distingue surtout, c'est qu'ils choisissent leur point de comparaison tout en haut, dans les œuvres de génie. De là de grandes sévérités, parce qu'à leurs yeux les drames médiocres n'ont aucune excuse ; si l'on n'a pas beaucoup de talent, il est inutile d'écrire. Un effort leur est toujours nécessaire pour descendre des belles œuvres à ces œuvres de camelote destinées à vivre une saison, où les qualités littéraires sont tellement perdues qu'il devient très malaisé de les dégager et de se montrer juste.

Hélas ! je doute fort d'avoir à contenter cet hiver mon besoin d'absolu. J'attends les débutants, ceux qui pourraient hâter le mouvement naturaliste ; mais je dois confesser que, malgré mes tendresses pour eux, je reste sceptique sur l'apparition brusque d'un homme de génie. Il se produira ; seulement, nous l'annoncerons peut-être longtemps encore. Il faudra se contenter des formules connues, des auteurs qui se répètent forcément. Et si je ne puis acclamer la réalisation de l'art que j'aimerais, je pourrai au moins satisfaire ma passion, en combattant l'art que je n'aime pas.

Parmi les pièces annoncées, je n'ai point nommé *Fromont jeune et Risler aîné*, de MM. Alphonse Daudet et Adolphe Belot, que le Vaudeville doit donner vers la fin de septembre. C'est que je fais à cette pièce une place à part. Je compte sur elle. Elle est tirée d'un roman essentiellement parisien et moderne, tout animé, d'un bout à l'autre, du grand souffle naturaliste. Elle sera pour moi une tentative littéraire considérable, la plus importante de la saison, sans aucun doute. Il faut que la littérature s'impose enfin au théâtre.

*Le Bien public*, 4 septembre 1876

## Flaubert

Une fois encore la semaine dramatique est vide. Et j'en suis heureux, car je puis parler de Gustave Flaubert, dont *Le Bien public* vient de publier une œuvre, d'un travail précieux et rare [1]. La semaine prochaine entière appartiendra au grand romancier, qui fait paraître un nouveau livre, sous ce titre : *Trois Nouvelles.* L'heure est bonne pour l'étudier. J'aurai la joie d'arriver le premier.

Gustave Flaubert est entré dans la littérature, comme autrefois on entrait dans un ordre, pour y vivre et y mourir. Il s'est cloîtré, mettant dix ans à écrire un ouvrage, le vivant pendant dix ans à toutes les heures, respirant, mangeant et buvant par cet ouvrage. Je ne connais pas un homme qui mérite mieux le titre d'écrivain, car il a donné son existence entière à son art.

Il faut le chercher uniquement dans ses œuvres. L'homme, qui vit en bon bourgeois, ne fournirait aucune note, aucune explication intéressante. Les grands travailleurs ont fait, de nos jours, leur existence la plus plate et la plus simple possible, afin de régler leurs journées et de les donner à leur besogne. Le travail continu est la première condition des œuvres de longue haleine, fortement menées jusqu'au bout.

Gustave Flaubert a donc le travail d'un bénédictin. Il ne procède que sur des notes précises dont il a pu lui-même vérifier l'exactitude. S'il s'agit d'une recherche dans des ouvrages spéciaux, il se condamnera à fréquenter pendant des semaines les bibliothèques, jusqu'à ce qu'il ait trouvé le renseignement désiré. S'il s'agit d'une description, il se rendra sur les lieux, il y vivra. Même, lorsqu'il choisit, pour placer une scène, un horizon imaginaire, il se met en quête de cet horizon, et il n'est satisfait que lorsqu'il a découvert un coin de pays lui donnant

1. En février 1877, *Le Bien public* fait paraître, en quatre livraisons, *La Légende de saint Julien l'Hospitalier*, l'un des *Trois Contes* (et non *Trois Nouvelles*) publiés par Flaubert en volume chez Charpentier.

à peu près l'impression rêvée. Et, à chaque détail, c'est ainsi un souci continu du réel.

Il consulte les gravures, les journaux du temps, les livres, les hommes et les choses. Chacune de ses pages, pour les événements historiques, les questions techniques, les costumes et les décors, lui coûte des journées de travail. Un livre lui fait remuer un monde. Dans *Madame Bovary*, il a mis les observations de sa jeunesse, le coin de Normandie et les hommes qu'il a vus pendant ses trente premières années. Quant il a écrit *L'Éducation sentimentale*, il a fouillé vingt ans de notre histoire politique et morale, il a résumé les matériaux énormes fournis par toute une génération d'hommes. Enfin, pour *Salammbô* et pour *La Tentation de saint Antoine*, la besogne a été plus considérable encore : il a voyagé en Afrique et en Orient, il a employé des années à étudier l'Antiquité, à secouer la poussière de plusieurs siècles.

Cette conscience est un des traits caractéristiques du talent de Gustave Flaubert. Il semble ne vouloir rien devoir à son imagination. Il ne travaille que sur l'objet qui pose devant lui. Quand il écrit, il ne sacrifie pas un mot à la hâte du moment. Et cette probité littéraire vient de son désir ardent de perfection, qui est en somme toute sa personnalité. Il refuse une seule erreur, si légère qu'elle soit. Il a le besoin de se dire que son œuvre est juste, complète, définitive.

On comprend les lenteurs fatales d'une pareille méthode. Cela explique comment, en étant un grand travailleur, Gustave Flaubert n'a produit que quatre œuvres, qui ont paru à de longs intervalles. Par exemple, il a travaillé à *La Tentation de saint Antoine* pendant près de vingt ans, l'abandonnant, la reprenant, n'arrivant pas à se satisfaire, poussant la conscience jusqu'à refaire quatre et cinq fois des morceaux entiers.

Quant à son travail de style, il est également laborieux. Son rêve est que la page sorte de ses mains, ainsi qu'une page de marbre, gravée à jamais, d'une pureté absolue, se tenant debout d'elle-même devant les siècles. C'est là le tourment, le besoin qui lui fait discuter longuement chaque virgule, qui durant des mois l'occupe d'un terme impropre, jusqu'à ce qu'il ait la joie victorieuse de le remplacer par le mot juste.

Aussi a-t-il un des styles les plus châtiés que je connaisse ; non qu'il affecte le moins du monde l'allure classique, figée dans une correction grammaticale étroite ; mais parce qu'il soigne, je l'ai dit, jusqu'aux virgules. Il poursuit les mots répétés à trente et quarante lignes de distance. Il se donne un mal infini pour éviter les consonances fâcheuses, les redoublements de syllabes offrant quelque dureté ! Surtout, il proscrit les rimes, les retours de fin de phrase apportant le même son. Selon lui, une belle page de prose est plus difficile à écrire qu'une page de beaux vers, parce que la prose a, par elle-même, une mollesse de contours, une fluidité qui la rend très mal aisée à être coulée dans un moule solide. Il la veut dure comme du bronze, éclatante comme de l'or. J'insiste sur ces détails, car le plus grand nombre ignore ce que c'est que de bien écrire et ne se montre pas assez respectueux pour les livres réellement écrits.

À la vérité, lui seul peut s'aventurer dans cette lutte avec une langue qui menace toujours de couler entre les doigts. Je connais de jeunes écrivains qui, poussant cette recherche de la prose marmoréenne jusqu'à la monomanie, en sont arrivés à avoir peur de la langue. Les mots les terrifient, ils ne savent plus lesquels employer ; et ils reculent devant toutes les expressions usuelles, ils se font des poétiques étranges qui excluent ceci et cela, ils sont d'une sévérité outrée sur certaines tournures, sans s'apercevoir qu'ils tombent, d'autre part, dans les négligences les plus enfantines. Cette tension continue de l'esprit, cette surveillance sévère sur tous les écarts de la plume, finit, chez les esprits étroits, par stériliser la production et arrêter l'essor de la personnalité.

Gustave Flaubert, qui, en cela, est un modèle bien dangereux à suivre, a gagné à cette méthode sa haute attitude d'écrivain impeccable. Son parti pris de perfection fait sa grandeur. Certainement, son rêve a dû être de n'écrire qu'un livre dans sa vie. Il l'aurait sans cesse refait, sans cesse amélioré ; il ne se serait décidé à le livrer au public qu'à son heure dernière, lorsque, la plume tombant de ses doigts, il n'aurait plus eu la force de le refaire.

La qualité maîtresse du romancier, avec un pareil travail, est naturellement la sobriété ; tous ses efforts aboutissent à faire court et à faire complet. Dans un paysage, il se contentera d'indiquer la ligne et la couleur principales ; mais il voudra que cette ligne dessine, que cette couleur peigne le paysage entier. De même pour ses personnages ; il les plante debout d'un mot, d'un geste. Plus il est allé, et plus il a tendu à algébriser sa formule littéraire. En outre, comme il n'intervient jamais personnellement et se défend de laisser percer son émotion, il veille à ce que son style marche d'un pas rythmique, sans une secousse, aussi clair partout qu'une glace, réfléchissant avec netteté sa pensée. Et, avec la clarté, il veut encore et la couleur, et le mouvement, et la vie. Il a le souffle, ce vent puissant qui va du premier mot d'une œuvre au dernier, en faisant entendre, sous chaque ligne, le ronflement superbe du grand style. Nous touchons, ici, à son individualité elle-même.

Gustave Flaubert est né en pleine période romantique. Il avait quinze ans au moment des grands succès de Victor Hugo. Toute sa jeunesse a été enthousiasmée par l'éclat de la pléiade de 1830. Et il a gardé au front comme une flamme lyrique de l'âge de poésie qu'il a traversé. Plus tard, à l'âge où l'on regarde en soi et autour de soi, il a compris quelle était son originalité propre, et il est devenu un grand romancier, un peintre implacable de la bêtise et de la vilenie humaines. Mais la dualité est restée en lui. Le poète lyrique n'est pas mort ; il est demeuré au contraire tout-puissant, vivant côte à côte avec le romancier, réclamant parfois ses droits, assez sage cependant pour savoir d'autres fois se taire. C'est de cette double nature, de ce besoin d'ardente poésie et de froide observation, qu'a jailli le talent original de Gustave Flaubert. Je le caractériserai en le définissant « un poète qui a le sang-froid de voir juste ».

Il faudrait descendre plus avant dans le mécanisme de ce tempérament. Gustave Flaubert n'a qu'une haine, la haine de la sottise, mais c'est une haine solide. Il n'écrit ses romans que pour la satisfaire. Chacun de ses livres conclut à l'avortement humain. Les imbéciles sont pour lui des ennemis personnels qu'il cherche à confondre. Quand il braque sa loupe sur un personnage, il ne néglige pas une verrue, il étudie les plus petites plaies, s'arrête aux infirmités entrevues. Pendant des années, il se condamne à voir ainsi le laid de tout près, à vivre avec lui, pour le seul plaisir de le peindre et de le bafouer, de l'étaler en moquerie aux yeux de tous.

Et, malgré sa vengeance satisfaite, malgré la joie qu'il goûte à clouer le laid et le bête dans ses œuvres, c'est là parfois une abominable corvée, bien lourde à ses épaules, car le poète lyrique qui est en lui, l'autre lui-même, pleure de dégoût et de tristesse, à être ainsi traîné, les ailes coupées, dans la boue de la vie, au milieu du troupeau des bourgeois stupides et ahuris.

Quand le romancier écrit *Madame Bovary* et *L'Éducation sentimentale*, le poète lyrique se désole de la petitesse des personnages, de la difficulté qu'il y a à faire grand avec ces bonhommes ridicules ; et il se contente, bien à regret, de glisser un mot de flamme, çà et là, une phrase qui s'envole largement. Puis, par réaction, le romancier consent à passer au second plan. Alors, ce sont des échappées splendides vers les pays de la lumière et de la poésie. L'auteur écrit *Salammbô* et *La Tentation de saint Antoine* ; et il est en pleine Antiquité, en pleine archéologie de l'art, loin du monde moderne, de nos vêtements étriqués, de notre ciel gris et de nos chemins de fer, qu'il abomine. Ses mains remuent des étoffes de pourpre et des colliers d'or. Il n'a plus peur de faire trop grand, il ne surveille plus sa phrase, il ne craint plus qu'elle mette dans la bouche d'un pharmacien de village les images colorées d'un prince oriental.

Pourtant, à côté du poète lyrique, le romancier reste debout ; et c'est lui qui tient la bride, qui exige la vérité, même derrière l'éblouissement.

On comprend, dès lors, l'originalité du style de Gustave Flaubert, si sobre et si éclatant. Il est fait d'images justes et d'images superbes. C'est de la vérité habillée par un poète. Avec lui, on marche toujours sur un terrain solide, on se sent sur la terre ; mais on marche largement, balancé par un rythme d'une beauté parfaite. Quand il descend à la familiarité la plus vulgaire, pour les nécessités de l'exactitude, il garde une noblesse qui met de la perfection dans les négligences voulues. Et d'ailleurs, rien n'est laid dans cette continuelle peinture de la laideur humaine. On peut aller jusqu'au ruisseau, le tableau aura toujours la beauté de la facture. Il suffit qu'un grand artiste ait voulu cela.

Ces notes sont forcément incomplètes. J'ai désiré dire simplement que Gustave Flaubert est une des personnalités les plus hautes de notre littérature contemporaine. Toute la jeune génération littéraire le regarde comme un père. Et voyez l'étrange chose, Gustave Flaubert vit seul, à peine entouré de quelques amis fidèles ; tandis que tel écrivain qu'il est inutile de nommer tient cour plénière, a un cabinet de consultations pour les débutants, occupe tant de place dans les bruits du jour, qu'il a fini par se faire accepter à l'étranger comme le représentant le plus éminent de l'esprit français.

Il y a là une injustice qui m'enrage. Le génie français, à cette heure, la langue française dans sa pureté et dans son éclat, est chez l'écrivain solitaire dont les journaux n'impriment pas le nom une fois par mois. C'est devant celui-là que les trompettes de l'enthousiasme public devraient sonner sans relâche, parce que celui-là est réellement l'honneur et la gloire de la France.

*Le Bien public*, 23 avril 1877

## Revue dramatique et littéraire

# George Sand

La Comédie-Française vient de reprendre avec beaucoup d'éclat *Le Marquis de Villemer*, de George Sand. Je me contenterai de constater le vif succès de cette reprise. L'œuvre a été montée avec ce soin extrême, cette profonde intelligence artistique qui met notre première scène au-dessus de tout éloge. M. Worms, qui faisait sa rentrée dans le rôle d'Urbain, s'est montré superbe de passion vraie, de sobriété, de sincérité. M. Delaunay a joué le duc d'Aléria avec un esprit et une âme incomparables. Aussi la soirée a-t-elle été un long triomphe. Mais, je l'ai dit, voici la belle saison, et je préfère battre à ma fantaisie les buissons littéraires.

Pendant qu'on inaugurait, l'autre soir, une statue de George Sand au foyer de la Comédie-Française, je songeais beaucoup plus, je l'avoue, au romancier qu'à l'auteur dramatique. Il faut bien confesser que l'auteur dramatique en elle était médiocre, tandis que le romancier a tout au moins joué un rôle immense. Je parlerai donc du romancier.

Il faut d'abord se rappeler ce qu'était le roman, à l'époque où George Sand et Balzac publièrent leurs premiers ouvrages. Le XVIIIe siècle n'avait laissé que *Manon Lescaut* et *Gil-Blas*. *La Nouvelle Héloïse* n'était guère qu'un poème de passion, et *René* restait comme une lamentation poétique, comme une sorte de cantique en prose. Aucun écrivain n'avait encore abordé franchement

ÉMILE ZOLA

Portrait-charge, par André Gill, pour *les Hommes d'aujourd'hui* (1878, nº 4 de la collection).

la vie moderne, la vie que l'on coudoyait dans les rues et dans les salons. Le drame bourgeois semblait bas et vulgaire. Malgré les essais de Diderot, on ne se souciait guère de peindre les querelles des ménages, les amours des personnages en redingote, les catastrophes banales, mariage ou maladie mortelle, qui terminent d'ordinaire les histoires de ce monde. Le roman tel que nous le connaissons, avec son cadre souple, son étude du milieu, ses personnages vivants, était à créer.

Ce fut alors que George Sand et Balzac parurent. Du premier coup, ils mirent face à face les deux seules formules possibles, la formule idéaliste et la formule réaliste.

George Sand continue *La Nouvelle Héloïse* et achève *René*. Elle précise simplement la formule que lui transmet le XVIII^e^ siècle, l'élargit et lui conquiert tout un vaste public. Sa méthode, sa phrase restant absolument dans la tradition, et l'on peut dire qu'elle n'a rien de révolutionnaire, littérairement parlant. Elle observe plutôt pour guérir que pour constater, elle modère ou précipite les passions selon les besoins de sa fable, sans toujours respecter le jeu de la machine humaine. Son continuel désir a été d'être un guérisseur, un ouvrier du progrès, l'apôtre d'une nouvelle vie de béatitude. Elle était de nature poétique, ne pouvait marcher longtemps à terre, s'envolait au moindre souffle de l'inspiration. De là, l'étrange réalité qu'elle a rêvée. Elle déformait toutes les réalités qu'elle touchait. Elle a créé un monde imaginaire, meilleur que le nôtre au point de vue de la justice absolue, un monde qu'on doit évoquer les yeux fermés, et qui prend alors le charme d'une vision décrite par une bonne âme.

Balzac est dans le vrai, au contraire. Il n'est pas un guérisseur, mais un anatomiste et un philosophe qui écoute la vie pour en compter les battements. Il travaille sur le corps humain, sans pitié pour les chairs pantelantes, les secousses nerveuses des muscles, le craquement de toute la machine. Il constate et il expose, pareil à un professeur de clinique. Plus tard, peut-être, grâce à ces observations précises, on trouvera la guérison ; mais lui, reste dans l'analyse pure, et n'a pas à y songer. C'est un scalpel de praticien qu'il a dans la main, et non un ébauchoir d'artiste idéaliste. De là, son monde si réel, cette création vivante faite de notre chair et de nos os, qui est à coup sûr le prodige intellectuel le plus extraordinaire du siècle.

Balzac et George Sand, voilà les deux formules qui se sont disputé l'intelligence de tous nos jeunes écrivains : la voie du naturalisme exact dans les analyses et les peintures, la voie de l'idéalisme prêchant et consolant les lecteurs par les mensonges de l'imagination. Il y a près de cinquante ans que l'antagonisme a été posé et que l'expérience dure ; depuis bientôt un demi-siècle, le réel et le rêve se battent, partagent le public en deux camps, sont représentés par deux champions qui ont tâché de s'écraser réciproquement sous une fécondité formidable. Aujourd'hui, la querelle est vidée, et l'on peut dire lequel des deux a vaincu : de Balzac, qui est mort en 1852, ou de George Sand, qui vient de s'éteindre en 1876.

Mais, avant de conclure, je tiens à laver le roman naturaliste du reproche d'immoralité qu'on lui fait ; et je trouve pour ce plaidoyer des arguments dans l'œuvre de George Sand. Certes, je ne dirai point que cette œuvre est immorale ; mais j'admets qu'il y a des lectures plus ou moins troublantes, et dès lors j'estime que les livres romanesques sont particulièrement faits pour pervertir les intelligences.

Mettez les romans de George Sand dans les mains d'un jeune homme ou d'une femme. Ils en sortiront frissonnants, ils garderont tout éveillés le souvenir d'un rêve charmant, et il est à craindre que la vie ne les blesse ensuite, qu'ils s'y montrent découragés, dépaysés, prêts à toutes les naïvetés et à toutes les folies. Ces livres ouvrent le pays des chimères, au bout duquel il y a une culbute fatale dans la réalité. Les femmes, après une pareille lecture, se déclareront incomprises, comme les héroïnes qu'elles admirent ; les hommes chercheront des aventures, mettront en pratique la thèse de la sainteté des passions.

Combien est plus saine la réalité, la rudesse des peintures vraies ! Ici, point de perversion possible. Faites lire les procès-verbaux d'un romancier naturaliste, et si vous terrifiez les lecteurs, vous ne troublerez ni leur cœur ni leur cerveau. Vous ne laissez pas de place à la rêverie, cette mère de toutes les fautes. Les scènes les plus audacieuses, la peinture des nudités, le cadavre humain disséqué et expliqué, ont une morale unique et superbe, la vérité. Voilà pourquoi, si l'immoralité pouvait exister dans les œuvres d'art, j'appellerais immorales les histoires inventées pour troubler les cœurs, et j'appellerais morales les anatomies pratiquées sur l'humanité dans un but de science et de haute leçon.

D'ailleurs, il y a beaucoup d'hypocrisie dans le fait des gens qui regrettent le temps où les romanciers mentaient. Elles ne chatouillent plus, ces terribles œuvres qui ont la rudesse de parler franc ; elles épouvantent, elles ne favorisent plus la débauche solitaire de la rêverie, le plaisir sensuel qu'on prenait à se donner des amours idéales. Combien de femmes ont trompé leurs maris avec le héros du dernier roman qu'elles avaient lu ! Les romans alors étaient des rendez-vous d'amour où l'on avait raison de ne pas laisser aller les enfants et les femmes. Certes, je comprends que les personnes habituées à ces écoles buissonnières du sentiment soient très chagrines de ne plus trouver de livres menteurs pour échapper au ménage et se perdre dans l'illusion d'un adultère imaginaire. Mais, au moins, il faudrait quelque franchise. Au lieu de reprocher aux romanciers naturalistes d'être immoraux, on devrait leur dire : « De grâce, ne soyez pas si rudes ni si vrais ! Vous nous glacez, vous nous empêchez de courir le guilledou des amours idéales. Rendez-nous l'immoralité permise de nos orgies romanesques. »

Je crois que les cœurs tendres peuvent prendre le deuil, car le roman de fiction pure se meurt. Et ici j'arrive à ma conclusion. À cette heure, dans la lutte du naturalisme et de l'idéalisme, c'est le naturalisme qui l'emporte, après cinquante ans de production littéraire. Chaque jour Balzac a grandi davantage. Discuté et nié par ses contemporains, il est resté debout après sa mort, et il apparaît à cette heure comme le maître incontesté de la presque totalité des romanciers contemporains. Sa méthode a prévalu, des tempéraments nouveaux ont pu se révéler et apporter des notes originales, ils n'en sont pas moins des rameaux de ce tronc puissant. Je me lasserais si je voulais nommer les disciples de Balzac. Aujourd'hui ses œuvres disparaîtraient, son nom s'effacerait que son influence continuerait à régir les lettres françaises, parce qu'il s'est rencontré avec le mouvement même du siècle.

Certes, George Sand est bien grande encore. Cependant, dans les dernières années de sa vie, elle avait déjà perdu beaucoup de sa popularité. Elle n'existait plus pour la génération nouvelle, qui la lisait peu et ne la comprenait point. Ses romans, qui paraissaient dans la *Revue des Deux Mondes*, allaient à un public spécial, de plus en plus restreint, et ne soulevaient aucune émotion. C'est à peine si la critique s'en occupait. Elle était d'un autre âge, elle se trouvait véritablement dépaysée au milieu du nôtre. Mais un symptôme plus décisif encore est la dispersion et la disparition de son école. Elle a pu avoir des disciples, elle n'en compte plus que deux ou trois, qu'il est inutile de nommer.

Telle est la vraie situation. Le roman naturaliste a vaincu, c'est là un fait évident qui ne peut être nié par personne. Je n'attaque en aucune façon le grand talent de George Sand. Elle représente une formule morte, voilà tout. C'est toute la science, c'est l'esprit moderne qu'elle a contre elle, et qui peu à peu font pâlir ses œuvres. Il faut attendre vingt ans et la soumettre à l'épreuve que Balzac subit victorieusement aujourd'hui, à cette terrible épreuve de la postérité dont si peu d'auteurs sortent tout entiers. Presque tous ses romans disparaîtront. Peut-être son nom seul restera-t-il comme le représentant d'une forme littéraire, dans la première moitié du XIX$^{e}$ siècle. Il est des écrivains, comme Chateaubriand, par exemple, qu'on ne lit plus et qui demeurent de hautes et belles figures. Ils ont creusé un profond sillon dont la trace reste ineffaçable dans le champ d'une nation.

On raconte que George Sand, quelque temps avant de mourir, aurait laissé échapper cette parole sur elle : « J'ai trop bu la vie. » J'ai étudié cette parole et je n'ai pas compris. George Sand, selon moi, a toujours passé à côté de la vie ; elle s'est usée dans son imagination, elle a trouvé dans son imagination ses joies et ses chagrins. Son existence a été une continuelle course à l'idéal. Je me l'imagine plutôt, à sa dernière heure, ouvrant les yeux sur la réalité des choses de ce monde, et s'écriant dans cette découverte de la vérité : « J'ai trop bu le rêve ! »

Aujourd'hui, George Sand a une statue au foyer de la Comédie-Française. Cela est bon. En outre, un comité s'occupe de lui ériger une autre statue sur une place publique de Paris. Cela est parfait. Toutes ces statues sont en hommage à notre littérature française. Mais ce qui me fâche un peu, c'est qu'on oublie singulièrement Balzac dans tout ceci. Songer que vingt-cinq ans après sa mort, l'auteur de *La Comédie humaine* n'est pas même un buste sur le pavé de Paris. Si l'on prodigue les statues au romancier que la jeune génération se contente de saluer respectueusement, quel hommage rendra-t-on au romancier victorieux et grandi, qui est pour nous tous un maître incontesté ?

*Le Bien public*, 11 juin 1877

## Bilan

Je me permettrai de consacrer cet article à ma défense personnelle. Depuis que je tiens campagne en faveur de mes idées, je me suis habitué à considérer mon feuilleton comme une tribune où je porte toutes les querelles qu'on me cherche. Cela rentre dans mon plan général de critique. Les pièces de la semaine attendront.

Maintenant que le tapage s'est un peu apaisé, il me plaît de résumer l'histoire et de dire le dernier mot. Voici les faits, brièvement : depuis trois ans, j'envoie à une revue russe, *Le Messager de l'Europe*, environ deux feuilles d'impression chaque mois. Ce sont des chroniques, des nouvelles parfois, le plus souvent des études littéraires. Naturellement, je soutiens en Russie les idées que je défends dans *Le Voltaire*, et je saisis l'occasion pour témoigner toute ma gratitude à ce grand pays, qui a bien voulu m'accueillir et m'adopter lorsqu'on me fermait les portes et qu'on me traînait dans la boue en France. Donc, quand j'y ai parlé du théâtre, j'ai repris les articles publiés ici et au *Bien public* quand j'y ai rendu compte des Salons annuels. J'ai recommencé la campagne faite par moi, en 1866, dans *L'Événement* ; enfin, quand je suis arrivé au roman, j'ai d'abord dit toute mon admiration pour Balzac, Gustave Flaubert, Edmond et Jules de Goncourt, Alphonse Daudet, dans de longues études ; puis j'ai examiné, dans un même article, l'ensemble des autres romanciers contemporains [1], n'ayant pas la prétention de les nommer tous, accordant à chacun une courte note, les jugeant au point de vue où je me suis toujours placé.

Cette dernière étude sur le roman contemporain avait paru à Saint-Pétersbourg le 1er septembre dernier. En

1. Sous la rubrique « romanciers réalistes », « académiciens », « idéalistes », Zola n'épargne pas ses contemporains : Octave Feuillet, Louis Ulbach, ou encore Erckmann-Chatrian subissent le feu de ses critiques.

octobre, un rédacteur de la *Bibliothèque universelle et Revue suisse* en résuma le sens général, sans en traduire exactement les phrases. Cela était déjà arrivé pour plusieurs de mes études parues dans *Le Messager de l'Europe*, et je ne m'arrêtai pas à cette traduction. Le manuscrit m'était revenu. Il dormait dans un tiroir avec les autres, attendant que je lui fisse un bout de toilette pour paraître à Paris en volume, lorsque, le 15 décembre dernier, plus de six semaines après la publication de la traduction, un rédacteur du *Figaro* lança, à la première colonne de la première page, une dénonciation en règle [1]. Il criait : « Au loup ! » contre moi, il appelait ses confrères d'une voix désespérée pour me traquer comme une bête malfaisante. L'article m'accusait de « vilipender », d'« assommer » les gens sous le masque d'une traduction ; et il finissait en m'appelant « zingueur ».

Je fus, je l'avoue, un peu surpris de la violence et de l'imprévu de l'attaque. Zingueur était familier. J'ai pu souvent dire de mes confrères qu'ils n'avaient pas de talent, mais je ne les ai jamais appelés zingueurs. Le plus étonnant était que le rédacteur me reprochait de « perdre les traditions polies ». Il me sembla un peu dur de rester sous le coup de cette dénonciation ; j'ai pris le parti de ne plus répondre directement aux articles et aux lettres, car cela embrouille tout et ne fait point avancer la vérité d'un pas ; mais le cas était particulier, il fallait aviser. La seule réponse qui me parut logique et courageuse, ce fut, puisqu'on dénonçait l'article, de ne pas attendre davantage et de le mettre immédiatement sous les yeux du public. J'offris donc au *Figaro* de publier mon étude sur

1. Sous le titre « M. Zola critique » avait paru en première page du *Figaro*, le 15 décembre 1878, un article signé « Un romancier » (sans doute un certain Paul Perret), rendant compte à grands traits du texte publié en russe par Zola, « Les romanciers contemporains ». L'article s'achève sur cet appel : « Défendons-nous, romanciers mes frères, défendons-nous, ou le zingueur nous mangera ! »

le roman contemporain, ce qu'il accepta. Cette étude a paru dans le supplément du journal, le 22 décembre.

Pour tout dire, cela me contrariait. Voilà que j'étais forcé de donner mon travail tel que je l'avais fait pour la Russie. Je ne me serais pas permis d'y changer une virgule, par bonne foi. Or, il n'est pas un journaliste qui ne sache comment on fait les correspondances. Parfois, et tout naturellement, je lâche un peu le style des études que j'envoie au *Messager de l'Europe* ; cela doit être traduit, il est inutile de chercher les finesses qui se perdraient dans la traduction. Plus tard, lorsque je publierai le texte français, je me propose toujours de refondre certains morceaux, d'enlever les répétitions, les phrases moins bien venues, toutes les bavures d'un premier jet. Enfin, il fallait me montrer en déshabillé.

D'autre part, il est évident que, lorsque j'écris un article pour la Russie, je le conçois un peu autrement que si je le concevais pour la France. J'ai là-bas un public particulier, très au courant, il est vrai, de notre littérature, mais qui exige des preuves, des faits, que l'on jugerait puérils et même singuliers si je les donnais à Paris. Lorsque je parle d'un homme, on me demande son portrait, ses habitudes, des anecdotes ; si je m'occupe de la presse, de la librairie, même des mœurs françaises, on veut de la statistique, des chiffres, des chiffres surtout. Et, je le répète, il n'est pas un journaliste qui ne sache cela ; c'est l'*a b c* du métier.

Ainsi, on me violentait, on m'obligeait à publier mon étude telle que je l'avais écrite pour l'étranger, sans me permettre de la revoir en rien. Cela ne m'aurait pas touché, si les lecteurs avaient bien voulu se mettre au point de vue logique. Mais je me doutais qu'on prendrait la question au rebours, comme il est d'usage.

En effet, mon étude a soulevé, paraît-il, un tapage furieux parmi mes confrères. L'exaspération était telle que, du trou où je vis, je ne comprenais pas bien. Qu'avaient-ils donc à se tourmenter de cette façon diabolique ? Je disais ma façon de penser sur quelques-uns, il est vrai, et je me permettais de les discuter ; mais quel homme aurait droit à la franchise, si ce n'était moi, avec qui l'on a toujours été brutal ? Je ne croyais pas être sorti de ma bonne tenue littéraire ; je n'avais appelé personne zingueur. Et il a fallu que des amis eussent l'obligeance de m'ouvrir les yeux, en m'envoyant certains articles. Mon Dieu ! c'était bien simple, on m'accusait tout bonnement d'avoir vendu ma plume à mon éditeur, on prétendait que mon étude était une réclame commerciale. La question littéraire crevait en une question de boutique. Vraiment, la chute est piteuse, et j'en suis un peu honteux.

Examinons donc cette drôlerie. C'est comique, mais c'est triste. On a oublié de dire que M. Georges Charpentier [1] m'a donné dix mille francs. Maintenant, si un éditeur rival m'offrait vingt mille francs, je me tâterais peut-être et je lui ferais un article. Il ne s'agit que d'y mettre le prix. Voilà le zingueur qui devient un gredin. Joli procédé de critique.

On comprend qu'il ait fallu six grandes semaines pour couver un pareil œuf. Cela a dû naître en douceur dans quelque boutique. On s'y est aperçu, après un minutieux examen, que j'étais favorable aux romanciers dont les œuvres sont publiées par M. Georges Charpentier, tandis que je me montrais sévère pour les auteurs d'un autre éditeur, mettons M. X... Les vanités littéraires blessées qui avaient envie de crier ont alors passé la main aux intérêts pécuniaires menacés. C'était l'abomination de la désolation. La maison X... était en péril. J'allais compromettre la vente. Il fallait vite m'avilir un peu, me clouer

1. Georges Charpentier (1846-1905) : ami et éditeur de Zola depuis 1872 ; la publication de *L'Assommoir*, en 1877, fut sa première réussite commerciale.

entre les épaules une étiquette de courtier en librairie, pour arrêter ma propagande. Et toute la maison X... s'est lancée à mes trousses. La galerie doit bien rire.

Eh ! oui, j'admire beaucoup Gustave Flaubert, Edmond et Jules de Goncourt, Alphonse Daudet, qui ont écrit des livres superbes dans mes idées ; je ne déteste pas André Theuriet [1], la seule recrue charmante qui se soit produite dans le camp adverse. Tous ces romanciers sont chez M. Georges Charpentier. Eh bien ! c'est que M. Georges Charpentier a été très intelligent lorsqu'il a su se les attacher. Vous dites que je lui fais une réclame ; mais je suis enchanté de la lui faire. Il a eu l'audace de nous grouper au moment où les portes se fermaient encore devant nous. Je parle surtout pour moi, qui étais repoussé de partout. Vous me forcez à traiter la question boutique, traitons-la. Aujourd'hui, après une vente très difficile, l'affaire devient bonne. Nous en sommes ravis, d'autant plus ravis que la maison X... en paraît consternée. Qu'y a-t-il d'étonnant à ce que je trouve mes auteurs favoris chez un éditeur qui a pris la peine d'aller les chercher un à un, risquant sa fortune sur leur talent discuté ? Il faut bien qu'ils soient quelque part, et ils sont là, parce que c'est là qu'ils ont trouvé le plus de liberté et le plus d'intelligence littéraire.

Maintenant, à qui ferez-vous croire que moi, je suis descendu à ce vilain métier de faiseur d'affaires ? Dans mon étude, j'ai donné des chiffres, j'ai indiqué, pour certains romanciers, le nombre des éditions auquel ils ont vendu leurs œuvres ; et c'est de ces chiffres que l'on part pour m'accuser d'avoir fait une concurrence déloyale à l'étranger. Remarquez que les nombres cités par moi sont presque tous énormes : des trentaines de mille, des centaines de mille ; deux ou trois fois seulement, j'ai constaté des nombres assez bas. On croit rêver. Je me demande si

1. André Theuriet (1833-1907) : auteur de recueils et de romans agrestes.

je me trouve en face du comble de la niaiserie ou du comble de la mauvaise foi.

Comment ! j'aurai dit ce que tout le monde peut constater sur la couverture des romans qui sont à l'étalage des libraires, et par cela seul je me serai rendu coupable d'une vilaine action ? J'aurai fait pour la Russie, qui me demande des chiffres, des preuves matérielles, un travail sur le goût du public en France, travail qui se serait sans doute modifié si je l'avais conçu pour une revue publiée à Paris, et l'on m'imputera ce travail à crime ! On feindra de ne pas voir le point de vue particulier où je me suis placé, on me refusera le droit de prendre la vente en librairie comme une marque certaine des transformations qui s'opèrent dans les engouements des lecteurs ! De qui se moque-t-on ? Cette fois, vraiment, on dépasse le but, en voulant me rendre trop ignoble.

Alors, je me serais tenu ce raisonnement, avant de prendre la plume : « Mon confrère un tel vend à douze mille, je vais dire qu'il ne vend qu'à quatre cents ; j'achèverai de le couler, et ses lecteurs viendront à moi. » Cela vous casse les bras. Que répondre ? J'ai déjà quatorze ans de dur travail derrière moi, j'ai gagné à grand-peine le pain que je mange, j'ai grandi dans le respect des lettres et dans l'ambition de laisser une œuvre.

Vous imaginez-vous un honnête garçon qui suit tranquillement son droit chemin et derrière lequel éclatent tout à coup des cris : « Au loup ! au loup ! empoignez-le ! qu'on nous en débarrasse ! » Ce garçon, c'est moi. Je suis resté stupide. En vérité, c'est moi qui suis le loup. Mais pourquoi ? Qu'ai-je fait ? Et l'on me dit qu'il s'agit d'assembler un comité pour juger mon cas. Par exemple, c'est là une chose que je voudrais voir. Après m'avoir fait sauter de surprise, on veut donc me faire mourir de rire ?

Les plus doux sont très dédaigneux. Ils m'accusent de ne voir dans la littérature qu'une question de gros sous. Ces gens ont trouvé ça, me voilà un adorateur du succès. Belle trouvaille, et qui fait honneur à la puissance de leur observation et de leur analyse ! C'est qu'il ne fait pas bon avoir de mauvaises pensées avec eux : ils ont l'œil scrutateur, ils vous percent jusqu'à l'âme. Moi, un adorateur du succès ! Eh ! j'ai passé ma vie à combattre le succès, vingt fois je l'ai cloué au pilori. Je sais ce qu'il vaut, je ne l'ai jamais flatté, je ne l'ai jamais acheté.

Tous ceux qui sont tombés avec du talent m'ont trouvé près d'eux pour les défendre. Quand le succès est venu pour moi, je me suis senti plein de trouble ; et souvent j'ai regretté l'heure où j'avais tout à conquérir. Aujourd'hui, je constate que la grande majorité des lecteurs vient aux romanciers naturalistes. En faisant cela, je tâte le pouls du public, rien de plus. Je ne suis pas glorieux de cette foule, ni pour mes amis ni pour moi. Seulement, on nous a dit que nos livres ennuyaient et dégoûtaient le public. Et je réponds : « Vous voyez bien que non, puisque le public se met de notre côté ; c'est vous qui avez fini par le fatiguer. »

En somme, je veux leur pardonner. Ces gens ne savent ce qu'ils disent. Ils n'ont qu'une conscience vague de ce que je fais. Ainsi, je les étonnerais beaucoup en leur apprenant que mon étude sur le roman contemporain, qu'ils m'ont forcé à publier séparément, appartient à un ensemble d'études logiquement enchaînées les unes aux autres, et dont les places sont toutes marquées dans un volume. Balzac est en tête, puis viennent Gustave Flaubert, Edmond et Jules de Goncourt, Alphonse Daudet, d'autres encore [1]. Dès lors, chaque chose s'éclaire et se met en place. Il devient évident que je me bats au nom d'une idée. L'explication de mon attitude est là. Cette attitude est bien franche pourtant, elle devrait sauter aux yeux de tous.

Mais non, ce qui stupéfie ces gens, c'est précisément que je suis un homme de logique, c'est que j'obéis à un tempérament de critique où les jugements sur toutes

1. Zola décrit ici l'architecture générale des *Romanciers naturalistes*, volume à paraître en 1881 chez l'éditeur Charpentier.

choses se tiennent et s'enchaînent. On ne veut pas me comprendre, parce que je reste en dehors des banalités, des complaisances, des formules toutes faites de la critique courante. Depuis douze ans que je fais cette besogne, on pourrait croire qu'ils ont compris et qu'ils se sont accoutumés. Pas le moins du monde. Chaque fois, c'est le même sursaut, la même exaspération, le même affolement de vanité blessée.

La première fois, c'était en 1866, à propos du Salon de peinture. On faillit m'égorger. La seconde fois, c'était au sujet du théâtre ; mes feuilletons du *Bien public* ameutaient toute la critique autour de moi avec des haussements d'épaules, des rires et des sifflets. Aujourd'hui, c'est sur les romanciers. Remarquez que, les trois fois, j'ai répété les mêmes choses. Mon outil n'a pas changé. N'importe ; l'effet est certain. Les gens se fâchent et m'accusent des intentions les plus malhonnêtes. Ne serait-il pas temps d'être un peu plus raisonnable à mon égard, de s'apercevoir au moins que j'obéis à ma nature, que je ne calcule pas des infamies dans mon coin, que dans la peinture, dans la littérature dramatique, dans le roman, j'ai mené la même campagne en faveur d'une idée unique ? Voilà l'homme dont on fait un courtier de librairie.

Je sais, d'ailleurs, pourquoi tant de colère ; c'est que j'ai dit tout haut ce que bien du monde pensait tout bas. Il y a dans la presse des habitudes prises à l'égard de certaines personnalités ; elles sont passées à l'état de sympathiques, je veux dire qu'on répète toujours sur elles les mêmes phrases bienveillantes. J'ai dit la vérité toute nue sur ces personnalités ; de là l'émotion. Si l'on ajoute mon manque de respect pour les positions acquises, ma haine de la convention, mon amour de la vie et de l'originalité, on s'expliquera toute cette fureur. Mais il paraît que les romanciers les plus furieux contre moi sont encore ceux dont je n'ai pas parlé.

Un dernier mot sur une légende qui est en train de se former. On me représente comme crevant de vanité. Si je dis la vérité aux autres, c'est que l'orgueil m'étouffe. Je veux m'asseoir en triomphateur sur les cadavres de tous mes confrères massacrés par moi. Eh bien ! voilà encore un trait d'une bonne observation et d'une fine analyse.

Mon orgueil serait de deux natures : ou je serais convaincu, ou je serais habile. Convaincu, hélas ! j'ai trop de sens critique. Je voudrais bien être convaincu que je suis le premier homme du siècle. L'écrivain qui arrive à cette hypertrophie de personnalité, vit dans une sérénité superbe. Il s'adresse des discours devant sa glace, il devient Dieu. Pour mon malheur, je pleure encore de rage sur mes manuscrits, je me traite d'idiot vingt fois par matinée, je ne lance pas un livre sans le croire très inférieur à ses aînés. Il faudrait donc que je fusse habile, que toute ma campagne fût un travail pour me hausser à une situation.

Voyons, de bonne foi, est-ce que les habiles se risquent dans les casse-cou de la franchise ! Regardez ceux qui arrivent aux récompenses et aux honneurs, vous comprendrez que j'ai renoncé à tout. Je ne suis rien, pas même bachelier, et je ne suis de rien, pas même de la Société des gens de lettres [1].

Et maintenant, je vais reprendre tranquillement ma besogne. Il m'a plu de discuter cette aventure, parce que j'aime la vérité. Mais je ne dois des explications à personne.

*Le Voltaire*, 31 décembre 1878

## Vallès

Je négligerai cette semaine les théâtres pour parler d'un livre que je viens de lire et qui m'a bouleversé. Il s'agit de *Jacques Vingtras* [2], que M. Jules Vallès a publié ces jours-ci sous le pseudonyme de Jean La Rue.

---

1. En 1892, Zola sera élu président de la Société des gens de lettres.
2. Ce livre nous est connu désormais comme le premier volume de la trilogie de Jules Vallès, *L'Enfant*.

C'est une autobiographie, dit-on. Cela est possible. Mais, pour moi, c'est surtout un livre vrai, un livre fait des documents humains les plus exacts et les plus poignants. Voici dix ans qu'une œuvre ne m'avait remué à ce point. Rien de plus simple pourtant. L'auteur nous conte l'histoire d'un fils de professeur, battu par ses parents, puni au collège, grandissant dans une révolte sourde d'enfant que l'éducation et l'instruction des petites villes écrasent. Pourquoi donc ce récit sans intrigue, sans complication d'aucune sorte, ces sortes de mémoires écrits au caprice des souvenirs, nous prennent-ils si rudement aux entrailles ? C'est que l'enfance de milliers de nos petits Français est là, c'est que nous tous, sinon pour nous-mêmes, du moins par nos camarades, nous avons éprouvé ces choses. Il suffit que cela soit vécu et qu'un écrivain ait osé le dire dans la colère de ses blessures encore poignantes.

Les acteurs du drame sont au nombre de trois : la mère, le père et le fils. Je les étudierai rapidement, pour toute analyse du livre.

La mère est une fille de paysans, une parvenue, mariée à un petit professeur. Elle a été battue et elle bat son fils, non par méchanceté, mais par idée de devoir. Peu à peu, elle s'est fait une ligne de conduite de toutes les idées de sa classe ; elle croit ainsi que qui aime bien châtie bien ; elle entend faire un homme de son garçon en le torturant toute sa jeunesse, en le contrariant dans ses goûts et dans ses besoins. Cela ne va pas sans les ridicules de la province : les vêtements cousus à la maison, trop étroits ou trop larges, et dont l'enfant souffre abominablement ; les entêtements de la femme qui ne voit rien en dehors de ses habitudes et qui se donne en spectacle ; les croyances de commère, les bavardages bêtes, les colères imbéciles. Au demeurant, une bonne femme, qui, un soir, brusquement éclairée sur le martyre qu'elle a imposé à son fils, se met à genoux et pleure en lui demandant pardon. La mère est superbe. Je n'en connais pas de plus grande.

Voyons le père. Rappelez-vous un de vos professeurs, une de ces figures blêmes, usées dans les taquineries des collèges. Il n'est personne ; le professorat, avec son humilité, sa terreur des supérieurs, ses nécessités d'obéissance passive et de raideur sévère, en a fait un profil de bois dans lequel il est bien difficile de reconnaître un homme. Dur à ses élèves, l'échine cassée devant ceux qui disposent de sa fortune, le malheureux en est réduit à porter toute son existence son masque de garde-chiourme. Il n'a plus ni gaieté, ni dignité, ni liberté. Rien n'est joli, au milieu de cette vie grise, comme une escapade de cet homme dans un amour coupable pour la belle Mme Brignolin. Ajoutez qu'il a souvent honte de sa femme. Aussi finit-il par s'aigrir et par taper sur son fils, avec l'exaspération d'un homme dont la vie est masquée et qui se venge sur ce qu'il peut, en voulant au moins être chez lui le maître absolu. Et pourtant, il pleure lui aussi, au dénouement, il accuse sa longue vie de souffrance et de dégoût de l'avoir rendu mauvais.

Maintenant, mettez le fils entre ces deux êtres, dans les logements pauvres que la famille occupe successivement au Puy, à Saint-Étienne et à Nantes. Voilà le souffre-douleur, non pas parce que les parents sont plus mauvais que d'autres, mais parce que, fatalement, il sera la victime involontaire des tiraillements du ménage, des aigreurs du père et de la mère, des jours de misère et des jours de fureur. Quand des gifles seront dans l'air, il les recevra, comme s'il était là pour ça. Lui, est un galopin, ni bon ni mauvais, plutôt paresseux, trop petit encore pour être gâté, ne songeant guère qu'à courir, qu'à taper et à crier. N'importe, on le corrigera comme un homme. Il aura les gros soucis. On le mettra en même temps à laver la vaisselle et à conjuguer des verbes grecs. Si on lui donne du pain sec, ce sera pour son bien. Il sentira l'injustice et la honte à un âge où l'on ne devrait connaître que le rire. Aussi deviendra-t-il un révolté, un de ces enfants terribles que l'on menace du bagne.

Il faut pénétrer dans ce tempérament de Jacques pour bien comprendre ce qui se passe chez ce gamin. L'enfant, quel qu'il soit, a une vivacité d'impression, une fraîcheur de sensation exquise. On ne se doute pas du drame terrible qui se passe dans un enfant nerveux lorsqu'on prend un bâton pour lui parler. C'est une exaspération de toute sa faiblesse contre cet abus de la force dont il est la victime ; c'est souvent une protestation de l'innocence contre l'injustice qu'il ne peut confondre. Écoutez un enfant sangloter quand on le bat ; il y a, dans ses cris, une rage qui devrait épouvanter l'homme qui frappe. Jacques est un nerveux, d'une sensation très délicate et d'une volonté déjà très nette. Jugez des ravages qu'une éducation à coups de bâton et qu'une instruction à coups de punitions doivent faire dans cette petite tête qui sent fortement et qui a soif de liberté et de grand air. Le résultat est fatal, je le répète : cet enfant battu sera un fils révolté.

Mauvais, certes, Jacques ne l'est pas. Il faut le voir, lorsqu'il peut s'échapper du triste logement de sa famille, pendant les vacances. Tout jeune, il a rêvé d'être un ouvrier comme son oncle Joseph, ayant la vague intuition de la vie affreuse de son père, ce galérien de l'Université. Plus tard, il garde pour tous ceux qui travaillent au grand air une tendresse envieuse de prisonnier. Quand on le lâche dans la campagne, il devient fou, il se grise de l'odeur des plantes et de la bonne chaleur du soleil. Une fois, il rencontre dans une ferme deux cousines ; c'est une idylle charmante, avec des promenades dans les herbes, des baisers pris et rendus au milieu de grands rires, des soupes fumantes mangées de bon appétit, pendant que la volaille entre et ramasse les miettes. Ce n'est pas Jacques qui est mauvais, c'est la vie qu'on lui impose. Jacques aime tout ce qui est grand et bon, et si plus tard il se fâche, c'est qu'on veut le plier avec des calottes à tout ce qui est petit et mauvais.

D'ailleurs, je ne veux pas même le défendre ici. La vérité ne se défend pas. Quand quelqu'un ose la dire, il faut le saluer. Toutes les fois qu'on dit la vérité, on saigne ; car elle arrache un peu de votre chair. Il y des confessions qu'il faut écouter, la tête découverte. *Jacques Vingtras* est une de ces confessions. Il est ridicule de traiter de mauvais fils l'homme qui a écrit ces pages puissantes, si pleines d'un grondement de tendresse inassouvie. Il suffirait qu'il ait dit la vérité pour être absous. Mais il a dit en même temps toutes ses passions généreuses, son amour de la vie libre ; il a relevé ses parents jusqu'au sublime, dans des scènes inoubliables de grandeur vraie, après les avoir montrés gâtés par leur milieu, aveuglés par les préjugés de la petite bourgeoisie française ; il a enfin dressé le procès-verbal le plus net que je connaisse sur l'enfance des petits êtres pauvres dont l'orgueil des parents veut faire chez nous des avocats ou des professeurs, à coups de trique.

Voilà ce qui m'a frappé. C'est la première fois qu'on parle de nos enfants, sans phrases, en disant nettement ce qu'ils sont, et ce qu'on fait d'eux. Remarquez qu'il n'y a pas ici de mélodrame ; il ne s'agit pas d'une victime torturée par des monstres de parents. Non, les parents sont les premiers venus ; le père est un pauvre homme, la mère est une brave femme ; et, par bêtise, par routine, ils assomment leur fils et lui font une jeunesse abominable. Des milliers sont chaque jour dans ce cas. La vie est ainsi, voilà ce qui ressort de cette histoire vraie, voilà ce qui la grandit. Ce ne sont plus des pages enguirlandées sur l'enfance, des sensibleries de femme jouant à la poupée, ni même des contes d'enfants martyrisés à la Dickens. C'est la vérité commune, ce que chacun de nous a pu observer autour de lui. Et voyez la puissance du document humain : cette vérité commune, que personne ne s'était avisé ou n'avait osé dire, prend une puissance telle, que toutes les histoires inventées pâlissent à côté et ne sont plus que des fantaisies ridicules.

Sans doute, il faut tenir compte du tempérament de M. Jules Vallès. Tous les enfants ne gardent pas ce souvenir amer de la première enfance, cette révolte contre le collège et la maison paternelle. La plupart oublient ou pardonnent. Lui s'est souvenu. La sensation a dû être plus violente dans cette nature d'artiste. Il se rappelle beaucoup, parce qu'il a beaucoup souffert. On devine, au frisson de la phrase, qu'il sent encore physiquement les corrections de son premier âge. De là ce livre frémissant, qui semble écrit sous le coup de la douleur et de l'indignation.

Je l'ai dit, depuis dix ans, je n'ai rien lu d'aussi vivant. Cela est absolument personnel, écrit souvent à la diable, mais avec une originalité qui ne doit rien à personne. Comme je veux être absolument franc, j'ajouterai que je regrette un certain nombre de pages, au point de vue littéraire. Il y a des pages de maître, que gâtent des pages lâchées, d'une bouffonnerie inutile. En outre, l'auteur intervient trop, par des exclamations personnelles, des plaisanteries d'un goût douteux ; l'œuvre gagnerait certainement en force et en simplicité, si elle gardait son ton exact et précis de procès-verbal. Mais que de merveilles ! Des épisodes entiers sont parfaits, d'une profondeur d'observation et d'une finesse d'analyse vraiment magistrales. Et que de figures dessinées d'un trait, fixées à jamais par un simple mot !

Je désire qu'on lise ce livre. Si j'ai quelque autorité, je demande qu'on le lise, par amour du talent et de la vérité. Les œuvres de cette puissance sont rares. Quand il en paraît une, il faut qu'elle soit mise dans toutes les mains.

Et, maintenant, comment un homme du talent de M. Jules Vallès a-t-il pu gâter sa vie en se fourvoyant dans la politique ? Jamais je ne lui pardonnerai. Eh quoi ! il avait en main le plus bel outil du monde, il pouvait remuer les peuples de sa plume, il pouvait bâtir son monument aussi haut qu'il voudrait, et il est allé, comme un enfant, risquer tous ses dons d'écrivain dans je ne sais quelle besogne obscure, avec des hommes dont pas un n'avait son talent. C'est un vol qu'il nous a fait, car il nous devait des œuvres, qu'il tarde à nous donner, au milieu des misères de l'exil.

Ah ! s'il m'écoutait, comme il sentirait sa valeur et comme il laisserait la politique aux écrivains ratés, qui s'y réfugient parce que le public n'a pas voulu lire leurs drames ou leurs romans ! Je l'ai dit ailleurs, la politique, en nos temps troubles, est le lot des impuissants et des médiocres. Ils encombrent les journaux et les assemblées, ils se taillent une personnalité dans le vain tapage de l'actualité. Je les comprends, ceux-là ; ils ont échoué partout ; ils profitent de la bagarre pour crier leurs noms à la foule et pour jouer un rôle, ne fût-ce qu'une heure. Mais un romancier de la taille de M. Jules Vallès n'a qu'à se tenir debout pour être vu de tous.

*Le Voltaire*, 24 juin 1879

# La campagne du *Figaro* : un républicain contre la République

*Au plus fort de la campagne naturaliste, Zola et les romanciers des «jeudi de Médan» (Huysmans, Henry Céard, Léon Hennique) envisagent de fonder leur organe périodique : un «journal hebdomadaire essentiellement réservé à l'exposition et à la défense des principes de la littérature naturaliste», qui aurait eu pour titre* La Comédie humaine[1]. *Le projet échoue, faute de soutien financier.*

*C'est qu'il devient de plus en plus difficile, pour Zola, de concilier sa liberté critique avec la ligne éditoriale du* Voltaire. *Le quotidien publie en 1879* Le Roman expérimental *et* Nana, *mais exige des coupes, craignant les poursuites. Finalement, un bras de fer s'engage entre Zola et son propre camp, celui des républicains ; comme si une faille de plus en plus profonde se creusait, dans le territoire progressiste, entre l'avant-garde politique et l'avant-garde littéraire. « L'heure est venue de mettre la République et la littérature face à face», écrit Zola dans* La Revue bleue, *le 25 avril 1879. Entre la politique et les lettres, il faut choisir ; le directeur du* Voltaire *désavoue Zola dans un éditorial, à quoi le romancier répond par un télégramme sans appel : « Désormais pour moi vous êtes mort*[2]. *»*

*Pour garder les mains libres, l'écrivain passe donc au camp adverse : le 17 septembre 1880, sous le titre « Une*

1. Lettre de Huysmans citée par Henri Mitterand dans *Zola journaliste, op. cit.*, p. 279.
2. Cet épisode est rapporté par Henri Mitterand, *ibid.*, p. 220.

EMILE ZOLA AU FIGARO

Et ça se dit républicain !

Caricature de Hix (*le Grelot*, 1881.)

*recrue »,* Le Figaro *publie une lettre de Zola au directeur du journal, dans laquelle il accepte la proposition de « faire une campagne dans* Le Figaro *» : « J'accepte, puisqu'il devient impossible, dans les journaux républicains, de juger librement les hommes et les faits de notre République. J'accepte, puisque la littérature, traquée et chassée de toutes les feuilles officieuses, comme encombrante et dangereuse sans doute, n'aura bientôt plus d'autres refuges que les journaux réactionnaires. »*

*La campagne dure un an, au terme duquel Zola fait ses adieux au journalisme ; l'ensemble des cinquante-deux articles (un par semaine), repris en volume sous le titre* Une campagne, *paraît en 1882. Les trois textes retenus ici consacrent le divorce entre les valeurs qui régissent, pour le romancier, l'univers des lettres – règne des supériorités* [1], *du talent, et des individualités fortes – et celles qui fondent le régime démocratique, à en croire l'impitoyable jugement porté sur les républicains opportunistes : une « cuisine » de partis, règne des « appétits et [de] la sottise des hommes* [2] *».*

## L'ENCRE ET LE SANG

On veut que la bataille soit entre la littérature et la politique. De tout temps, elles ont fait très mauvais ménage, et il est bon, en effet, de vider la querelle. Je dirai donc pourquoi, nous les écrivains, nous avons un grand dédain des hommes politiques, aussi bien des ambitieux triomphants que des ratés crevant de rage.

Notre orgueil vient de ce que nous sommes dans le seul absolu qui soit au monde, la pensée pure ; tandis

1. Dans « Les trente-six républiques », paru dans *Le Figaro* le 27 septembre 1880, Zola appelle de ses vœux une « république des supériorités ».

2. Zola, « Le suffrage universel », *Le Figaro*, 8 août 1881, voir *infra*, p. 301-302.

qu'ils se débattent misérablement au milieu du relatif des choses humaines, garrottés par des nécessités de toutes sortes, condamnés à la ruse, à la bêtise et au crime. Mais cette affirmation resterait vague, si je ne l'appuyais sur des exemples.

Voyons les faits.

Justement, dans le tas de prose dont on m'accable, se trouve un article de M. Paul de Cassagnac [1], où je vais puiser de précieux arguments.

Cet article m'a beaucoup frappé ; il est le seul qui signifie réellement quelque chose, car il a été écrit par un homme qui est un tempérament. J'aime les gens carrés dont les opinions sont absolument contraires aux miennes. Au moins, on sait à quoi s'en tenir ; il n'y a pas d'hypocrisie possible, et l'on va vite en besogne.

Donc, M. Paul de Cassagnac se fait de l'homme politique l'idée d'un gaillard très brave, très fort à l'épée, toujours sur l'œil, qui présente au premier mot la poitrine à ses adversaires ; et cet homme politique n'est pour lui digne du pouvoir que lorsqu'il s'en empare à main armée et qu'il le garde, comme les voleurs romantiques s'emparaient d'une valise et la gardaient, à l'âge d'or des diligences.

C'est évidemment une façon énergique d'entendre la politique. Au fond, il n'y a peut-être même que cette façon de sérieuse. Mais je voudrais savoir ce que pensent de la théorie les républicains dont M. Paul de Cassagnac prend la défense, en adversaire bien élevé qui envoie une carte de visite après un duel. Voyez-vous les hommes politiques de l'opportunisme et de l'intransigeance déclarés très forts, parce que les uns étranglent la France et que les autres la guettent, pour venir lui sucer le sang, quand elle sera morte ! Jamais on ne leur a porté un tel

1. Paul Granier de Cassagnac (1843-1904) : directeur du *Pays*, journal bonapartiste ; député du Gers depuis 1876.

coup de massue. C'est de la politesse terrible. Les voilà supérieurs, du moment où ils savent se battre et où ils n'hésitent pas, lorsque sonne l'heure, à planter un couteau dans la gorge de la France. Eh ! grands dieux ! où sont donc les immortels principes, et que feront-ils sur les monuments de la devise sublime : Liberté, Égalité, Fraternité ?

M. Paul de Cassagnac met tout l'homme politique dans le caractère. Qu'on ne lui parle pas du talent. À quoi bon, le talent ? Un homme de talent n'est qu'une poule mouillée, qui fait la plus piteuse mine sur le terrain. Les penseurs gâtent tout dans la politique ; il faut des soldats. Soyez bête, si vous y êtes forcé, mais ayez une bonne poigne. N'allez plus à l'école, fréquentez les gymnases et les salles d'escrime.

Certes, comme observateur, comme romancier analytique, je tiens grand compte du caractère. Seulement, le caractère tout sec, cela me paraît vague ; encore faut-il s'entendre sur le caractère et l'accompagner au moins d'une épithète. Troppmann était un caractère, Abadie est un caractère [1]. Voilà des gaillards qui savaient ce qu'ils voulaient et qui n'ont point hésité à aller jusqu'au bout. Ils ont joué carrément leur tête comme le premier homme politique venu ; et, si l'on me permet de pousser la comparaison plus loin, je dirai qu'entre eux et un conquérant quelconque je ne vois qu'une question de scène plus ou moins vaste et d'appétit plus ou moins large. Pourtant, on m'accordera que, tout en ayant beaucoup de caractère, Troppmann et Abadie auraient fait d'étranges hommes politiques.

J'en veux arriver à ceci : que si, au bout du caractère, il n'y a pas le talent, je dis l'intelligence dans la force de sa raison et de sa logique, l'homme reste simplement une brute dangereuse, qui volera et qui tuera avec plus ou

1. Les méfaits de ces deux célèbres criminels ont fait la une des journaux populaires dans les années 1870.

moins d'héroïsme. Être fort, dans le beau sens, ce n'est pas uniquement vouloir et pouvoir, car tous les bandits en sont là ; c'est vouloir et pouvoir avec génie, c'est laisser une création de justice et de vérité. À tous les sommets, flamboie l'intelligence, et il n'y a pas d'homme, pas de grand homme sans elle.

M. Paul de Cassagnac me laisse entendre que, si son homme à caractère volait le pouvoir au coin d'un bois, il me fusillerait comme un petit lapin. Eh bien ! il me fusillerait, et après ? Ce ne serait qu'une goutte de sang de plus versée par l'imbécillité humaine. Mais son homme à caractère ne serait pas pour cela un homme fort. En mourant, je lui crierais : « Tu n'es pas fort, tu n'es qu'une brute ! »

En somme, je vois bien où va la querelle. Elle s'établit entre l'encre et le sang.

Les grands mépris de M. Paul de Cassagnac, qui se pose en homme politique, sont pour nos encriers. Fi ! les vilains ! qui trempent leurs doigts dans l'encre et qui jettent leurs encriers à la tête des gens d'épée ! A-t-on jamais vu de pareils croquants ! Aux siècles derniers, on les bâtonnait. Et il nous traite de Vadius. Mon Dieu ! nous pourrions l'appeler Matamore, et nous serions quittes de comparaisons classiques [1].

Mais la question est plus grave. Je ne réponds pas ici pour avoir le plaisir de croiser ma plume avec une épée ; je réponds pour faire de la vérité, si je puis.

Dites-moi, je vous prie, quel empire le sang a fécondé ? Où sont les conquêtes faites par le glaive ? Où l'empire d'Alexandre ? Où l'empire de Charlemagne ? Où l'empire de Napoléon ? Tout ce déluge de sang a trempé la terre, sans hâter seulement l'éclosion d'une idée. À chaque guerre, le sol est pourri pour des siècles. Rien ne pousse où le sang a coulé, et les champs de

1. Vadius et Matamore : personnages ridicules des *Femmes savantes* de Molière et de *L'Illusion comique* de Corneille.

bataille restent maudits et empoisonnés, soufflant un vent de peste sur les cités voisines.

Et passez à l'encre maintenant, cette encre que vous méprisez si fort. Si l'encre tache, elle ne pourrit pas. C'est l'encre qui féconde, c'est elle qui est la grande force de la civilisation. Pas une idée n'a poussé sans être arrosée d'encre. Une continuelle floraison s'élance et déborde de l'encrier des savants et des écrivains, la floraison superbe du génie de l'homme. Tandis que Napoléon nous noyait dans le sang, sans profit aucun, l'encre de Lavoisier et de Gay-Lussac créait une science, l'encre de Chateaubriand et de Victor Hugo accouchait d'une littérature. Je défie qu'on puisse signaler un progrès humain qui n'ait pas grandi dans une goutte d'encre.

Vous voyez donc bien que cela n'est pas si laid, d'avoir les doigts tachés d'encre. Cela prouve tout au moins qu'on travaille, et cela signifie encore qu'on a l'ambition de donner une poussée au monde. Notre siècle de science, où l'intelligence fait l'aristocratie, n'est plus un siècle de féodalité, où la force physique seule déterminait la supériorité. Nous admirons plus que personne le courage ; mais, outre qu'il y a toutes sortes de courages, et que l'écrivain assis à sa table est souvent un héros, nous estimons que l'humanité a plus besoin d'intelligence que de bravoure, à l'heure actuelle. Arrosez d'encre la jeune génération dans les écoles, avant de l'arroser de sang sur les champs de bataille : notre France sera grande, car en 1870 elle a été uniquement battue par la science.

Quant à M. Paul de Cassagnac qui parle avec dédain des coups d'encrier, il a vraiment tort. C'est une mauvaise blessure, et on doit se méfier. Beaucoup de gens sont morts d'un coup d'encrier reçu au visage. Demandez à Voltaire. On guérit souvent d'un coup d'épée, tandis qu'on ne guérit jamais d'un coup de plume, lorsqu'il a porté. C'est que l'épée n'est que l'arme des muscles et ne prouve absolument rien ; tandis que la plume est l'arme de l'intelligence et qu'elle fait œuvre de vérité.

J'entends bien que les hommes politiques se fâcheront et qu'ils refuseront de se reconnaître dans ce portrait du parfait duelliste. Ils voudront ajouter quelque chose au caractère, un peu d'esprit et beaucoup d'adresse. Et si nous plaisantons, ils se poseront comme des hommes d'action, en nous traitant de plumitifs.

Voilà le grand mot lâché : ces messieurs sont des hommes d'action et nous sommes des hommes de cabinet. Eh bien ! j'accepte cela. Voyons un peu.

Un homme est dans son cabinet. Il ne bouge pas, il reste assis, pendant des heures. Devant lui, il n'a qu'un encrier, une plume et du papier. Un silence absolu, pas un acte. Mais cet homme est Rabelais, cet homme est Molière, cet homme est Balzac. Et, dès lors, dans cette mort apparente des membres, il y a une action formidable, une action qui va bouleverser le monde, hâter les siècles, mûrir l'humanité ; car c'est ici le cerveau qui agit et qui travaille pour l'immortalité.

Un homme est au pouvoir, dans les Chambres ou dans la rue. Il se donne un mouvement terrible, mène à coups de fouet un troupeau, se dépense en paroles et en actes de toutes sortes. Il est dans les faits, et non dans les idées, il a la prétention de faire un peuple. Cet homme, c'est Casimir-Perier, c'est Guizot, c'est Thiers. Et, quand il a bien piétiné, quand il a empli son époque de son agitation, il disparaît tout entier avec son œuvre, il ne laisse que la mémoire d'un fantôme, comme les grands comédiens.

Je veux dire que la seule action réelle et durable se trouve dans la pensée écrite, et que les hommes politiques, si hauts qu'ils soient, meurent à la tâche, tandis que leurs châteaux de cartes croulent sur le sable toujours mouvant de l'histoire. Les plus justes comme les plus criminels laissent à peine un nom. Nous ne pouvons même plus les juger, car leurs œuvres ont disparu, et elles ont d'ailleurs été bâties dans le relatif des choses humaines, qui leur enlève toute certitude.

Oui, nous sommes dans nos cabinets, et du fond de notre silence et de notre immobilité, je vous assure que nous faisons des gorges chaudes, en regardant vos fameuses besognes d'hommes d'action. Sautez et valsez, suez à la peine, essoufflez-vous à satisfaire vos appétits : vous ne serez jamais, pour nous autres observateurs, que des pantins dont la mécanique est plus ou moins bien réglée. Quand les empires d'Alexandre, de César et de Napoléon sont tombés en poudre, quand cent années d'histoire tiennent dans les quelques pages d'un volume, quand les plus grands des tribuns et des ministres sont jugés en une ligne, sur laquelle les historiens ne s'entendent même pas, je vous demande un peu ce que peuvent peser vos républiques personnelles, avec leurs étiquettes d'un jour ! Au panier, la République opportuniste ! Au panier, la République intransigeante ! Ce ne sont là que des secondes dans la vie d'un peuple, et ce qui vous passionne si fort ne fera pas seulement tourner la tête à nos neveux. Nous sommes dans nos cabinets, et si un de nous a le génie d'écrire un chef-d'œuvre, lui seul immortalisera la France. De Rome disparue, il reste Virgile.

Le plus drôle, c'est que M. Paul de Cassagnac nous dit gravement que nous ne valons pas les hommes politiques et que nous ne les comprenons pas. Ah ! de grâce, mes amis, tenez-moi ferme, de peur que je n'éclate de fou rire ! Nous voyez-vous ne pas comprendre ces messieurs, parce qu'ils sont trop profonds sans doute, et que notre enfantillage de poètes ne peut se hausser à leur caractère d'hommes d'action ! À quoi bon les nommer ? il n'y en a pas un de la troupe, depuis le premier rôle jusqu'aux utilités, en passant par le valet et par le traître, dont nous ne connaissions les ficelles grosses comme des câbles. Eh ! c'est notre métier de fouiller les cerveaux et les cœurs, d'analyser le cadavre humain. Donnez-nous un homme, le plus adroit, le plus ambitieux, le plus brave, nous le mettrons sur la dalle de notre amphithéâtre et nous vous dirons ce qu'il a dans le crâne. De la fumée, du son, et pour les meilleurs une fêlure.

Nous sommes donc la grande force, avec notre encre et nos plumes. Les hommes politiques le savent bien, et c'est pour cela qu'ils affectent tant de mépris. Nous tenons les oreilles et nous tenons les cœurs. Quand un artiste se lève, un frisson passe sur le peuple, la terre pleure ou s'égaie : il est le maître, il ne mourra plus, les siècles sont à lui.

Sans doute, cet écrivain ferait peut-être une mauvaise figure au pouvoir. Il a parfois négligé l'escrime et l'équitation, ce qui le rendrait gauche, les jours de revue. D'ailleurs, il confesse qu'il n'a aucune puissance politique, à ce point que, s'il se présentait comme député, on lui préférerait certainement quelque imbécile. Les gardes champêtres eux-mêmes refusent de lui obéir. Comme il n'a persuadé à personne que le salut de la France est dans son précieux individu, il peut se moucher à son gré, changer de linge et d'opinions, sans ébranler la patrie. En un mot, il ne compte pas dans la machine gouvernementale, il n'a pas d'action immédiate sur le présent. Mais quelle revanche, le lendemain !

Allons, messieurs, gouvernez, faites de l'histoire ! Nous sommes là, comme greffiers, et nous écrivons. Seulement, prenez garde ! À Rome, nous nous appelons Juvénal, et nous écrivons des satires. Sous la Restauration, nous signons nos pamphlets du nom de Paul-Louis Courier ; et, au 2-Décembre, nous sommes Victor Hugo, nous souffletons l'Empire naissant du cri sublime des *Châtiments.*

Eh bien ! à la place de nos gouvernants, je serais plein d'inquiétude. Il y a, parmi les hommes politiques du jour, trop de grotesques et trop de petits hommes. Cela finira par tenter quelques bonnes plumes. Vraiment, on n'abuse pas à ce point de la médiocrité, on n'apporte pas des sujets d'une drôlerie si extraordinaire, lorsqu'on affecte la haine de la littérature. Tremblez de ne pas mourir tout entiers et de vivre par nous !

Disparaître à jamais, tomber dans ce gouffre de l'histoire où de plus grands que vous dorment de l'éternel oubli, c'est encore le rêve le plus doux que vous puissiez faire. Vous nous appartenez et, si nous vous prenons, vous resterez cloués dans nos œuvres. Nous ne sommes rien, vous nous dédaignez parce que nous ne disposons pas même des voix d'une commune. Enfants que vous êtes ! Nous disposons des peuples, et c'est nous qui donnons la gloire. Achille, le bouillant, et Ulysse, le politique, ne seraient pas, si Homère ne les avait chantés.

Ah ! de tout mon cœur, de toute ma volonté, je voudrais mettre l'intelligence sur le plus haut sommet et l'adorer. Je voudrais lui sacrifier le corps, je voudrais l'imposer dans la forme de la pensée écrite, qui est la forme la plus réelle et la plus durable. Je lui ai donné toute ma vie, j'en ai vécu et j'en mourrai. Si je suis injuste parfois, c'est que je l'aime trop, et si je vaux quelque chose, c'est aussi qu'elle me consume de passion. Il n'y a que la pensée écrite. Le reste n'est qu'agitations vaines, que visions d'une heure emportées par le vent.

Ce n'est plus un messie, c'est la Vérité, qu'attendent les nations modernes. Et les nouveaux prophètes qui en annoncent la venue ne donnent plus leur sang, dont nous n'avons que faire ; les nouveaux prophètes, savants et écrivains, donnent leur encre, qui féconde notre intelligence.

11 octobre 1880

## Le suffrage universel

Nous voici en pleine période électorale, et la grande comédie moderne recommence une fois encore. Molière, aujourd'hui, étudierait là les appétits et la sottise des hommes. C'est un rut universel, c'est un étalage de toutes les médiocrités, c'est la bête humaine lâchée avec ses vanités et ses misères. Au XXe siècle, le résultat pourra être superbe ; mais, à cette heure, la cuisine en est des moins ragoûtantes.

J'ai ri, dans mon coin, du soulèvement des hommes politiques et de la presse, quand on leur a signifié qu'ils auraient seulement trois pauvres petites semaines d'agitation électorale. Ils ont parlé furieusement de guet-apens, de mauvaise foi, et le mot d'escamotage a couru ; oui, le gouvernement malhonnête leur escamotait leur jouissance, leur enlevait de la bouche le pain du désordre. Pensez donc ! rien que trois semaines à écrire des professions de foi imbéciles et incorrectes, à endoctriner de pauvres diables qui se vendent pour un verre de vin, à emplir la presse d'un tas effroyable de prose dont on ne pourra même pas faire du fumier, à tenir le pays dans un malaise intolérable, d'où la nation sort, les yeux battus et la tête vide, comme après une nuit d'ivresse. Mais c'est une mesure unique, cela ne se peut supporter ! Il fallait trois mois de cette gourmandise, il fallait toute la vie !

Ah ! toute la vie, ce serait le rêve ! des élections continues, des députés nommés pour un jour, siégeant le matin et se représentant le soir devant les électeurs ! plus rien que de la politique, au déjeuner et au dîner, au lit comme à la table ! une nation, qui mangerait des journaux au lieu de pain, qui en serait réduite à faire la chaîne pour déposer des bulletins dans les urnes, sans avoir même le temps de se moucher !

Le fait est simple. Dans leurs boutiques, les bouchers poussent à la consommation de la viande. Du moment que la politique est devenue une carrière, le refuge naturel des ambitions souffrantes, des petits hommes qui ont échoué partout ailleurs, il est naturel que ces hommes nous accablent de politique. C'est le combat pour la vie. Que deviendraient, par exemple, M. Floquet, ou

M. Ranc [1], ou les autres, si du jour au lendemain la France, qu'ils ennuient, leur supprimait leur vache à lait ? des avocats sans talent, des romanciers de dixième ordre, des passants inconnus sur le trottoir banal. En avant donc la politique ! de la politique partout, de la politique toujours ! Plus l'eau est trouble, plus la pêche est abondante. On met la bêtise publique en coupe réglée, et l'on pousse un cri de douleur et de rage lorsqu'on vous accorde seulement vingt et quelques jours pour l'exploiter en grand.

Moi, qui ne suis pas de la boutique, je trouve que ces trois semaines vont être d'un joli poids, pour les garçons de quelque littérature, sensibles à la bonne tenue intellectuelle de leurs contemporains. Le mieux sera de ne plus lire un journal, car les journaux ravis de l'aubaine, dans ce mois d'août si vide d'habitude, si difficile à passer, abuseront certainement de la matière électorale. Ils se rattraperont de la brièveté du temps sur la quantité de prose indigeste. Trois jours, il me semble, auraient suffi : le premier pour avertir le pays, le second pour qu'il réfléchisse, et le troisième pour qu'il vote. S'il ne sait pas en un jour ce qu'il doit faire, il ne le saura jamais. J'ai comme une idée qu'un jour suffirait aux électeurs pour bien voter, mais que trois semaines ne suffisent pas aux hommes politiques pour faire voter les électeurs à leur guise. La question pratique du suffrage universel est là.

Certes, le principe du suffrage universel paraît inattaquable. C'est le seul outil de gouvernement d'une logique absolue.

---

1. Charles Floquet (1828-1896) : député d'extrême gauche, futur président du Conseil en 1888 ; Arthur Ranc, d'extrême gauche également, condamné à mort par contumace pour sa participation à la Commune, puis élu député en 1881, après l'amnistie, est l'une des cibles principales de la colère zolienne. Le premier article de cette « Campagne » lui est consacré, sous le titre « Un homme très fort » (*Le Figaro*, 20 septembre 1880) ; par la véhémence de sa critique lors de la publication de *L'Assommoir*, Ranc a été directement impliqué dans la rupture entre Zola et *Le Voltaire*.

Imaginez une nation dont tous les citoyens sont également sages et instruits. Ils se réunissent tous les trois ou quatre ans, délèguent le pouvoir à ceux d'entre eux qu'ils savent les plus capables de l'exercer. Rien de plus net en théorie, rien de plus humainement juste.

Mais le fâcheux est que la théorie se détraque dès que l'on passe à l'application. Un peuple n'est pas une addition dont tous les chiffres se valent. Dès lors, en donnant la même valeur à chaque citoyen, on introduit dans le total des causes d'erreur énormes qui vicient l'opération tout entière. En un mot, du moment que les hommes interviennent avec leurs folies et leurs infirmités, la logique mathématique du suffrage universel est détruite, il ne reste qu'un gâchis abominable. Ce n'est plus de la science, c'est de l'empirisme, et du plus trouble, du plus dangereux.

Voilà pourquoi tous les esprits scientifiques de ce siècle se sont montrés pleins d'hésitation et de défiance devant le suffrage universel. Je parle de nos philosophes, de nos savants, de ceux qui procèdent par l'observation et l'expérimentation. Ils refusent l'absolu, ils étudient l'homme en dehors des dogmes et ils trouvent que l'égalité physiologique n'existe pas, qu'un homme n'en vaut pas un autre, qu'il y a une élimination continue et nécessaire de presque toute une moitié de l'humanité. Si bien que le suffrage universel n'est plus une réalité basée sur le vrai, mais qu'il devient une idéalité s'appuyant sur la conception religieuse d'une égalité des âmes. Nos terribles intransigeants, nos athées se doutent-ils qu'ils sont de simples catholiques, lorsqu'ils appellent au scrutin jusqu'aux idiots et aux goitreux ?

Voyez Littré, voyez M. Taine et M. Renan, voyez tous ceux qui ont tenté d'appliquer la formule moderne de nos sciences à la politique : ils reculent à l'idée de remettre le gouvernement aux mains de la nation tout entière, parce que les éléments ne leur en paraissent pas assez déterminés, parce que l'observation et l'expérience leur ont montré les inégalités que le travail de sélection produit dans chaque peuple, parce qu'enfin ils refusent de se lancer dans un empirisme qui va droit au charlatanisme des médiocres et des ambitieux.

Voilà ce qu'il faut nettement établir : le suffrage universel n'a rien encore de scientifique, il est tout empirique. Avec la masse considérable de nos électeurs illettrés, avec les honteux trafics sur la coquinerie des uns et la bêtise des autres, on ne peut savoir ce qui sortira du scrutin. Le total de l'opération est quand même falsifié, jamais le vrai ne sera obtenu, parce qu'il est le vrai. Les candidats qui méritent d'être élus en sont réduits à descendre aux mêmes manœuvres louches que les candidats qui n'ont aucune bonne raison pour l'être. En un mot, le principe superbe de la souveraineté du peuple disparaît, il ne reste que la cuisine malpropre d'un tas de gaillards qui se servent du suffrage universel pour se partager le pays, comme on se sert d'un couteau pour découper un poulet.

Et cela explique que les hommes politiques se fâchent, quand il leur faut, en trois semaines, pétrir les élections, les cuire et les manger. C'est que la besogne ne va pas toute seule ! Il s'agit pour chacun de conquérir l'électeur, de l'amener à ses idées, de lui brouiller la cervelle au point de lui arracher son vote. Cela, en langue polie, s'appelle l'éclairer. Mais, comme chaque parti et même chaque candidat a la prétention d'éclairer l'électeur à sa façon, vous vous doutez du bel effarement qui doit se produire dans la tête de celui-ci. On le tire à hue, on le tire à dia, et le plus souvent il vote au petit bonheur, cédant aux considérations les plus étranges du monde.

La vérité est que, jusqu'à présent, le suffrage universel est à qui sait le prendre. C'est une affaire d'habileté et d'énergie. On se rappelle avec quelle carrure le Second Empire s'en était emparé. Pendant dix-huit ans, il l'a tenu docile sous le fouet et, si la bête lui échappait vers la fin, c'est qu'il devenait maladroit et qu'il ne savait plus la monter. Aujourd'hui, la République tient les guides, mais il ne faudrait pas qu'elle fît la moindre faute, car elle serait vite jetée sur les cailloux, les reins cassés.

Il n'est pas d'instrument que l'on connaisse moins encore et dont l'emploi cause plus de surprises. Nos hommes politiques s'en servent visiblement avec le respect de la peur. Cela se devine aux précautions qu'ils prennent, aux efforts énormes qu'ils dépensent, chaque fois qu'ils tentent le scrutin. S'il suffisait au mérite de se présenter, le mérite se présenterait simplement et serait élu. Mais nous voyons le mérite plus inquiet que la sottise, employant des engins formidables, se risquant comme sur un terrain plein de gouffres. C'est une loterie où il faut tricher. Le suffrage universel nature et bonhomme, celui qui n'a point passé par les casseroles de la politique, n'existe pas. Il n'y a que le suffrage universel cuisiné, sophistiqué, travaillé ainsi qu'une pâte pendant des semaines, promis comme de la brioche au bon peuple qui n'a pas de pain ; et encore il arrive que, lorsqu'un candidat l'a mis au four, c'est le candidat adverse qui le mange. Pourquoi ? On ne sait pas. Une farce.

Et ce qui prouve combien le suffrage universel est un outil peu connu, que personne n'a complètement en sa main et que tout le monde voudrait faire sien, c'est la terrible lutte qui a eu lieu dernièrement, au sujet du scrutin d'arrondissement et du scrutin de liste. En réunissant les arguments qu'on s'est lancés à la tête de part et d'autre, on obtiendrait le réquisitoire le plus écrasant qu'on ait jamais écrit contre le suffrage universel : d'une part, le scrutin d'arrondissement, avec ses bourgs pourris, ses achats de conscience, la pression des grands propriétaires sur les communes conquises ; de l'autre, le scrutin de liste, substituant des comités aux électeurs, imposant des candidats inconnus, introduisant une élection à deux degrés déguisée, et n'étant au fond que la négation du suffrage universel lui-même. Dès lors, les observateurs, les penseurs ne peuvent que hausser les épaules devant une machine d'un mécanisme si défectueux, et sur le fonctionnement de laquelle personne ne s'entend. Elle est sans doute un outil politique nécessaire, mais nous attendrons que l'usage la règle et lui donne un caractère scientifique, avant de la déclarer le véritable régulateur des nations modernes.

Je ne crois pas que les élections prochaines nous apportent à ce sujet des documents bien sérieux, car on ne peut s'empêcher de sourire, en voyant de quelle façon puérile et effarée s'engage la campagne électorale.

C'est un ahurissement universel. Tout le monde a commencé par demander un programme, comme un troupeau demanderait un chien. Songez-vous à cela, pas de programme ! pas de poteau indicateur ! pas de guide-âne ! Le suffrage universel, qui est aveugle, reste terrifié au milieu du chemin, en réclamant à grands cris la main du premier passant venu ; autrement, il est certain de ne pas faire trois pas sans culbuter.

Voilà où l'on en est. Les journaux ouvrent une enquête. On s'arrête aux coins des rues et on s'interroge, en se demandant avec angoisse pourquoi et sur quoi l'on vote. Cela, à mon sens, est d'un assez bon comique, et juge d'une façon piquante notre politique française, qui est une politique romantique, à coups de théâtre, toute dans la bataille des principes et des personnes, au lieu d'être une politique d'affaires, une politique de braves gens travaillant à la seule prospérité du pays.

En 1877, les élections ont été brillantes, parce qu'il y avait un programme superbe : il s'agissait de réélire les « trois cent soixante-trois [1] », c'était un grand air à jouer, et cela convenait parfaitement à notre bravoure française.

---

1. Le 20 mai 1877, trois cent soixante-trois députés républicains publièrent un manifeste dénonçant « une politique de réaction et d'aventures » ; le texte fut suivi d'un vote de défiance à la Chambre, qui entraîna la dissolution et les élections.

Mais, aujourd'hui, on lâche les « trois cent soixante-trois », et le pis est qu'on n'a pas trouvé le moindre prétexte à planter un drapeau, qu'on aurait enlevé ensuite aux accents de *La Marseillaise*. M. Gambetta devait être ce drapeau ; seulement, les circonstances l'ont diminué, tout son plan de campagne s'est trouvé compromis. Certes, il est homme à reprendre position. N'importe, l'éclat des élections souffrira de son effacement imprévu, et nous aurons des élections ternes, du moment qu'elles ne se feront point sur le dos d'un ténor, ni à propos de quelque grand opéra politique, comme une guerre ou un renversement d'empire.

En France, je le répète, il nous faut un homme ou un principe, pour que nous nous passionnions. À cette heure, l'homme a fait un faux pas, et les principes sont trop en menus morceaux, cassés et secoués ensemble. On essaiera bien d'accrocher les élections à la révision, on tentera une campagne contre le Sénat, mais vous verrez qu'on ne parviendra pas à remuer le pays avec une question qui le laisse encore dans une parfaite indifférence. Et c'est ainsi qu'on va voter dans le trouble et dans l'ennui, sans scénario à succès, après une petite guerre de clocher à clocher. Dès qu'on ne fait plus des élections d'opposition, le suffrage universel devient maussade, et il pose cette étrange question, que je n'ai pu trouver sans rire dans les journaux de la semaine : « Dites-moi donc pourquoi et sur quoi l'on vote ? »

Mon Dieu ! on vote, parce que la Constitution le veut, et on devra voter sur les besoins de la France, sans autre programme que de lui donner des représentants dignes d'elle, capables d'assurer sa grandeur. La raison réclame des capacités, lorsque la politique nous donne des hommes de parti. Personne ne semble se douter de la simplicité de la question ; un programme tout naturel s'impose aux électeurs : qu'ils choisissent, parmi eux, le plus éclairé, le plus honnête, et qu'ils l'envoient à la Chambre, en lui disant uniquement : « Faites de la bonne besogne. » Seulement, que deviendraient les médiocres, si le suffrage universel, échappant à toute cuisine politique, était enfin l'expression même du bon sens de la nation ?

Oui, que deviendraient les Ranc et les Floquet de province, qui ont raté leur vie et qui ont faim depuis leur jeunesse ?

Ah ! je la hais, cette politique ! je la hais pour le tapage vide dont elle nous assourdit, et pour les petits hommes qu'elle nous impose !

Vous allez voir, quoi qu'il arrive, quelle pauvre Chambre elle nous enverra. C'est comme une écume d'ignorance et de vanité que le suffrage universel pousse dans Paris. Pantins d'un jour, illustres inconnus retombant dans le néant, plats ambitieux venant faire le jeu du plus fort et se contentant d'un os à ronger, cerveaux malades rêvant de venger leurs continuels échecs, tous les appétits déréglés et toutes les sottises lâchées ! Lorsqu'un homme simplement raisonnable passe et qu'il jette un regard sur ce grouillement qui fermente, il s'arrête, stupéfait et navré.

Quoi ? est-ce possible, est-ce donc la France qui est là ? Non, la France est ailleurs, elle n'est pas avec la vermine qui la dévore, elle est avec ceux de ses enfants qui pensent et qui travaillent.

8 août 1881

## Adieux

Me voici au terme. J'ai tenu la promesse que je m'étais faite de batailler ici pendant une année, et j'estime à cette heure que cela suffit.

Quand j'ai accepté l'hospitalité si large du *Figaro*, ma pensée a été d'y venir défendre, à la tribune la plus retentissante de la presse, devant le grand public, quelques idées bien simples et peu nombreuses, qui me tenaient au cœur. Mon sentiment est que le triomphe d'une idée unique demande la vie d'un homme. Mais il faut compter avec les exigences légitimes d'un journal et, pour le succès même de ma cause, je préfère ne pas me répéter, ayant dit en somme tout ce que j'avais à dire.

Ma position était d'autant plus délicate que j'apportais à cette place, presque sur toutes choses, des opinions contraires à celles de mes collaborateurs. Ni en religion, ni en philosophie, ni en littérature, ni en politique, nous n'avions les mêmes façons de voir. J'ai fait mes efforts pour ne blesser personne, et je suis heureux d'arriver au bout de ma tâche, sans avoir aucun écart de plume à regretter. Je puis bien avouer maintenant que je me défiais plus encore de moi que des autres, car ce n'était pas une petite besogne que de tenir la campagne, au milieu de tant de susceptibilités, et avec ma légende d'écrivain malpropre. Heureusement, j'ai trouvé une aide puissante dans la bienveillance des directeurs de ce journal.

Donc, tout finit bien, et j'en suis ravi. Il me suffit, je le répète, que le terrible naturalisme, cette pourriture des chroniqueurs et des critiques, ait montré ici des mains blanches, le souci de la dignité des lettres, l'amour du bon sens et de la vérité. J'ai simplement voulu mettre dans *Le Figaro* les pièces du procès. Voilà comme nous sommes, et voilà comme sont nos adversaires. Qu'on nous juge.

En politique, j'ai dit toute ma haine de la médiocrité bruyante, des ambitions exaspérées qui se satisfont au détriment de la tranquillité nationale. On m'a reproché d'y avoir mis de la violence. Suis-je réellement allé trop loin ? Les lecteurs ont-ils pu se méprendre sur mes véritables sentiments ?

La République n'a jamais été en cause, dans mes discussions. Je la crois le seul gouvernement juste et possible. Ce qui a toujours soulevé mon cœur, c'est la bassesse et la bêtise des hommes. Je ne suis pas un politique, je n'ai pas de parti à ménager, je puis dire nettement leur fait aux petits hommes qui passent ; et si l'on m'accuse de frapper sur la République, en frappant sur les gens qui la salissent ou qui la mangent, je répondrai qu'elle se portera mieux, lorsque chaque matin elle se débarbouillera et se donnera un coup de peigne. Quand on ambitionne le pouvoir, on cache les ulcères et les goitres des créatures dont on a besoin ; mais, quand on vit solitaire et libre, pourquoi accepterait-on ces malades et ces infirmes ? C'est travailler à la santé du pays, que de vouloir les supprimer.

Certes, l'évolution démocratique s'impose, il serait fou de prétendre arrêter l'histoire. Nous subissons des catastrophes fatales, et nous ne pouvons qu'exprimer un regret, celui de n'être pas né en un siècle plus stable, à une de ces heures d'équilibre, lorsqu'une société s'est fixée pour un temps dans une formule gouvernementale. Mais, si notre société s'est remise en marche, si nous devons accepter les casse-cou de la route, est-ce une raison pour que, pendant la bousculade, nous supportions en plus les vexations des imbéciles et des gredins qui entendent s'engraisser des malheurs publics ? Ma colère est là, dans le pullulement de ces parasites, dans le vacarme assourdissant qu'ils déchaînent, dans ce spectacle honteux d'un grand peuple mangé par des hommes sans talent aucun, ayant à satisfaire la terrible faim de leur ambition toujours déçue. Peut-être, à chaque déluge social, le flot doit-il apporter cette écume. Il faut un ferment pour détruire les vieux mondes. L'indignation ne vous en prend pas moins aux entrailles : on doute, on voudrait que le génie seul fût l'agent des siècles futurs.

Et voilà pourquoi j'ai réclamé si hautement la priorité des lettres. Elles seules règnent éternellement. Elles sont l'absolu, tandis que la politique est le relatif. Dans nos temps troublés, les hommes politiques prennent, grâce à l'effarement de la nation, une importance considérable et malsaine, qu'il faut combattre. Ces pantins d'une heure, ces instruments presque toujours inconscients d'un résultat qu'ils n'ont pas prévu, doivent être ramenés à leur taille, si l'on ne veut pas que le pays se détraque devant leur parade. Non, ils ne sont pas tout ! Non, ils ne tiennent pas l'époque, car l'époque est aux savants et aux écrivains ! Tel est le cri que je voudrais faire continuellement entendre, au-dessus de la politiquaillerie actuelle. Votre tapage tombera, nos œuvres resteront. Vous n'êtes rien, nous sommes tout. Quand bien même je serais le seul à le crier, je le crierais encore et toujours, sans peur de le crier trop fort, certain de ma bonne besogne et de votre néant final.

Par exemple, on s'est étonné de mes sévérités sur M. Ranc. Je l'ai pris justement parce qu'il incarne ce type de l'homme politique, donné pendant vingt années comme un gaillard supérieur, et allant d'avortement en avortement. Romancier, il est médiocre ; journaliste, il est quelconque, nous comptons deux ou trois douzaines de publicistes qui le valent ; administrateur, homme politique, il n'a rien fait. Je ne dis pas qu'il soit complètement un sot car, s'il a réellement quelque talent, son cas devient plus triste. Et c'est là un de vos hommes remarquables ? Mais, grand Dieu ! si M. Gambetta n'était pas derrière lui, on ne lirait pas ses articles, entre les lignes desquels on cherche seulement la pensée du maître ; pas plus qu'on ne l'aurait élu dans le 9$^{e}$ arrondissement, où il a joué le rôle de créature nécessaire. J'ignore s'il garde quelque personnalité, dans un coin de son crâne ; actuellement, il est un reflet, et il n'existe qu'à ce titre. D'ailleurs, puisque le voilà député, j'espère qu'il va bien vouloir être enfin l'homme hors ligne annoncé depuis si longtemps par ses amis. Nous ne lui réclamerions point du génie, si toutes les trompettes jacobines ne nous en avaient promis en son nom. Il aurait tort de se retenir davantage.

Prenez M. Gambetta lui-même. Voilà certes un triomphe, une apothéose. La politique a saisi cet homme et l'a mis au sommet. Il emplit la France de son tapage. N'importe ! s'il reste intelligent, il se méfiera. Son journal, *La République française*, le présentait, je crois, ces jours-ci, pour expliquer sa popularité, comme une sorte d'idole, dans laquelle le pays incarnait les réformes heureuses, le bon sens et le courage d'un gouvernement idéal. Cette image est fort juste ; mais elle reste inquiétante pour l'idole. On raconte l'histoire de ces paysans qui, las de réclamer de la pluie à leur saint, finirent par le jeter à la rivière, avec une pierre au cou. Que fera la nation, le jour où elle s'apercevra que M. Gambetta ne commande pas aux éléments ? Une idole, c'est bien cela ; mais une idole de bois sous la dorure, n'ayant ni les connaissances, ni le pouvoir, ni le génie qu'on lui prête.

Actuellement, les créatures de M. Gambetta lui donnent de la politique scientifique par la figure. Rien de mieux ; il est fâcheux seulement que cette politique scientifique vienne après l'échec de Charonne. M. Gambetta opère à cette heure une évolution fatale, nécessitée par des questions d'ambition personnelle, et non déterminée par des idées solides, arrêtées d'avance. Les faits ont, malgré lui, hâté l'expérience qu'il voulait reculer encore. Nous allons donc assister à cette expérience, et c'est alors seulement qu'il faudra juger M. Gambetta, puisque, jusqu'ici, par ce mirage qui prête aux politiciens le génie qu'ils n'ont pas, la nation a vu uniquement en lui ses besoins et ses espoirs. L'heure est venue d'être le grand homme annoncé, heure terrible où généralement tout s'effondre, dans le terrain détestable de la politique.

Oui, les triomphateurs eux-mêmes y culbutent contre un gravier. Seules, les sciences et les lettres sont des certitudes, ont devant elles le temps et l'espace. S'il faut qu'un homme sans cesse répète cette vérité, j'ai pris ce rôle et je ne me lasserai pas.

En littérature, j'ai insisté sur cette grande évolution naturaliste qui, partie de la science au siècle dernier, a transformé, dans le nôtre, l'histoire, la critique, le roman, le théâtre. Le travail superbe de notre époque est là tout entier. Chaque nouvelle société apporte une littérature nouvelle, et notre société démocratique a déterminé ce mouvement qui commence à Rousseau pour passer par Balzac et pour aboutir à nos œuvres positivistes et expérimentales d'aujourd'hui.

Il faut s'entendre sur l'idée de progrès dans les lettres. Le génie humain pris en lui-même, l'individualité de l'artiste ne progresse évidemment pas à travers les âges. Homère, au début du monde, a un génie égal à celui de Shakespeare. On ne peut cultiver le cerveau humain pour y agrandir la puissance de la force créatrice ; ou du moins aucun fait ne nous prouve que nous sommes aujourd'hui plus capables de chefs-d'œuvre que dans l'Antiquité grecque et latine. Mais ce qui progresse à coup sûr, ce sont les moyens matériels de l'expression et les connaissances exactes sur l'homme et la nature.

Ainsi, voyez en musique. L'exemple y est frappant, décisif, Lulli, Rameau et les autres avaient sans doute autant de génie que Beethoven, Meyerbeer et nos grands musiciens contemporains. Pourquoi donc leurs œuvres nous paraissent-elles vides aujourd'hui, enfantines, simplement curieuses au point de vue archaïque ? C'est qu'il y a, en musique, un côté technique, des formules absolument scientifiques qui ont progressé d'une façon considérable. Le génie musical ne s'est pas élargi sans doute, mais la science a mis à la disposition du génie musical des moyens d'expression de plus en plus puissants, qui lui ont permis de développer les œuvres, avec une largeur incomparable.

À ce point de vue, rien n'est plus instructif que l'histoire de la musique. On y voit, pas à pas, et en deux siècles à peine, le progrès que la science peut apporter dans un art. L'orchestration surtout a pris un développement énorme, depuis les quelques violons de Lulli jusqu'aux instruments sans nombre de Wagner. Je sais que dans les autres arts, la peinture par exemple, nos connaissances nouvelles ne paraissent pas avoir déterminé de progrès ; mais, si nos peintres prenaient la peine d'être des chimistes et s'ils ne s'en remettaient pas à des industriels pour la préparation des couleurs, qui sait s'ils ne trouveraient pas des effets puissants, dans un usage raisonné des matières employées ? D'ailleurs, pour la peinture, à côté du progrès des moyens d'expression, il y en a un autre plus important : le progrès de l'esprit d'analyse, la vue plus nette et plus humaine du modèle, cette formule naturaliste qui a transformé notre école et qui fera sa grandeur prochaine.

Eh bien ! en littérature, la situation est aujourd'hui la même. Peu importe sans doute que nos plumes et notre encre soient meilleures qu'autrefois. Notre langue, d'autre part, n'est pas un instrument plus commode ; le dictionnaire s'est seulement enrichi, donnant de la souplesse et de l'éclat au style. Mais ce qui a progressé réellement, ce qui nous a apporté une formule nouvelle et sans cesse élargie, c'est l'analyse exacte des êtres et des choses, c'est la méthode scientifique appliquée à nos études littéraires. Si la nature est notre domaine, on doit comprendre quelle solidité doivent avoir nos œuvres, le jour où la science nous livre cette nature sans voile avec son mécanisme. Nous en devenons les maîtres, nous tenons tous les fils de la vie, nous pouvons reprendre tous les sujets antiques, pour les traiter à nouveau, d'après les documents indiscutables de l'observation et de l'expérience.

Voilà la formule naturaliste, apportée par l'évolution sociale de notre siècle. En tant que formule, elle est à coup sûr un progrès sur la formule classique et la formule romantique, auxquelles elle succède logiquement. Je crois qu'à génie égal un Homère ou un Shakespeare qui naîtrait aujourd'hui, y trouverait un cadre plus vaste et plus solide, et qu'il laisserait des œuvres plus grandes ; en tout cas, elles seraient plus vraies, elles en diraient davantage sur le monde et sur l'homme.

Littérairement, j'ai donc tâché de dégager cette formule naturaliste et de montrer avec quelle force elle s'impose, tout en faisant la part de la personnalité chez l'écrivain. Ma seule tristesse est d'avoir rencontré la haute figure de Victor Hugo sur ma route, sans pouvoir mentir comme tant d'autres. La logique même de ma campagne me forçait à parler, à dire de quel tas de décombres la cathédrale romantique embarrasse déjà le sol. J'ai dû frapper l'ennemi à la tête. Quand tout le monde conviendra à voix haute qu'il y a uniquement un admirable poète lyrique chez Victor Hugo, quand on cessera de vouloir lui donner le siècle entier comme philosophe et comme penseur, le naturalisme passera triomphant, une nouvelle période littéraire sera publiquement ouverte. C'est ce que j'ai voulu constater, sans grand espoir, d'ailleurs, de hâter les temps.

Tels sont mes adieux. Mais, je le confesse, au moment de remettre mon grand sabre au fourreau, je suis pris du regret de la bataille, malgré les lassitudes et les dégoûts qu'elle m'a souvent apportés.

Depuis plus de quinze ans, je me bats dans les journaux. D'abord, j'ai dû y gagner mon pain, très durement ; je crois bien que j'ai mis les mains à toutes les besognes, depuis les faits divers jusqu'au courrier des Chambres. Plus tard, lorsque j'aurais pu vivre de mes livres, je suis resté dans la bagarre, retenu par la passion de la lutte. Je me sentais seul, je ne voyais aucun critique qui acceptât ma cause, et j'étais décidé à me défendre moi-même ; tant que je demeurerais sur la brèche, la victoire me semblait certaine. Les assauts les plus furieux me fouettaient et me donnaient du courage.

À cette heure, j'ignore encore si ma tactique avait du bon ; mais j'y ai au moins gagné de bien connaître la

LE TRIOMPHE DU
NATURALISME
ZOLA
NANA
Salve de 21 coups de canon, tirée sur le Pont des Arts par les académiciens valides.
Banquet à l'Elysée-Montmartre.


Retour de l'Élysée. Inauguration de la statue d'Émile Zola. Les vils idéalistes.

**LE TRIOMPHE DU NATURALISME**

Caricature de Robida. (*La Caricature,* 7 février 1880.)

presse. Mes aînés, des écrivains illustres, l'ont souvent foudroyée devant moi, sous de terribles accusations : elle tuait la littérature, elle traînait la langue dans tous les ruisseaux, elle était l'agent démocratique de la bêtise universelle. J'en passe, et de plus féroces. J'écoutais, je songeais que, pour en parler avec cette rancune, ils ne la connaissaient pas ; non, certes, qu'elle fût absolument innocente de tout ce qu'ils lui reprochaient, mais parce qu'elle a des côtés puissants et qu'elle offre des compensations très larges. Il faut avoir longtemps souffert et usé du journalisme, pour le comprendre et l'aimer.

À tout jeune écrivain qui me consultera, je dirai : « Jetez-vous dans la presse à corps perdu, comme on se jette à l'eau pour apprendre à nager. » C'est la seule école virile, à cette heure ; c'est là qu'on se frotte aux hommes et qu'on se bronze ; c'est encore là, au point de vue spécial du métier, qu'on peut forger son style sur la terrible enclume de l'article au jour le jour. Je sais bien qu'on accuse le journalisme de vider les gens, de les détourner des études sérieuses, des ambitions littéraires plus hautes. Certes, il vide les gens qui n'ont rien dans le ventre, il retient les paresseux et les fruits secs, dont l'ambition se contente aisément. Mais qu'importe ! Je ne parle pas pour les médiocres, ceux-là restent dans la vase de la presse, comme ils seraient restés dans la vase du commerce ou du notariat. Je parle pour les forts, pour ceux qui travaillent et qui veulent. Qu'ils entrent sans peur dans les journaux : ils en reviendront comme nos soldats reviennent d'une campagne, aguerris, couverts de blessures, maîtres de leur métier et des hommes.

Les meilleurs d'entre nous, aujourd'hui, n'ont-ils point passé par cette épreuve ? Nous sommes tous les enfants de la presse, nous y avons tous conquis nos premiers grades. C'est elle qui a rompu notre style et qui nous a donné la plupart de nos documents. Il faut simplement avoir les reins assez solides, pour se servir d'elle, au lieu qu'elle ne se serve de vous. Elle doit porter son homme.

Ce sont là, d'ailleurs, des leçons pratiques que les plus énergiques paient très cher. Je parle pour moi, qui l'ai souvent maudite tellement ses blessures sont cuisantes. Que de fois je me suis surpris à reprendre contre elle les accusations de mes aînés ! Le métier de journaliste était le dernier des métiers ; il aurait mieux valu ramasser la boue des chemins, casser des pierres, se donner à des besognes grossières et infâmes. Et ces plaintes sont ainsi revenues, chaque fois qu'un écœurement m'a serré à la gorge, devant quelque ordure brusquement découverte. Dans la presse, il arrive qu'on tombe de la sorte sur des mares d'imbécillité et de mauvaise foi. C'est le côté vilain et inévitable. On y est sali, mordu, dévoré, sans qu'on puisse établir au juste s'il faut s'en prendre à la bêtise ou à la méchanceté des gens. La justice, ces jours-là, vous semble morte à jamais ; on rêve de s'exiler au fond d'un cabinet de travail bien clos, où n'entrera aucun bruit du dehors, et dans lequel on écrira en paix, loin des hommes, des œuvres désintéressées.

Mais la colère et le dégoût s'en vont, la presse reste toute-puissante. On revient à elle comme à de vieilles amours. Elle est la vie, l'action, ce qui grise et ce qui triomphe. Quand on la quitte, on ne peut jurer que ce sera pour toujours, car elle est une force dont on garde le besoin, du moment où l'on en a mesuré l'étendue. Elle a beau vous avoir traîné sur une claie, elle a beau être stupide et mensongère souvent, elle n'en demeure pas moins un des outils les plus laborieux, les plus efficaces du siècle, et quiconque s'est mis courageusement à la besogne de ce temps, loin de lui garder rancune, retourne lui demander des armes, à chaque nécessité de bataille.

22 septembre 1881

# L'affaire Dreyfus :<br>la dernière bataille d'un intellectuel

*Près de quinze ans séparent la « Campagne » du* Figaro *de la « Nouvelle campagne », ouverte par Zola dans le même quotidien à la fin de l'année 1895. Quinze années de silence presque complet, durant lesquelles l'écrivain, absorbé dans la construction de son œuvre (le cycle des* Rougon-Macquart *s'est achevé en 1893, avec la parution du* Docteur Pascal*), se contente de répondre aux sollicitations ou aux attaques.*

*En cette fin de siècle, Zola s'inquiète toutefois d'un climat politique devenu menaçant, du fait d'un antiparlementarisme alimenté par les « affaires », d'un retour au mysticisme brandi contre « la faillite de la science », et surtout d'une « monstruosité » qui affecte la société française, l'antisémitisme.*

*Ces tribunes anticipent sur la crise politique qui éclate en janvier 1898, quand Zola, publiant « J'accuse », transforme la condamnation d'un capitaine de l'armée française en affaire Dreyfus, puis « affaire Zola ». Nous reprenons certains des textes majeurs qui ont donné corps à ce combat ; l'ensemble a été recueilli par l'écrivain lui-même dans un volume intitulé* La Vérité en marche*. Les articles retenus ici donnent la mesure d'un engagement qui s'inscrit dans la continuité d'un long travail d'observation et d'analyse, mené dans la tribune offerte par la presse.*

*On y découvre aussi les conséquences personnelles de ce combat pour la justice : diffamé, attaqué à travers son père, c'est encore comme journaliste que Zola se voit condamné à l'exil. « J'accuse », lettre ouverte au président de la République Félix Faure, publiée dans* L'Aurore *le 13 janvier 1898, rend en effet l'écrivain passible du délit de diffamation par voie de presse. Or cette inculpation donne lieu, selon la loi de 1881, à un jugement aux assises – procès civil, donc, et non plus militaire. Surtout, les audiences sont ouvertes au public. C'est donc devant la foule, et dans un fracas médiatique maximal, que s'ouvre le « procès Zola », le 7 février 1898.*

## Nouvelle campagne au *Figaro*

*Dix chroniques composent, dans* Le Figaro, *cette nouvelle série d'articles, parus entre décembre 1895 et mai 1896. L'ensemble paraît rapidement en volume, sous le titre* Nouvelle campagne, *dans la Bibliothèque Charpentier. Comme le remarque Henri Mitterand, plus de la moitié des tribunes concerne le statut de l'écrivain : depuis 1891, Zola est président de la Société des gens de lettres. Les deux articles qui suivent relèvent d'une autre préoccupation – celle des « intellectuels », comme on désignera bientôt les écrivains défenseurs de Dreyfus, vigies sourcilleuses, qui, les yeux grands ouverts sur le monde, luttent pour les valeurs de vérité et de justice.*

*Deux périls suscitent ici l'inquiétude de l'auteur : d'une part, un idéalisme moral et politique qui menace le régime parlementaire, en opposant à la République un « prurit de vertu » peu compatible avec la réalité de « l'animal humain » ; d'autre part, l'antisémitisme, qui fait planer la menace d'une nouvelle guerre de religion.*

## LA VERTU DE LA RÉPUBLIQUE

République, ma mie, avez-vous jamais songé à l'extraordinaire vertu qu'on exige de vous, une vertu impeccable et blanche sur laquelle fait tache le moindre grain de poussière ?

Il est des femmes fort estimées, qui, sans déchoir, peuvent avoir sur la conscience deux ou trois grosses peccadilles. Quand elles sont aimables et jolies, on va même jusqu'à leur tolérer les grandes fautes, on ferme les yeux, pour ne pas rendre l'existence impossible. Où en seraiton, avec qui vivrait-on, si l'on exigeait des honnêtetés parfaites ?

Mais vous, ma mie, vous êtes tenue à la pureté de l'hermine, à la blancheur des neiges, à la candeur virginale des lis, sous peine de scandaliser le monde et d'être traitée en fille dévergondée et perdue, qu'on ne peut saluer décemment sur un trottoir.

Dans ma vie déjà longue, j'ai pu voir naître en France deux républiques. L'une succédait à une monarchie, l'autre remplaçait un empire. J'étais bien jeune à l'avènement de la première, mais j'ai pourtant gardé le souvenir très vif de l'enthousiasme qu'elle souleva, des espérances illimitées qu'elle semblait apporter, dans les plis de sa robe, en belle fille, ivre de jeunesse et d'avenir. Plus tard, j'ai vu le 4-Septembre [1], avec son espoir fou de victoire et de revanche. Et, les deux fois, la psychologie a été la même, l'évolution s'est présentée d'une façon identique.

Sous une monarchie, sous un empire, l'opposition a la même attitude, tient le même langage. Dans les Assemblées, elle est représentée par des hommes intègres et

1. Il s'agit du 4 septembre 1870, jour de proclamation de la République, après la défaite de Sedan, et la chute du Second Empire, le 2 septembre.

sévères, qui foudroient les abus de la tyrannie, les débordements des cours, les hontes d'un peuple perverti par la servitude. Ah ! s'ils étaient les maîtres, quel coup de balai dans les écuries d'Augias, comme ils nettoieraient le pays de toutes les ordures amassées, comme ils assainiraient, comme ils purifieraient le sol national ! Et quelle noble floraison ensuite, la liberté d'abord, puis l'honnêteté publique, une nation qui en reviendrait à l'innocence première !

Le pis est que les républicains de demain ne se contentent pas de parler, ils écrivent. On les voit prendre des engagements, signer des papiers dans lesquels ils jurent de rendre la France parfaite et heureuse. Ce sont les fameux programmes, trop beaux, tout un pays de cocagne, les impôts réduits, la misère combattue, le travail organisé, la paix des âmes assurée par la tolérance, le bonheur de tous conquis par la simple équité. Et, quand ils sont au pouvoir, de tant de belles promesses, ils n'en peuvent guère tenir qu'une, ils donnent tout de suite la liberté de la presse, des verges pour les fouetter.

Au fond, on en est resté à l'homme bon de Rousseau. Rendez l'homme libre, débarrassez-le des liens sociaux, replacez-le au milieu de la nature vierge, et vous obtenez l'âge d'or, l'honnêteté absolue, la félicité complète. Il n'est pas d'erreur plus dangereuse, car elle a toujours mené au rêve farouche des grands révolutionnaires, incendiant le vieux monde pour hâter la venue du monde nouveau, dans le champ ravagé, purifié par le feu. Tout gouvernement qui se fonde sur cette illusion de l'homme bon semble, jusqu'ici, fatalement condamné à souffrir et à périr.

Et voyez ce qui se passe, au lendemain de la proclamation d'une république. Les programmes sont là, on en réclame l'exécution immédiate. Il est entendu que la monarchie et l'Empire ont emporté avec eux toute la vilenie et toute la misère humaines. Puisqu'on a promis, au nom de la République, la vertu et la justice, la liberté et le bonheur, vite, vite ! qu'on serve ce grand festin et que le peuple s'attable, et que toutes les nobles faims se rassasient !

Hélas ! le festin ne vient pas, les convives attendent et bientôt se fâchent, car le monde n'a pas changé du matin au soir, ce sont encore les mêmes plaies qui saignent, la même humanité qui souffre. Le moindre progrès demande des années de gestation douloureuse, on met un siècle pour obtenir des hommes un peu plus d'équité et de vérité. Toujours l'animal humain reste au fond, sous la peau de l'homme civilisé, prêt à mordre, lorsque l'appétit l'emporte. Certes, il faut bien espérer que l'éducation de la liberté se fera, qu'un jour la raison régnera, dans la République de l'avenir ; mais que d'années, que d'années seront nécessaires à cette éducation du peuple, et quelle folie de croire aujourd'hui que tous les maux sociaux cesseront, parce qu'on aura changé l'étiquette gouvernementale !

Le pis est que, loin de disparaître, ces maux semblent au contraire s'aggraver, dès qu'on est en république. Il n'y a plus là le despote dont la main de fer renfonçait le cri de souffrance dans la gorge des faibles. Il avait ses ministres, ses Chambres, ses tribunaux, ses gendarmes, pour dompter la bête, la museler d'or, donner l'illusion qu'elle était vaincue et heureuse. Toute une façade d'honnêteté, de bon ordre, de prospérité digne, resplendissait au soleil. Mais que le despote soit renversé, et le mensonge croule, la carcasse se montre, pourrie, branlante. La bête est lâchée, le cri de misère monte de partout, c'est comme une bonde qui saute, et le fond vaseux jaillit, éclabousse la pleine lumière du jour. Les historiens bien pensants appellent cela les saturnales révolutionnaires. En réalité, c'est encore la monarchie, et c'est encore l'Empire, mais vus cette fois par l'entrée des artistes.

Ajoutez la presse libre, la terrible action des journaux voyant tout, fouillant tout, disant tout. Chaque matin, les petits papiers circulent, la vie intime de chacun est révélée, discutée, l'inquisition, la délation, la diffamation règnent en souveraines. Vous imaginez-vous un roi, un empereur, tolérant cela, consentant à être examiné jusque dans ses verrues ? Comme il vous coffrerait ces messieurs, avec leurs journaux de scandale et de chantage ! Mais la République, elle, ne peut pas, puisqu'elle est venue pour donner à tous la liberté. Entrez, sa maison doit être de verre. Tapez sur elle, crachez-lui à la face ses tares fatales, les misères physiologiques et morales qu'elle a forcément, comme tout être humain : elle n'a pas même le droit de protester, elle qui n'attend rien que de la vérité et de la justice. Ah ! la bonne fille qui s'est désarmée, aux noms sacrés de la liberté, de l'égalité et de la fraternité ! comme on lui fait payer cher d'avoir promis la vertu et le bonheur, de s'épuiser à vouloir tenir sa parole, et de ne pouvoir faire que l'humanité ne reste pas l'humanité, avec tous ses vices et tous ses crimes !

Est-il un exemple plus frappant que cette imbécile aventure du Panamá [1] dont notre France républicaine souffre depuis de longs mois, qu'elle porte à son flanc comme un ulcère, et dont elle finira peut-être par mourir ?

Je veux bien que l'honnêteté française soit un peu comme la jeune grande première de l'Ambigu, une honnêteté toujours sans tache, que pas un spectateur ne se permettrait de soupçonner. Il se forme ainsi un type conventionnel de droiture, de loyauté, de fierté, qui

1. Le scandale de Panamá éclata en 1892, quand *La Libre Parole*, journal d'extrême droite dirigé par Édouard Drumont, révéla le mécanisme d'une vaste escroquerie : la Société du canal de Panamá, en difficulté, avait en 1888 acheté politiques et journalistes par de généreux versements en chèques (on les appela les « chéquards ») pour qu'ils encouragent la souscription d'actions visant à construire un canal sur l'isthme de Panamá. La machination n'avait pas empêché la Société de faire faillite en 1889.

témoigne du bel idéal des foules prises en masse ; et j'ajoute même qu'il y a, dans l'illusion d'un pareil type, un outil excellent de police sociale. Mais enfin, entre nous, il faut bien convenir que les affaires, en ce bas monde, deviendraient impossibles, si l'on n'avait pour les traiter que les pures abstractions des virginités et des probités de mélodrame.

D'abord, vous êtes-vous jamais demandé ce qu'il serait advenu du Panamá, si la catastrophe s'était produite sous une monarchie ou sous un empire ? Ah ! comme on l'aurait escamoté ! quel coup d'éponge immédiat ! quel silence salutaire imposé aux journaux, pendant qu'on se serait hâté de faire disparaître le cadavre ! Et, mon Dieu ! cela n'aurait-il pas été plus propre, moins dangereux pour la nation, d'une politique beaucoup plus sage en tout cas ? Seulement, la République n'a pas pu, toujours parce qu'elle est la liberté et la vertu, l'honnête femme qui ne craint pas de laver son linge sale en public. Ses adversaires, qui l'ont forcée à ce déballage, dont ils n'auraient pas permis le scandale chez eux, lui feront bien voir si le jeu en est innocent.

Puis, où est donc le naïf qui s'imagine que les affaires d'argent peuvent être propres ? Dans ces énormes entreprises, quand on brasse les millions pour la réalisation de travaux gigantesques, il faut faire la part de la boue humaine, des appétits, des passions, dont on remue forcément la vase. Je veux bien qu'on ne le dise pas tout haut ; mais ce sont des choses qu'on sait, qu'on accepte. Suez n'a certainement pas été plus propre que le Panamá. On y trouverait les mêmes pots-de-vin, les mêmes consciences achetées, les mêmes abominations et les mêmes turpitudes. La différence est simplement que les cadavres y dorment dans l'oubli, dans le pardon triomphal du succès. Ah ! si le Panamá avait réussi, les actionnaires n'auraient pas assez d'acclamations pour ces financiers voleurs, pour ces députés vendus, que la rage de tant de ruines fait aujourd'hui jeter au cloaque ! Ce n'est pas le crime qui fait le déshonneur, c'est l'insuccès.

Que s'est-il donc passé de si extraordinairement monstrueux, dans ce Panamá dont les adversaires de la République usent et abusent, avec une telle persistance de scandale ? On y a vu un ministre vendu, d'autres soupçonnés de complaisances louches ; on y a compté jusqu'à une douzaine, mettons deux douzaines, de députés et de sénateurs achetés plus ou moins cher. Et voilà le crime sans exemple qu'on affiche, devant le monde entier, à grand renfort d'ignobles indiscrétions, en vidant les carnets graisseux des hommes de police ! Mais, grand Dieu ! cela s'est passé sous tous les régimes, il faut être sous cette grande bête de République vertueuse, pour affecter de l'ignorer et de s'en étonner. On le savait, on le disait moins haut, voilà tout. Et je trouve même que ce ministre vendu, ces députés et ces sénateurs achetés, sont des pleutres, de bien petites canailles, à côté des grands voleurs épiques et des vendus superbes de la monarchie et de l'Empire. Quelques millions à peine, des miettes jetées comme à des chiens, des petites gens sans élégance qui se contentent de simples pourboires ! mais c'est misérable, quand on songe à ces hauts seigneurs dont les dettes à payer lassaient le souverain, à ces puissants de suprême distinction, qui étaient dans toutes les affaires, ramassant l'or dans toutes les poches !

Et cela recommence, avec l'idiote odyssée de cet Arton [1], qui ne sait rien, qui ne dira rien ! Et voilà de nouveau, pendant des semaines, la France bouleversée, devant des torrents d'encre et de boue ! Et tout cela pour arriver à constater qu'il y a, dans la politique, des

1. Léopold Aron, dit Arton, né en 1849, courtier de banque, fut condamné dans l'affaire de Panamá pour corruption d'un député ; sur ses carnets auraient figuré les noms de cent quatre parlementaires ayant reçu de l'argent de la Compagnie de Panamá.

pauvres diables malhonnêtes ! Assez, assez ! c'est imbécile ! Où est-il donc, le bon tyran qui rejettera la Vérité dans son puits, mettra les journaux au pilon et les journalistes sous clé ?

Veut-on un autre exemple de l'extraordinaire vertu qu'on exige, dès qu'il s'agit de la République ? A-t-on jamais assisté à une campagne plus honteuse, plus abominable, que la campagne menée depuis quelque temps contre M. Félix Faure ?

Un président de la République, y songez-vous ! mais cela doit être impeccable ! Il faut qu'il reluise de toutes les vertus, pas un soupçon ne peut être toléré sur la pureté immaculée de sa vie ; et il ne s'agit pas de lui seulement : ses proches, ses ancêtres jusqu'à la quatrième génération, ne sauraient offrir la moindre tache à l'enquête la plus minutieuse. Sans doute, il y a eu des rois peu recommandables, fils de reines plus que légères ; il y a eu des empereurs dont les familles laissaient à désirer, au point de vue de la moralité stricte. L'histoire est là, sans parler des chroniques scandaleuses. Seulement, c'est chose convenue, les empereurs et les rois sont et font ce qu'ils veulent, attendu qu'ils ne permettent pas qu'on les ennuie à venir regarder par le trou de leur serrure ; tandis qu'un président de la République doit vivre dans la fameuse maison de verre, du moment qu'il incarne la vertu et la vérité toutes pures.

Je le répète, cela est d'un bel idéal, et très flatteur pour le régime républicain. Le malheur est que, sous cette hypocrite exigence de la parfaite honnêteté, se cachent les manœuvres des plus basses passions politiques. Et combien elle est inhumaine, cette froide conception de l'honneur intransigeant, combien elle est peu tolérante aux misères et aux faiblesses inévitables de l'existence ! Sait-on ce qu'il y a de tendresse souvent, de bon cœur et de pardon, dans certaines complicités morales, voulues ou acceptées ? Des héros, de vertu totale, ah ! j'en ai connu, les plus durs, les plus impitoyables, les plus insupportables ! Non, j'aime mieux un homme, et surtout qu'il ait souffert, qu'il ait faibli, qu'il ait eu nos doutes et nos défaites, si nous voulons le trouver charitable et fraternel.

Mais l'idée conventionnelle est là, on est toujours à l'Ambigu, où la jeune grande première ne peut avoir failli. Déjà un président est tombé du pouvoir en expiation des fautes de son gendre [1], et nous voilà menacés d'en voir un second payer durement les erreurs de son beau-père. Les véritables honnêtes gens ont beau hausser les épaules, en s'indignant contre les diffamateurs : soyez certains que la flèche empoisonnée est dans la plaie et que désormais le poison fera son œuvre. Les exécrables journaux qui vivent de l'injure ne lâcheront plus leur victime. Vous verrez les attaques renaître sans cesse, excitant le prurit de vertu idéale chez le bon public, jusqu'au jour où l'homme devra disparaître, écœuré, sali, sous le tas de boue amassée.

Ah ! le grand sabre qu'on attend avec impatience, le grand sabre que beaucoup de gens demandent chaque soir au bon Dieu, dans leurs prières ! en voilà un à qui on n'en réclamera pas tant ! Il pourra bien être ce qu'il voudra, et lui, et ses proches, sans qu'on aille se permettre de fouiller sa vie. Personne ne s'inquiétera de savoir si une sœur de sa grand-mère n'a pas eu un enfant avant son mariage, ou bien si un cousin de la mère de sa femme n'a pas, en mourant, laissé impayés des billets à ordre. On sera trop content qu'il fasse enfin taire les insulteurs de la presse ; et quelle popularité, s'il enterre le Panamá une bonne fois pour toutes, avec les petits papiers, les listes et les carnets des courtiers et des policiers marrons ! Puis, la France vivra heureuse. Le grand sabre y fera régner de nouveau la

1. Il s'agit de Jules Grévy, qui dut démissionner de sa fonction de président de la République le 1er décembre 1887, en raison du rôle joué par son gendre dans une affaire de trafic de décorations.

fiction de la vertu absolue, tout en étant lui-même, s'il en a le goût, le plus parfait des gredins.

Et voilà pourquoi, République, ma mie, vous avez tant de peine à vivre, en personne rangée et cossue, après vingt-cinq ans d'âge.

C'est qu'on exige de vous une vertu qui n'est pas de ce monde, j'entends une vertu qui pousse l'innocence jusqu'à se laisser contrôler publiquement, une vertu qui n'a pas de gendarmes pour garder sa porte aux heures de faiblesse.

Un beau soir, ma mie, vous en mourrez.

24 décembre 1895

## Pour les juifs [1]

Depuis quelques années, je suis la campagne qu'on essaie de faire en France contre les juifs, avec une surprise et un dégoût croissants [2]. Cela m'a l'air d'une monstruosité, j'entends une chose en dehors de tout bon sens, de toute vérité et de toute justice, une chose sotte et aveugle qui nous ramènerait à des siècles en arrière, une chose enfin qui aboutirait à la pire des abominations, une persécution religieuse, ensanglantant toutes les patries.

Et je veux le dire.

---

1. Publiée deux ans après la condamnation de Dreyfus, mais alors que l'Affaire n'occupait pas encore l'opinion, cette tribune suscite des réactions de haine violente dans *La Libre Parole*, journal de Drumont ici directement visé, tout en attirant sur Zola l'attention des proches de Dreyfus. À la fin de l'année 1896, le journaliste Bernard Lazare, dreyfusard de la première heure, lui rend visite, lui envoie ses brochures ; il faudra un an encore pour que l'écrivain soit gagné à la cause, et engage dans *Le Figaro*, puis dans *L'Aurore*, son dernier combat.

2. Cette « campagne antisémite » est animée notamment par Édouard Drumont, auteur en 1886 de *La France juive*, qui a remporté un succès aussi spectaculaire qu'inattendu. Exploitant le même courant d'opinion, Drumont a créé en 1892 *La Libre Parole*, journal quotidien à cinq centimes.

D'abord, quel procès dresse-t-on contre les juifs, que leur reproche-t-on ?

Des gens, même des amis à moi, disent qu'ils ne peuvent les souffrir, qu'ils ne peuvent leur toucher la main, sans avoir à la peau un frémissement de répugnance. C'est l'horreur physique, la répulsion de race à race, du blanc pour le jaune, du rouge pour le noir. Je ne cherche pas si, dans cette répugnance, il n'entre pas la lointaine colère du chrétien pour le juif qui a crucifié son Dieu, tout un atavisme séculaire de mépris et de vengeance. En somme, l'horreur physique est une bonne raison, la seule raison même, car il n'y a rien à répondre aux gens qui vous disent : « Je les exècre parce que je les exècre, parce que la vue seule de leur nez me jette hors de moi, parce que toute ma chair se révolte, à les sentir différents et contraires. »

Mais, en vérité, cette raison de l'hostilité de race à race n'est pas suffisante. Retournons alors au fond des bois, recommençons la guerre barbare d'espèce à espèce, dévorons-nous parce que nous n'aurons pas le même cri et que nous aurons le poil planté autrement. L'effort des civilisations est justement d'effacer ce besoin sauvage de se jeter sur son semblable, quand il n'est pas tout à fait semblable. Au cours des siècles, l'histoire des peuples n'est qu'une leçon de mutuelle tolérance, si bien que le rêve final sera de les ramener tous à l'universelle fraternité, de les noyer tous dans une commune tendresse, pour les sauver tous le plus possible de la commune douleur. Et, de notre temps, se haïr et se mordre, parce qu'on n'a pas le crâne absolument construit de même, commence à être la plus monstrueuse des folies.

J'arrive au procès sérieux, qui est surtout d'ordre social. Et je résume le réquisitoire, j'indique les grands traits. Les juifs sont accusés d'être une nation dans la nation, de mener à l'écart une vie de caste religieuse et d'être ainsi, par-dessus les frontières, une sorte de secte internationale, sans patrie réelle, capable un jour, si elle triomphait, de mettre la main sur le monde. Les juifs se marient entre eux, gardent un lien de famille très étroit, au milieu du relâchement moderne, se soutiennent et s'encouragent, montrent, dans leur isolement, une force de résistance et de lente conquête extraordinaire. Mais surtout ils sont de race pratique et avisée, ils apportent avec leur sang un besoin du lucre, un amour de l'argent, un esprit prodigieux des affaires, qui, en moins de cent ans, ont accumulé entre leurs mains des fortunes énormes, et qui semblent leur assurer la royauté, en un temps où l'argent est roi.

Et tout cela est vrai. Seulement, si l'on constate le fait, il faut l'expliquer. Ce qu'on doit ajouter, c'est que les juifs, tels qu'ils existent aujourd'hui, sont notre œuvre, l'œuvre de nos dix-huit cents ans d'imbécile persécution. On les a parqués dans des quartiers infâmes, comme des lépreux, et rien d'étonnant à ce qu'ils aient vécu à part, conservant tout de leurs traditions, resserrant le lien de la famille, demeurant des vaincus chez des vainqueurs. On les a frappés, injuriés, abreuvés d'injustices et de violences, et rien d'étonnant à ce qu'ils gardent au cœur, même inconsciemment, l'espoir d'une lointaine revanche, la volonté de résister, de se maintenir et de vaincre. Surtout on leur a dédaigneusement abandonné le domaine de l'argent, qu'on méprisait, faisant socialement d'eux des trafiquants et des usuriers, et rien d'étonnant à ce que, lorsque le régime de la force brutale a fait place au régime de l'intelligence et du travail, on les ait trouvés maîtres des capitaux, la cervelle assouplie, exercée par des siècles d'hérédité, tout prêts pour l'Empire.

Et voilà qu'aujourd'hui, terrifiés devant cette œuvre d'aveuglement, tremblants de voir ce que la foi sectaire du Moyen Âge a fait des juifs, vous n'imaginez rien de mieux que de retourner à l'an mille, de reprendre les persécutions, de prêcher de nouveau la guerre sainte pour que les juifs soient traqués, dépouillés, remis en tas, avec la rage dans l'âme, traités en peuple vaincu parmi un peuple vainqueur !

En vérité, vous êtes des gaillards intelligents, et vous avez là une jolie conception sociale !

Eh quoi ! vous êtes plus de deux cents millions de catholiques, on compte à peine cinq millions de juifs, et vous tremblez, vous appelez les gendarmes, vous menez un effroyable vacarme de terreur, comme si des nuées de pillards s'étaient abattues sur le pays. Voilà du courage !

Il me semble que les conditions de la lutte sont acceptables. Sur le terrain des affaires, pourquoi ne pas être aussi intelligents et aussi forts qu'eux ? Pendant le mois que je suis allé à la Bourse, pour tâcher d'y comprendre quelque chose, un banquier catholique me disait, en parlant des juifs : « Ah ! monsieur, ils sont plus forts que nous, toujours ils nous battront [1]. » Si cela était vrai, ce serait vraiment humiliant. Mais pourquoi serait-ce vrai ? Le don a beau exister, le travail et l'intelligence, quand même, peuvent tout. Je connais déjà des chrétiens qui sont des juifs très distingués. Le champ est libre, et, s'ils ont eu des siècles pour aimer l'argent et pour apprendre à le gagner, il n'y a qu'à les suivre sur ce terrain, à y acquérir leurs qualités, à les battre avec leurs propres armes. Mon Dieu ! oui, cesser de les injurier inutilement, et les vaincre en leur étant supérieur. Rien n'est plus simple, et c'est la loi même de la vie.

Quelle satisfaction orgueilleuse doit être la leur, devant le cri de détresse que vous poussez ! N'être qu'une minorité infime et nécessiter un tel déploiement de guerre ! Tous les matins, vous les foudroyez, vous battez désespérément le rappel, comme si la cité se trouvait en péril

1. Zola évoque ici le travail de documentation accompli pendant la préparation de *L'Argent*, roman publié en 1891, où « banque juive » et « banque catholique » reçoivent des représentations fictionnelles.

d'être prise d'assaut ! À vous entendre, il faudrait rétablir le ghetto, nous aurions encore la rue des juifs, qu'on barrerait le soir avec des chaînes. Et ce serait chose aimable, cette quarantaine, dans nos libres villes ouvertes. Je comprends qu'ils ne s'émotionnent pas et qu'ils continuent à triompher sur tous nos marchés financiers, car l'injure est la flèche légendaire qui retourne crever l'œil du méchant archer. Continuez donc à les persécuter, si vous voulez qu'ils continuent à vaincre !

La persécution, vraiment, vous en êtes encore là ? Vous en êtes encore à cette belle imagination qu'on supprime les gens en les persécutant ? Eh ! c'est tout le contraire, pas une cause n'a grandi qu'arrosée du sang de ses martyrs. S'il y a encore des juifs, c'est de votre faute. Ils auraient disparu, se seraient fondus, si on ne les avait pas forcés de se défendre, de se grouper, de s'entêter dans leur race. Et, aujourd'hui encore, leur plus réelle puissance vient de vous, qui la rendez sensible en l'exagérant. On finit par créer un danger, en criant chaque matin qu'il existe. À force de montrer au peuple un épouvantail, on crée le monstre réel. Ne parlez donc plus d'eux, et ils ne seront plus. Le jour où le juif ne sera qu'un homme comme nous, il sera notre frère.

Et la tactique s'indique, absolument opposée. Ouvrir les bras tout grands, réaliser socialement l'égalité reconnue par le Code. Embrasser les juifs, pour les absorber et les confondre en nous. Nous enrichir de leurs qualités, puisqu'ils en ont. Faire cesser la guerre des races en mêlant les races. Pousser aux mariages, remettre aux enfants le soin de réconcilier les pères. Et là seulement est l'œuvre d'unité, l'œuvre humaine et libératrice.

L'antisémitisme, dans les pays où il a une réelle importance, n'est jamais que l'arme d'un parti politique ou le résultat d'une situation économique grave.

Mais, en France, où il n'est pas vrai que les juifs, comme on veut nous en convaincre, soient les maîtres absolus du pouvoir et de l'argent, l'antisémitisme reste une chose en l'air, sans racines aucunes dans le peuple. Il a fallu, pour créer une apparence de mouvement, qui n'est au fond que du tapage, la passion de quelques cerveaux fumeux, où se débat un louche catholicisme de sectaires, poursuivant jusque dans les Rothschild, par un abus de littérature, les descendants du Judas qui a livré et crucifié son Dieu. Et j'ajoute que le besoin d'un terrain de vacarme, la rage de se faire lire et de conquérir une notoriété retentissante, n'ont certainement pas été étrangers à cet allumage et à cet entretien public de bûchers, dont les flammes sont heureusement de simple décor.

Aussi quel échec lamentable ! Quoi ? depuis de si longs mois, tant d'injures, tant de délations, des juifs dénoncés chaque jour comme des voleurs et des assassins, des chrétiens même dont on fait des juifs quand on les veut atteindre, tout le monde juif, traqué, insulté, condamné ! Et, au demeurant, rien que du bruit, de vilaines paroles, des passions basses étalées, mais pas un acte, pas un coin de foule ameuté, ni un crâne fendu, ni une vitre cassée ! Faut-il que notre petit peuple de France soit un bon peuple, et sage, et honnête, pour ne pas écouter ces appels quotidiens à la guerre civile, pour garder sa raison, au milieu de ces excitations abominables, cette demande journalière du sang d'un juif ! Ce n'est plus d'un prêtre que le journal déjeune chaque matin, mais d'un juif, le plus gras, le plus fleuri qu'on puisse trouver. Déjeuner aussi médiocre que l'autre, et pour le moins aussi sot. Et, de tout cela, il ne reste que la laideur de la besogne, la plus folle et la plus exécrable qui soit à faire, la plus inutile aussi, heureusement, puisque les passants de la rue ne tournent même pas la tête, laissant les énergumènes se débattre comme des diables dans de louches bénitiers.

L'extraordinaire est qu'ils affectent la prétention de faire une œuvre indispensable et saine. Ah ! les pauvres gens, comme je les plains, s'ils sont sincères ! Quel épouvantable document ils vont laisser sur eux : cet amas d'erreurs, de mensonges, de furieuse envie, de démence exagérée, qu'ils entassent quotidiennement ! Quand un critique voudra descendre dans ce bourbier, il reculera d'horreur, en constatant qu'il n'y a eu là que passion religieuse et qu'intelligence déséquilibrée. Et c'est au pilori de l'histoire qu'on les clouera, ainsi que des malfaiteurs sociaux, dont les crimes n'ont avorté que grâce aux conditions de rare aveuglement dans lesquelles ils les ont commis.

Car là est ma continuelle stupeur, qu'un tel retour de fanatisme, qu'une telle tentative de guerre religieuse, ait pu se produire à notre époque, dans notre grand Paris, au milieu de notre bon peuple. Et cela dans nos temps de démocratie, d'universelle tolérance, lorsqu'un immense mouvement se déclare de partout vers l'égalité, la fraternité et la justice ! Nous en sommes à détruire les frontières, à rêver la communauté des peuples, à réunir des congrès de religions pour que les prêtres de tous les cultes s'embrassent, à nous sentir tous frères par la douleur, à vouloir tous nous sauver de la misère de vivre, en élevant un autel unique à la pitié humaine ! Et il y a là une poignée de fous, d'imbéciles ou d'habiles, qui nous crient chaque matin : « Tuons les juifs, mangeons les juifs, massacrons, exterminons, retournons aux bûchers et aux dragonnades ! » Voilà qui est bien choisir son moment ! Et rien ne serait plus bête, si rien n'était plus abominable !

Qu'il y ait, entre les mains de quelques juifs, un accaparement douloureux de la richesse, c'est là un fait certain. Mais le même accaparement existe chez des catholiques et chez des protestants. Exploiter les révoltes populaires en les mettant au service d'une passion religieuse, jeter surtout le juif en pâture aux revendications des déshérités, sous le prétexte d'y jeter l'homme d'argent, il y a là un socialisme hypocrite et menteur, qu'il faut dénoncer, qu'il faut flétrir. Si, un jour, la loi du travail se formule pour la vérité et pour le bonheur, elle recréera l'humanité entière ; et peu importera qu'on soit juif ou qu'on soit chrétien, car les comptes à rendre seront les mêmes, et les mêmes aussi les nouveaux droits et les nouveaux devoirs.

Ah ! cette unité humaine, à laquelle nous devons tous nous efforcer de croire, si nous voulons avoir le courage de vivre, et garder dans la lutte quelque espérance au cœur ! C'est le cri, confus encore, mais qui peu à peu va se dégager, s'enfler, monter de tous les peuples, affamés de vérité, de justice et de paix. Désarmons nos haines, aimons-nous dans nos villes, aimons-nous par-dessus les frontières, travaillons à fondre les races en une seule famille enfin heureuse ! Et mettons qu'il faudra des mille ans, mais croyons quand même à la réalisation finale de l'amour, pour commencer du moins à nous aimer aujourd'hui autant que la misère des temps actuels nous le permettra. Et laissons les fous, et laissons les méchants retourner à la barbarie des forêts, ceux qui s'imaginent faire de la justice à coups de couteau. Que Jésus dise donc à ses fidèles exaspérés qu'il a pardonné aux juifs et qu'ils sont des hommes !

16 mai 1896

# *L'Aurore*

*En décembre 1897, Zola change de tribune : au* Figaro, *« les lecteurs habituels du journal s'émotionnent », et il faut revoir « les conditions de la lutte*[1] *». C'est* L'Aurore, *quotidien socialiste lancé en octobre 1897 par Ernest Vaughan, qui accueillera désormais ses articles. Le 13 janvier 1898, paraît « J'accuse » : Zola avait d'abord conçu cette « lettre ouverte » comme une brochure. « Au moment de mettre cette brochure en vente, écrira-t-il plus tard, la pensée me vint de donner à ma lettre une publicité plus large, plus retentissante, en la publiant dans un journal*[2]. *» Le réquisitoire implacable lancé sous ce titre choc, inventé par Georges Clemenceau – l'un des éditorialistes vedettes du journal – fait exploser les ventes du quotidien : le tirage passe de moins de 30 000 à plus de 300 000 exemplaires. L'après-midi même du 13 janvier, un vote à la Chambre décide de lancer des poursuites contre Zola, le journal et son gérant.*

*Le 23 mai 1898, alors que l'on attend le verdict de ce procès,* Le Petit Journal *publie un long article intitulé « Zola père et fils ». Le père du romancier, François Zola, y est accusé d'avoir commis un vol lorsqu'il était lieutenant de la Légion étrangère en Algérie, en 1831. À la diffamation, le romancier répond par la documentation. « Mon père » suivi de trois articles intitulés « François Zola » déploient sa riposte. Le journal cette fois lui tient lieu aussi de document, car c'est aux archives départementales, et dans les titres provençaux qui y sont conservés, qu'il puise la matière nécessaire à la recomposition de son roman familial. Ainsi les noms des individus s'inscrivent-ils dans*

1. Zola, *Une campagne*, repris dans les *Œuvres complètes*, Cercle du livre précieux/ Claude Tchou, t. XIV, 1969, p. 896.
2. *Ibid.*, p. 920.

**ZOLA DEVANT LE JURY. ÉTUDE DE TYPES**

Caricature de Jüttner (*Lustige Blätter*, de Berlin, juin 1898).

*l'Histoire, et l'Histoire dans le destin des personnes ; au-delà de ce procès en honneur paternel, Zola dénonce surtout « l'empoisonnement » de la « grande France », privée de « vérité et de justice », « santé nécessaire des peuples ».*

*Condamné à un an de prison et à trois mille francs d'amende, Zola s'exile à Londres. De retour en juin 1899, il poursuit son combat. Mais il ne connaîtra pas la réhabilitation du capitaine Dreyfus. Dans la nuit du 28 au 29 septembre 1902, il meurt asphyxié par des émanations d'oxyde de carbone provenant de la cheminée de sa chambre à coucher, dans des circonstances qui demeurent troubles : une enquête menée en 1953 par Jean Bedel, journaliste à* Libération, *atteste que le dysfonctionnement de la cheminée, loin d'être accidentel, aurait été orchestré par un ouvrier antidreyfusard.*

# J'ACCUSE
## Lettre à M. Félix Faure, Président de la République

Monsieur le Président,

Me permettez-vous, dans ma gratitude pour le bienveillant accueil que vous m'avez fait un jour, d'avoir le souci de votre juste gloire et de vous dire que votre étoile, si heureuse jusqu'ici, est menacée de la plus honteuse, de la plus ineffaçable des taches ?

Vous êtes sorti sain et sauf des basses calomnies [1], vous avez conquis les cœurs. Vous apparaissez rayonnant dans l'apothéose de cette fête patriotique que l'alliance russe a été pour la France, et vous vous préparez à présider au solennel triomphe de notre Exposition universelle, qui couronnera notre grand siècle de travail, de vérité et de liberté. Mais quelle tache de boue sur votre nom – j'allais dire sur votre règne – que cette abominable affaire Dreyfus ! Un conseil de guerre vient, par ordre, d'oser acquitter un Esterhazy [2], soufflet suprême à toute vérité, à toute justice. Et c'est fini, la France a sur la joue cette souillure, l'histoire écrira que c'est sous votre présidence qu'un tel crime social a pu être commis.

Puisqu'ils ont osé, j'oserai aussi, moi. La vérité, je la dirai, car j'ai promis de la dire, si la justice, régulièrement saisie, ne la faisait pas, pleine et entière. Mon devoir est de parler, je ne veux pas être complice. Mes nuits seraient hantées par le spectre de l'innocent qui expie là-bas, dans la plus affreuse des tortures, un crime qu'il n'a pas commis.

---

1. *La Libre Parole*, journal dirigé par Édouard Drumond, avait mis en cause deux ans auparavant le président Félix Faure à travers son beau-père, notaire accusé de s'être enfui en détournant des fonds.

2. Le commandant Esterhazy est le véritable auteur du document délivrant des informations militaires à l'armée allemande, dit « bordereau », qui suscita l'inculpation du capitaine Dreyfus. Joueur, escroc et même proxénète, collaborateur de *La Libre Parole*, Esterhazy ne fut jamais condamné pour cette machination.

Et c'est à vous, monsieur le Président, que je la crierai, cette vérité, de toute la force de ma révolte d'honnête homme. Pour votre honneur, je suis convaincu que vous l'ignorez. Et à qui donc dénoncerai-je la tourbe malfaisante des vrais coupables, si ce n'est à vous, le premier magistrat du pays ?

La vérité d'abord sur le procès et sur la condamnation de Dreyfus.

Un homme néfaste a tout mené, a tout fait, c'est le colonel du Paty de Clam [1], alors simple commandant. Il est l'affaire Dreyfus tout entière, on ne la connaîtra que lorsqu'une enquête loyale aura établi nettement ses actes et ses responsabilités. Il apparaît comme l'esprit le plus fumeux, le plus compliqué, hanté d'intrigues romanesques, se complaisant aux moyens des romans-feuilletons, les papiers volés, les lettres anonymes, les rendez-vous dans les endroits déserts, les femmes mystérieuses qui colportent, de nuit, des preuves accablantes. C'est lui qui imagina de dicter le bordereau à Dreyfus ; c'est lui qui rêva de l'étudier dans une pièce entièrement revêtue de glaces ; c'est lui que le commandant Forzinetti [2] nous représente armé d'une lanterne sourde, voulant se faire introduire près de l'accusé endormi, pour projeter sur son visage un brusque flot de lumière et surprendre ainsi son crime, dans l'émoi du réveil. Et je n'ai pas à tout dire, qu'on cherche, on trouvera. Je déclare simplement que le commandant du Paty de Clam, chargé d'instruire l'affaire Dreyfus, comme officier judiciaire, est, dans

---

1. Le commandant et marquis Mercier Du Paty de Clam (1853-1916) fut déchargé par le ministère de la Guerre de ses fonctions militaires pour mener l'enquête préludant au procès de Dreyfus. Son action dans le dossier Dreyfus est caractérisée par sa partialité et sa forte tendance feuilletonesque.

2. Le commandant Forzinetti (1839-1909), premier geôlier du capitaine Dreyfus, fut relevé de ses fonctions militaires en 1897 pour avoir manifesté son soutien à la cause dreyfusarde.

l'ordre des dates et des responsabilités, le premier coupable de l'effroyable erreur judiciaire qui a été commise.

Le bordereau était depuis quelque temps déjà entre les mains du colonel Sandherr [1], directeur du bureau des renseignements, mort depuis de paralysie générale. Des « fuites » avaient lieu, des papiers disparaissaient, comme il en disparaît aujourd'hui encore ; et l'auteur du bordereau était recherché, lorsqu'un a priori se fit peu à peu que cet auteur ne pouvait être qu'un officier de l'état-major, et un officier d'artillerie : double erreur manifeste, qui montre avec quel esprit superficiel on avait étudié ce bordereau, car un examen raisonné démontre qu'il ne pouvait s'agir que d'un officier de troupe. On cherchait donc dans la maison, on examinait les écritures, c'était comme une affaire de famille, un traître à surprendre dans les bureaux mêmes, pour l'en expulser. Et, sans que je veuille refaire ici une histoire connue en partie, le commandant du Paty de Clam entre en scène, dès qu'un premier soupçon tombe sur Dreyfus. À partir de ce moment, c'est lui qui a inventé Dreyfus, l'affaire devient son affaire, il se fait fort de confondre le traître, de l'amener à des aveux complets. Il y a bien le ministre de la Guerre, le général Mercier [2], dont l'intelligence semble médiocre ; il y a bien le chef de l'état-major, le général de Boisdeffre [3], qui paraît avoir cédé à sa passion cléricale, et le sous-chef de l'état-major, le général Gonse [4], dont la conscience a

1. Le colonel Sandherr (1846-1895), chef du Bureau de la statistique, ou service des renseignements, a participé à la machination accablant Dreyfus sur de fausses pièces. À sa mort en 1895, il fut remplacé par le lieutenant-colonel Picquart.

2. Le général Auguste Mercier (1833-1921), ministre de la Guerre pour la deuxième fois en 1895, ne bénéficiait pas d'une grande aura politique au moment de l'affaire Dreyfus. En laissant arrêter Dreyfus, il acquit l'image d'un sauveur de la patrie.

3. Le général de Boisdeffre (1839-1919) est considéré comme l'artisan de l'alliance russe ; il mena une action de diplomate à la tête de l'état-major général.

4. Le général Charles Arthur Gonse : sous-chef d'état-major général, proche collaborateur de Boisdeffre.

pu s'accommoder de beaucoup de choses. Mais, au fond, il n'y a d'abord que le commandant du Paty de Clam, qui les mène tous, qui les hypnotise, car il s'occupe aussi de spiritisme, d'occultisme, il converse avec les esprits. On ne croira jamais les expériences auxquelles il a soumis le malheureux Dreyfus, les pièges dans lesquels il a voulu le faire tomber, les enquêtes folles, les imaginations monstrueuses, toute une démence torturante.

Ah ! cette première affaire, elle est un cauchemar, pour qui la connaît dans ses détails vrais ! Le commandant du Paty de Clam arrête Dreyfus, le met au secret. Il court chez madame Dreyfus, la terrorise, lui dit que, si elle parle, son mari est perdu. Pendant ce temps, le malheureux s'arrachait la chair, hurlait son innocence. Et l'instruction a été faite ainsi, comme dans une chronique du quinzième siècle, au milieu du mystère, avec une complication d'expédients farouches, tout cela basé sur une seule charge enfantine, ce bordereau imbécile, qui n'était pas seulement une trahison vulgaire, qui était aussi la plus impudente des escroqueries, car les fameux secrets livrés se trouvaient presque tous sans valeur. Si j'insiste, c'est que l'œuf est ici, d'où va sortir plus tard le vrai crime, l'épouvantable déni de justice dont la France est malade. Je voudrais faire toucher du doigt comment l'erreur judiciaire a pu être possible, comment elle est née des machinations du commandant du Paty de Clam, comment le général Mercier, les généraux de Boisdeffre et Gonse ont pu s'y laisser prendre, engager peu à peu leur responsabilité dans cette erreur, qu'ils ont cru devoir, plus tard, imposer comme la vérité sainte, une vérité qui ne se discute même pas. Au début, il n'y a donc, de leur part, que de l'incurie et de l'inintelligence. Tout au plus, les sent-on céder aux passions religieuses du milieu et aux préjugés de l'esprit de corps. Ils ont laissé faire la sottise.

Mais voici Dreyfus devant le conseil de guerre. Le huis clos le plus absolu est exigé. Un traître aurait ouvert la frontière à l'ennemi, pour conduire l'empereur allemand jusqu'à Notre-Dame, qu'on ne prendrait pas des mesures de silence et de mystère plus étroites. La nation est frappée de stupeur, on chuchote des faits terribles, de ces trahisons monstrueuses qui indignent l'Histoire, et naturellement la nation s'incline. Il n'y a pas de châtiment assez sévère, elle applaudira à la dégradation publique, elle voudra que le coupable reste sur son rocher d'infamie, dévoré par le remords. Est-ce donc vrai, les choses indicibles, les choses dangereuses, capables de mettre l'Europe en flammes, qu'on a dû enterrer soigneusement derrière ce huis clos ? Non ! il n'y a eu, derrière, que les imaginations romanesques et démentes du commandant du Paty de Clam. Tout cela n'a été fait que pour cacher le plus saugrenu des romans-feuilletons. Et il suffit, pour s'en assurer, d'étudier attentivement l'acte d'accusation, lu devant le conseil de guerre.

Ah ! le néant de cet acte d'accusation ! Qu'un homme ait pu être condamné sur cet acte, c'est un prodige d'iniquité. Je défie les honnêtes gens de le lire, sans que leur cœur bondisse d'indignation et crie leur révolte, en pensant à l'expiation démesurée, là-bas, à l'île du Diable. Dreyfus sait plusieurs langues, crime ; on n'a trouvé chez lui aucun papier compromettant, crime ; il va parfois dans son pays d'origine, crime ; il est laborieux, il a le souci de tout savoir, crime ; il ne se trouble pas, crime ; il se trouble, crime. Et les naïvetés de rédaction, les formelles assertions dans le vide ! On nous avait parlé de quatorze chefs d'accusation : nous n'en trouvons qu'une seule en fin de compte, celle du bordereau ; et nous apprenons même que, les experts n'étaient pas d'accord, qu'un d'eux, M. Gobert [1], a été bousculé militairement, parce qu'il se permettait de ne pas conclure dans le sens désiré. On parlait aussi de vingt-trois officiers qui étaient

1. Alfred Gobert, expert auprès de la Banque de France, refusa d'attribuer le bordereau à Dreyfus ; il fut écarté, et remplacé par Bertillon, connu pour son antisémitisme.

venus accabler Dreyfus de leurs témoignages. Nous ignorons encore leurs interrogatoires, mais il est certain que tous ne l'avaient pas chargé ; et il est à remarquer, en outre, que tous appartenaient aux bureaux de la Guerre. C'est un procès de famille, on est là entre soi, et il faut s'en souvenir : l'état-major a voulu le procès, l'a jugé, et il vient de le juger une seconde fois.

Donc, il ne restait que le bordereau, sur lequel les experts ne s'étaient pas entendus. On raconte que, dans la chambre du conseil, les juges allaient naturellement acquitter. Et, dès lors, comme l'on comprend l'obstination désespérée avec laquelle, pour justifier la condamnation, on affirme aujourd'hui l'existence d'une pièce secrète, accablante, la pièce qu'on ne peut montrer, qui légitime tout, devant laquelle nous devons nous incliner, le bon dieu invisible et inconnaissable. Je la nie, cette pièce, je la nie de toute ma puissance ! Une pièce ridicule, oui, peut-être la pièce où il est question de petites femmes, et où il est parlé d'un certain D... qui devient trop exigeant, quelque mari sans doute trouvant qu'on ne lui payait pas sa femme assez cher. Mais une pièce intéressant la défense nationale, qu'on ne saurait produire sans que la guerre fût déclarée demain, non, non ! C'est un mensonge ; et cela est d'autant plus odieux et cynique qu'ils mentent impunément sans qu'on puisse les en convaincre. Ils ameutent la France, ils se cachent derrière sa légitime émotion, ils ferment les bouches en troublant les cœurs, en pervertissant les esprits. Je ne connais pas de plus grand crime civique.

Voilà donc, monsieur le Président, les faits qui expliquent comment une erreur judiciaire a pu être commise ; et les preuves morales, la situation de fortune de Dreyfus, l'absence de motifs, son continuel cri d'innocence, achèvent de le montrer comme une victime des extraordinaires imaginations du commandant du Paty de Clam, du milieu clérical où il se trouvait, de la chasse aux « sales juifs », qui déshonore notre époque.

Et nous arrivons à l'affaire Esterhazy. Trois ans se sont passés, beaucoup de consciences restent troublées profondément, s'inquiètent, cherchent, finissent par se convaincre de l'innocence de Dreyfus.

Je ne ferai pas l'historique des doutes, puis de la conviction de M. Scheurer-Kestner. Mais, pendant qu'il fouillait de son côté, il se passait des faits graves à l'état-major même. Le colonel Sandherr était mort, et le lieutenant-colonel Picquart lui avait succédé comme chef du bureau des renseignements. Et c'est à ce titre, dans l'exercice de ses fonctions, que ce dernier eut un jour entre les mains une lettre-télégramme, adressée au commandant Esterhazy, par un agent d'une puissance étrangère. Son devoir strict était d'ouvrir une enquête. La certitude est qu'il n'a jamais agi en dehors de la volonté de ses supérieurs. Il soumit donc ses soupçons à ses supérieurs hiérarchiques, le général Gonse, puis le général de Boisdeffre, puis le général Billot [1], qui avait succédé au général Mercier comme ministre de la Guerre. Le fameux dossier Picquart, dont il a été tant parlé, n'a jamais été que le dossier Billot, j'entends le dossier fait par un subordonné pour son ministre, le dossier qui doit exister encore au ministère de la Guerre. Les recherches durèrent de mai à septembre 1896, et ce qu'il faut affirmer bien haut, c'est que le général Gonse était convaincu de la culpabilité d'Esterhazy, c'est que le général de Boisdeffre et le général Billot ne mettaient pas en doute que le fameux bordereau fût de l'écriture d'Esterhazy. L'enquête du lieutenant-colonel Picquart avait abouti à cette constatation certaine. Mais l'émoi était grand, car la condamnation d'Esterhazy entraînait inévitablement

1. Le général Jean-Baptiste Billot (1828-1907) : ministre de la Guerre entre avril 1896 et juin 1898, dans le gouvernement Méline. Informé précocement des manipulations opérées dans les pièces du dossier Dreyfus, il décida d'étouffer l'Affaire, et tenta de dissuader Picquart et Scheurer-Kestner de poursuivre leur combat pour la vérité.

la révision du procès Dreyfus ; et c'était ce que l'état-major ne voulait à aucun prix.

Il dut y avoir là une minute psychologique pleine d'angoisse. Remarquez que le général Billot n'était compromis dans rien, il arrivait tout frais, il pouvait faire la vérité. Il n'osa pas, dans la terreur sans doute de l'opinion publique, certainement aussi dans la crainte de livrer tout l'état-major, le général de Boisdeffre, le général Gonse, sans compter les sous-ordres. Puis, ce ne fut là qu'une minute de combat entre sa conscience et ce qu'il croyait être l'intérêt militaire. Quand cette minute fut passée, il était déjà trop tard. Il s'était engagé, il était compromis. Et, depuis lors, sa responsabilité n'a fait que grandir, il a pris à sa charge le crime des autres, il est aussi coupable que les autres, il est plus coupable qu'eux, car il a été le maître de faire justice, et il n'a rien fait. Comprenez-vous cela ! voici un an que le général Billot, que les généraux de Boisdeffre et Gonse savent que Dreyfus est innocent, et ils ont gardé pour eux cette effroyable chose ! Et ces gens-là dorment, et ils ont des femmes et des enfants qu'ils aiment !

Le colonel Picquart avait rempli son devoir d'honnête homme. Il insistait auprès de ses supérieurs, au nom de la justice. Il les suppliait même, il leur disait combien leurs délais étaient impolitiques, devant le terrible orage qui s'amoncelait, qui devait éclater, lorsque la vérité serait connue. Ce fut, plus tard, le langage que M. Scheurer-Kestner tint également au général Billot, l'adjurant par patriotisme de prendre en main l'affaire, de ne pas la laisser s'aggraver, au point de devenir un désastre public. Non ! le crime était commis, l'état-major ne pouvait plus avouer son crime. Et le lieutenant-colonel Picquart fut envoyé en mission, on l'éloigna de plus loin en plus loin, jusqu'en Tunisie, où l'on voulut même un jour honorer sa bravoure en le chargeant d'une mission qui l'aurait sûrement fait massacrer, dans les parages où le marquis de Morès a trouvé la mort [1]. Il n'était pas en disgrâce, le général Gonse entretenait avec lui une correspondance amicale. Seulement, il est des secrets qu'il ne fait pas bon d'avoir surpris.

À Paris, la vérité marchait, irrésistible, et l'on sait de quelle façon l'orage attendu éclata. M. Mathieu Dreyfus [2] dénonça le commandant Esterhazy comme le véritable auteur du bordereau, au moment où M. Scheurer-Kestner allait déposer, entre les mains du garde des Sceaux, une demande en révision du procès. Et c'est ici que le commandant Esterhazy paraît. Des témoignages le montrent d'abord affolé, prêt au suicide ou à la fuite. Puis, tout d'un coup, il paye d'audace, il étonne Paris par la violence de son attitude. C'est que du secours lui était venu, il avait reçu une lettre anonyme l'avertissant des menées de ses ennemis, une dame mystérieuse s'était même dérangée de nuit pour lui remette une pièce volée à l'état-major, qui devait le sauver. Et je ne puis m'empêcher de retrouver là le lieutenant-colonel du Paty de Clam en reconnaissant les expédients de son imagination fertile. Son œuvre, la culpabilité de Dreyfus, était en péril, et il a voulu sûrement défendre son œuvre. La révision du procès, mais c'était l'écroulement du roman-feuilleton si extravagant, si tragique, dont le dénouement abominable a lieu à l'île du Diable ! C'est ce qu'il ne pouvait permettre. Dès lors, le duel va avoir lieu entre le lieutenant-colonel Picquart et le lieutenant-colonel du Paty de

1. Le marquis de Morès (1859-1895), homme d'une moralité douteuse, se battit en duel contre le capitaine Mayer, après avoir diffamé dans la presse antisémite les officiers juifs de l'armée française. Armé d'une épée non réglementaire, il tua son adversaire ; lui-même fut assassiné en Tunisie par des membres d'une tribu insurgée contre le pouvoir colonial.

2. Mathieu Dreyfus (1857-1930), frère aîné du capitaine, fut le véritable artisan de la mobilisation dreyfusarde : dès la condamnation de 1894, il réunit les pièces du dossier, puis gagna Bernard Lazare à sa cause. C'est lui aussi qui convainquit Zola de l'innocence du capitaine.

Clam, l'un le visage découvert, l'autre masqué. On les retrouvera prochainement tous deux devant la justice civile. Au fond, c'est toujours l'état-major qui se défend, qui ne veut pas avouer son crime, dont l'abomination grandit d'heure en heure.

On s'est demandé avec stupeur quels étaient les protecteurs du commandant Esterhazy. C'est d'abord, dans l'ombre, le lieutenant-colonel du Paty de Clam qui a tout machiné, qui a tout conduit. Sa main se trahit aux moyens saugrenus. Puis, c'est le général de Boisdeffre, c'est le général Gonse, c'est le général Billot lui-même, qui sont bien obligés de faire acquitter le commandant, puisqu'ils ne peuvent laisser reconnaître l'innocence de Dreyfus, sans que les bureaux de la Guerre croulent dans le mépris public. Et le beau résultat de cette situation prodigieuse est que l'honnête homme, là-dedans, le lieutenant-colonel Picquart, qui seul a fait son devoir, va être la victime, celui qu'on bafouera et qu'on punira. Ô justice, quelle affreuse désespérance serre le cœur ! On va jusqu'à dire que c'est lui le faussaire, qu'il a fabriqué la carte-télégramme pour perdre Esterhazy. Mais, grand Dieu ! pourquoi ? dans quel but ? Donnez un motif. Est-ce que celui-là aussi est payé par les juifs ? Le joli de l'histoire est qu'il était justement antisémite. Oui ! nous assistons à ce spectacle infâme, des hommes perdus de dettes et de crimes dont on proclame l'innocence, tandis qu'on frappe l'honneur même, un homme à la vie sans tache ! Quand une société en est là, elle tombe en décomposition.

Voilà donc, monsieur le Président, l'affaire Esterhazy : un coupable qu'il s'agissait d'innocenter. Depuis bientôt deux mois, nous pouvons suivre heure par heure la belle besogne. J'abrège, car ce n'est ici, en gros, que le résumé de l'histoire dont les brûlantes pages seront un jour écrites tout au long. Et nous avons donc vu le général de Pellieux [1], puis le commandant

1. Le général Georges Gabriel de Pellieux, commandant de Paris, fut désigné officier de police judiciaire pour l'enquête sur Esterhazy ; il était convaincu de l'innocence d'Esterhazy, contre l'évidence des faits.

Ravary [1], conduire une enquête scélérate d'où les coquins sortent transfigurés et les honnêtes gens salis. Puis, on a convoqué le conseil de guerre.

Comment a-t-on pu espérer qu'un conseil de guerre déferait ce qu'un conseil de guerre avait fait ?

Je ne parle même pas du choix toujours possible des juges. L'idée supérieure de discipline, qui est dans le sang de ces soldats, ne suffit-elle à infirmer leur pouvoir même d'équité ? Qui dit discipline dit obéissance. Lorsque le ministre de la Guerre, le grand chef a établi publiquement, aux acclamations de la représentation nationale, l'autorité absolue de la chose jugée, vous voulez qu'un conseil de guerre lui donne un formel démenti ? Hiérarchiquement, cela est impossible. Le général Billot a suggestionné les juges par sa déclaration, et ils ont jugé comme ils doivent aller au feu, sans raisonner. L'opinion préconçue qu'ils ont apportée sur leur siège, est évidemment celle-ci : « Dreyfus a été condamné pour crime de trahison par un conseil de guerre ; il est donc coupable, et nous, conseil de guerre, nous ne pouvons le déclarer innocent : or nous savons que reconnaître la culpabilité d'Esterhazy, ce serait proclamer l'innocence de Dreyfus. » Rien ne pouvait les faire sortir de là.

Ils ont rendu une sentence inique, qui à jamais pèsera sur nos conseils de guerre, qui entachera désormais de suspicion tous leurs arrêts. Le premier conseil de guerre a pu être inintelligent, le second est forcément criminel. Son excuse, je le répète, est que le chef suprême avait parlé, déclarant la chose jugée inattaquable, sainte et supérieure aux hommes, de sorte que des inférieurs ne pouvaient dire le contraire. On nous parle de l'honneur

1. Le commandant Alexandre Alfred Ravary fut chargé de l'instruction du procès Esterhazy devant le conseil de guerre de Paris ; il s'acquitta de cette fonction en défendant contre toute justice l'innocence d'Esterhazy.

de l'armée, on veut que nous l'aimions, que nous la respections. Ah ! certes, oui, l'armée qui se lèverait à la première menace, qui défendrait la terre française, elle est tout le peuple et nous n'avons pour elle que tendresse et respect. Mais il ne s'agit pas d'elle, dont nous voulons justement la dignité, dans notre besoin de justice. Il s'agit du sabre, le maître qu'on nous donnera demain peut-être. Et baiser dévotement la poignée du sabre, le dieu, non !

Je l'ai démontré d'autre part : l'affaire Dreyfus était l'affaire des bureaux de la Guerre, un officier de l'état-major, dénoncé par ses camarades de l'état-major, condamné sous la pression des chefs de l'état-major. Encore une fois, il ne peut revenir innocent sans que tout l'état-major soit coupable. Aussi les bureaux, par tous les moyens imaginables, par des campagnes de presse, par des communications, par des influences, n'ont-ils couvert Esterhazy que pour perdre une seconde fois Dreyfus. Quel coup de balai le gouvernement républicain devrait donner dans cette jésuitière, ainsi que les appelle le général Billot lui-même ! Où est-il, le ministère vraiment fort et d'un patriotisme sage, qui osera tout y refondre et tout y renouveler ? Que de gens je connais qui, devant une guerre possible, tremblent d'angoisse, en sachant dans quelles mains est la défense nationale ! et quel nid de basses intrigues, de commérages et de dilapidations, est devenu cet asile sacré, où se décide le sort de la patrie ! On s'épouvante devant le jour terrible que vient d'y jeter l'affaire Dreyfus, ce sacrifice humain d'un malheureux, d'un « sale juif » ! Ah ! tout ce qui s'est agité là de démence et de sottise, des imaginations folles, des pratiques de basse police, des mœurs d'inquisition et de tyrannies, le bon plaisir de quelques galonnés mettant leurs bottes sur la nation, lui rentrant dans la gorge son cri de vérité et de justice, sous le prétexte menteur et sacrilège de la raison d'État !

Et c'est un crime encore que de s'être appuyé sur la presse immonde, que de s'être laissé défendre par toute la fripouille de Paris, de sorte que voilà la fripouille qui triomphe insolemment, dans la défaite du droit et de la simple probité. C'est un crime d'avoir accusé de troubler la France ceux qui la veulent généreuse, à la tête des nations libres et justes, lorsqu'on ourdit soi-même l'impudent complot d'imposer l'erreur, devant le monde entier. C'est un crime d'égarer l'opinion, d'utiliser pour une besogne de mort cette opinion qu'on a pervertie jusqu'à la faire délirer. C'est un crime d'empoisonner les petits et les humbles, d'exaspérer les passions de réaction et d'intolérance, en s'abritant derrière l'odieux antisémitisme, dont la grande France libérale des droits de l'homme mourra, si elle n'en est pas guérie. C'est un crime que d'exploiter le patriotisme pour des œuvres de haine, et c'est un crime, enfin, que de faire du sabre le dieu moderne, lorsque toute la science humaine est au travail pour l'œuvre prochaine de vérité et de justice.

Cette vérité, cette justice, que nous avons si passionnément voulues, quelle détresse à les voir ainsi souffletées, plus méconnues et plus obscurcies ! Je me doute de l'écroulement qui doit avoir lieu dans l'âme de M. Scheurer-Kestner, et je crois bien qu'il finira par éprouver un remords, celui de n'avoir pas agi révolutionnairement, le jour de l'interpellation au Sénat, en lâchant tout le paquet, pour tout jeter à bas. Il a été le grand honnête homme, l'homme de sa vie loyale, il a cru que la vérité se suffisait à elle-même, surtout lorsqu'elle lui apparaissait éclatante comme le plein jour. À quoi bon tout bouleverser, puisque bientôt le soleil allait luire ? Et c'est de cette sérénité confiante dont il est si cruellement puni. De même pour le lieutenant-colonel Picquart, qui, par un sentiment de haute dignité, n'a pas voulu publier les lettres du général Gonse. Ces scrupules l'honorent d'autant plus que, pendant qu'il restait respectueux de la discipline, ses supérieurs le faisaient couvrir de boue, instruisaient eux-mêmes son procès, de la façon la plus inattendue et la plus outrageante. Il y a deux victimes, deux braves gens, deux cœurs simples, qui ont laissé faire Dieu, tandis que le diable agissait. Et l'on a même vu, pour le lieutenant colonel Picquart, cette chose ignoble : un tribunal français, après avoir laissé le rapporteur charger publiquement un témoin, l'accuser de toutes les fautes, a fait le huis clos, lorsque ce témoin a été introduit pour s'expliquer et se défendre. Je dis que cela est un crime de plus et que ce crime soulèvera la conscience universelle. Décidément, les tribunaux militaires se font une singulière idée de la justice.

Telle est donc la simple vérité, monsieur le Président, et elle est effroyable, elle restera pour votre présidence une souillure. Je me doute bien que vous n'avez aucun pouvoir en cette affaire, que vous êtes le prisonnier de la Constitution et de votre entourage. Vous n'en avez pas moins un devoir d'homme, auquel vous songerez, et que vous remplirez. Ce n'est pas, d'ailleurs, que je désespère le moins du monde du triomphe. Je le répète avec une certitude plus véhémente : la vérité est en marche et rien ne l'arrêtera. C'est aujourd'hui seulement que l'affaire commence, puisque aujourd'hui seulement les positions sont nettes : d'une part, les coupables qui ne veulent pas que la lumière se fasse ; de l'autre, les justiciers qui donneront leur vie pour qu'elle soit faite. Quand on enferme la vérité sous terre, elle s'y amasse, elle y prend une force telle d'explosion que, le jour où elle éclate, elle fait tout sauter avec elle. On verra bien si l'on ne vient pas de préparer, pour plus tard, le plus retentissant des désastres.

Mais cette lettre est longue, monsieur le Président, et il est temps de conclure.

J'accuse le lieutenant-colonel du Paty de Clam d'avoir été l'ouvrier diabolique de l'erreur judiciaire, en inconscient, je veux le croire, et d'avoir ensuite défendu son œuvre néfaste, depuis trois ans, par les machinations les plus saugrenues et les plus coupables.

J'accuse le général Mercier de s'être rendu complice, tout au moins par faiblesse d'esprit, d'une des plus grandes iniquités du siècle.

J'accuse le général Billot d'avoir eu entre les mains les preuves certaines de l'innocence de Dreyfus et de les avoir étouffées, de s'être rendu coupable de ce crime de lèse-humanité et de lèse-justice, dans un but politique, et pour sauver l'état-major compromis.

J'accuse le général de Boisdeffre et le général Gonse de s'être rendus complices du même crime, l'un sans doute par passion cléricale, l'autre peut-être par cet esprit de corps qui fait des bureaux de la Guerre l'arche sainte, inattaquable.

J'accuse le général de Pellieux et le commandant Ravary d'avoir fait une enquête scélérate, j'entends par là une enquête de la plus monstrueuse partialité, dont nous avons, dans le rapport du second, un impérissable monument de naïve audace.

J'accuse les trois experts en écritures, les sieurs Belhomme, Varinard et Couard, d'avoir fait des rapports mensongers et frauduleux, à moins qu'un examen médical ne les déclare atteints d'une maladie de la vue et du jugement.

J'accuse les bureaux de la Guerre d'avoir mené dans la presse, particulièrement dans *L'Éclair* et dans *L'Écho de Paris*, une campagne abominable, pour égarer l'opinion et couvrir leur faute.

J'accuse enfin le premier conseil de guerre d'avoir violé le droit, en condamnant un accusé sur une pièce restée secrète, et j'accuse le second conseil de guerre d'avoir couvert cette illégalité, par ordre, en commettant à son tour le crime juridique d'acquitter sciemment un coupable.

En portant ces accusations, je n'ignore pas que je me mets sous le coup des articles 30 et 31 de la loi sur la presse du 29 juillet 1881, qui punit les délits de diffamation. Et c'est volontairement que je m'expose.

Quant aux gens que j'accuse, je ne les connais pas, je ne les ai jamais vus, je n'ai contre eux ni rancune ni haine. Ils ne sont pour moi que des entités, des esprits de malfaisance sociale. Et l'acte que j'accomplis ici n'est qu'un moyen révolutionnaire pour hâter l'explosion de la vérité et de la justice.

Je n'ai qu'une passion, celle de la lumière, au nom de l'humanité qui a tant souffert et qui a droit au bonheur. Ma protestation enflammée n'est que le cri de mon âme. Qu'on ose donc me traduire en cour d'assises et que l'enquête ait lieu au grand jour !

J'attends.

Veuillez agréer, Monsieur le Président, l'assurance de mon profond respect.

13 janvier 1898

## Mon père

Il s'est trouvé des âmes basses, d'immondes insulteurs, dans la guerre effroyable de guet-apens qui m'est faite, parce que j'ai simplement voulu la vérité et la justice, il s'est trouvé des violateurs de sépulture pour aller arracher mon père à la tombe honorée où il dormait depuis plus de cinquante ans.

On me hurle, parmi un flot de boue : « Votre père était un voleur. » Et l'on trouve un vieillard de quatre-vingts ans passés, qui cherche des injures et des outrages dans les tremblants souvenirs de sa treizième année, pour raconter que mon père était un parasite et qu'il avait commis toutes les fautes. Ce vieillard n'a qu'une excuse : il croit défendre le drapeau, il aide sa mémoire sénile pour terrasser en moi le traître. Ah ! le pauvre homme ! Ah ! la mauvaise action dont on lui a fait salir sa vieillesse !

Ces choses se seraient passées vers 1830. Je les ignore. Mais comment veut-on que j'accepte pour vrais des faits apportés de la sorte par des gens qui, depuis des mois, combattent pour le mensonge, avec tant d'impudence ?

Je veux répondre tout de suite, dire ce que je sais, mettre debout sous la pleine lumière le François Zola, le père adoré, noble et grand, tel que les miens et moi l'avons connu.

C'est en 1839 seulement que mon père épousa ma mère, à Paris : un mariage d'amour, une rencontre à la sortie d'une église, une jeune fille pauvre épousée pour sa beauté et pour son charme. Je naissais l'année suivante ; et, à peine âgé de sept ans, je me revois derrière le corps de mon père, l'accompagnant au cimetière, au milieu du deuil respectueux de toute une ville. C'est à peine si j'ai d'autres souvenirs de lui, mon père passe comme une ombre dans les souvenirs de ma petite enfance. Et je n'ai eu, pour le respecter, pour l'aimer, que le culte que lui avait gardé ma mère, qui continuait à l'adorer comme un dieu de bonté et de délicatesse.

Aujourd'hui donc, on m'apprend ceci : « Votre père était un voleur. » Ma mère ne me l'a jamais dit, et il est heureux qu'elle soit morte pour qu'on ne lui donne pas cette nouvelle, à elle aussi. Elle ne connaissait du passé de l'homme tendrement aimé que des choses belles et dignes. Elle lisait les lettres qu'il recevait de sa nombreuse parenté en Italie, lettres aujourd'hui entre mes mains, et elle y trouvait seulement l'admiration et la tendresse que les siens gardaient pour lui. Elle savait la vraie histoire de sa vie, elle assistait à son effort de travail, à l'énergie qu'il déployait pour le bien de sa patrie d'adoption. Et jamais, je le répète, je n'ai entendu sortir de sa bouche que des paroles de fierté et d'amour.

C'est dans cette religion que j'ai été élevé. Et au François Zola de 1830, le prétendu coupable que personne des nôtres n'a connu, qu'on s'efforce de salir d'une façon infâme, uniquement pour me salir moi-même, je ne puis aujourd'hui qu'opposer le François Zola tel que notre famille, tel que toute la Provence l'a connu, dès 1833, époque à laquelle il est venu se fixer à Marseille.

François Zola, dont le père et le grand-père avaient servi la république de Venise comme capitaines, fut lui-même lieutenant à l'âge de vingt-trois ans. Il était né en 1795, et j'ai sous les yeux un volume italien, portant la date de 1818, un *Traité de nivellement topographique*, qu'il publia à Padoue et qui est signé : « *Dottore in matematica Francesco Zola, luogotenente.* »

Il servit, je crois, sous les ordres du prince Eugène. Le malheur est que, dans l'affreuse bousculade où je suis, je cherche avec angoisse depuis deux jours, parmi mes papiers de famille, des documents, des journaux de l'époque, que je ne puis retrouver. Mais je les retrouverai, et les dates précises, et les faits précis seront donnés. En attendant, ce n'est ici que ce que je sais de mémoire : l'obligation où fut mon père de quitter l'Italie, au milieu des bouleversements politiques ; son séjour en Autriche, où il travailla à la première ligne ferrée qui fut construite en Europe, période de sa vie sur laquelle les documents les plus complets m'ont été récemment promis ; les quelques années qu'il passe en Algérie, capitaine d'habillement dans la Légion étrangère, à la solde de la France ; enfin son installation à Marseille, comme ingénieur civil, en 1833.

C'est ici que je le reprends, hanté d'un grand projet. À cette époque, la ville de Marseille, dont le vieux port était insuffisant, songeait à un nouveau port, ce port vaste qui fut plus tard établi à la Joliette. Mon père avait proposé un autre projet, dont j'ai encore les plans, un atlas énorme ; et il soutenait avec raison que son port intérieur, qu'il installait aux Catalans, offrait une sécurité beaucoup plus grande que celui de la Joliette, où les bateaux sont peu protégés par les jours de mistral. Pendant cinq années, il lutta et l'on trouverait l'histoire de toute cette lutte dans les journaux du temps. Enfin, il fut battu, le port de la Joliette l'emporta, et il s'en consola dans une autre entreprise, qui, celle-ci, devait réussir.

Sans doute, pendant qu'il se débattait à Marseille, des affaires avaient dû l'appeler à Aix, la ville voisine. Et j'imagine que la vue de cette ville mourant de soif, au milieu de sa plaine desséchée, lui donna alors l'idée du canal qui devait porter son nom. Il voulait appliquer là un système de barrages qu'il avait remarqué en Autriche, des gorges de montagnes fermées par de vastes murailles qui retenaient les torrents, emprisonnaient les eaux de pluie. Dès 1838, il fait des voyages, il étudie les environs de la ville, il dresse des plans. Bientôt, il donne sa vie à cette idée unique, trouve des partisans, combat des adversaires, lutte près de huit années avant de pouvoir mettre debout son entreprise, au milieu des obstacles de toutes sortes.

Il fut forcé plusieurs fois de se rendre à Paris, et ce fut pendant un de ces voyages qu'il épousa ma mère. De forts appuis lui étaient venus, M. Thiers et M. Mignet avaient bien voulu s'intéresser à son projet et lui servir de parrains. D'autre part, il avait trouvé un avocat au Conseil d'État, M. Labot, qui se dévouait passionnément à sa cause. Enfin, le Conseil d'État accueillit la déclaration d'utilité publique, le roi Louis-Philippe accorda l'ordonnance nécessaire. Et les travaux commencèrent, les premiers coups de mine faisaient sauter les grands rocs du vallon des Infernets, lorsque mon père mourut brusquement à Marseille, le 27 mars 1847.

On ramena le corps à Aix sur un char drapé de noir. Le clergé sortit de la ville, alla recevoir le corps hors des murs, jusqu'à la place de la Rotonde. Et ce furent des obsèques glorieuses, auxquelles toute une population participa. M. Labot, l'avocat au Conseil d'État, accouru de Paris, fit un discours dans lequel il conta la belle vie de mon père, et je crois bien que le fondateur du *Sémaphore*, Barlatier, fit également un discours, vint dire adieu au nom de Marseille à l'ingénieur, au bon citoyen qu'il avait souvent soutenu. C'était un vaillant qui s'en allait, un travailleur que toute une cité remerciait de l'acharnement qu'il avait mis à vouloir lui être utile.

Je l'ai dit, je cherche depuis deux jours avec une fièvre douloureuse les preuves de ces choses. J'aurais surtout voulu retrouver le numéro du *Mémorial d'Aix* [1], où est le compte rendu des obsèques de mon père. Il m'aurait suffi de le reproduire, de donner surtout le texte des discours, pour que le véritable François Zola fût connu. Le malheur est qu'il n'est pas commode de remettre la main sur des journaux datant de plus de cinquante ans. Je viens d'écrire à Aix et j'espère pouvoir faire au moins copier le compte rendu à la bibliothèque.

Mais, si je n'ai point retrouvé dans mes papiers le numéro en question, en voici pourtant quelques autres, qui seront des preuves suffisantes.

C'est d'abord un numéro du *Sémaphore*, en date du samedi 11 mai 1844, dans lequel se trouve une correspondance d'Aix, datée du 9 mai : « Nous sommes heureux de pouvoir annoncer à nos concitoyens que, le 2 de ce mois, le Conseil d'État, sections réunies, a déclaré définitivement l'utilité publique du canal Zola, et a adopté en entier le traité du 19 avril 1843, consenti entre la ville et

1. *Le Mémorial d'Aix*, « Journal historique, judiciaire, littéraire, scientifique, et commercial », publié à Aix-en-Provence, entre 1837 et 1944.

cet ingénieur. Cette question, d'une si grande importance pour notre ville, est donc complètement résolue, malgré les innombrables difficultés qu'on lui opposait, et que M. Zola a surmontées avec une grande énergie et une persévérance à toute épreuve. »

C'est ensuite un numéro de *La Provence*, publiée à Aix, dans lequel se trouve le texte complet de l'ordonnance royale autorisant M. Zola, ingénieur, à construire le canal Zola. L'acte est donné au palais de Neuilly, le 31 mai 1844, signé Louis-Philippe, et contresigné par le ministre de l'Intérieur, L. Duchâtel.

C'est un autre numéro de *La Provence*, en date du 29 juillet 1847, quatre mois après la mort de mon père, dans lequel est racontée une visite que M. Thiers, alors en voyage, fit aux chantiers du canal Zola : « Hier, 28 juillet, M. Thiers, ainsi que MM. Aude, maire d'Aix ; Borely, procureur général ; Goyrand, adjoint ; Leydet, juge de paix, et plusieurs autres notabilités de la ville, sont allés inopinément visiter les travaux du canal Zola, à la colline des Infernets. Ils ont été reçus au milieu des bruyantes détonations des coups de mine, que les ouvriers, prévenus à la hâte, avaient préparés à cette intention… M. Pérémé, le gérant, a profité de la circonstance pour présenter à M. Thiers le jeune fils de M. Zola. L'illustre orateur a fait le plus gracieux accueil à l'enfant ainsi qu'à la veuve d'un homme dont le nom vivra parmi ceux des bienfaiteurs du pays. »

Enfin, comme je ne veux pas emplir ce journal, je me contenterai de donner encore la lettre suivante, qui était adressée à M. Émile Zola, homme de lettres, 23, rue Truffaut, Batignolles-Paris :

Aix, le 25 janvier 1869

Monsieur,

J'ai l'honneur de vous adresser une ampliation de la délibération du conseil municipal d'Aix, du 6 novembre 1868, et du décret du 19 décembre suivant, qui décident de donner au boulevard du Chemin-Neuf la dénomination de *boulevard François Zola*, en reconnaissance des services rendus à la cité par M. Zola, votre père.

J'ai donné des ordres pour que la délibération du conseil municipal, sanctionnée par l'empereur, reçoive immédiatement son exécution.

Agréez, monsieur, l'assurance de ma considération très distinguée.

Le maire d'Aix
P. ROUX.

Et c'est cet ingénieur dont le projet de nouveau port a occupé Marseille pendant des années, qui serait un individu, un parasite vivant de la desserte d'une famille ! Et c'est cet homme énergique, dont la lutte au grand jour pour doter la ville d'Aix d'un canal est restée légendaire, qui serait un simple aventurier qu'on aurait chassé de partout ! Et c'est ce bon citoyen, bienfaiteur d'un pays, ami de Thiers et de Mignet, auquel le roi Louis-Philippe accorde des ordonnances royales, qui serait un voleur, sorti honteusement de l'armée italienne et de l'armée française ! Et c'est ce héros de l'énergie et du travail, dont le nom est donné à un boulevard par une ville reconnaissante, qui serait un homme abominable, le crime et la honte de son fils !

Allons donc ! À quels sots, à quels sectaires même, espérez-vous faire croire cela ? Expliquez donc comment Louis-Philippe, s'il avait eu affaire à un soldat déshonoré, aurait signé l'ordonnance d'utilité publique ? Comment le Conseil d'État aurait accueilli le projet avec une faveur marquée ? Comment d'illustres amitiés seraient venues à mon père, comment il n'y aurait plus eu autour de lui qu'un concert d'admiration et de gratitude ?

Un homme m'attend au coin d'une rue, et, par-derrière, m'assène un coup de bâton : « Votre père est un voleur. » Dans l'étourdissement de cette attaque lâche et ignominieuse, que faire ? La faute commise, dont j'entends parler pour la première fois, remonterait à soixante-six ans. Je le répète, aucun moyen de contrôle, de discussion surtout. Et alors me voilà à la merci de l'outrage, sans autre défense possible que de crier tout ce que je sais de bon et de grand sur mon père, toute la Provence qui l'a connu et aimé, le canal Zola qui clame son nom et le mien, son nom encore qui est sur la plaque d'un boulevard et dans tous les cœurs des vieillards qui se souviennent.

Mais les misérables insulteurs ne sentent donc pas une chose, c'est que, même s'ils disaient vrai, si mon père jadis avait commis une faute – ce que je nierai de toute la force de mon âme, tant que je n'aurai pas moi-même fait l'enquête –, oui ! si même les insulteurs disaient la vérité, ils commettraient là une action plus odieuse et plus répugnante encore ! Aller salir la mémoire d'un homme qui s'est illustré par son travail et son intelligence, et cela pour frapper son fils, par simple passion politique, je ne sais rien de plus vil, de plus bas, de plus flétrissant pour une époque et pour une nation !

Car nous en sommes arrivés là, à des monstruosités qui semblent ne plus soulever le cœur de personne. Notre grande France en est là, dans cette ignominie, depuis qu'on nourrit le peuple de calomnies et de mensonges. Notre âme est si profondément empoisonnée, si honteusement écrasée sous la peur, que même les honnêtes gens n'osent plus crier leur révolte. C'est de cette maladie immonde que nous allons bientôt mourir, si ceux qui nous gouvernent, ceux qui savent, ne finissent pas par nous prendre en pitié, en rendant à la nation la vérité et la justice, qui sont la santé nécessaire des peuples. Un peuple n'est sain et vigoureux que lorsqu'il est juste. Par grâce, hommes qui gouvernez, vous qui êtes les maîtres, agissez, agissez vite ! ne nous laissez pas tomber plus bas dans le dégoût universel !

Moi, je me charge de ma querelle, et je compte y suffire.

Puisque j'ai la plume, puisque quarante années de travail m'ont donné le pouvoir de parler au monde et d'en être entendu, puisque l'avenir est à moi, va ! père, dors en paix dans la tombe, où ma mère est allée te rejoindre. Dormez en paix côte à côte. Votre fils veille, et il se charge de vos mémoires. Vous serez honorés, parce qu'il aura dit vos actes et vos cœurs.

Lorsque la vérité et la justice auront triomphé, lorsque les tortures morales sous lesquelles on s'efforce de me broyer l'âme seront finies, c'est ta noble histoire, père, que je veux conter. Depuis longtemps j'en avais le projet, les injures me décident. Et sois tranquille, tu sortiras rayonnant de cette boue dont on cherche à te salir, uniquement parce que ton fils s'est levé au nom de l'humanité outragée. Ils t'ont mis de mon calvaire, ils t'ont grandi. Et, si même je découvrais une faute dans ta jeunesse aventureuse, sois tranquille encore, je t'en laverai, en disant combien ta vie fut bonne, généreuse et grande.

28 mai 1898

# CHRONOLOGIE

| | VIE ET ŒUVRE DE ZOLA | CONTEXTE HISTORIQUE ET LITTÉRAIRE |
|---|---|---|
| 1836 | | Émile de Girardin crée *La Presse*, journal qui inaugure le principe du « double marché » (annonces et abonnement). Modèle aussitôt imité par *Le Siècle* d'Armand Dutacq. |
| 1840 | *2 avril.* Naissance, rue Saint-Joseph, à Paris, d'Émile Zola, fils de François Zola, ingénieur, et d'Émilie Aubert, fille de petits artisans. | |
| 1843 | Installation des Zola à Aix-en-Provence, où François Zola prendra en charge la construction d'un canal portant aujourd'hui son nom. | |
| 1847 | Mort de François Zola, à Marseille. | |
| 1848 | | En février, le mouvement révolutionnaire provoque la chute de la monarchie de Juillet. En mars, liberté totale de la presse. |
| 1849 | | Retour du contrôle exercé sur la publication et la distribution de la presse. |
| 1851 | | *2 décembre*. Coup d'État de Louis-Napoléon Bonaparte, préparé par l'arrestation des journalistes et écrivains d'opposition. Ouverture au public du télégraphe électrique. |
| 1852 | Émile Zola entre au collège à Aix, où il devient ami avec Paul Cézanne, et suit des cours de dessin. | *2 décembre.* Proclamation du Second Empire, régime liberticide pour la presse. Il n'y a plus à Paris qu'une dizaine de journaux politiques. |

| | | |
|---|---|---|
| **1854** | | Hippolyte de Villemessant recrée *Le Figaro*, titre lancé en 1824, en le transformant en journal quotidien. |
| **1858** | Installation des Zola à Paris. Émile entre en seconde comme boursier au lycée Saint-Louis ; il échouera deux fois au baccalauréat. | |
| **1859** | *La Provence* publie le premier texte signé Émile Zola : « Le canal Zola » ; la même année paraît aussi une « Ode à l'Impératrice ». | Fondation du *Progrès de Lyon*. |
| **1860-1861** | Émile Zola ne trouve pas d'emploi, et n'est pas loin de connaître la misère. Il écrit ses premiers contes. | En 1861, fondation du quotidien *Le Temps*. Le *Journal du dimanche* publie « Le Nuage », poème d'Émile Zola. |
| **1862** | Zola entre chez Hachette. Il collabore au *Travail*, journal d'étudiants où écrivent aussi Clemenceau et Méline. | |
| **1863** | Il devient chef du bureau de publicité chez Hachette, et commence une activité régulière de chroniqueur littéraire, pour *La Revue du mois* et *Le Journal populaire*, deux périodiques lillois. | Millaud crée *Le Petit Journal*, premier journal vendu au numéro, à 5 centimes. |
| **1864** | Publication des *Contes à Ninon*, rencontre avec la future Mme Zola, Gabrielle Alexandrine Meley. | Offenbach fait jouer *La Belle Hélène*. |
| **1865** | Premier roman, autobiographique, *La Confession de Claude*. Zola collabore au *Petit Journal*, au *Courrier du monde*, au *Salut public de Lyon*, à *La Vie parisienne*, au *Figaro*. | |

| | VIE ET ŒUVRE DE ZOLA | CONTEXTE HISTORIQUE ET LITTÉRAIRE |
|---|---|---|
| **1866** | Zola quitte Hachette. Il devient chroniqueur littéraire à *L'Événement*, où il publie les « Livres d'aujourd'hui et de demain ». | |
| **1867** | Publication d'*Édouard Manet* en brochure ; parution des *Mystères de Marseille*, feuilleton publié dans *Le Messager de Provence*, et de *Thérèse Raquin*. | Jules Vallès fonde *La Rue*. |
| **1868** | Manet peint le portrait de Zola ; parution de *Madeleine Férat* ; premiers plans pour un cycle de dix romans, *Histoire d'une famille*. | En mai, une loi libéralise la législation de la presse. De nombreux journaux sont créés, dont *La Tribune*. |
| **1869** | L'éditeur Lacroix accepte le projet des *Rougon-Macquart*. Zola collabore au *Gaulois* et à *La Tribune*. | Élections législatives. Gambetta est élu député. |
| **1870** | Zola se marie en mai, achève *La Fortune des Rougon*, et quitte Paris pour Marseille, en septembre. Il crée son journal, *La Marseillaise*, quotidien populaire vendu à 5 centimes le numéro. | *19 juillet*. Déclaration de guerre à la Prusse.<br>*2 septembre*. Après la bataille désastreuse de Sedan, la France est battue, l'empereur capitule.<br>*4 septembre*. La République est proclamée à Paris. |
| **1871** | Zola revient à Paris ; il tient une double chronique parlementaire, pour *La Cloche* et pour *Le Sémaphore de Marseille*. Les trois premiers chapitres de *La Curée* paraissent en feuilleton, puis la publication est suspendue par le parquet. | Thiers est élu chef du pouvoir exécutif. Paris est soumis au blocus ; en mars, début de la Commune, qui se clôt en mai avec la « Semaine sanglante ». |
| **1872** | Amitié avec Flaubert, Tourgueniev, Edmond de Goncourt, Daudet. | Marinoni met au point les premières presses à rotative. |

| | | |
|---|---|---|
| **1873** | Zola publie *Le Ventre de Paris* ; il tient une chronique dramatique dans *L'Avenir national*. | Une coalition conservatrice impose les lois dites de l'« Ordre moral ». Le maréchal Mac-Mahon est élu premier président de la III$^{e}$ République. |
| **1875** | Début de la collaboration au *Messager de l'Europe*, revue de Saint-Pétersbourg. | Durcissement des lois sur la presse. |
| **1876** | *L'Assommoir* commence à paraître en feuilleton dans *Le Bien public*, et fait scandale. Zola tient dans le même quotidien une « Revue dramatique ». | Larousse achève la publication de son *Grand Dictionnaire universel du XIX$^{e}$ siècle*.<br>Création du *Petit Parisien*.<br>Invention du téléphone. |
| **1877** | La parution en volume de *L'Assommoir* suscite un spectaculaire succès de scandale. Zola est invité à dîner avec Flaubert et Edmond de Goncourt au restaurant Trapp par un groupe de jeunes écrivains (Maupassant, Huysmans, Céard) : c'est l'acte de naissance de l'école naturaliste. | Crise politique opposant le président de la République, monarchiste, et la Chambre des députés, républicaine. |
| **1878** | Zola achète la maison de Médan, publie *Une page d'amour* et prépare *Nana*. Il continue à écrire dans *Le Bien public*, qui devient *Le Voltaire*, et tient toujours une rubrique mensuelle dans *Le Messager de l'Europe*. | Funérailles nationales de Claude Bernard. |
| **1879** | Zola publie dans la presse les grands manifestes naturalistes qui composeront *Le Roman expérimental*, et en particulier « La République et la littérature », qui s'achève sur le mot d'ordre : « La République sera naturaliste ou ne sera pas. » | Démission de Mac-Mahon. Jules Grévy est élu président de la République, et Gambetta devient président de la Chambre des députés. Consolidation définitive du régime républicain. |

| | VIE ET ŒUVRE DE ZOLA | CONTEXTE HISTORIQUE ET LITTÉRAIRE |
|---|---|---|
| | Chassé du *Voltaire*, Zola passe au *Figaro*. | |
| 1880 | Mort de Mme Zola mère et de Flaubert. *Nana* sort en librairie et rencontre un succès phénoménal : en un an, quatre-vingt-dix éditions sont publiées.<br>*Le Roman expérimental* paraît en volume. | Lois Ferry sur l'enseignement. Développement du mouvement ouvrier. |
| 1881 | Après un an de tribunes hebdomadaires dans *Le Figaro*, Zola fait ses « adieux » au journalisme. Il ne tiendra plus de rubrique régulière pendant quinze ans. | Loi du 29 juillet 1881 sur la liberté de la presse. |
| 1882-1893 | Zola publie chaque année un volume des *Rougon-Macquart* ; il adapte pour le théâtre *Pot-Bouille*, *Germinal*, *Le Ventre de Paris*, *La Curée*.<br>En 1887, *La Terre* provoque la rupture avec certains anciens compagnons naturalistes.<br>En 1888, il commence sa liaison avec son ancienne lingère, Jeanne Rozerot, future mère de ses deux enfants. | La presse vit son « âge d'or » : *Le Petit Journal* atteint le million d'exemplaires. Cette puissance est entachée de scandales : l'affaire de Panamá, entre 1889 et 1892, déclenche un mouvement antiparlementaire, puis antisémite.<br>En 1892, Édouard Drumont crée *La Libre Parole*. |
| 1894 | Zola est au sommet de sa gloire : président de la Société des gens de lettres (depuis 1892), décoré de la Légion d'honneur (1893), il entame un nouveau cycle romanesque, *Les Trois Villes*. | Le capitaine Alfred Dreyfus est condamné en décembre pour espionnage par un tribunal militaire, et déporté en Guyane, sur l'île du Diable. Vague d'attentats anarchistes. |
| 1895-1897 | Nouvelle série d'articles dans *Le Figaro*, jusqu'en 1896, dont une réponse à l'antisémitisme : « Pour les Juifs ».<br>Zola est convaincu par Bernard Lazare de l'innocence de Dreyfus. Dans *Le Figaro*, il publie trois articles défendant le camp dreyfusard. | Le procès Dreyfus devient une affaire publique : publication dans la presse du « bordereau », faux document accablant le capitaine. |

| | | |
|---|---|---|
| **1898** | *13 janvier.* « J'accuse » paraît dans *L'Aurore*. Zola est poursuivi en justice pour diffamation, condamné à un an de prison et à 3 000 francs d'amende. Il s'exile à Londres. | |
| **1899** | En juin, Zola revient en France. Il publie dans *L'Aurore* plusieurs articles sur l'Affaire. Nouveau procès de Dreyfus, rappelé en France pour la révision du jugement de 1894 : à Rennes, en septembre, il est de nouveau condamné, puis gracié sur demande présidentielle. | Fondation de *L'Ouest-Éclair*, à Rennes. Mort de Félix Faure, président de la République, remplacé par Émile Loubet. |
| **1900-1901** | Zola est acquitté dans son dernier procès, et rencontre Dreyfus. *L'Aurore* publie encore cinq articles revenant sur l'Affaire. Publication du deuxième des *Quatre Évangiles* : *Travail*, célébré par les associations ouvrières comme un roman socialiste. | Fondation du journal *Auto-Vélo*. |
| **1902** | Pendant la nuit du 28 au 29 septembre, Émile Zola meurt asphyxié dans la chambre de son appartement parisien. L'hypothèse d'un assassinat n'est toujours pas écartée, des travaux ayant été entrepris sur la cheminée par un ouvrier antidreyfusard. | |
| **1906** | | Cassation du jugement de Rennes. Dreyfus est réintégré dans l'armée. |
| **1908** | Après un long et houleux débat parlementaire, on vote le transfert au Panthéon des cendres de Zola. Durant la cérémonie, un journaliste royaliste tire sur Alfred Dreyfus, et le manque. Il sera jugé, et acquitté. | Premier numéro de l'*Action française*. |

# BIBLIOGRAPHIE

Pour la bibliographie complète des études portant sur Zola et le naturalisme, nous renvoyons au travail de David Baguley, qui publie un recensement intégral disponible en ligne sur le site des *Cahiers naturalistes.* Voir aussi sa *Bibliographie de la critique sur Émile Zola* (2 vol.), University of Toronto Press, 1976 et 1982, ainsi que les recensements annuels paraissant dans *Les Cahiers naturalistes.*

## *Éditions des articles et chroniques*


*Œuvres complètes*, Paris, Cercle du livre précieux/Tchou, 1966-1969, 15 tomes (en particulier les tomes X, XII, XIII et XIV).

*Œuvres complètes*, Henri Mitterand (dir.), Paris, Nouveau Monde Éditions, 2002-2010, 21 tomes. Cette édition mêle œuvres de fiction et articles de presse, selon un principe de regroupement chronologique.

*Contes et nouvelles*, François-Marie Mourad (éd.), Paris, GF-Flammarion, 2 vol., 2008.

*Écrits sur l'art*, Jean-Pierre Leduc-Adine (éd.), Paris, Gallimard, « Tel », 1991.

*Pour Manet*, Jean-Pierre Leduc-Adine (éd.), Bruxelles, Complexe, 1989.

*L'Encre et le sang. Littérature et politique*, Henri Mitterand (éd.), Bruxelles, Complexe, 1989.

*Du roman. Sur Stendhal, Flaubert et les Goncourt*, Henri Mitterand (éd.), Bruxelles, Complexe, 1989.

*La République en marche. Chroniques parlementaires*, Jacques Kayser (éd.), Paris, Fasquelle, 2 vol., 1956.

*Le Roman expérimental*, François-Marie Mourad (éd.), Paris, GF-Flammarion, 2006.

*La Vérité en marche. L'Affaire Dreyfus*, Colette Becker (éd.), Paris, GF-Flammarion, 1969.

## *Études sur la vie et l'œuvre d'Émile Zola*

Colette BECKER, *Les Apprentissages de Zola. Du poète romantique au romancier naturaliste (1840-1867)*, Paris, PUF, 1993.
Colette BECKER, Gina GOURDIN-SERVENIÈRE et Véronique LAVIELLE, *Dictionnaire d'Émile Zola*, Paris, Robert Laffont, « Bouquins », 1993.
Henri MITTERAND, *Zola*, Paris, Fayard, 3 tomes, 1999-2002.
–, *Zola et le naturalisme*, Paris, PUF, « Que sais-je ? », 2002 [1re éd. 1986].
–, *Le Regard et le signe. Poétique du roman naturaliste*, Paris, PUF, 1987.
François-Marie MOURAD, *Zola critique littéraire*, Paris, Honoré Champion, 2002.
Alain PAGÈS, *Émile Zola, un intellectuel dans l'affaire Dreyfus*, Paris, Séguier, 1991.
–, *La Bataille littéraire. Essai sur la réception du naturalisme à l'époque de Germinal*, Paris, Séguier, 1989.
– (dir.), *Zola au Panthéon. L'épilogue de l'affaire Dreyfus*, Paris, Presses de la Sorbonne Nouvelle, 2010.
Bertrand TILLIER, *Cochon de Zola ! ou les Infortunes caricaturales d'un écrivain engagé*, Paris, Séguier, 1998.

## *Autour de Zola journaliste*

Colette BECKER, « Zola et *Le Travail* (1862) », *Les Cahiers naturalistes*, n° 51, 1977, p. 109-119.
–, « Les "Campagnes" de Zola et ses lettres ouvertes », *Les Cahiers de l'Association internationale des études françaises*, 1996, n° 48, p. 75-90.
–, « Zola, écrivain-homme d'affaires », *Revue d'histoire littéraire de la France*, 2007/4, vol. 107, p. 825-833.
Claude BELLANGER, « Il y a cent ans, Émile Zola faisait à Lille ses débuts dans la presse. Une correspondance inédite », *Les Cahiers naturalistes*, n° 26, 1964.
Henri CHEMEL, « Zola correspondant du *Sémaphore de Marseille* », *Les Cahiers naturalistes*, n° 14, 1960.

Auguste DEZALAY, « Cent ans après. Un journaliste bien parisien : Émile Zola portraitiste », *Les Cahiers naturalistes*, n° 34, 1967, p. 114-123.

Jacques KAYSER, « Zola journaliste », *Les Lettres françaises*, n° 588, 6-12 octobre 1955.

–, Discours de Médan (pèlerinage de 1955), repris dans *Les Cahiers naturalistes*, 1955, n° 3, p. 106-115.

Jean-Pierre LEDUC-ADINE, « Zola, *Le Sémaphore de Marseille* (1871-1877) ou un dossier préparatoire aux *Rougon-Macquart* », *Esquisses/Ébauches. Projects and Pretexts in Nineteenth Century French Culture*, Sonya Steven (éd.), New York, Peter Lang, 2007, p. 185-199.

Jacques MIGOZZI, « Postures d'écrivains. Deux jeunes chroniqueurs littéraires de la presse lyonnaise en 1864-1865 : Jules Vallès et Émile Zola », in *Presse et plumes. Journalisme et littérature au XIX^e siècle*, Marie-Ève Thérenty et Alain Vaillant (dir.), Paris, Nouveau Monde Éditions, 2004, p. 51-66.

Henri MITTERAND, *Zola journaliste. De l'affaire Manet à l'affaire Dreyfus*, Paris, Armand Colin, « Kiosque », 1962.

Henri MITTERAND et Halina SUWALA, *Émile Zola, journaliste. Bibliographie chronologique et analytique*, 2 tomes, Paris, Les Belles Lettres, 1968.

Roger RIPOLL, « Quelques articles retrouvés de *La Marseillaise* », *Les Cahiers naturalistes*, n° 34, 1967, p. 148-164.

–, « Zola collaborateur de *La Vraie République* », *Les Cahiers naturalistes*, n° 51, 1977, p. 120-140.

Corinne SAMINADAYAR-PERRIN, « "Lettres de Bordeaux" : l'histoire au jour le jour », *Les Cahiers naturalistes*, n° 83, 2009, p. 111-133.

Dorothy SPEIRS et Dolorès SIGNORI, *Entretiens avec Zola*, Ottawa, Presses de l'université d'Ottawa, 1990.

## *Sur la presse au XIX^e siècle*

Claude BELLANGER, Jacques GODECHOT, Pierre GUIRAL et Fernand TERROU, *Histoire générale de la presse française*, 5 vol., Paris, PUF, 1969-1976.

Roger BELLET, *Presse et journalisme sous le Second Empire*, Paris, Armand Colin, 1967.

Patrice BOUSSEL, *L'Affaire Dreyfus et la presse*, Paris, Armand Colin, 1960.

Christophe CHARLE, *Naissance des « intellectuels » (1880-1900)*, Paris, Minuit, 1990.

–, *Le Siècle de la presse (1830-1939)*, Paris, Seuil, 2004.

Christian DELPORTE, *Les Journalistes en France. Naissance et construction d'une profession (1880-1950)*, Paris, Seuil, 1999.

Thomas FERENCZI, *L'Invention du journalisme en France. Naissance de la presse moderne à la fin du XIX^e^ siècle*, Paris, Plon, 1993.

Gilles FEYEL, *La Presse en France des origines à 1944. Histoire politique et matérielle*, Paris, Ellipses, 1999.

Marc MARTIN, « Journalistes parisiens et notoriété (vers 1830-1870). Pour une histoire sociale du journalisme », *Revue historique*, juillet-septembre 1981.

–, *Médias et journalistes de la République*, Paris, Odile Jacob, 1997.

Marie-Françoise MELMOUX-MONTAUBIN, *L'Écrivain-journaliste au XIX^e^ siècle : un mutant des lettres*, Saint-Étienne, Éditions des Cahiers intempestifs, 2003.

Michel B. PALMER, *Des petits journaux aux grandes agences*, Paris, Aubier, 1983.

Jean-François TÉTU et Maurice MOUILLAUD, *Le Journal quotidien*, Lyon, Presses universitaires de Lyon, 1989.

Marie-Ève THÉRENTY, *Mosaïques. Être écrivain entre presse et roman (1829-1836)*, Paris, Honoré Champion, 2003.

–, *La Littérature au quotidien. Poétiques journalistiques en France au XIX^e^ siècle*, Paris, Seuil, 2007.

Marie-Ève THÉRENTY et Alain VAILLANT (dir.), *1836, l'an I de l'ère médiatique*, Paris, Nouveau Monde Éditions, 2001.

–, *Presse et plumes. Journalisme et littérature au XIX^e^ siècle*, Paris, Nouveau Monde Éditions, 2004.

# INDEX DES NOMS

Nous avons distingué, pour chaque nom, les occurrences dans les articles de Zola (numéros de pages en romain) des occurrences dans l'appareil critique (numéros de pages en italique).

# INDEX DES TITRES

Cet index regroupe les titres d'œuvres d'art, les titres d'ouvrages et les titres de périodiques ; ces derniers sont précédés de l'astérisque. Nous avons distingué, pour chaque titre, les occurrences dans les articles de Zola (numéros de pages en romain) des occurrences dans l'appareil critique (numéros de pages en italique).

# TABLE

## LA CAMPAGNE DU *FIGARO* : UN RÉPUBLICAIN CONTRE LA RÉPUBLIQUE



## L'AFFAIRE DREYFUS : LA DERNIÈRE BATAILLE D'UN INTELLECTUEL

Mise en page par Meta-systems
59100 Roubaix

N° d'édition : L.01EHPNFG1280.N001
Dépôt légal : janvier 2011
Imprimé en Espagne par Novoprint (Barcelone)